Gianni Mura
La fiamma rossa.
Storie e strade dei miei Tour

Gli articoli fino al 1972 sono apparsi sulla *Gazzetta dello Sport*, quelli dal 1991 in poi su *Repubblica*.
Le date si riferiscono al giorno della stesura dell'articolo, non a quello della pubblicazione.

I diritti d'autore sono devoluti interamente a Emergency.

Edizioni minimum fax
piazzale di Ponte Milvio, 28 – 00191 Roma
tel. 06.3336545 / 06.3336553 – fax 06.3336385
info@minimumfax.com
www.minimumfax.com

I edizione: settembre 2008
ISBN 978-88-7521-190-5

Composizione tipografica:
Sabon (Jan Tschichold, 1967)

GIANNI MURA

LA FIAMMA ROSSA

STORIE E STRADE DEI MIEI TOUR

a cura di
SIMONE BARILLARI

a Luis Ocaña e Luciano Pezzi

MEMORIE DI UN *SUIVEUR*
di Gianni Mura

La fiamma rossa (*la flamme rouge*) è una bandierina triangolare che segnala gli ultimi mille metri di corsa. È comparsa per la prima volta nel Tour de France del 1906 e da allora non solo è rimasta sulle strade del Tour, ma si è moltiplicata su quelle del Giro, della Vuelta, delle classiche, insomma fa parte di un alfabeto universale delle due ruote. La fiamma rossa può essere una marcia trionfale o un calvario. Dipende da come ci si arriva. Quell'ultimo chilometro da percorrere può essere pedalato a tutta forza in salita (per abbreviare l'agonia, diceva Pantani) oppure con più calma, amministrando lo sforzo, o, ancora, con l'angoscia di non chiudere entro i limiti del tempo massimo.

Nella maggior parte dei casi, comunque, la fiamma rossa è l'ingresso nel territorio dove tutto è possibile. È la zona dei sogni. In un gruppo compatto lanciato verso la volata, almeno venti corridori pensano di poter vincere. Non saranno più di sei o sette oltre l'ultima curva. Oppure qualcuno (un *finisseur*) li anticiperà. In un gruppo più ridotto, vale lo stesso discorso. E oltre la fiamma rossa si stende la zona dei sogni anche per due soli fuggitivi, che prenderanno a studiarsi. Chi è primo e solo deve cercare di non farsi riprendere se braccato da vicino, di aumentare il vantaggio se dietro si sono rassegnati o non c'è intesa nell'inseguimento.

La fiamma rossa è un punto preciso, fermo, e ancora tutto può cambiare, muoversi, ribaltarsi. Il rosso è il colore della passione, in senso etimologico. Nella vita ordinata, ai semafori, è il colore che ferma. Nel ciclismo scatena. È un punto preciso ma anche fortemente simbolico. È lì che si fa estremo appello alle gambe e al cuore, che si pesano i sogni e la realtà, le risorse del corpo e quelle dello spirito. «Ha vinto lo spirito», iniziò a dettare dal Tour Alfonso Gatto a uno stenografo dell'*Unità*. Che lo interruppe subito: «Ma che dici, compagno? Ha vinto Coppi». Chissà se è vero o è una leggenda che circola tra noi *suiveurs*.

Già, una volta ero un *suiveur*. Tutti quelli al seguito della corsa erano definiti *suiveurs*. Ma il termine andrebbe cambiato: noi non seguiamo più la corsa, la precediamo. Di tanto o di poco, dipende dai gusti, dalle necessità o dagli scrupoli professionali. Una volta, parlo degli anni Sessanta, eravamo *suiveurs* nel senso letterale. Con la macchinona azzurra della *Gazzetta*, che oggi si chiamerebbe station wagon, si andava alla partenza, si parlava coi corridori, tutti al raduno già mezz'ora prima della firma del foglio, ci si accodava al gruppo e lo si superava appena possibile. Una volta in testa alla corsa, si aveva la facoltà di sostare e di mettersi in coda a una fuga che avesse un minuto abbondante di vantaggio (poche auto, ma la *Gazzetta* era privilegiata, come del resto l'*Équipe* al Giro d'Italia). Se la fuga andava fino all'arrivo, la si sorpassava a una ventina di chilometri dal traguardo, se il gruppo rinveniva la si sorpassava comunque e si aspettava un'altra fuga. Si era in corsa, questo è il fatto principale.

Una volta all'arrivo, interviste per strada o sotto il podio, e poi a scrivere a massima velocità. Le comunicazioni erano abbastanza aleatorie, specie dal Midi. Chi di noi trovava una linea la teneva, e gli altri gli passavano cartella su cartella dei loro pezzi, perché li dettasse agli stenografi. In gergo, perché facesse il trombettiere. Non c'erano fax, allora, né tantomeno cellulari. All'impiegato dei telefoni si chiedeva una comunicazione PCV (a carico del destinatario, in italiano una *erre*). In certi casi si dettava a braccio, ossia senza scrivere una riga, solo dando un'occhiata agli appunti. Si scriveva a macchina, in mezzo al fumo. Alcuni (gli scrittori famosi, come Antoine Blondin) scrivevano a mano.

Erano Tour esaltanti, ma di piccole dimensioni rispetto a oggi. Facevano tappa nelle grandi città, c'era posto per tutti, specie nella zona della stazione ferroviaria. Hotel des Voyageurs, Terminus, de la Gare, de France, d'Angleterre, de la Couronne, des Palmes, du Nord, quanti ne ho girati. Se si finiva presto di lavorare, si andava in albergo da un corridore per «prefabbricare» qualcosa che sarebbe tornato utile il giorno dopo. Solo nella camera di Anquetil non ho messo piede, mai. Era ammesso giusto qualche eletto della stampa francese. Ho intervistato Poulidor mentre faceva il bagno in una vasca piena d'acqua e aceto rosso, cocktail defatigante dei contadini d'Alvernia. Ma non solo d'Alvernia, perché anche Fausto Coppi, mi hanno detto, nella vasca da bagno versava l'aceto (bianco, però). Ho parlato con Gimondi e Merckx mentre Campagnoli e Naessen gli lavoravano i muscoli. Gus Naessen sembrava Pampurio, lavorava in silenzio e mi guardava come fossi un cane in chiesa, ma se era d'accordo Merckx lui non poteva farci nulla. Campagnoli, di nome Iriano (i nomi che danno in Romagna), quando non era alle corse faceva l'infermiere nel manicomio di Imola. Lui massaggiando parlava in continuazione, raccontava a Gimondi storie di matti e Gimondi si divertiva. Ho bevuto aperitivi con Langarica, De Muer e Geminiani, digestivi con Pezzi e Nencini, birre con Driessens e Schotte. Era bello tirar tardi.

Grandi erano le dimensioni umane e forte la sensazione di essere tutti sulla stessa barca, o sulla stessa bicicletta. Quei Tour riguardavano l'Europa: italiani, francesi, belgi, spagnoli, olandesi, svizzeri, qualche tedesco e qualche lussemburghese, un paio di portoghesi. C'era posto per tutti, allora.

Adesso non c'è più posto per nessuno, il Tour è invivibile all'interno e invisibile a chiunque non si metta davanti alla tv. Una volta la copertura televisiva della tappa era parziale, adesso totale. Una volta ognuno di noi aveva i suoi informatori in gruppo, quasi sempre gregari. Oltre il traguardo, raccontavano come s'era sviluppata un'azione, chi tirava, chi rompeva i cambi. La corsa si vedeva a pezzi e si ricostruiva dopo l'arrivo, chiedendo a chi aveva visto più di noi.

Oggi la corsa si vede tutta solo a patto di stare appesi alla tv. Radio Corsa e l'*ardoisier*, il lavagnista, sono reperti archeologici. Inutile andare ai raduni di partenza: i corridori stanno blindati su enormi pullman, chi per motivi di sicurezza chi perché non ha voglia di firmare autografi ai bambini o di parlare coi giornalisti (quasi tutti). Scendono dal pullman col casco e l'*oreillette* già piazzata nell'orecchio, così da essere subito pronti alle sollecitazioni dell'ammiraglia. Siamo diventati tanti, anche troppi. Il Tour è mondiale. Con LeMond, a metà degli anni Ottanta, sono arrivati i giornalisti americani, con Armstrong, alla fine dei Novanta, si sono moltiplicati. E sono arrivati ciclisti importanti dall'Australia, dal Sudafrica, dall'ex URSS, dalla Colombia. I campioni non concedono da tempo interviste individuali, solo conferenze stampa, e il minimo dovuto. Ci si arrangia coi telefonini o con le vecchie amicizie. Un collega spagnolo è più informato su Indurain, meno su Chiappucci. Si fa scambio alla pari. In generale, un *suiveur* (continuo a chiamarlo così, anche se è diventato un *précédeur*) è più disponibile, rispetto a un giornalista specializzato in calcio.

Oggi un Tour significa circa 5000 persone che si spostano. Circa 500 hanno a che fare con le squadre (ciclisti, direttori sportivi, massaggiatori, meccanici), più l'apparato organizzativo (dal direttore di corsa ai transennatori, ai frecciatori del percorso), la carovana pubblicitaria (immensa), i poliziotti, i giornalisti di carta stampata e radio-televisioni, gli invitati. Quasi sempre si arriva in una località e si parte da un'altra. L'affollamento ha spinto i *suiveurs* al margine della corsa e ha quasi distrutto il dopocorsa. Le tappe, per esigenze televisive, si concludono piuttosto tardi (intorno alle 17.30, anche oltre) e non c'è più la concentrazione delle squadre negli alberghi intorno alle stazioni. Per esigenze logistiche, il Tour si frantuma in mille schegge, c'è giusto il tempo di cenare e andare a dormire, magari a 100 km dal traguardo, magari già sul percorso del giorno seguente.

Ancora, sento di dovere qualche spiegazione sui miei Tour. Quando lavoravo alla *Gazzetta* i compiti erano chiari. Bruno Raschi scriveva l'analisi della corsa, Rino Negri l'intervista al vincitore di tappa e l'inchiesta sul fatto del giorno, io il resto: altre interviste e, a volte, un pezzo più breve, di quelli che si definivano «di colore», in cui raccontavo un personaggio, non necessariamente di primo piano. Qui, per i lettori più giovani, andrebbe aperta una lunga parentesi per ricordare che a quei tempi tutti i quotidiani, compresi quelli sportivi, avevano una terza pagina (o pagina culturale). E che nei primi anni del dopoguerra le narrazioni ciclistiche, quelle dei grandi Giri sopra tutte, avevano dato un buon contributo all'alfabetizzazione. Al giornalista tecnico veniva affiancato lo scrittore, il poeta, l'uomo del colore, libero di raccontare (di una corsa vissuta dai lettori solo via radio) la tappa del giorno, ma anche il rumore delle onde sulle scogliere bretoni e il colore del cielo sopra il Peyresourde. Così sulle strade del Giro e del Tour vennero inviati Alfonso Gatto, Vasco Pratolini, Giovanni Mosca, Indro Montanelli, più in là Anna Maria Ortese e Dino Buzzati.

Quando Mario Fossati, che considero un maestro, annunciò alla fine del '90 che non aveva più voglia di seguire le corse per *Repubblica*, per come in peggio era cambiata l'aria, mi proposi per il Tour. Perché mi mancava, perché mi avrebbe offerto la possibilità di usare un altro tipo di scrittura, più coinvolgente sotto il profilo emotivo (così mi auguravo nel '91, sono tanti diciannove anni d'assenza), perché il Tour per me non era una corsa che si svolge in Francia, o un pezzo di Francia in movimento, ma «la» Francia. Come la voce di Edith Piaf, le Gauloises senza filtro, il *pastis*, la *baguette* e forse il sorbetto al *cassis*. La Francia dei poeti, degli *chansonniers*, dei giocatori di *pétanque* sotto i platani, dei campi di girasole a perdita d'occhio, delle chiatte lungo i canali, delle città con una luce speciale (Arles, Tolosa, Bayonne, Agen, Lilla).

In questa Francia io volevo immergermi (e mi sono immerso) come un'anitra nello stagno e nel '91, maturandolo nel '92, ho deciso di adottare l'effetto-spugna. Era cambiato il Tour (più veloce e meno umano, flagellato dal doping), era cambiato il modo di vederlo, ero cambiato io, o forse solo invecchiato. Effetto-spugna significa imbeversi della giornata e riversarla su pagina con qualche accorgimento che consiste nel variare gli ingredienti del cocktail. Se c'era stata una tappa importante, combattuta, molto spazio alla tappa e ai commenti dei protagonisti, altrimenti più spazio alle divagazioni, alle curiosità, ai ricordi. In questa operazione da barman di parole e fatti mi sono visto uno e trino. Uno perché ero il solo inviato di *Repubblica*, dal '91 in qua, con la fondamentale e costante presenza di Carletto Pierelli al volante. Trino perché svolgevo insieme il compito del commentatore tecnico, dell'intervistatore e del colorista.

E nel pezzo doveva esserci tutto l'essenziale e una spruzzata di superfluo. Superfluo fino a un certo punto, perché poi sono certi particolari a rendere un'atmosfera, una situazione attraversata. Almeno, questa è la mia convinzione.

Arrivati a questo punto, non si può non parlare di doping. Già una quarantina d'anni fa Gian Paolo Ormezzano diceva che sotto ogni nostro pezzo ciclistico avremmo dovuto pubblicare una sigla, *sap*: «salvo antidoping positivo». Il racconto, l'eventuale esaltazione di un'impresa, è condizionato dal doping, dal '90 in poi più che negli anni Sessanta. Questo pone il cronista in una posizione molto scomoda. Può sceglierne due, veramente, ma nessuna è comoda. O scrive col freno a mano tirato, misurando aggettivi e avverbi, mettendo la sordina all'epica, oppure in base a questa o quell'analisi è costretto a rimangiarsi tutto. Nel momento in cui scrive, non può sapere con certezza se questo o quel corridore si sono dopati. Ai tempi del doping casareccio, a base di anfetamine, un sistema c'era. Secondo i vecchi del mestiere, almeno. Mi avevano detto, alle mie prime corse: «Tu guarda fisso negli occhi i corridori. Chi s'impasticca ha la pupilla dilatata». Vero. Sinceramente, agli inizi avevo un atteggiamento alquanto morbido nei confronti del doping, anche perché le pasticche che circolavano in gruppo erano le stesse mandate giù dai miei compagni di liceo quando bisognava preparare il ripasso dei tre anni. Ne avevo provata una sola, mi era venuto sonno, quindi mi tenevo sveglio a pinte di caffè, ma non mi sembrava così grave che un corridore, di sua volontà, alleggerisse un po' la fatica, e solo in certe tappe.

Adesso il mio atteggiamento è più duro perché di doping, di questo doping, si muore. Al di là dei motori truccati, muoiono i ciclisti, muore il ciclismo. Che non ha più credibilità e non assomiglia a quello che ho amato e che milioni di persone hanno amato. Perché ormai doping e ciclismo sono quasi sinonimi. Perché il doping è diventato di massa e non lo si può praticare senza un buon medico. Buono non nel senso deontologico, ma come truccatore del sangue e del motore, come pianificatore da prima di Natale delle vittorie estive. Nessun *suiveur* ha lauree in medicina o in chimica. Nessuno può dire, il giorno di un'impresa, che Tizio o Caio è drogato. Oppure sì, tra amici, ma non può scriverlo, perché la verità non viene più dalla prova ma dalla provetta. Certo, si può ragionare sulle frequenze di pedalata, o su chi prepara Tizio o Caio (dimmi con chi vai e ti dirò chi sei), o si possono avere dubbi sulle medie orarie troppo alte. In breve, l'analisi della corsa non può prescindere dall'analisi dei corridori. Ma le parole dei *suiveurs*, o di quel che siamo diventati, arrivano prima dei numeri degli analisti. E saremo chiamati a darne conto.

A me è capitato dopo che Pantani fu estromesso dal Giro d'Italia a Madonna di Campiglio per l'ematocrito fuori norma, nel '99. Dovevo dar conto del Tour del '98 ma soprattutto dell'aver contribuito a far amare Pantani. Non mi consolava il fatto di essere in numerosa compagnia, anche Jean-

Marie Leblanc aveva parlato di Tour del rinnovamento e di vittoria della pulizia. E nemmeno un ragionamento spicciolo ma claudicante: se un corridore supera tutti gli esami, che diritto ho di farlo passare per drogato? Claudicante perché c'erano (e probabilmente ci saranno, temo) forme di doping che vanno più veloci dell'antidoping. Per come correva, Pantani sarebbe stato amato indipendentemente dai miei pezzi. E, comunque, le emozioni si trasmettono in tempo reale. Non le rinnego. Col tempo tante corse e tante cose si possono vedere con un altro occhio. Ma il tempo dei quotidiani è quello, un altro non c'è.

Infine, i pezzi scelti per ogni Tour sono stati selezionati dal curatore, Simone Barillari. Mi è sembrato più sportivo lasciare che la scelta dipendesse da chi mi ha proposto di fare questo libro e non dall'autore-mamma, per cui ogni scarrafone-figlio, secondo l'adagio napoletano, è bello (o interessante). I pezzi, con la data del giorno in cui sono stati scritti, sono riproposti in queste pagine senza ritocchi, tagli o correzioni, se non quelli necessari per eliminare errori di stampa o di dettatura-trascrittura, o inutili ripetizioni. Oggi come nel '67, devo dirlo, non uso il computer al Tour. Scrivo a macchina e poi detto. È questo un altro filo, robusto, di quelli che mi sono rimasti tra le mani e il cuore.

NOTA DEL CURATORE

Qualche tempo fa, in una folgorante epigrafe delle sue, Michele Serra disse che le «considerazioni» settimanali di Mura sul campionato di calcio sono «il Vangelo apocrifo del lunedì», ma per molti degli appassionati italiani di ciclismo Gianni Mura è anche – forse soprattutto – la Bibbia del Tour, il breviario laico dell'epica perduta. Due anni fa, quando gli ho proposto di raccogliere i suoi articoli al Tour de France, ho scoperto che molto prima di me era stato un poeta dell'altezza di Giovanni Raboni a ragionare con lui di un libro come questo, e non ho potuto fare a meno di pensare che il calore e la felicità di questa scrittura, fatta di fiammate liriche e giochi di destrezza con le parole, di menzioni poetiche e digressioni gastronomiche, danno in effetti alle sue cronache di volti e paesaggi, di montagne ed eroi, la forma di un'unica, lunga ballata popolare che da moltissimi anni Gianni Mura improvvisa ogni giorno per tre settimane l'anno. Per questo modo letterario e solo suo di interpretare il giornalismo sportivo, ho scelto gli articoli che formano questo libro con l'intento non soltanto di documentare l'andamento delle varie corse e comporre uno spaccato di storia del Tour, ma anche e soprattutto di selezionare le prove più riuscite di uno scrittore di razza, lasciandomi guidare forse meno dal criterio della completezza d'informazione che da quelli dell'estetica e dell'emozione: mancano quindi in ogni corsa alcune delle tappe importanti, anche se quasi nessuna di quelle fondamentali, e ci sono invece articoli scritti alla fine di giorni in cui il Tour era fermo. Questa impostazione spiega anche il fatto che ci siano pochi articoli in certe edizioni della corsa e molti in altre: come mi ha detto una volta lo stesso Mura, il Tour de France, come un vino, ha annate buone e altre meno. Manca il Tour del 1994, quando Mura era negli Stati Uniti a seguire i Mondiali di calcio, mentre è stata una scelta, presa di comune accordo, escludere il 2006 (dimezzato nel numero di articoli da un'altra edizione dei Mondiali) e il 2007: in parte perché erano state annate delle peggiori, e molto del vino era adulterato, in parte perché il settimo successo di Lance Armstrong e il suo ritiro dalle competizioni nel 2005 concludevano un grande capitolo del Tour de France. Il ciclismo è uno sport dall'anima medievale che inscena uno scontro di re e dei loro seguiti di cavalieri, e forse per questo si celebra in terra di Francia il più importante dei suoi tornei cavallereschi; la storia del ciclismo e della sua corsa per eccellenza tende perciò da sempre a misurarsi in regni, in epoche di dominio, ed era giusto, probabilmente, che proprio sul racconto del regno più lungo e discusso si chiudesse, almeno per ora, una decennale narrazione sportiva che appare come la migliore canzone di queste gesta.

Gli anni lontani

1967

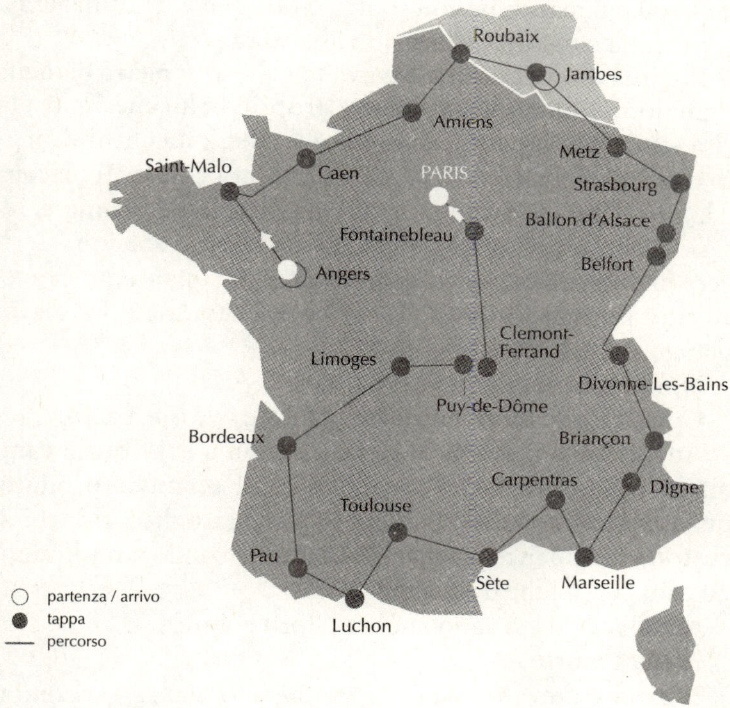

Si corre con la formula delle squadre nazionali. Non c'è Anquetil e Poulidor è pieno di speranze. Ma Pingeon porta il colpo decisivo sugli strappi fiamminghi e con una fuga di 60 km guadagna oltre 6' sui favoriti (tra cui Gimondi). E per il resto della corsa Poulidor sarà obbligato a fargli da gregario. Muore sul Ventoux Tom Simpson.

Chi muore ha sempre torto

SÈTE, 15 luglio – Non ci saranno a Mariakerke arrivi e partenze né più macchine con scritto *Good Luck*. L'ultima era a 1 km dalla cima e Simpson non l'ha vista.

Era una montagna che negava la vita, solo pietre bianche e ghiaioni, e lui è andato a finire proprio lì, lui che amava la vita – lo dicono tutti – e il mare e gli alberi, lui che in Corsica dissodava il terreno attorno alla futura casa e gli piaceva il lago di Garda e raccontare barzellette e fare il pioniere. Ieri si scriveva in una cappella sconsacrata, ma era come scrivere in una chiesa, e non riuscirà a sapere quanti amici aveva tra i giornalisti; non li ha visti, ieri sera, né li ha sentiti piangere.

Non li ha sentiti perché era morto.

Come risulta da comunicato ufficiale alle ore 17.40.

Anche se la sua ombra lunga cammina sul Tour e cammina. Vederlo, ieri sera tardi, era come un gioco proibito, qualcosa di morboso. Conveniva allungare dieci franchi al custode sottobanco. Era bianco in un lenzuolo e molto lungo e magro, anche il naso.

Ma gli occhi avevano ancora il loro colore.

Ma era morto.

E già discutevano se era morto bene o male e già cominciava il girotondo delle verità e l'interrogativo era: omicidio o suicidio?

Come se morire non fosse abbastanza e non fosse ovvio che chi muore ha sempre torto.

Per il semplice fatto d'esser morto.

A venti ore dalla morte i santoni dicono che era carico fino ai capelli. E magari hanno ragione ma potrebbero avere il buongusto di aspettare l'esito necroscopico. Invece con una mano si asciugano una lacrima, una tonda e lucente troppo bella per essere vera, e con l'altra ti bussano al cuore e hanno fretta di aver ragione.

C'è qualcuno che dice che in Provenza a metà luglio i negozi stan chiusi fino alle quattro perché prima non si regge.

Si attraversano paesi con persiane chiuse, la gente è stesa sotto gli alberi come pecore.

C'è chi dice che lo sport ha un limite e forse si è esagerato, ma deve dirlo piano perché sennò fa la figura dello sciacallo e a nessuno piace fare la figura dello sciacallo, tantomeno per difendere uno terribilmente indifeso e silenzioso, per quanto vivace era, e aveva pure passato i guai suoi perché si permetteva il lusso di dire quello che pensava anche quando era poco più che uno zingaro. È sempre brutto quando uno muore, ma morire là in cima è troppo. Là in cima è un altro pianeta. È troppo morire là in cima da soli. Quando si ama tanto la vita e si ha una moglie graziosa con gli occhiali che sembra una maestrina di campagna e due figlie.

Aveva una bella storia Simpson, una storia che non gli sopravvive. Adesso è un cadavere che dà fastidio.

Non appartiene più ai suoi amici ma ai catoni, ai periti settori, agli ufficiali di polizia e ai lettori di provette che aprono e scoperchiano in tutti i sensi.

È brutto morire in silenzio senza fiato con gli occhi aperti senza vedere, gonfi di sole cattivo.

E lui, ieri mattina, aveva intinto il berretto nell'acqua minerale e si era messo a spruzzare i più vicini dicendo: «Vi benedico, o voi che andate sul Ventoux...»

E poi il sole lo ha preso. Non si sa se quello vero o un altro sole interno chimicamente deflagrato, un cuscino di fuoco intorno al cuore. E non m'interessa conoscere la cosiddetta verità. Un uomo morto è più vero di tutte le verità a posteriori.

Penso che avesse amici anche a Lissone, e un inglese fiammingo dev'essere ben in gamba per avere amici anche a Lissone, e penso che avesse la testa piena di sogni e che i suoi sogni sono rimasti da qualche parte, là in cima nel vento del Ventoux.

Morire è come aprire una porta e chiudersela dietro. Chi è senza chiave non entra.

«*Le jardin reste ouvert pour ceux qui l'ont aimé*», come disse un poeta. Simpson l'ha trovato aperto. È passato.

Classifica finale

1. Roger Pingeon (Francia A), km 4779 in 136h53'50", media 34,775; 2. Jiménez (Spagna) a 3'40"; 3. Balmamion (Italia B) a 7'23"; 4. Letort (Francia B) a 8'18"; 5. Janssen (Olanda) a 9'47".

Partenti: 130. Arrivati: 88.

1968

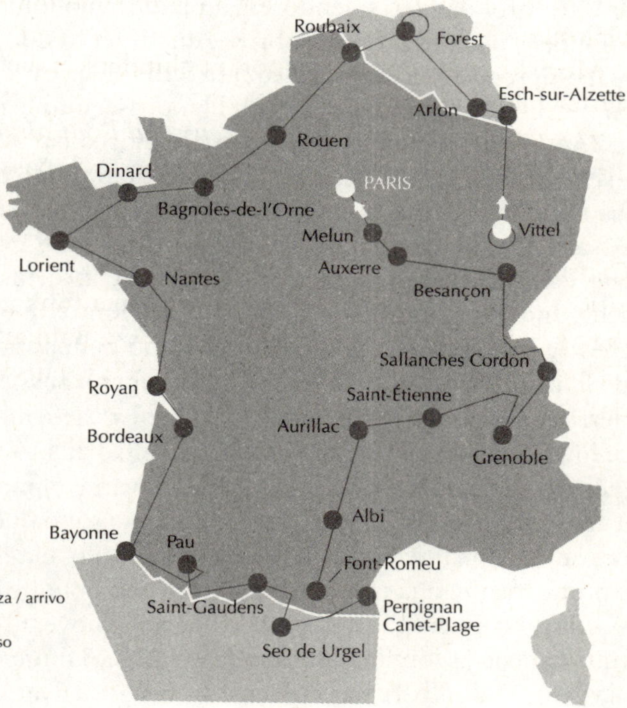

Controlli antidoping per ogni tappa. «Un corridore con gli occhiali non vincerà mai il Tour», aveva predetto Francis Pélissier. Lo smentisce Jan Janssen, primo olandese nell'albo d'oro. Conquista la maglia gialla nella crono conclusiva. Franco Bitossi (due tappe) vince la classifica a punti (maglia verde).

La strana musica che accompagna il corridore Zilioli

ESCH-SUR-ALZETTE, 28 giugno – Ieri sera, i saloni del Casinò di Vittel grondavano splendore. Lampadari monumentali che sarebbero piaciuti al divo Gabriele, un buffet freddo da satrapi, comprendente centottantaquattro tipi di leccardie, champagne da tutte le parti. Così Vittel ha proseguito le onoranze al Tour. Hostess in abito da sera, molti giornalisti in giubbotto e pantaloni di velluto, altri a ripescare dal fondo della valigia il vestito «buono», che si trova regolarmente spiegazzato. Assalti alle tavole come nelle migliori tradizioni delle comiche. Pasticcini e bottigliette di vodka, mezzo litro, in capaci tasche. Innumerevoli invitati voraci come lontre, mentre l'orchestra suona motivi polverosi e altri più pimpanti, applausi pochini perché tutti hanno le mani occupate. Sussiegosi portieri in palandrana verde, più in là i croupier che sembrano finti, in un salone si gioca alla *boule*, nell'altro alla roulette. Per giocare alla roulette bisogna avere la cravatta, e finalmente si è arrivati a una distinzione dell'umanità: ci sono quelli con la cravatta e quelli senza, e questi ultimi giocano alla *boule*, che è praticamente una roulette dei poveri, con puntate limitate a venti franchi e caselle numerate dall'uno al nove. C'è proprio tutto, anche la fontana illuminata nel parco, fontanone neoclassico, e gli alberi bui, appena spettinati da un vento che sembra uscire da un petto, tanto sospira. Nel grande albergo, cento metri di fronte, dormono tutti i corridori.

Qui c'è quel meraviglioso lusso, lo spreco non scevro da una punta d'angoscia, la domanda che alla fine tutti si pongono: ma che ci sto a fare? È l'altra faccia della luna, per i cosiddetti *suiveurs*; domani, pioggia o sole, e facce grondanti sudore e scomodi, dolenti sonni rannicchiati sul sedile dell'auto, gli spintoni all'arrivo, le solite frasi alla partenza, intanto immaginare belle storie da raccontare al ritorno, tutti abbiamo qualcuno cui raccontare qualcosa, però devono essere storie, altrimenti non c'è gusto. E intanto lo sfarzo e lo sforzo. Di resistergli. Iniziano le danze.

Lui si chiama Stanislas, lei Regine. Lui ha novantadue anni, lei ottantuno. Lui indossa uno smoking un po' troppo lustro per non fare tenerezza, lei è rigida come una cicogna impagliata in un lunghissimo abito di raso giallo, i lunghi guanti da sera si sono afflosciati e l'osso del gomito sporge come una freccia direzionale. Ballano soli per un'ora, come fantocci meccanici, da un momento all'altro si attende che un portiere in palandrana verde arrivi su di loro, *cli clic* la chiavetta, invece niente. Stanislas e Regine piroettano congelati tra gli applausi (quanto sentiti e quanto divertiti o compassionevoli) delle lontre ormai al termine del banchetto. Ormai si è in clima. Beckett. *Oh, les beaux jours.*

Da questa angoscia non troppo metafisica all'angoscia di Zilioli. Che esiste finché la si vuole far esistere. Adesso lo stanno scoprendo. La rete di informazioni italo-francese è munitissima. È saltata fuori la storia degli incubi, del muro che crolla, dei complessi. A proposito dei complessi sarebbe opportuno approfondire. Ieri si è scoperto il *livre de chevet* di Zilioli, quello che legge prima d'addormentarsi. Che leggeva, sarebbe giusto dire, perché gli è stato sottratto, col pretesto di volerlo leggere, da un giornalista-missionario. Molti si comportano con Zilioli come premurose crocerossine, come se fosse un vetro di Murano elegantissimo ma con una crepa sottile, basta poco a mandarlo in pezzi.

Zilioli leggeva *Sintesi sull'angoscia*. Brani di Saffo, Eschilo, Shakespeare, Leopardi, Poe, Baudelaire, Fogazzaro, Kierkegaard, Rilke, Kafka, Eliot, Mauriac, Heidegger, Sartre, Freud, Oppenheimer, più stralci dalla Bibbia.

Immaginiamo qualche reazione di stupore, per usare un eufemismo. Tutto perché la gente pensa che un ciclista debba alimentarsi a fumetti, e non abbia quello che si è abituati a chiamare spirito. Così, c'è da far balzi sulla sedia perché un ciclista legge Kafka, o ascolta Beethoven. Zilioli ha la mania della musica, prima di fare il ciclista era corista alla Rai di Torino, una buona voce tenorile. Alle prime trasferte in Francia, girava munito di una lista di dischi introvabili in Italia. Lui accetta questa curiosità nei suoi confronti come una garbata scocciatura, solo ogni tanto prima di rispondere sbatte gli occhi come un uccello notturno sorpreso dalla luce. Mite eppure complesso. Fragile? O non piuttosto profondo? L'angoscia lo affascina. Non ha bisogno di conoscerla, perché ce l'ha già dentro, ogni tanto ingigantisce e sono gli incubi, altrimenti se ne sta buona, e resta l'intelligenza. Semmai, vuole conoscere le angosce degli altri. Così si legge «Il pozzo e il pendolo» e l'atroce *Metamorfosi* kafkiana, poi basta perché il libro glielo tolgono.

«Avrei voluto passare a Freud», dice con una punta di rammarico. «È una lettura che mi distende».

«*Sintesi sull'angoscia*», si legge nella presentazione, «è l'analisi di questa ricerca in cui gli uomini hanno preso coscienza della loro solitudine quotidiana e metafisica e hanno tentato di combatterla». Non sappiamo se Zilioli avverta un'angoscia metafisica. Ma la solitudine quotidiana, crediamo di sì. A rifletterci un po' sopra, il ciclista è tra le categorie di persone più esposte all'alienazione: sempre gli stessi gesti di controllo, una notte in un albergo una notte in un altro, da febbraio a settembre, praticamente, e in questo peregrinare si finisce col perdere il senso delle cose, si passa il tempo prima di dormire a decifrare le macchie sui muri, a contare le assicelle del soffitto, e in corsa, specie per i campioni, cioè per quelli che hanno più responsabilità, una maledetta tensione nervosa, altro che timbrare il cartellino.

Così, Zilioli non deve vergognarsi delle sue angosce, né dei suoi incubi. Sono abbastanza logici. Per quelli che vanno piano, una salita in pieno sole è un incubo, una discesa bagnata è angoscia. Per lui che è intelligente e va forte, gli squilibri sono solo una tappa verso il totale chiarimento della propria dimensione umana.

Stablinski ovvero la voglia di correre

ROUEN, 1° luglio – Dalla Polonia venivano i genitori di Jean Stablinski, che, tra l'altro, si chiama in verità Stablevski: un errore all'ufficio anagrafico al quale era inutile porre riparo. L'importante per gli Stablevski era di potersi sistemare in Francia, in una delle zone meno belle della Francia, il Nord. È la zona del primo pavé, delle grandi officine metallurgiche, delle miniere. Una polvere nera ricopre le facciate delle case, il bucato viene fatto asciugare nelle stanze, e piove quasi sempre. Ma il pane di Valenciennes era bianco e soffice, e questo contava.

Jean lavorava anche lui, e arrotondava lo stipendio con piccoli servizi: la vocazione al ciclismo è comune a molti altri, basta aver cominciato a lavorare usando la bicicletta. Sulle strade sconnesse del Nord, il giovane ciclista francese Stablinski, pronunciato Stablenskì, accendeva la sua fiammella. Vinceva parecchio, questo piccoletto furbo e simpatico. Diventò il cocco del suo presidente, tanto cocco che sua madre, vedova, sposò il presidente, vedovo. Con il trascorrere degli anni, Jean vinse sempre di più, e sposò la figlia del presidente, così che questo benedetto presidente gli è padre e suocero al tempo stesso. Vinse anche un Campionato del Mondo, «Stab». Lo chiamano «Stab» i francesi, che sono per la *clarté*, e siccome il gruppo consonantico *nsk* gli suona male, lo tolgono di mezzo. Stab cresce all'ombra, si fa per dire, di Jacques Anquetil, è suo compagno di corse e di giochi (alle carte, le famose partite di un gioco francese che assomiglia al ciapanò, che si concludevano regolarmente a notte avanzata) e di vittorie.

Stab non ha la classe di Anquetil, e dunque per un po' viene considerato il cavallo che ogni purosangue ha bisogno di aver vicino. Anche le mogli dei due sono amicissime, i quattro formano un clan compattissimo. Fanno la bella vita, per essere ciclisti: Stab assiste Anquetil nella disgregazione del mito del ciclista che va a letto con le galline e beve soltanto acqua minerale, o un gotto di rosso ogni tanto.

Sotto le picconate di Jacques sembra crollare il vecchio ciclismo, quello della leggenda, dove vince il più forte e tutti si vogliono molto bene. Anquetil organizza l'ambiente in modo tale che vince anche quando non è il più forte, e non ha molti amici. Anzi, non può più soffrire Altig dal giorno che Rudi lo spinse a un Trofeo Baracchi comunque vinto. Anquetil si comporta ogni giorno di più come un monarca di campagna, che fa le sue guerre contro chi gli pare. Anquetil ha le maniere del diplomatico, Stablinski conosce solo il bianco e il nero, non tutte le tonalità di grigio. Arriveranno alla rottura.

Prima di rompere con Anquetil, Stab si rompe la faccia, accade nell'inverno di tre anni or sono, durante una gara di cross, che Stab fa per tenersi in peso, perché è piccolotto e tende a incicciarsi nei mesi di sosta, specie col «trattamento Anquetil». Gli si spezza la forcella e cade in un modo che si suole definire rovinoso. Del naso non gli resta intatto neppure l'ossicino più insignificante. Gli contano, all'ospedale, trentotto fratture: ginocchia, costole, non s'è salvato niente. Ingessato dalla testa ai piedi, plastica facciale: adesso ha una faccia nuova che somiglia abbastanza a quella vecchia, solo il naso è più piccino. Pensa a guarire per tornare a correre.

Questa voglia di correre di Stablinski si stenta a capirla, e proprio bisogna tirare in ballo la passione, per spiegarla appieno. Stab è uno che si può tranquillamente chiamare ricco. In vent'anni di attività ha saputo fare la formica. È proprietario di diverse case, interessato a un supermarket, titolare di un'impresa di trasporti e di un grande magazzino di elettrodomestici, il più grande del Nord. È rappresentante della Ignis, e pare che la signorina Caterina, segretaria di Borghi, abbia confidato che Stab fa un gran bel lavoro. Lui si fa vivo, in tutte queste cose che gli appartengono, soltanto d'inverno. Negli altri mesi fa il ciclista, a trentasei anni suonati. È l'unico, attualmente in corsa, ad aver disputato tutte e dieci le ultime edizioni del Tour. Sua moglie e un socio si occupano di affari, lui corre. Nell'arco di una corsa a tappe, il befanotto Stab piazza la sua unghiata, poi si ritira in un nobile educandato. Al Giro di due anni fa vinse a Cosenza, da solo. Al Tour dell'anno scorso vinse a Limoges, da solo. Ormai vince sempre da solo, quelle volte che vince. Era veloce, ma gli anni passano per tutti.

Dalla vicinanza con Anquetil ha imparato a usare la testa, cosa in cui già se la cavava bene da solo. Così questo campione diventato gregario per sua libera scelta è un vero «mostro» d'intelligenza tattica, annusa il vento e capisce tutto, di una corsa. È compagno di squadra di Poulidor, non solo nella Nazionale francese, ma anche nelle altre corse.

Clamoroso il suo divorzio da Anquetil. Successe tutto dopo il Tour dell'anno scorso, quello che vide il trionfo assoluto della squadra di Bidot. La Federazione bandì una grande festa, invitando tutti gli artefici del successo, e, guarda combinazione, per la stessa serata Anquetil allestiva il cenone in un altro ristorante di Parigi, invitando tutti quelli della Nazionale francese. Tutti i corridori, naturalmente. I corridori, posti volutamente nell'imbarazzo della scelta, andarono in massa alla cena della Federazione, dimostrando di non cercare grane, e Anquetil ci rimase male. Dopo qualche ora, quando tutti erano un po' ciucchi, entra nel ristorante «federale» Anquetil, tagliente come una scimitarra, mette in piedi una piazzata che non finisce più, e ovviamente le parole più dure sono per il «disertore» Stablinski, che, nell'occasione, non ha voglia di ascoltar comizi e risponde per le rime. Fine di un sodalizio.

Stab corre il Tour con il piede destro piagato da far pietà. Gli è spuntato fuori un bubbone purulento, ogni mattina cambia la fasciatura, così da Vittel, così fino a quando? La scarpetta destra è stata tagliata lateralmente, per fare spazio al grosso cerotto. Ha trentasei anni ed è ricco.

Stab, anche se non lo dice chiaro, pagherebbe lui di sua tasca per poter correre fino a cinquant'anni. Adesso, spera di raccogliere l'eredità di Tonin Magne, il patriarca che fa anche il direttore sportivo di Poulidor. Magne ha sessantaquattro anni, e ha dichiarato più volte che a sessantacinque avrebbe lasciato il timone dell'ammiraglia. Stab aspetta. E intanto si adopra per riuscire in un'impresa sovrumana, apparentemente impossibile per la refrattarietà del soggetto: far vincere il Tour a Raymond Poulidor, che è buono, buono, tre volte buono, e qualcuno che lo incastra finisce sempre per trovarlo.

«Jojo» Vandenberghe gregario fedele

DINARD, 2 luglio – Oostrozebeke, come facilmente s'indovinerà, è un paese delle Fiandre. Fiandre occidentali. Ci tira un vento terribile, il vento del nord che cantarono e cantano i menestrelli, i poeti e gli *chansonniers*, da Verhaeren a Brel. Vento e, vicino, un mare di piombo. A Oostrozebeke nasce e cresce Georges Vandenberghe, che per resistere al vento fin da piccolo mangia e mangia e diventa grosso grosso; questa peculiarità, rimasta inalterata col passare degli anni, farà di lui una delle più cospicue lontre dell'ambiente ciclistico.

Da ragazzo, Georges, detto Jojo, aveva una folta capigliatura, che il vento del nord gli scompigliava regolarmente. Stanco di farsi scompigliare i capelli dal vento del nord, Jojo se li tagliò corti corti, ma evidentemente c'è una nemesi per chi si oppone ai voleri del vento del nord: Jojo diventò quasi calvo. Siccome ci tiene a una certa presenza, si serve di toupet, la storia è già abbastanza nota. Lui, tra l'altro, non fa molto per tenerla segreta. Al Giro d'Italia era bruno (cioè: il toupet era bruno), al Tour è biondo-castano, con qualche riccioletto sul collo. Per di più gli mancano tutti i denti nella parte destra. «Li ho lasciati in valigia», dice sul traguardo a chi gli chiede conto. Dev'essere la volta buona per gli sdentati: ieri vince Chappe, oggi Vandenberghe si veste di giallo.

Vandenberghe vestito di giallo è un avvenimento che riempie di gioia i *suiveurs* che credono nei piccoli valori della vita. Piccoli all'atto pratico, in teoria grandissimi: la bontà, l'umiltà, la fedeltà, la lealtà, tutte cose che, anche a scriverle, fanno cacofonia. Jojo è uno dei pochi veri gregari belgi. In Belgio il gregariato, così come lo si intende in Italia, non esiste. Una squadra ha venti dipendenti, e tutti si fanno la forca per cercare di intascare quanto più possono.

Gioco di squadra? Pura utopia. Se n'è ben accorto Van Springel, i cui compagni di squadra si sono disinteressati della posizione che rivestiva, della maglia gialla, come fosse un fatto riguardante esclusivamente lui. Lo stesso Merckx, alle prime apparizioni con la maglia Faema, si stupì quando un compagno gli tirò la volata.

Jojo è un gregario fedele. Del resto, con Driessens non si sgarra. Jojo sgarra solo a Borgio Verezzi, nel periodo di preparazione, ma è peccato di gola. Poi, si mette sull'attenti e fa quello che gli dicono di fare. Il più delle volte, deve tirare la volata a Willy Planckaert, il signorotto della Smith, peraltro alquanto decaduto. «*Vas-y*», gli dice maître Guillaume, e Jojo ci va, è un apripista di potenza eccezionale, abbatterebbe un rinoceronte, schianterebbe una sequoia, pur di aprire la strada a Planckaert. Se non è Planckaert, è qualcun altro. A Roubaix, per esempio, Godefroot. Nessuno si può lamentare di lui.

Come gregario, è un cannone. Vederlo in giallo è una consolazione. In una giornata da prendere con le pinze e buttare nel fuoco (sveglia alle cinque di mattina e alle nove di sera ancora a lavorare), una giornata di vento e nel pomeriggio anche di pioggia, a Jojo il buono, il mite, con degli occhi azzurri e ingenui che quasi rasentano la tonteria, è toccato il premio sognato, mai confessato. Fiorisce sul podio come un surrealista girasole il sorriso di Jojo, anni ventisette, ma grosso, calvo e semisdentato, e il Tour è davvero una corsa buona, se offre di queste gioie, oasi tranquilla nel giorno più lungo.

Nella zona tra il Calvados e la Bretagna, sbattuta da un vento mitologico, Jojo s'è sentito come a casa sua, e scambiando i bretoni per i fiamminghi occidentali, una volta tanto ha pensato per sé, s'è visto con quali risultati. Siccome dalla sala stampa si fa prima a telefonare, a Beirut come a Teramo, ecco Jojo in tuta blu (dimagrisce, il blu) comparire e chiedere un numero di Oostrozebeke. «Chissà se si sentirà bene», dice. «Là c'è sempre il vento».

Per una volta anziché un corridore cantiamo un poeta

NANTES, 4 luglio – Scrisse André Breton che Nantes è una città «dove certi sguardi bruciano di troppo fuoco, dove la cadenza della vita non è la stessa che altrove, dove uno spirito d'avventura al di là di tutte le avventure abita ancora in certi esseri». E allora non c'è da stupirsi che abbia vinto Bitossi.

A Nantes nacque Jules Verne, maestro d'avventure, e nacque il generale Cambronne, passato alla storia per due frasi, di cui una enfatica e l'altra, come dire, decisamente più icastica, che esprime appieno l'orrore e lo sdegno della situazione contingente. «La guardia muore ma non si arrende», frase indubbiamente eroica ma venata di trombonismo. La storia, pur non essendo maestra di vita, insegna che altre volte la guardia si arrende ma non muore, e ci azzecca pure.

L'altra frase il generale la disse perché in quel momento non gli passava per la testa qualche frase destinata ai posteri, e si rese involontariamente di imperitura memoria.

Nantes è chiamata la Cittadella d'Orfeo. Aragon, prima di cantare gli occhi di Elsa, venne a esercitare al locale Hôtel-Dieu (uguale ospedale: i francesi in queste dolcezze sono inarrivabili); Vaché venne a scrivere qui i suoi ultimi versi, prima di tirarsi una pallottola in testa, a vent'anni, nella stanza numero 12 dell'Hôtel de France. E poi Benjamin Peret, Julien Gracq.

Nantes è una città dai molti volti, città ventosa tagliata da sette corsi d'acqua. C'è la parte nuova, naturalmente priva di suggestioni, e la parte vecchia, la cosiddetta *zone*, dove ancora trovi uomini-sandwich, violinisti straccioni, professori cadenti ognuno con la sua filosofia da apprendere al prossimo, escono dai balconi canzoni di lavandaie, c'è odore di limoni e di vino forte. La *zone* resta tenacemente com'era ai tempi del suo cenacolo letterario. Aggredita da ogni lato dai saponifici e dalle concerie.

Oggi, una tappa per un poeta. Un grande poeta che in Francia pochi conoscono, e in Italia quasi nessuno. René Guy Cadou. Dal febbraio del 1920 al marzo del '51 la sua parabola di vita. Da Lorient a Nantes, si è percorsa la sua terra. Prima la Brière, una zona di infinita suggestione e malinconia, una specie di Camargue dell'ovest, terra piatta a perdita d'occhio interrotta da stagni e paludi, centinaia di stagni e paludi popolati da uccelli acquatici. Unica risorsa della regione, la torba.

La Bretagna è agli sgoccioli, ma ci sono ancora seminate per la pianura immense croci di pietra grezza, e le chiese hanno tutte la stessa forma, il galletto arrugginito sul campanile. All'epoca dell'estrazione della torba rompono l'orizzonte le sue piramidi strette e alte, come rozzi candelabri a raccogliere la luce di un sole che batte forte, perché qui il sole o batte forte o non c'è per niente.

Nel primo pomeriggio si attraversa Sainte-Reine-de-Bretagne, dove Cadou nacque, ma non c'è nemmeno un segno di lui sulla casina, accanto alla scuola, che lo vide aprire gli occhi. Suo padre era maestro, e maestro fu anche lui, da un paesino all'altro della costa, sempre le stesse cose, le stesse strade, le stesse disperate speranze e la morte sempre più vicina, ma tanto amore. Si trasferì per qualche anno a Nantes, e dovette sembrargli il mondo intero, abituato lui alle aule grigie, alle sale d'aspetto delle stazioni, al bar, la sera, con il postino e il farmacista, cui leggeva le sue poesie così belle, così assolutamente pure, filo sottile di canto ma voce ferma. «Io scrivo per delle orecchie pelose», scrisse, «con un amore ostinato che saprà bene, un giorno, farsi sentire».

Ma le orecchie pelose della Brière se lo ricordano poco.

Chi, lei vuol dire quel tipo che vinse a diciott'anni un concorso di poesia? Ma è morto, no?

E subentra un'istintiva diffidenza per noi forestieri, non bretoni, nemmeno francesi, che chiediamo conto di un poeta nato e cresciuto tra le loro orecchie pelose, come ne provassero a un tempo rimorso e fastidio. Troviamo di colpo assurdo stare qui sotto il sole del primo pomeriggio a fare domande a gente che non sa o non vuole rispondere.

S'avvicina un prete che sembra la caricatura di un prete. Dov'è sepolto?, chiediamo. A Louisfert, credo, risponde, io non sono di qui. Dov'è Louisfert?, chiediamo. Da quella parte, risponde. Guardiamo da quella parte, si vede solo la piana paludosa punteggiata di olmi. C'è anche la casa dov'è morto, dice il prete, di questo sono sicuro, ma le può fare impressione, sa quell'odore di chiuso, però è tutto come quando ci abitava lui, solo che c'è la sua mano di bronzo sul tavolo.

C'è un cane che si gratta, qui sullo stradone. Arriva un poliziotto con la coda spiegata. È sempre così nei paesi: vogliono far vedere che loro sono la legge. *Dégagez*, dice secco, deve passare la corsa. Passa tra quaranta minuti almeno, diciamo. *Dégagez*, ripete, e non ce lo facciamo dire una volta di più. Tanto la corsa langue, e c'interessa di più sapere dove vanno a finire i poeti, quando muoiono. Non si è mai troppo vicini al cielo, aveva detto Cadou. Ma più vicino alla sua gente avrebbe voluto esserci.

A Nantes ci sono i sette fiumi, ma oggi niente vento. Bitossi è un ricco d'avventura e vince, nella catarsi sciovinistica che ruota sullo stadio come un grande aquilone anneghiamo gli ultimi versi che abbiamo in testa. Doveva essere una tappa per un poeta.

La prima bicicletta di Julio Jiménez

SAINT-GAUDENS, 10 luglio – Al numero 4 della calle Toledana di Avila non era tempo di vacche grasse, quando nacque Julio Jiménez. Suo padre guidava le autolettighe della Croce Rossa, sua madre andava a servizio nella casa del generale Baudin, che sarà il primo deus ex machina nella lunga carriera di Julio. Per una di quelle illuminazioni che segnano la vita di un ciclista, Julio non pensò ad altro che alla bicicletta, appena fu in età di distinguere un pignone da un'albicocca, un manubrio da un attaccapanni.

Abbiamo letto per intero il *Mis memorias*, ponderosa opera sulla vita di Julio, corredata da foto a quattro anni, foto il giorno della prima vittoria, con un magrissimo mazzo di fiori, e non ne siamo usciti molto edificati. Più che le memorie di un ciclista, sembrano quelle di un santo, non manca proprio nulla. Particolarmente premuto il tasto della vocazione, così che nessuno possa equivocare e credere che Jiménez sia arrivato al ciclismo per caso.

Jiménez è un tipetto senza età apparente, faccia mistica, capelli radi. Potrebbe essere un torero, un poeta, un violinista. Ha una voce acuta, gambette secche e scure come stoppie; ha raccolto l'eredità del grande Federico, è un idolo e un esempio per i giovani. A parte una parentesi di circa due anni, spesi con entusiasmo moderato in una bottega di orologiaio appartenente a suo cognato Angel, Jiménez ha vissuto per la bicicletta.

Confessa di non aver mai nutrito la benché minima simpatia per i libri. Lo chiamava la strada, *la carrera me llamaba*; solo che non giravano soldi per acquistargli la bici, l'unica cosa che Julito chiedeva al mondo era una bicicletta, e il mondo di casa, specie sua madre (è l'unico maschio, Julio), si addolorava ma non poteva farci niente, e il mondo esterno non si addolorava per nulla, anzi, a essere sinceri, non gli importava proprio un bel nulla che Julito avesse la bici o no.

Un bel giorno il generale Baudin di cui si diceva (generale di che, non sappiamo, non è precisato nel libro) si commosse e regalò alla madre di Julio una bici usata, appartenente ai suoi figli. Era una bici piccolissima, da paese delle fate, e Julio scrive che ricorda quel giorno come il più bello della sua vita. Cominciarono le *faenas* con i ragazzi del quartiere, lungo la salita che portava al santuario. Julio cercava il pezzo difficile, piantava la strada e andava nei prati, dove la pendenza era maggiore, spaventando le pecore e forando parecchie gomme su occasionali sassi. Sua madre gli passava di nascosto le pesetas per le riparazioni.

Venne un giorno in cui le ginocchia urtavano il manubrio. Julio aveva quindici anni, e sembrava un equilibrista da circo, su quell'aggeggino senza più colore. Il consiglio di famiglia decise che la passione del ragazzo andava assecondata anche a costo di qualche sacrificio. Tutti insieme si recarono da Eusebio Velázquez, che aveva l'officina sotto un tendone; e comprarono una bici da passeggio pagandola ottocento pesetas, nel 1951. La bici da passeggio pesava venti chili, e Julio avrebbe preferito una vera bici da corsa, ma non disse niente perché già la spesa era grossa.

Il cognato Angel, orologiaio, era appassionato di ciclismo, tanto appassionato che convinse la famiglia di Julio che bisognava lasciargli seguire la sua strada. E per Julio cominciò tutto. Anche adesso ricorda benissimo i travagli di quei giorni, quando l'alternativa era orologiaio o ciclista, e ricorda la vitalità della bisnonna Francisca, che a novant'anni suonati andava a far erba per i conigli su e giù per i campi. A Julio piacevano i campi e le strade e il verde degli alberi, nella bottega d'orologiaio cercò invano di adattarsi alla vita cosiddetta normale, senza riuscirci.

Riuscì invece un grande scalatore. L'avrebbe indovinato suo padre, quando lo accompagnava alla stazione di Avila e piangeva quando il treno si allontanava per qualche paesino dove c'era una corsa, e lui, Julio, salutava dal finestrino di uno scompartimento di terza classe. Un grande scalatore, sì. A trentaquattro anni, aspetta solo di finire in gloria. E questo Tour è l'ultima occasione. È troppo fiero per vivere sul passato, Julio. Il Tour aspetta il suo ultimo colpo, quello che farà rizzare le orecchie alle montagne.

Uno striscione bianco per ricordare Simpson

ALBI, 14 luglio – All'ingresso di Mirepoix (km 115) c'è uno striscione bianco contro il cielo. È il ricordo di Simpson, il Tour si ricorda di Simpson con uno striscione bianco su cui, a lettere blu maiuscole, c'è scritto: SOUVENIR TOM SIMPSON. Mirepoix è un paese del meridione, in certi scorci può evocare Carpentras, le case bianche addossate, le strade strette e piene di sole, gli alberi in piazza, dove si gioca alla *pétanque*. Il comunicato, laconico, dice che ci sarà l'atto d'omaggio a un corridore «troppo presto scomparso», e tutti gli avvoltoi di un anno fa non girano in lenti cerchi, sono diventati colombe bianchissime e pronte alla commozione.

Il traguardo-omaggio, quasi che gli organizzatori l'abbiano fatto apposta, è in pianura, al termine di una lieve discesa. Nemmeno l'ombra di una salita, per tener lontane le immagini di allora. Però ritornano lo stesso, nella scia dei ricordi. Pingeon, della stessa squadra di Simpson, vince il traguardo con espressione consapevole. Gli inglesi s'erano passati la voce, al ritorno, doveva essere uno di loro a vincere, così com'era stato uno di loro, l'anno scorso a Sète, a rendere omaggio alla memoria di Major Tom. Una lunga fuga con il consenso del gruppo, con la spinta morale del gruppo, che aveva bisogno di far qualcosa per sentirsi a posto, pur senza avere colpe, ma la fine di Simpson aveva lasciato in tutti un fondo di pena. Il gruppo continuava la corsa a cuore grosso, un Tour è un'immensa macchina, e anche nel circo si continua lo spettacolo se cade un trapezista. Giorno di bandiere alle finestre e danze un anno fa ad Avignone, il ponte di Avignone, quello della canzone dove si canta e si balla, è proprio davanti all'obitorio.

Il Tour ha ricordato Simpson, uno dei suoi ultimi personaggi, entrato a lunghi passi nella galleria fredda delle memorie, con un traguardo a premio. In palio un oggetto artistico. Era steso senza voce e senza coscienza sulla pietraia, tre quarti d'ora lì steso, i ciclisti si ricordano adesso di com'era divertente, degli scherzi che faceva, delle barzellette che raccontava, non proprio salottiere, ecco, però i ciclisti si divertivano nel sentirgliele raccontare, aveva mimica efficace, occhi espressivi e uno spiritoso profilo da martin pescatore, perché è meglio ricordare uno nei momenti di vita più piena e spalancata in faccia agli altri come una finestra, non già in quei momenti – quanto lunghi – di agonia del povero disgraziato, lontano dai suoi affetti e anche dal suo mondo, ormai enucleato dal suo mondo Major Tom gli ruotava intorno all'infinito, silenziosamente, come sotto vetro.

Il vento sbatte lo striscione bianco, il gruppo passa, qualcuno toglie il cappello, la corsa continua.

Bidot-Poulidor: arrivederci a quando?

SAINT-ÉTIENNE, 16 luglio – Senza tema di smentita, questa è la più brutta città di Francia. Molto civile, ma bruttissima, di un grigio uniforme, sembra una città tirata giù dal solaio e piazzata in un paesaggio piuttosto bello, da un lato la verde pace della Loira, dall'altra la severità ecclesiastica degli abeti del Col du Grand Bois. Una città che sembra un incubo della civiltà dei consumi, una città catarrosa e butterata di ciminiere, con bar tristi e bui, una città senza un monumento storico ragguardevole, e anche fiera della sua alacre bruttezza, come se le cattedrali e i palazzi fossero destinati solo agli sfaticati.

Eppure Raymond Poulidor avrebbe voluto vedere questa città bruttissima, vedere la pedalata di Emile Mercier come un piccolo sole personale, balsamo sulle piaghe, avrebbe voluto sentirsi avvolto nelle affettuose garze degli applausi, da quell'insopportabile grido: «Pou-pou».

Raymond Poulidor non è partito da Aurillac. Alle sette di mattina, per i microfoni di Europa 1, ha detto: «Forse non parto». Alle sette e trenta, ha detto: «Oggi non parto». E non è partito.

Eravamo nello stesso albergo, e purtroppo anche nello stesso ristorante. La tavolata della Nazionale di Francia era allegra come l'anticamera della Morgue. Poulidor, seduto tra Stablinski e Riotte, faceva una gran fatica a mangiare, si lamentava per il mal di testa. Stablinski, il rinoceronte fulminato, gli regalava saggi di filosofia spicciola, scena patetica di solidarietà tra personaggi che le vicende del Tour hanno ridotto a poveracci, in senso lato, con la differenza che un poveraccio è vituperato e l'altro incoronato di luce, più le immancabili palme del martirio.

Alla lieta cerimonia non mancava la signora Poulidor, giunta in auto con la figlia Corinne. La signora Poulidor, già da ieri sera, aveva consigliato il marito di abbandonare. Il medico diceva che si poteva anche andare avanti, però quel mal di testa... sì insomma, forse era meglio abbandonare. Poulidor passava la notte in compagnia del suo mal di testa e di angosciosi pensieri. È questo il suo settimo Tour, ne aveva conclusi due al secondo posto, due al terzo, uno all'ottavo, uno al nono. Questo lo finiva all'Hotel de l'Univers di Aurillac, piazza della stazione, con fischi di treno durante la notte a simboleggiare la partenza, ma non lo capiva lui che di simbolismi non è molto esperto, né di tattiche, né di tutte le altre diavolerie che invece gli altri ciclisti capiscono in un batter d'occhio.

Alle otto, nella hall, la scena madre, con Bidot e Poulidor che si gettano piangendo l'uno nelle braccia dell'altro, manca solo il vitello grasso e sarebbe tal quale il figliol prodigo, e il personaggio di Bidot, questo nobile vegliardo dal profilo di spadaccino, comincia a essere al centro di molti giudizi, che assumono i colori più svariati. Uno dice che ha fatto giusto, l'altro che ha sbagliato tutto, uno che è un gran tattico, l'altro che è un bamba, e alla fine della fiera l'unica cosa certa è che la motocicletta che falciò Raymond Poulidor non era guidata da Marcel Bidot.

No, Raymond Poulidor non si riempie gli occhi della sovrana bruttezza di questa città. È già partito con la moglie e la figlia alla volta di Saint-Léonard-de-Noblat, il suo paese del Limousin, dove potrà guarire dal mal di testa, dal dolore alla gamba che lo assale quando non è in bicicletta: potrà curare il suo orto e il suo giardino.

Ecco perché molti non credevano che vincesse il Tour. E questi molti arrivano quasi a dire che la motocicletta è stata provvidenziale, nella disgrazia lo ha sollevato da ogni responsabilità, anzi ha fatto di lui il vincitore morale del Tour, di un Tour che difficilmente avrebbe vinto anche in piena salute, perché se Poulidor vincesse il Tour non sarebbe più Poulidor.

A trentadue anni, il suo pianto è il pianto di chi si vede proibito l'ultimo tentativo, e insieme l'ultima speranza. Per questo è triste vederlo partire così, gli ematomi intorno al naso, color vinaccia come bargigli di tacchino. Il suo volo l'ha fatto sull'asfalto, e la sfortuna agli occhi della gente lo rende di più grandi proporzioni.

Questo Tour lo avrei vinto io, dice Poulidor a Bidot. Ma certo, risponde Bidot, chi vuoi che lo vincesse. Be', io vado, arrivederci, signor Bidot. Arrivederci, Raymond Poulidor.

Sembra un corridore, Barry Hoban, però non sembra inglese

SALLANCHES, 18 luglio – Bene o male, Barry Hoban trova sempre modo di vincere per distacco una tappa del Tour, e questo riempie di gioia gli inviati inglesi, che in luogo delle quotidiane venti righe possono dilagare fino a trenta, la circostanza giustificando la prolissità. Abbiamo detto che nessuno dei corridori inglesi sembra un corridore, e occorre una precisazione. Hoban sembra un corridore, lo è, però non sembra inglese, ha un volto latino, inquadrato da monumentali basette, e di inglese gli è rimasto poco, a parte la nazionalità, visto che vive in Belgio e parla correntemente fiammingo e francese.

Di inglese gli restano anche i ricordi, a Wakefield la bicicletta sembra sia venerata come in Brianza, e del resto la zona di Wakefield potrebbe essere scambiata per Brianza, vista in cartolina, e la Brianza per la zona di Wakefield, e il dialetto brianzolo è incomprensibile come l'inglese per chi non abbia studiato l'inglese, e dopo questo lungo discorso restiamo fermi sul nostro avviso: Hoban non è brianzolo.

Il padre di Hoban è cicloturista, adesso; ma quando Barry era un ragazzino lui e suo padre e i suoi quattro fratelli prendevano la bicicletta il sabato mattina e si mettevano in viaggio per tutta la durata del weekend. Non soli, naturalmente: li seguiva metà della popolazione maschile di Wakefield, ed erano corse gentili e prive d'agonismo, corse con la margherita in bocca, come nei racconti di Mosca, corse dove tutti si sentivano buoni e in pace con il creato.

Quando Barry ebbe sedici anni, il padre esaudì un suo grande desiderio, loro due soli andarono a fare il Giro del Galles, due settimane in bicicletta (il padre ferroviere era in ferie), e questo del Giro del Galles è uno dei più bei ricordi di Hoban.

L'anno scorso vinse la tappa più triste del Tour, la Carpentras-Sète, un pellegrinaggio sotto il sole, con tutto il gruppo che aveva Simpson sul cuore, più che nel cuore, e Hoban fu letteralmente spinto in fuga, e per nulla inseguito, e vinse piangendo accasciato sul manubrio, con gli occhiali neri e una benda nera al braccio. Simpson era padre e madre del ciclismo inglese, l'apripista in un mondo ciclistico che aveva fissa in testa l'immagine dell'inglese in bombetta e calzoni a righe, come il Bristow dickensiano, e all'idea di un inglese ciclista faceva matte risate, e quando l'inglese aspirante ciclista insisteva, gli batteva la porta in faccia. Simpson fu l'apripista, e Hoban non può dimenticare che deve a lui la sua carriera, e anche questa vittoria. Fu Simpson a portarlo in Europa, fu Simpson a trovargli un impiego, ancora Simpson a consigliargli di stabilirsi a Gand. Hoban si è sposato a Gand, ha aperto un bar dove il sabato e la domenica si balla, tutti in Belgio ballano il sabato e la domenica sera, abbuffandosi intanto di patate fritte. Hoban è belgicizzato, ma è pur sempre stato quattro volte campione d'Inghilterra.

Ai piedi del Col d'Aravis, Hoban più di tutti, ma anche gli altri, è stato investito da una *aubade* intonata a crepacuore dai Piccoli Cantori della Croce di Legno, che con le loro evoluzioni canore hanno incoraggiato i giganti della strada. Di questi ragazzini terribili diretti da un abate e seduti sotto un abete, ci eravamo accorti. Se non ce ne fossimo accorti, ecco che troviamo in sala stampa un comunicato fresco fresco, che illustra il meritorio gesto. In un Tour all'acqua minerale, anche una *aubade* può caricare lo spirito.

È un Tour all'acqua minerale, che prevede al seguito solo giornalisti professionisti. Pure, al Tour c'è un praticante. L'ordine dei giornalisti ha esperito indagini al termine delle quali è risultato che il giornalista non ancora professionista al Tour effettivamente c'è, però non ci si può far nulla. In quanto il Tour lo segue in bicicletta. Anzi lo corre. Si tratta di Jean-Marie Leblanc, della squadra B di Francia, iscritto all'università (giurisprudenza) e praticante alla *Voix du Nord* di Lilla. Questo Leblanc è un ragazzo pallido e molto educato, e durante l'inverno, evidentemente non sazio di pedivelle, scrive articoli di ciclismo. Condanniamo questa mancanza di fantasia. Ma, quando si dice la vocazione, si dice tutto.

Classifica finale

1. Jan Janssen (Olanda), km 4492 in 133h49'42", media 34,894; 2. Van Springel (Belgio A) a 38"; 3. Bracke (Belgio B) a 3'03"; 4. San Miguel (Spagna) a 3'17"; 5. Pingeon (Francia) a 3'29".

Partenti: 110. Arrivati: 63.

1972

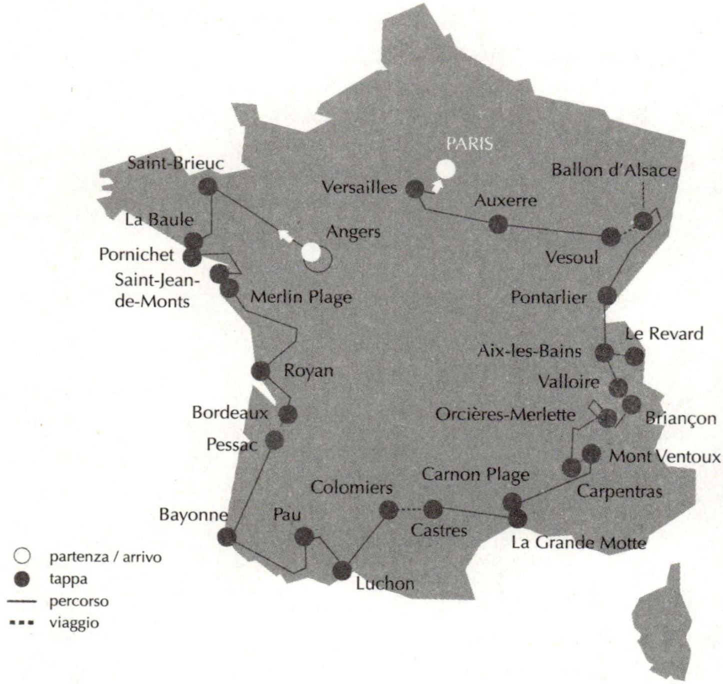

Non c'è rivincita con Ocaña. Un'altra caduta lo taglia fuori, insieme a Thévenet. La maglia gialla è una questione a due tra Merckx e Cyrille Guimard, giovane e brillante francese, molto veloce allo sprint ma capace di battere il rivale sul Mont Revard. Anche Guimard deve ritirarsi per problemi a un ginocchio. Sul podio due grandi nomi vicino a Merckx: Gimondi e Poulidor (trentasei anni).

Poulidor eroe senza maglia gialla

SAINT-BRIEUC, 2 luglio – Come Anquetil, Poulidor è arrivato al secondo libro di confessioni. Sant'Agostino, evidentemente non fondista, s'era fermato al primo e forse aveva fatto bene. Poulidor è un personaggio che ci affascina, talvolta, per l'assoluta mancanza di fascino, e non ci sorprende molto che i suoi agiografi, Pierre Joly e Georges Dirand, abbiano colto il destro per buttar fuori questo *Mon âge d'or* che, uscito da poco, sta andando a ruba. Anche il volume precedente (*La gloire sans maillot jaune*) aveva incontrato un ottimo successo di pubblico.

Già nella scelta dei titoli balza evidente la differenza tra i due ex nemici. Anquetil ha dalla sua *Je suis fait comme ça* e *En brûlant les étapes*, due titoli che lo riassumono bene, altezzosi e positivi: «Sono fatto così», «Bruciando le tappe». Poulidor ha un titolo mesto, da santo di serie C, senza aureola, «La gloria senza la maglia gialla», e adesso sembra rifiorire con «La mia età d'oro», che forse sarebbe più giusto tradurre con periodo d'oro, perché l'età è quella che è, e se la tiene. Il fulcro del libro è la Parigi-Nizza di quest'anno, vinta da Poulidor su Merckx quando non se l'aspettava lui, né Merckx, né altri al mondo, perché Merckx è talmente calato nella pelle del primo e Poulidor, quando gli va bene, nella pelle del secondo, che nessuno pensava a un rovesciamento di posizioni su quella salita da turisti tedeschi che è La Turbie.

Più del fatto antagonistico ci interessava il fatto umano. Poulidor è un antipersonaggio che è stato sempre personaggio, anche quando non aveva trentasei anni e non batteva Merckx e non batteva Anquetil: perché il dualismo è stato costruito su basi sbilenche, con uno non simpatico alla massa che vinceva di riffe o di raffe e uno tanto simpatico che non vinceva quasi mai, ed era Poulidor. Poulidor aveva tutto per piacere alla massa, compresa la iella, non c'è nulla come la iella che affratelli e calamiti affetto. A un Anquetil festaiolo, sottaniere, metallico, quasi meccanico, crocierista e calcolatore, era bello contrapporre Poulidor, mia moglie e basta, appartato, coltivatore del giardinetto, mai in ferie «perché la mia Alvernia è così bella» (giusto due settimane a Courchevel per ossigenarsi), impulsivo, coraggioso, audace, capitombolone e, cosa che non guasta, quasi sempre fregato.

La sconfitta, come la iella, è affratellante e calamita affetto. Di questo non poteva lamentarsi Poulidor, ben presto diventato Poupou, soprannome orrendo ed esecrando da barboncino, che lui naturalmente ama e nel libro non si vergogna di fare poscritti in cui invia carezze al gattino Poupou del ristorante di Mercurey, dopo aver ricordato con simpatia alcuni dei suoi abituali corrispondenti: uno psichiatra di Saint-Nazaire, un ginecologo di Charleville, il presidente del Comitato Nazionale Antidroga, un professore d'inglese del collegio di Majunga (Madagascar), la Gendarmeria di Limoges, il curato di Naintré-les-Bains («Bell'esempio per i giovani»), il parroco di Levroux («La vostra lunga e paziente perseveranza è stata premiata»). Poulidor, a differenza di Anquetil, che mai ha nascosto certe sue simpatie chimiche, è il convinto assertore che il miglior doping sia un buon filetto e una buona dormita.

Poulidor è semplice, tanto semplice e semplificato che i suoi agiografi, nel sospetto che fosse troppo semplice, hanno cercato di creargli attorno un alone di eroismo nel quotidiano, di grandissime piccole virtù, tutte cose che manderanno in visibilio i pensionati di La Roche-sur-Yon e le maestre di Azay-le-Rideau e che non ci permettiamo certo di svalutare, ma sulle quali, immaginiamo, Anquetil si farà grandi risate.

Vi regaliamo l'elegiaco finale del libro: «La ruota gira, è un pezzo che lo so. Sarà presto tempo che vada a coglier le mie rose. Allora le mie bambine mi verranno a prendere per mano e mi porteranno a casa dove ci aspetterà la loro mamma».

Un bel finalino da compito in classe. La Francia di tutti i giorni si commuove per l'eroe di tutti i giorni che non ha mai indossato la maglia gialla. Vende molto, il libro, e Poulidor firma molte copie. Ci viene in mente un giorno di quattro anni fa: si era a Royan e veniva presentato il primo libro di Poulidor, in una libreria sul lungomare. Poulidor era diretto da Antonin Magne, personaggio biblico, sempre in basco nero e camice bianco, abilissimo solo nel dargli del voi e nello scegliere meccanici che invece di spingerlo in strada lo sbattevano in un fosso, Magne era un asceta, un francescano della pedivella. Quando Poulidor andava giustamente a lamentarsi per qualche dritteria di Anquetil o altro, gli teneva sermoni e gli citava le Scritture. Perseverate, Raymond Poulidor, e non occupatevi dei meno puri di voi: alla fine la giustizia sarà dalla vostra parte; così gli diceva Magne. *Oui*, patron Tonin, diceva lui abbassando il crapone, quasi pentito di avere perfettamente ragione. Al posto di Magne adesso c'è Caput, più brillante, più luciferino, più cameratesco. Poulidor ha trentasei anni e l'ultima occasione l'ha forse persa quattro anni fa, pochi giorni dopo Royan, quando fu travolto da una moto del seguito e costretto a ritirarsi ad Albi, dopo un arrivo impressionante in cui gli mancava solo la palma del martirio. La sola cosa che mi dispiace veramente, rievoca Poulidor nel suo libro, è di non aver mai conosciuto quel motociclista, non è mai venuto a chiedere di me.

Bidonato a ripetizione, Poulidor mantiene intatta la fiducia nella vita e l'amore per la terra, che lo porta a pedalare anche d'inverno, nei ciclocross.

È un personaggio positivo? È un personaggio positivo. Ma i veri santi sono quelli che hanno respinto le tentazioni o quelli che mai ne hanno avute? È un personaggio positivo perché non ha mai preso coscienza di altro che non fosse il suo trantran, mai turbato da desideri più grandi di lui, che è un modo di dire, perché nessun desiderio dovrebbe mai essere oltre la misura umana. Alle origini, Anquetil (per il quale, sia detto così per dire, mai nessuno s'è sognato di coniare diminutivi o vezzeggiativi) era sullo stesso piano di Poulidor, un piano agricolo, dato che faceva il raccoglitore di fragole e, a tempo perso, il meccanico. Anquetil adesso ha un castello con 352 finestre, in Normandia, una per ogni giorno dell'anno, è meccanico e freddo come quando correva, pochi lo amano e non gliene importa nulla. Poulidor ha la sua villettina al paese e quando ha ospiti li invita al ristorante del paese. Anquetil ha un dalmata gigantesco, Poulidor un chihuahua microscopico.

Poulidor calamita anche il nostro affetto, oltre a diciotto franchi per il libro. Ma forse sarebbe meglio che la maglia gialla non la indossasse mai, così che gli restasse questo titolo distintivo, la presenza immanente di un'assenza costante, il valore non pagato, la iella affratellante. Non cambierebbe nulla: coglierebbe le sue rose con la stessa mano ferma, lo stesso labbrone in fuori, lo stesso crapone d'Alvernia, sarebbe sempre Raymond Poulidor, sarebbe sempre, purtroppo, Poupou.

«Non temevo nessuno»

MERLIN PLAGE, 4 luglio – Bum, arriva la Gualazza e arriva benissimo, alzi la mano chi non è contento. C'è Basso che vince lo sprint del gruppo e per poco non va gambe all'aria, sterzando brusco per andare a buttargli le braccia al collo. Ercoleeee!

Gualazzini è compostissimo, come se su questa vittoria non esistessero dubbi. Beato lui. I *suiveurs* italiani, che sono tutti gualazziniani perché è una gran pasta di ragazzo, facevano calcoli su quei nomacci astrusi: De Schoenmaecker perde di sicuro, Beysens non lo conosce nessuno, Guyot non può vincere, Tschan è piuttosto veloce, Moneyron dicono i francesi che è velocissimo, Van Clooster è una vecchia volpaccia, sta' a vedere che la Gualazza parte in testa e qualcuno gli sta al coperto sulla ruota e lo salta sulla linea. Succede invece che la Gualazza parte in testa e nessuno lo infastidisce: che grande sprinter, dicono i francesi, com'è che questo campione è così sacrificato? Vagli a far capire che è fatto così, il nostro Ercole parmigiano: lui è nato gregario, il primo a fermarsi per raccogliere acqua, il primo a fermarsi per chi buca. Eppure ha battuto Sercu e tutto il gruppo, a Benevento, dicono i francesi più informati, che temono d'essere presi in giro. Vagli a far capire che Gualazzini a Benevento non l'ha fatto apposta a vincere. Lui tirava la volata a chissà chi, senza voltarsi, così che finì per tirarla a se stesso.

Ci sono qui gli organizzatori del Giro dell'Indre-et-Loire, regione nella quale Gualazzini è il più popolare ciclista italiano di tutti i tempi, visto che nel '70 vinse due tappe e vinse anche la corsa. Si può parlare, dicono, col signor Pezzi, il direttore sportivo? No, non si può perché il signor Pezzi non è più il direttore sportivo. Col suo sostituto, allora? Vagli a spiegare che non c'è sostituto: Pambianco è partito ieri per l'Italia e Adorni non è ancora arrivato. Per stabilire chi dovesse condurre l'ammiraglia meccanici e massaggiatori della Salvarani hanno tirato a sorte e al volante c'era il massaggiatore Maioli, di fianco a lui il meccanico Piazzalunga.

«Mi son venuti vicino prima che si passasse sotto il traguardo», dice Gualazzini, «ma io lo sapevo. State tranquilli, ho detto, e lasciatemi tranquillo, che qui non mi frega nessuno. Poco dopo, abbiamo incrociato il gruppo sul controviale. Oh Gualazza, ha gridato Zilioli, cosa fai? Io mi son segnato il petto con l'indice e poi ho alzato il pollice. Occasioni così non ne incontro spesso».

«Ma conosceva i suoi compagni di fuga?»

«Solo Van Clooster, gli altri erano tutti degli sconosciuti».

«E non li temeva?»

«Non temevo nessuno, sapevo che avrei vinto. Quando, al primo passaggio, Van Clooster ha fatto un diavolo di sprint, io ero tranquillissimo in coda, arrivasse pure primo lui, tanto non contava un fico».

«E poi?»

«Ai 250 metri sono partito in testa e con un occhio guardavo avanti e con l'altro indietro; non mi sono mai arrivati alla pedaliera, ho vinto con una macchina buona».

Mentre s'avvia alla doccia, è assediato da giornalisti di varie nazionalità, come una vedette.

«Son qua tutti per me?», si stupisce. Gli diciamo di sì.

«E cosa gli racconto?», s'inquieta. «Qui va a finire che arrivo a tavola per ultimo e gli altri dicono che mi son montato...»

Ma deve sottostare alle leggi della celebrità, sia pure momentanea. Rievoca le sue vittorie da professionista (oltre quelle che abbiamo citato, un successo alla Vuelta del '69, quand'era con la Max Meyer), dice che da dilettante ha vinto cinquantaquattro volte, che come velocista si sente forte ma non fortissimo, specie negli arrivi in gruppo, dove occorre agilità e dove comunque deve tirar la volata a qualcuno.

«Non che mi lamenti», s'affretta a precisare, «per me va bene così».

Poi dice di quando, poche settimane fa, Guido Costa faceva pressioni perché partecipasse ai Campionati italiani della pista.

«Ho rifiutato, perché non si guadagna abbastanza. Se ha smesso Sercu, che era un superman dello sprint, perché dovrei incominciare io a ventott'anni suonati?»

«Ma è vero che ha battuto Beghetto?», chiede un collega.

«Be', diciamo che l'avrei battuto se avessi insistito, durante i "collegiali"».

«È vero che lei è il più pesante del Tour?»

«Io sono 82 chili, gli altri non so», dice lui, come una mammoletta. A occhio e croce, sarà sugli 85, un armadio, fa venire in mente un marine, coi capelli cortissimi e muscoloni così. Racconta della casa che s'è costruito da solo, a Roccabianca, un passo dal Po, di sua moglie e di sua figlia Samuela, del fratello emigrato a Zurigo, delle preoccupazioni per l'anno prossimo («Troverò un contratto?»). Già ieri – come abbiamo raccontato – aveva l'occasione di vincere e s'era sacrificato senza nemmeno pensarci sopra. Oggi l'ha sfruttata. Se soffrirà sulle montagne potrà pensare a Saint-Jean-de-Monts e alla vittoria che ha conquistato, a una gioia troppo grande da portare sulle spalle, ma non per lui, che è fortissimo, Ercole di nome e di fatto. Desta molto interesse il fatto che la Gualazza, con Chiappano, sia un po' il Valcareggi della nostra squadra di ciclisti calciatori. Il calcio è la sua passione, gioca terzino e stopper, preferibilmente su Merckx, perché dice che gli altri hanno paura a marcarlo e allora Merckx fa quello che vuole. Tra una storia e l'altra, finisce che davvero va a tavola per ultimo, ma nessuno lo piglia in giro, ci mancherebbe altro.

La solitudine dell'uomo Luis

MERLIN PLAGE, 4 luglio – Sarà che Guimard ha monopolizzato l'attenzione, sarà che Ocaña non ha più la maglia della Bic ma quella giallorossa di campione di Spagna (vinta con un distacco perfettissimo: 3'33") fatto sta che alla partenza e agli arrivi è solo. Non solo del tutto, nessuno è solo, ma solo rispetto all'anno scorso, quando per parlargli bisognava rischiare con i gorilla della pubblicità, che non sono propriamente dei teneri, altrimenti farebbero un altro mestiere, e poi superare quintali di giornalisti. Adesso è facilissimo: quando si è in cinque intorno a Luis, si è già una folla.

Se ha avvertito questo progressivo dilatarsi d'interesse, molto spesso stressante ma pur sempre positivo in qualche forma, Ocaña non lo dimostra. È gentile, dignitoso, fiero con cinque come con cinquanta. Gli si legge addosso una striatura di tristezza che forse ha sempre avuto, la predestinazione dell'emigrante che gli pesa, dov'è la sua terra adesso, le Lande son la sua terra o non piuttosto il fondale della sua vita di corridore giù dalla bicicletta? È straniero amato e accettato a Mont-de-Marsan, è spagnolo a Priego, ma uno spagnolo che viene da lontano. È «lo spagnolo di Mont-de-Marsan», «il francese di Priego». È un uomo diviso, tenacemente attaccato agli affetti della sua terra d'origine. Dipinge, abbiamo visto quadri suoi e sono buoni, per un dilettante.

A Bordeaux, l'anno scorso, gli è stato chiesto di organizzare una mostra. Ha rifiutato d'istinto, avrebbe fatto soldi coi quadri dello spagnoletto emigrato per fame secolare, il padre tagliaboschi, lui ebanista, lo spagnoletto che diventa grande campione ma al momento dell'affermazione più grande della storia la striatura di tristezza diventa un mare di dolore, più che il dolore la nausea che bussa alle tempie, il ritrovarsi sbattuto per terra, il treno che parte, tutto daccapo. Avrebbe fatto soldi ma più di questo conta la gelosia per le cose sue, i quadri non sono cose da mettere in mostra, a Bordeaux o altrove, sono pezzi di sentimento da tenere in casa, come stufe dello spirito, come presenza dell'anima solare e profonda di Castiglia, il garofano e il rosario, la piazza aperta e la tomba chiusa.

Nella valigia si porta appresso un barattolo di paté delle Lande e ogni tanto gli arriva un pacchetto di dolci da sua madre, sono dolci a base di zucchero e pasta di mandorle, magari non tanto adatti alla dieta di un ciclista, ma cos'importa a lui se lo aiutano a sentirsi meno solo? E poi c'è il telefono, Josiane, Jean-Louis, Sylvie. E poi c'è l'idea di andare fino in fondo, quest'anno, di fare quello che la sfortuna gli ha impedito di condurre in porto l'anno scorso: dare colpi su colpi a Merckx fino a vedergli impallidire anche la maglia. Allora, se il piano gli riesce, avrà attorno quintali di giornalisti, tonnellate d'interesse, il mondo nella borraccia da bere d'un fiato, e non gl'importerà nulla: i giornalisti amici sono tre, Antonio Vallugera, Simon Rufo e Julián Sollube, sono loro che ha invitato quest'inverno a casa sua, per parlare da amici, per ricordare, per guardare avanti. Quando siamo andati via, dice Simon, avevamo avuto una lezione su cosa vuol dire essere uomini.

L'ultima avventura del cavalier Pinpin

COLOMIERS, 11 luglio – Alla prima che mi fai ti licenzio e te ne vai. Il discorso di Gaston Plaud a Roger Pingeon ricordava quelli del *Corriere dei Piccoli*, con Tamarindo, Sor Cipolla e il Marchese. Roger Pingeon, da quando ha vinto il Tour, ha percorso una strada in eterna discesa, tra malanni veri e presunti. Squalifiche per doping, liti con il direttore sportivo e i compagni di squadra. Ma aveva vinto un Tour. Le sue bizzarrie non finivano mai: la più clamorosa fu tre anni fa a Campione, prima del prologo del Giro d'Italia. Pingeon s'era sderenato chiudendo il cofano della vettura e a Campione pioveva. Lungo tira e molla, non voleva partire. Plaud lo convince. Pingeon si mette in maglia e braghette da ciclista, Plaud va sul traguardo e dà la lieta novella ai giornalisti, intanto Pingeon si rispoglia e se ne torna a casa. Anche quella grossa marachella gli fu perdonata, perché aveva vinto un Tour, perché aveva un buon numero di tifosi che lo chiamavano *chevalier Pinpin*, il cavalier Pinpin, e ci vuole anche una bella fantasia, conveniamone.

Pinpin è ossuto, altissimo e con un naso a becco che gli dà la perfetta fisionomia del trampoliere. Ha anche qualche rotella in meno, dicono i compagni di squadra, si crede la più gran vedette di tutti i tempi e non sorride mai.

Ma aveva vinto un Tour, al Giro di Svizzera non era andato male, dunque il buon Plaud l'aveva incluso in squadra, dopo il famoso discorsetto.

Oggi il cavalier Pinpin non è partito da Luchon. Già ieri sera era cominciato il tira e molla. Qui non c'è mai il sole, aveva detto, a me fa male la schiena, il sole c'è stato soltanto il giorno di riposo, quando non mi serviva a niente. Io ho bisogno del sole, domani non parto. E poi avevo già deciso che, se a metà Tour non mi fossi trovato in buona posizione, avrei abbandonato, perché la mia stella mi aveva abbandonato.

Plaud gli ha fatto notare che non siamo ancora a metà Tour. Fa niente, ha detto imperturbabile Pinpin, la mia stella sento che mi ha abbandonato, è inutile continuare. Plaud gli ha fatto notare che, nei confronti della squadra, non sarebbe stato corretto andar via così, quando c'è Thévenet che continua tutto pieno di dolori e di cerotti e di punti di sutura, e, fra parentesi, va meglio di lui. Io non sono Thévenet, ha detto Pingeon, e qui Plaud ha cominciato a vederci rosso. Gli ha dato una notte per pensarci.

Intanto in casa Sonolor c'era il caso Sanquer. Ieri aveva beccato 175 franchi di multa (circa 20.000 lire) e Stablinski gli faceva notare che, di questo passo, avrebbe sbancato la squadra. Be', diceva Sanquer, io i soldi per pagarmi le multe per le spinte in salita non ce li ho, se qui do fastidio faccio le valigie e torno a casa, così non peso. E falle, diceva Stablinski, che non è un tenerissimo padre per i corridori. Sanquer lo prendeva in parola e via.

Stamattina il tempo era incerto, sole e nuvole. Pinpin non cambiava idea e i suoi compagni speravano vivamente non la cambiasse, così toglieva di torno i suoi ossi e il suo naso e le sue arie. Farò l'idraulico, annunciava fieramente Pinpin a Plaud. Per me, diceva Plaud seccamente, puoi fare anche il domatore di pulci: il contratto è sciolto. Buongiorno. Pinpin s'aspettava forse più buffetti sulle scarne gote, più comprensione, da un Plaud che aveva battuto il record mondiale di comprensione da un bel pezzo. Adesso, pare che abbia intenzione, Pingeon, di chiedere ai titolari della Peugeot la possibilità di aprire un negozio di articoli sportivi, e sta' a vedere che ci riesce. Meno uno merita, più ottiene, qualche volta.

Il vento Edoardo e il vento Luigi

LA GRANDE-MOTTE, 12 luglio – Le Col des Treize Vents è situato al km 88 e non gliene importa molto, potrebbe essere anche più in là. Non sa neanche di essere stato classificato di terza categoria, forse gli seccherebbe. Si è quasi alle soglie della Provenza, annunciata da un polveroso crepitio di cicale, improvvise nacchere di orizzonti fermi che qui si animano grazie ai tredici venti di cui sopra, che si danno appuntamento in cima al colle. Qui, il vento agisce solo sugli alberi e sui ciclisti e gli alberi sono più abituati dei ciclisti. Niente gonne svolazzanti perché le donne sono tutte in costume da bagno, tranne che nei paesi, dove molte occhieggiano da davanzali e da mezze imposte, come nel nostro Sud.

I venti non sono tredici, all'arrivo ci siamo informati da un collega provenzale, però nel lento andare eravamo angustiati dall'idea che questa zona possedesse la bellezza di tredici venti. Noi ne conoscevamo due, il Mistral e il Cers, il vento di mare e quello dell'interno. Due sono infatti, dice il collega, ma arrivano con un seguito di venti secondari, come uno squalo coi pesci pilota. E tredici è un numero che porta buono, di qui il nome. Intanto, nel lento andare, pensavamo ad altri possibili venti. Questo anche perché il solertissimo Graziani,[1] ormai famoso e quindi non necessitante di qualifiche, in una giornata torrida aveva pensato bene di rifornirsi di Roquefort, che sarà buono, anzi lo è, ma non può rivaleggiare con le tuberose. Così la nostra auto, per necessità d'aerazione, era diventata un'arca di correnti d'aria e i venti diventavano familiari, insieme a ricordi di scuola che sapevan di gesso, le vecchie carte geografiche coi fiumi come vene. Scirocco no, vien dalla Siria, ponentino no, lo fabbricano a Roma, gran tavola rotonda e peccato non ci sia il colonnello Bernacca.

Allora, dice Graziani per tagliar corto, facciamo che un vento si chiami Giuseppe, uno Camillo, uno Gerolamo e morta là. Perché Gerolamo, scusi? E perché no? Tanto, se siamo qui per battezzarli...

1. Ezio Graziani, conducente dell'auto della *Gazzetta*. *[n.d.c.]*

Sarà che il vento sveglia le idee, come dicono molti motofili: prima c'è venuto in mente il vento Matteo, battezzato da Buzzati nel *Segreto del bosco vecchio*, poi che domani c'è il Mont Ventoux. E che Merckx e Ocaña possono essere due venti, il vento Edoardo e il vento Luigi. Il vento Edoardo è quello delle canzoni di Brel, delle poesie di Verhaeren, il Noorderwind che spazza le pianure e alza ondate oltre le dighe, il vento più forte che ci sia, il più temuto in terra e in mare. Il vento Luigi è un vento da poesia di Lorca, «*una brisa triste por los olivos*», ha meno forza ma più profumi: certe volte s'arrabbia e da Solano, vento del caldo, vento pigro, diventa Moncayo, vento impetuoso e lontano parente del Noorderwind.

Nessun teatro migliore, per lo scontro del vento Edoardo e del vento Luigi, del Ventoux, brutto teschio piantato in mezzo alla pianura. Per trovare che valesse la pena di scalarlo, il Petrarca doveva essere ancora molto cotto di Laura (l'aura), ma questo è un altro discorso: Petrarca non era un *suiveur*, al massimo gli si potrebbe dare la tessera onoraria del C.A.I.

Ocaña, mesta partenza: «Non so proprio quando potrò tornare in sella»

MONT REVARD, 17 luglio – «Ti dispiace?»

La domanda viene fatta a Luis Ocaña da un giornalista francese di chiara fama, come si suol dire. Ocaña si gira come se l'avesse morso una vipera, e ha ragione: le domande cretine sono peggio delle domande cattive. Siccome il giornalista è di chiara fama, si trattiene dal rispondere male.

«Avevo puntato tutto sul Tour e ne esco in questa maniera. Certo che mi dispiace».

«Quando ti rivedremo in sella?»

«Non lo so. Mi trovate ancora qui perché devo aspettare altre radiografie, che saranno qui a momenti».

Si guarda attorno come se cercasse un buco per nascondersi, per uscire da tutto questo. Siamo in una saletta dell'Hotel Pavillon, alle dieci di mattina. De Muer è uscito. Genty e Schleck hanno gli occhi lucidi. Anche Guy Santy, che ha il fratello a letto per tre mesi, nel migliore dei casi.

«Io», riprende Ocaña, «sarei partito subito ieri sera, con Cescutti, evitando una pubblicità, una catena di attenzioni che mi fa solo male. È venuto Anquetil, è venuta tanta gente. Mi chiedono come ho fatto a prendere la broncopolmonite, come se potessi sapere la risposta. Perché ci sono i terremoti, le inondazioni? Io, da un punto di vista professionale e morale, non ho nulla da rimproverarmi, a meno che la sfortuna non sia una colpa. Nel mio caso, dire sfortuna è dir poco, sembra una maledizione. Ho visto che, secondo alcuni giornali, io da ragazzo sarei stato in una clinica per malattie polmonari. Non è vero, si trattava di una casa per bambini poveri, allora la mia malattia era la fame».

«Quando ha capito che avrebbe dovuto ritirarsi?»

«Ieri sul Granier. Prima quando ho sentito la gente che mi spingeva, poi quando ho sentito in bocca il sapore del sangue. Fosse stata solo una bronchite, avrei continuato... Adesso, penso che andrò a Barcellona, dal professor Colomer, che è il più illustre specialista spagnolo di malattie polmonari».

«Senza incidenti, senza sfortuna, pensa che avrebbe vinto?», chiede un altro.

«È una domanda alla quale non risponderò mai», dice Ocaña. Parte alle 16.15, destinazione Bretagne-de-Marsan. Ha la faccia di chi non ha dormito, interrogandosi angosciosamente sul presente e, con angoscia ancora più grande, sul futuro.

Anquetil il temporeggiatore

PARIGI, 23 luglio – In vent'anni di bicicletta, vincendo quasi tutto, Jacques Anquetil non è riuscito a vincere sul piano umano. Per il pubblico di tutta Europa e anche per quello francese è stato sempre un campione da ammirare, di quell'ammirazione che si riserva alle opere esposte nei musei, protette da una pesante lastra di cristallo.

L'Anquetil che segue il Tour e dà risposte ai lettori non è diverso da quello che correva. È essenziale, lucido, nelle sue risposte c'è tutto lui. Cos'avrebbe fatto per battere Merckx? Mi sarei fatto degli amici nel gruppo, l'avrei messo in minoranza. Grande stratega, Anquetil. Chiediamo a Poulidor qualcosa su Anquetil, un aneddoto, quello che vuole. Le dirò un episodio dove c'è dentro tutto Jacques, dice Poulidor: sono sul podio del vincitore, alla Parigi-Nizza. Ho battuto Merckx nella cronoscalata della Turbie, ho vinto la corsa. Faccio ancora fatica a crederci, ho la testa confusa. Mi viene vicino Anquetil e mi stringe la mano. Poi mi dice: sono contento, molto contento che tu abbia vinto. Grazie, dico io. E lui: così non diranno più che quando ti battevo battevo un morto.

Questo è Anquetil. Ha trentott'anni, i capelli arricciolati sul collo, ma non lunghi. Predilige i calzoni di velluto a coste sottili e le magliette col coccodrillino. Non lega con nessuno, apparentemente. È già nonno. È ricco. Molto ricco, dicono. I soldi li ha saputi impiegare bene e non c'era da dubitarne. La sua fattoria-castello, in Normandia, è descritta come un'azienda esemplare. Si occupa con competenza di agricoltura, ma da padrone. Le foto di Anquetil sul trattore, di Anquetil che pota le viti, sono a esclusivo consumo dei nostalgici.

Lui aveva il suo carattere, dice Geminiani, che è vulcanico come la sua Alvernia, ma non spento, io il mio, e molte volte ci sono stati attriti. Però abbiamo passato insieme molti bei momenti, con le nostre famiglie. E quello che ho visto fare ad Anquetil, quando vinse il Delfinato e la Bordeaux-Parigi, non l'ho visto fare a nessuno e credo sia difficilmente ripetibile in futuro. Certo, visto da fuori può sembrare freddo. Forse è solo timido.

Forse è solo diffidente. Forse opera una scelta nei contatti umani, seleziona solo quelli che gli interessano. Era così anche con le corse. Partiva per un Giro di Lombardia sapendo benissimo che si sarebbe ritirato a Como. Alla Milano-Sanremo nemmeno ci veniva, certe volte. Era un bel modo di conservare intatte le dimensioni: il povero Merckx è criticato perché vince troppo, però è in ballo da febbraio a novembre, sempre sulla corda, sempre da battere, con un'ansia di vittoria che lo porta a rischiare più del lecito. Anquetil di rischioso ricorda solo la discesa dell'Envalira, Tour 1964, quando il *méchoui* della vigilia gli pesava sullo stomaco in salita e Poulidor fuggiva come una farfalla uscita dalla rete. Aveva molti amici, in gruppo. Vinse anche quel Tour. Merckx non è forse il record dell'amabilità, ma ha una cosa molto importante che Anquetil ha sempre ignorato: il gusto del gratuito, la preoccupazione di dare spettacolo. Merckx è quasi patetico quando dice: cosa dirà la gente, se non m'impegno? Ad Anquetil, della gente non è mai importato più di tanto. Era solo un fondale sonoro e colorato alle sue imprese. Gli importava vincere, solo vincere, e in questo assomiglia a Merckx, è lo stigma del campione, ma facendo il minimo possibile, calcolando lo sforzo al millesimo, aspettando il momento buono.

Tra Merckx e Anquetil esiste una differenza tattica: Anquetil era il temporeggiatore, Merckx è per l'attacco su tutto il fronte, alla baionetta: può vincere ma può anche perdere,

Merckx non lotta solo per essere superiore agli altri, ma anche per essere uguale a se stesso e all'idea che esiste di lui. Per Anquetil, tutto questo è arabo. Anche sulle colonne dell'*Équipe* fa il temporeggiatore. Di Merckx parla bene a denti stretti, quasi gli facesse ombra. Aspetta il momento del fatale declino per dire: avete visto? Correndo alla maniera di Merckx ci si logora, si salta per aria. Prima o poi dovrà succedere. Anquetil detiene il record della chiarezza d'idee: grandioso tattico di sangue freddo, ingoiava il Tour dopo averlo ipnotizzato, come un pitone un pollo. Merckx è generosità e furore agonistico, fa luce e calore. Anquetil un faro immenso, ma c'è molta più umanità in uno zolfanello acceso nella nebbia, in una lanterna appesa dietro un carro in un viottolo di campagna, una qualunque sera.

Ad Anquetil va riconosciuta la coerenza (che, secondo alcuni, è la virtù degli imbecilli). Tanto coerente è stato che è riuscito a rendere grande, agli occhi del pubblico, anche un buon cavallone come Poulidor. Può vantarsene? Ha detto che era pagato per vincere, non per essere amato. Anche in questa frase, c'è dentro tutto.

Classifica finale

1. Eddy Merckx (Belgio, Molteni), km 3846 in 108h17'18", media 35,514; 2. Gimondi (Italia, Salvarani) a 10'41"; 3. Poulidor (Francia, GAN-Mercier) a 11'34"; 4. Van Impe (Belgio, Sonolor) a 16'45"; 5. Zoetemelk (Olanda, Beaulieu-Flandria) a 19'09".

Partenti: 132. Arrivati: 88.

Gli anni di Indurain

1991

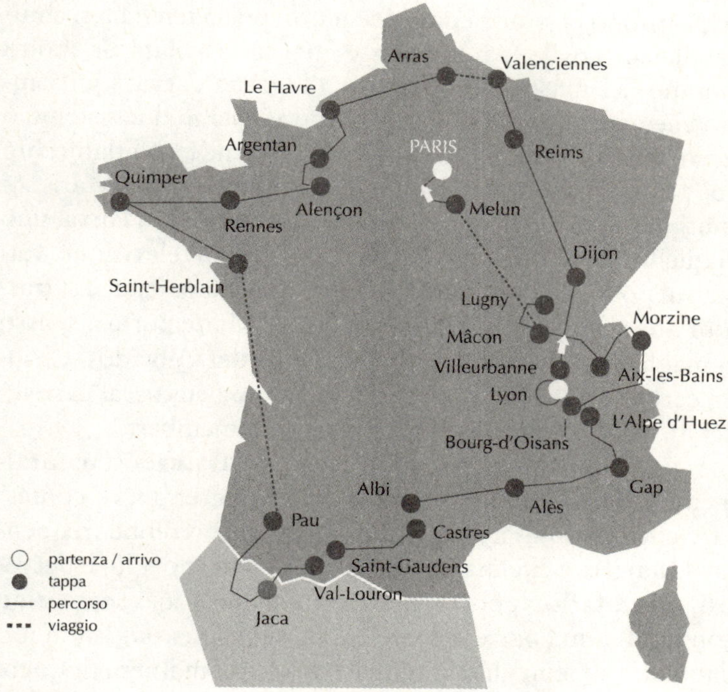

LeMond, che aveva vinto il Tour dell'anno prima togliendo la maglia gialla a Chiappucci a un giorno da Parigi, va in crisi sul Tourmalet. Indurain e Chiappucci, poi Bugno, lo attaccano. Lo spagnolo è più forte dei due italiani a cronometro. «Miguel manca di cattiveria», dicono gli esperti.

Una crono pazza targata Breukink

ARGENTAN, 12 luglio – Vince Van Poppel e la cosa non stupisce, semmai stupisce che non ci sia riuscito prima. Raab e Kelly gli aprono la strada come due moto, poi la tenaglia si chiude alle sue spalle. Abdujaparov guarda la volata da molto lontano, è rimasto imbottigliato all'ultima curva. Qui sembra che per evitare le volate di gruppo ci siano due sistemi: o si parte all'ultimo chilometro, come De Wilde e Nijdam, o un po' prima, magari a 234 km dal traguardo, come Marie. Si continua a correre forte e a cadere. Il colombiano Parra, uno di quelli che aspettavano le salite, le vedrà in televisione. Casca sul ponte di Tancarville, a tappa appena partita, e si frattura due costole. Ritmo alto, poi lento. Marie porta a spasso la maglia gialla per le sue strade, quelle del Calvados. Ci sono cartelli stradali, e poi paesi, che fanno pensare al carrello dei formaggi: Pont-l'Evêque, Livarot, Camembert.

Si va avanti per un assaggio, e per bere Calvados, naturalmente, come farebbe il commissario Maigret. Devo confessare che continuo a frequentare posti che avrebbe frequentato Maigret e che mangio cose che piacevano a lui e del resto, senza farlo apposta, piacciono anche a me: spezzatino con piselli, una parte del vitello che si chiama *onglet*, in italiano non so, con gli scalogni, e trippe alla maniera di Caen, e caraffe di vino sfuso (non sempre però). Solo girando per le strade piccole e sostando in strani bar-tabaccherie-ristoranti-alberghi, magari con tre camere, si ha la sensazione di capire la Francia, o almeno di capire Simenon, mi voglio rovinare, uno dei più grandi scrittori del secolo. Qualcuno arriverà a dirlo fra cent'anni.

Intanto Gölz, il tedesco dell'Ariostea, ha la buona idea di andarsene (km 62) e dopo 25 km ha 5' di vantaggio ed è teoricamente maglia gialla. L'idea è buona perché alla vigilia di una cronometro così dura può darsi che dietro abbiano poca voglia di inseguire. Ma i compagni di Marie non possono esimersi. Il vantaggio cala, Gölz non molla. Al km 138 lo raggiunge lo spagnolo Chozas, poi il danese Pedersen e il brasiliano Ribeiro. Già, al Tour c'è anche un brasiliano. È di Curitiba, parla bene l'italiano perché il nonno era di Genova, la nonna di Treviso. Per fare il ciclista ha interrotto gli studi di medicina. I quattro sono raggiunti a 1500 metri dal traguardo. Amen.

E adesso si parla della cronometro. 73 km sono tanti. Jan Raas dice che Breukink darà due minuti al secondo arrivato. Anche Hinault pronostica Breukink e aggiunge che il percorso è tutto una montagna russa, cioè rompe continuamente il ritmo. Chi non è in giornata, anche se ha un grosso nome, può rimetterci 5'. Alla partenza e all'arrivo di oggi, accompagnato dal presidente della federazione Fournet-Fayard, c'era Michel Platini. Scopo della passerella: propagandare la candidatura della Francia ai Mondiali del '98. Michel, chi vince il Tour? «Il più forte». Non cambierà mai. Poi spiega: «Io di ciclismo non capisco nulla, per me il ciclismo voleva dire giocare a biglie quando da bambino venivo in vacanza in Italia. Quando sono cresciuto, ho identificato il ciclismo con l'alta montagna e il ricordo più vivo che ho riguarda Thévenet al Tour del '75». La voce del gruppo indica a maggioranza Breukink vincitore: non solo per i suoi vittoriosi precedenti a cronometro ma perché ha speso pochissimo finora, dopo il colpo di mano nella prima giornata. Anche Chiappucci dice Breukink: «Giusto per dire un nome, in verità può vincere chi vuole e non me ne frega niente. Chi ha gambe per andare in salita può anche perdere tre minuti e pensare di rifarsi. Continuo a dire che qui qualcuno bluffa, e intendo dire che c'è gente che vuol far credere di essere più forte di quanto non sia: uno è LeMond, l'altro è Breukink».

Subito dopo l'arrivo, Chiappucci, Bugno e gli altri pezzi grossi sono andati in ricognizione da Argentan ad Alençon per saperne di più nei minimi particolari: dove le curve più pericolose, quali le pendenze più perfide. Non sembra, sulla carta, un tracciato molto adatto alle ruote lenticolari, ma queste sono decisioni che ogni squadra tiene segrete fino all'ultimo. Il favorito di Bugno invece è Indurain: «Ma LeMond e Breukink sono forse più motivati dall'accoppiata tappa-maglia gialla. Io non devo perdere più di un minuto, perché due li ho già regalati e il mio Tour, almeno per il discorso maglia gialla, rischia di finire ad Alençon. C'è però una cosa che trovo sbagliata: questa prima settimana senza una vera salita. Ne è uscita una corsa tesa, con troppi rischi. E alla cronometro alcuni, come LeMond e Breukink, avranno un enorme vantaggio, partendo un'ora e mezzo dopo che siamo partiti io e altri favoriti».

È giusto fino a un certo punto. Il vantaggio di un riferimento alle prestazioni degli avversari, gli ultimi a partire ce l'hanno di sicuro. Ma se Chiappucci in classifica è 45°, Indurain 48°, Bugno 52° e Delgado 55° non è solo colpa del percorso ma anche del loro sonnellino domenica scorsa a Lione. Questo a Bugno non lo fa notare nessuno, e va bene così, sennò magari si deprime. Invece i giornalisti spagnoli da un po' vanno giù pesanti, specie con la Banesto, che doveva fare chissà cosa e in effetti non ha fatto nulla. Oggi Delgado ne ha affrontato un gruppetto a muso duro. «Se non vi piace come stiamo correndo il Tour, correteli voi». Tipica reazione da calciatore italiano.

Attacco a LeMond, primo atto

PAU, 17 luglio – Attenti al riposo, va tutto in pezzi, anche il Tour. Un po' per aria, un po' per le strade. Si ritrovano brandelli di carovana pubblicitaria, le auto fatte a scarpa, a panino, i poliziotti con la camicia azzurra, le ammiraglie con le bici in testa, i suonatori di fisarmonica. Nel pomeriggio i corridori vanno a vedere da vicino il Soudet, la prima salita vera. Quasi nessuno la conosce, e nemmeno il Somport, dove peraltro il Tour passerà per la prima volta.

Non ho ricordi, consigli, indicazioni. Mi sono preparato ai Pirenei rileggendo tutti i pezzi di Alfonso Gatto dal Tour del '58, prima i Pirenei poi le Alpi anche allora. Gli invidio Gaul, Bobet, Anquetil, Bahamontes, ma anche Baffi, Favero, Catalano e Fallarini. Ma anche questi attacchi: «Il Peyresourde, lungo e rattoppato di verde come una montagna povera». Gatto ha ragione, ci sono montagne povere, montagne così così e montagne ricche. I Pirenei sono a larga maggioranza poveri, e ci fa più caldo, naturalmente; solo le montagne ricche godono di ventilazione apprezzabile, come direbbe Ciotti.

Su queste montagne povere Delgado è uno di quelli che dovrebbero darsi una mossa. «Lo so, e mi muoverò». Così anche Chozas, che al Tour ha già vinto quattro tappe, come Delgado, e sempre tappe di montagna. «Fin qui siamo stati tranquilli per necessità, non per vocazione, suscitando critiche e ironie, ma dove dovevamo attaccare, sui cavalcavia?» Un po' meno incline a suonare la carica è lo spagnolo meglio piazzato dietro LeMond, Indurain. Ci sarà tutta la Navarra sulle salite, Pamplona è a un'ora d'auto da Jaca, più tutta la famiglia Indurain, compreso il fratello Prudencio, pure professionista alla Banesto. Ma Indurain non ha fretta. «Fare proclami non ha molto senso. La mia squadra ha in mente qualcosa, ma non credo di essere io quello che attacca. Dopo tanta pianura, bisogna adattarsi al ritmo delle montagne. E credo che questa prima tappa pirenaica mi servirà soprattutto a capire come stanno i miei avversari».

Parole sagge. Anche LeMond è saggio: «Da adesso, se qualcuno attacca mi metto a ruota e se sto bene lo pianto. Tutto molto semplice, basta la salute». Certo, la salute conta. Mentre dall'Olanda la PDM fa sapere che il dottor Boute ha fatto una scoperta, e cioè che l'infezione era batterica, colpa della salsa tartara servita col pollo domenica a Rennes, da Rennes il padrone dell'albergo fa sapere che tutto il gruppo PDM ha mangiato quella salsa. E a Pau qualcuno pensa che i batteri hanno preso la mira, stendendo i corridori e non il resto della PDM, e comunque Verhoeven stava già male un giorno prima della fatale tartara. Rimbalzano qui i coriandoli di una storia che s'allontana, nello spazio, ma non si dimentica. Gli irlandesi Earley e Kelly sono volati a Manchester e sono entrati in ospedale. Non vogliono saperne di uscire. Kelly ha un bambino di due anni, la moglie di Earley è incinta, meglio non correre rischi.

Chi corre la corsa, dimenticherà la storia alla prima salita, non c'è posto per troppi pensieri. Da domani chi sta dietro a LeMond deve attaccare e LeMond difendersi. Non dà l'impressione di volere ammazzare la corsa, come avrebbero fatto Merckx o Hinault. Gli basta vincerla. Ma anche lui deve capire chi è il vero nemico. Fin qui, Chiappucci lo ha stuzzicato, ma senza fargli molto male. E si vedrà tra qualche giorno quanto sia stata redditizia la tattica di Chiappucci, se l'attaccato è in maglia gialla e l'attaccante sta 6' dietro. Nel gruppo mancano i grandi scalatori, gli specialisti puri. Se ci sono, vanno piano a cronometro. Bernard è forse il più completo e può essere una spina dura, se manovrato bene dalla Banesto. Indurain è forte, ma lui stesso non si ritiene uno scalatore e teme molto il tappone di dopodomani. Delgado dice che preferisce aspettare le Alpi. Può anche bluffare. Mi aspetto un po' di movimento dalle seconde linee, e possono starci Giovannetti, Lelli, Gölz, Pulnikov, se limitiamo le previsioni alle squadre italiane.

Un altro di quelli che aspettavano le salite era Urs Zimmermann, svizzero con inclinazioni mistiche (è andato a cercarsi in India, in Australia), è molto sensibile, forse troppo. Gli organizzatori oggi lo hanno espulso dalla corsa. Motivo: invece di prendere l'aereo come tutti gli altri ha deciso di venire a Pau in macchina. I regolamenti del Tour sono molto rigidi: tutte le squadre sono tenute a mangiare dove dice il Tour, a dormire dove dice il Tour, a vestirsi come dice il Tour, a prendere i treni, gli aerei, le corriere e le mongolfiere che dice il Tour. Qualcuno ha cercato di «coprire» Zimmermann ritirando anche il suo biglietto all'aeroporto di Nantes. Per questo Ochowicz, direttore sportivo della Motorola, per la giornata di domani è stato escluso dalla tappa, così come Koechli, ds della Helvetia, il cui corridore Richard da Nantes era volato a Cannes, ma «per ragioni mediche comprovate». Così Richard è stato solo ammonito. Zimmermann non è un frillo, è stato terzo al Tour nell'86. E non ha saltato il viaggio per paura dell'aereo, ma solo «per uscire un po' dall'ambiente», come ha dichiarato a *La Nouvelle République*, che l'ha fotografato e intervistato in un ristorante di Niort, sparando la sua foto in apertura di prima pagina.

La direzione del Tour, dopo aver ricordato che ad altri corridori era stata negata l'autorizzazione a trasferirsi in macchina, invoca in appoggio alla decisione «la totale parità fra i concorrenti». Scegliendo una via diversa e dispari, viaggiando molto più a lungo e quindi stancandosi di più, Zimmermann è stato espulso. È anche con queste durezze da caserma ottocentesca che il Tour è diventato Tour. Ma è difficile conciliare la serietà di fondo col ridicolo di certi episodi, come questo. Chissà cosa avrebbe scritto Gatto sul caso Zimmermann. Sui Pirenei aveva scritto: «Non hanno nulla da dire ai tecnici ma, dalla prima stagione che Desgrange portò la sua corsa quassù, essi parlano e continuano a parlare al cuore dei poeti». Zimmermann, il sognatore di Neuchâtel, è un endecasillabo incenerito.

Preso LeMond, ora è corsa vera

JACA, 18 luglio – LeMond perde la maglia gialla e arriva imprecando contro gli spagnoli. Bugno cade in discesa, si ferisce al ginocchio destro, insegue, arriva imprecando contro gli spagnoli. Si arriva in Spagna e anche molti tifosi spagnoli imprecano contro i corridori spagnoli. Le cose non vanno come sperava la gente, come sperava Bugno, come sperava LeMond, come sperava Chiappucci. C'è una corsa, davanti, che va come vogliono quelli dal cuore grande, quelli che ci credono, quelli con le ali, quelli che non fanno grandi calcoli ma grandi sforzi, grandi fughe. Dietro c'è la corsa dei campioni, dei grandi corridori, dei grandi tattici, ma piccole idee, piccole iniziative. Ci vuole altro per lasciare il segno su queste montagne.

I grandi corridori con le ali, i gabbiani, sono stati Mottet, Leblanc, Richard, mettiamoci anche Hampsten e Fondriest. Gli altri, passerottini in voliera. Avrei potuto dire aquile, falchi, nibbi, poiane, ma il gabbiano dà più l'idea dell'eleganza e dell'adattamento all'ambiente, infatti se ne trovano anche sull'autostrada fra Milano e Bergamo. Il gabbiano Mottet, faccia da pugile allegro, firma la tappa di Quimper sul mare di Bretagna con un assolo all'ultimo chilometro e lo svolazzo della firma finisce a Jaca, dopo scavalcamenti da vertigine, specie il Soudet: strada stretta, gibbosa, corrugata, nastro caldo tra ciuffi di verde e pietraie dove è meglio non mettere i piedi, perché la vipera pirenaica è molto più velenosa delle nostre e non guarda in faccia nemmeno al Tour.

Mottet stavolta vince da sprinter, partendo dalla terza ruota, ha ancora il tempo di urlare, mandare baci, sul traguardo ha la testa girata all'indietro, come se non volesse vedere quello che sta facendo ma solo sentirselo scoppiare dentro. Mottet è arrivato secondo nel Giro di Bugno e ha vinto il Gran Premio delle Nazioni. Meglio non sottovalutarlo. Sta correndo alla giornata, dice lui, ma accidenti che giornate. E poi c'è Leblanc in giallo: non è colpa sua se LeMond, Bugno e soci beccano 7'. È colpa loro. Loro dicono che è colpa degli spagnoli, ma non credeteci troppo. LeMond non è il massimo della cavalleria quando fa il treno in discesa dopo che Bugno ha sbagliato una curva, giù dal Soudet. Cade anche Delgado, in fondo alla discesa c'è 1' di distacco. E LeMond, il famoso tattico, sbaglia: mette alla frusta i suoi gregari per aumentare il vantaggio su Bugno e Delgado. Ma appena comincia il Somport (pendenze più miti, ma pesa la fatica di prima) pian piano i gregari si staccano e LeMond rimane solo. Bugno rientra. Davanti sono rimasti in tre, Fondriest li ha persi di vista, ma non è uno scalatore e patisce il caldo: «È la miglior tappa di montagna della mia vita, ma domani scoppio, non è questo il mio pane. Mi ha stupito il distacco di LeMond, non mi sembrava che andassimo così forte». Invece sì. O dietro andavano piano.

«Se i Banesto attaccavano, era il finimondo», dice Fignon. «Eravamo tutti impiccati, anche LeMond. Fortuna che sono stati buoni». LeMond non capisce perché la Banesto non tirava dietro a Leblanc. E Bugno neppure. «Solo io ho dato una mano a Greg». In effetti, nel finale Bugno è stato il miglior gregario che LeMond potesse immaginare. Secondo me Bugno ha sbagliato. LeMond è bravo a creare trappole per gli altri. Quando ci casca lui, e non succede spesso, il gioco vuole che ne esca da solo, oppure ci resti. Secondo Bugno, bisognava collaborare: «Ci restava lui ma ci restavo anche io. Se non ci muoviamo noi, davanti prendono un quarto d'ora. Ogni anno mi cade una tegola in testa: l'anno scorso la fuga di Chiappucci, stavolta quella di Leblanc e Mottet. Gli spagnoli dovevano attaccare LeMond quando è rimasto solo e non si sono mossi. Poi dovevano pensare a tutelare il loro Tour, collaborando con noi, e non si sono mossi. Ma che cos'hanno in testa?»

«Ordini di scuderia», dice Indurain. «Delgado non stava bene, io benissimo, ma ho allungato solo negli ultimi chilometri. Domani sarà un'altra musica». Commento di Chiappucci: «Gli spagnoli? Se a loro va bene così, va bene anche a me. Ognuno fa la sua corsa. Io di sicuro non mi ammazzo di fatica per aiutare gli altri. A un certo punto LeMond si è messo a cercare alleanze, da me ha avuto il buongusto di non venire. Ma Bugno gli ha dato ascolto». Mai come in questo giorno di sconfinamento il Tour ha parlato così alto in francese. Luc Leblanc è nato nel Limousin ed è il primo ciclista di quella regione a mettere la maglia gialla. «Ma Raymond Poulidor mi ha dato buoni consigli, quando ero allievo: d'inverno fare molta attività fisica, per esempio il ciclocross, e spaccare la legna. Io sono diventato lo spaccalegna di tutto il paese». Ha un fisico leggero, da fantino, è al terzo anno di professionismo e da un volpone come Guimard può imparare ancora. «Ma ho già imparato abbastanza, sulla mia pelle. In passato ho ricevuto molte critiche per i miei attacchi sconsiderati, quasi sempre mi ripigliavano, ma così sono maturato agonisticamente. È sempre meglio attaccare che restare sulle ruote. Non so quanto durerà questa maglia gialla, ma ho intenzione di difenderla».

Leblanc è molto religioso, è forse l'unico del gruppo a non tirare moccoli. A diciannove anni voleva farsi prete, in seguito a un dramma familiare. Aveva convinto il fratello minore, René, ad accompagnarlo a una festicciola. René voleva stare a casa, Luc aveva insistito. Lungo la strada, una macchina investe René e lo uccide. Leblanc si sente responsabile. Ogni sera fa lunghe telefonate alla madre. Questa sera qualcosa di nuovo, su cui parlare e piangere.

Su quelle salite l'Italia del cuore

VAL LOURON, 19 luglio – Bull[2] mette le ali e vola alto nel cielo di questo Tour. Non è Pegaso, è uno strano animale che morde la strada del Tourmalet come fosse un osso. La strada è sempre più piccola, un corridoio in mezzo a gente bollita scuoiata sbronza e forse anche felice. La corsa ha preso fuoco e Bull è pieno di fiammiferi, di petardi, di castagnole, ma stavolta ha la strada dalla sua, non degli zampellotti, delle discesine e delle curve secche, ma chilometri e chilometri di una salita che non finisce mai. Più del Soudet, più del Somport, più del Pourtalet che sale lento e maestoso fra Spagna e Francia e serve da ponte tra la normalità e la fatica che schianta.

2. Soprannome di Claudio Chiappucci, in inglese «il toro», per il viso schiacciato e la condotta di gara aggressiva e generosa. *[n.d.c.]*

Sul Pourtalet passa in testa anche Bontempi, il gruppo va piano, in transumanza come le pecore che punteggiano i pianori. Si scende e si risale. Si tagliano borgate così povere che non c'è nemmeno un bar, un tabaccaio, uno straccio di giornale, non c'è nemmeno il tradizionale monumento ai Caduti, col fante che offre il petto al piombo nemico. Gli abitanti fanno festoni di bandierine di carta: se passa il Tour, è una festa. E c'è l'Aubisque. L'Aubisque è una bella salita, cioè brutta per chi la deve fare in bicicletta. Il ritmo sale, i migliori restano insieme per selezione naturale, solo Delgado rimane indietro. Non è la sua giornata e nemmeno il suo Tour. Bugno tenta la stoccata all'ultimo chilometro, per vedere che effetto fa. Fignon riporta sotto gli altri. In cima (km 100) Winterberg davanti a Chiappucci e Bugno.

Si scende e si risale. Stavolta è il Tourmalet, dalla parte meno dura che però è sempre dura. Henry Desgrange, l'inventore del Tour, non amava il Tourmalet. Più di una volta ho pensato che Desgrange desse i numeri. Quella mania di parlare alle montagne, per esempio. Nel 1911 scriveva: «Oh Col Bayard, oh Tourmalet, rispetto al Galibier voi non siete che pallido e volgare vinaccio». Vinaccio un corno, non ho presente il Bayard ma giù le mani dal Tourmalet. Basta guardare in su: il Tourmalet si spoglia progressivamente di vegetazione e si veste di uomini piccoli e colorati, che segnano l'arrampicata verso il cielo, uno zig-zag da stordimento, e in cima un circo di roccia viva in un azzurro che prende alla gola.

Nell'arrampicata Bull guarda LeMond e gli vede gli occhi velati. Riesce a nascondere un ringhio di contentezza. A metà salita LeMond ha tentato il rilancio, è scattato lui. Dirà oltre l'arrivo che era esasperato dalla condotta di Indurain, il navarro dalla faccia di pietra, l'espressione sempre uguale, la tattica pure (ma fino a un certo punto). LeMond è agli sgoccioli, il bluff non riesce, Indurain è il primo che va a vedere il gioco, poi Bull e Bugno. Bull negli ultimi giorni ha masticato amaro. Gli scocciava essere dipinto come una specie di Pierino del gruppo. Ma anche misurava, Bull, le proporzioni dell'amore che aveva acceso lontano da casa. Certo, gli gridano Clodiò o Sciapucsì, mica tutti hanno la fortuna di chiamarsi Merckx, che è come sport, si pronuncia uguale in tutto il mondo. E mica tutti hanno la fortuna di nascere campioni, anche questo Bull rimasticava. E pensava a quante magliette, mutande, calzini, avevano venduto i suoi genitori sui mercati di Lombardia, però il filetto alto tre dita non gli era mai mancato. E adesso che il Tour (sì, il Tour) lo aveva portato in alto, per uno di quegli strani giochi del caso che capitano quasi solamente al Tour, lui ci voleva restare, e guadagnare parecchio, e farla pagare a più gente possibile, a LeMond tanto per cominciare.

LeMond ha un brutto colore, fa un caldo pazzesco ma lui suda e beve più di quanto dovrebbe. M'hai chiamato bandito, brutto pirla, adesso t'inchiodo io, deve aver pensato Chiappucci. Almeno, azzardo che lo abbia pensato: per correre come corre, Chiappucci ha bisogno di odiare e di essere odiato. Continua a mordere l'osso del Tourmalet con la ferocia necessaria.

In cima (km 166) è primo Bull, a ruota Indurain, Hampsten, Mottet, Bugno, Leblanc, che tiene coi denti ma ne ha per poco, Rué; a 17" il sorprendente Conti e LeMond, a 1' Fignon. Delgado è disperso nelle retrovie. Chiappucci vince il premio Degrange, il Tourmalet non serba rancore. In discesa allunga Indurain, è incredibile vedere uno spagnolo che va forte in discesa. Dopo 12 km di volteggi sull'orlo del burrone, Indurain ha 55" di vantaggio. A Sainte-Marie-de-Campan Bull sente le voci e gli corre dietro. A Sainte-Marie-de-Campan c'è una targa che ricorda un'impresa di Eugène Christophe nel 1913. In cima al Tourmalet gli si rompe la forcella. Fa tutta la discesa a piedi (sono 14 km), entra nella bottega di un fabbro, si fa dare gli attrezzi e in quattro ore, da solo, sistema la forcella e riparte. Chissà come sarebbe finita fra Chiappucci e Christophe, probabilmente si sarebbero presi a pompate in testa. Bull è un corridore che viene da lontano, non sarà un modello di stile, né un fine diplomatico, ma ha cuore, questo la gente lo capisce, lo capisce il Tourmalet e lo capisce Indurain. Al km 188 sono due in testa, si danno cambi regolari, da fratelli, ed è quasi certo che abbiano deciso di dividersi la torta: a te la tappa e a me la maglia. Si risale verso l'Aspin, montagna ragguardevole, ma dopo il Tourmalet sembra facile (non a chi ha nelle gambe tutto il Tour, come Leblanc, che crolla di colpo). In cima all'Aspin (km 196) Bull è scatenato, si è abbassato la cerniera della maglia fin dove è possibile per ricevere un'elemosina di vento, pedala con una rabbia positiva. Indurain dietro. A 2'15" Bugno, Mottet e Fignon, che s'è ripreso da una crisi; a 3'34" LeMond, che in una crisi ci sta affondando ed è salvato, nelle proporzioni del distacco, da un commovente Boyer.

La salita verso Val Louron è una montagna umana, un muro che arretra all'ultimo istante, una galleria di voci. A 5 km dal traguardo, quando è staccato di 2'42", Bugno va al contrattacco. Bello, utile anche, forse un po' tardivo. A Bugno Bull non piace molto (eufemismo) ed è cordialmente ricambiato. Bugno ritorna Lupo nel finale, si distende e anche a lui spuntano le ali. Spinge un rapporto molto lungo, è composto nell'azione, ha l'eleganza che Chiappucci non avrà mai, ma intanto arriva terzo, a 1'29".

E il Tour continua a macinare uomini e sogni. LeMond becca 7'18", Leblanc 12'36", Delgado 14'10", Fondriest

15'36", Mauri 30'55". Bull viene da lontano e non si sa dove arriverà, non è più un ragazzino, ma tappe come questa sono come lui, sono antiche, polverose, spietate, senza mezze misure. Le montagne rimpiccioliscono nomi famosi: Dhaenens arriva a 56'17", De Wolf a 1h00'07". Sono i primi due dell'ultimo Mondiale e se ne vanno a casa, sono arrivati oltre il tempo massimo che era di 51'45". Torna a casa anche il norvegese Pedersen, 1h13'26", eppure ha voluto arrivare fino in fondo e poteva risparmiarselo, anche questo è il Tour.

Il Tour rimescola classifiche e programmi, ambizioni e dolori. Si riapre con prospettive migliori per gli italiani. Si riapre e dovrà dire qualcosa di certo su Indurain, che in tutta la carriera non ha mai vinto nulla di veramente importante ed è un Chiappucci più alto e silenzioso. Per lui le salite si sono coperte delle bandiere dei baschi, rosse incrociate di bianco e verde. Da domani si torna alla pianura, in fondo al corridoio del Midi ci sono le Alpi e Bugno da stasera le guarda con occhi più aguzzi. Forse ha ritrovato un po' di morale, quello gli mancava. Per la legge della giungla, sa che dopo Bull tocca a lui alzare la voce. Sulle Alpi tutti saranno soli, come oggi erano soli i tecnici che storcevano il naso parlando dei Pirenei, troppo poco importanti, di secondo piano rispetto alle Alpi. Eccoli serviti. Aveva ragione Alfonso Gatto. Fosse vivo, farebbe il tifo per Chiappucci. Ma aver ragione da morto è già una bella soddisfazione.

La montagna di Bugno

ALPE D'HUEZ, 23 luglio – Amara partenza, arrivo amaro. Anche se vince Bugno. Come l'anno scorso in volata: allora LeMond, stavolta Indurain. Bugno entra nella storia del

Tour, solo Kuiper aveva vinto due volte su questa brutta montagna, ma difficilmente entrerà per quest'anno nell'albo d'oro. Gli resta la soddisfazione (magra) di aver messo la sua ruota, qui in cima, davanti a quella di chi vincerà il Tour. Gli resterà la consapevolezza di aver fatto tutto il possibile, a corsa compromessa, per raddrizzarla. Gli resteranno tante cose, ma non la maglia gialla. Io scrivo per sensazioni, e la sensazione è quella di un Bugno rassegnato. Farà la sua parte fino all'ultimo metro, ma ha capito, tornante dopo tornante, allungo dopo allungo, che Indurain gli sarebbe stato a ruota per tutti i tornanti e i chilometri che mancavano al traguardo, e anche più in là, all'occorrenza.

I corridori corrono sì ma si guardano anche, si studiano, si valutano, si capiscono. I corridori sono partiti da Gap con tristezza, quelli dell'Ariostea più tristi degli altri. E anche adesso che la tappa è finita da ore penso più al dolore di Lietti che all'amarezza di Bugno. Non c'è pietà per i poveri del gruppo, il tempo di un sorriso e gli arriva addosso un camion di sofferenze. Il gruppo perde uno dei gregari migliori, provvisto della stessa coraggiosa allegria del torero di Lorca. E Lietti perde la soddisfazione di arrivare ai campi Elisi, di raccogliere ingaggi nei circuiti del dopo-Tour, perché uno come lui, che sa il francese, un posto in cartellone lo trova sempre. In un paio di foto pubblicate sui giornali francesi ho trovato una certa somiglianza fra Lietti e Cesare Pavese da giovane (i capelli, gli occhiali, il nasone). La sera della vittoria diceva che non avrebbe mai dimenticato Gap, e a Gap è rimasto, inchiodato a un letto d'ospedale, tutto per evitare un bambino cretino, e per giunta fuori corsa.

I corridori partono tristi ma non hanno il tempo per pensarci, hanno davanti il Col Bayard. Velocità sostenuta, squaglia Ruiz Cabestany, Chiappucci tenta il colpo scollinando ma è uno sparo a salve. Va in fuga anche il nostro caro Abdu[3] ed è surrealismo puro. Copione scontato. Avanti dei desperados, è una buona occasione, è la prima volta che tutta una tappa viene teletrasmessa in diretta, corridor si mostra e sponsor gode. In tutto sono 125 km, una distanza stupidina, ma si sa che la durezza del percorso la decidono i corridori, oltre al caldo. Ma stavolta il cielo è velato e più ci si accosta all'Alpe d'Huez più fa fresco. I desperados più ostinati sono Ruiz Cabestany e Bourguignon, il regionale di turno. Un miracolato. Da dilettante, due anni fa, era stato investito da un'auto. Dodici giorni in coma. «A mio padre i medici avevano detto che ero spacciato, a me che avevo chiuso col ciclismo. Dopo un mese ero in sella. Sapevo che ci avrebbero ripresi, ma io sono nato da queste parti, a La Mûre, e ci tenevo a fare bella figura». Il gruppo li lascia andare. La Banesto salendo il Col d'Ornon ha sette corridori in prima fila. Anche Perini, Zaina e Maechler stanno davanti, forse Chiappucci ha in mente qualcosa.

La discesa dall'Ornon è terribile, senza parapetti sugli strapiombi. Bull la abborda cavalcando come un buttero, lo stomaco sulla sella, e non si capisce come non si ustioni il didietro sulla ruota posteriore. Ma Indurain in discesa ci sa fare, lo sorpassa e conduce in testa tutta la discesa. Mica per nulla, solo per far capire ai più interessati che è meglio non pensare di creargli guai sul suo terreno.

Si arriva alla base dell'Alpe. Tornante 21. Gruppo ancora folto. Bugno dà una sdrumata, un colpo d'assaggio. Indurain è leggermente sorpreso, ma Bernard lo riporta sotto. Bernard nella tappa di Gap se l'è presa comoda, ha beccato un quarto d'ora, s'è risparmiato per il giorno più importan-

3. Abbreviazione di Abdujaparov. *[n.d.c.]*

te. È il cane pastore di Indurain, che se vince questo Tour dovrà dirgli un grazie grosso così. Bugno ci riprova ancora, una, due, tre volte. Fa saltare Fignon, LeMond, Mottet, a ogni tornante cambia la classifica, ma Bernard e Indurain non mollano. E Bull è sempre lì, e anche Leblanc, quello che voleva farsi prete. A questo punto devo dire che 300.000 persone ammassate in 15 km di salita saranno un bello spettacolo, a guardarlo in televisione, ma mettono paura a passarci in mezzo. Sono pericolose, anche. Sono, mi pare, vagamente calcistizzate. Non basta più guardare, devono partecipare, innaffiare, insultare, incitare, agitare bandiere, spingere, premere. Uno spettatore fa cadere Leblanc. È come se non ci fosse più la strada. È l'amore che soffoca, l'abbraccio mortale.

Bugno continua a correre con determinazione, la sua andatura fa male quasi a tutti. Anche a Bernard, a un certo punto. E questo è il momento magico della tappa, ripresi e mollati i due desperados quando mancano 10 km alla fine. Leblanc insegue in affanno, Bernard è in affanno, Indurain resta solo con Bugno e Bull. Un colpo uno, un colpo l'altro, lo possono stendere. E perché no? C'è stata tanta Italia in questi giorni, perché no? Perché Bull sta in terza ruota, non prende iniziative, forse non vuole fare un favore a Bugno, forse vuol fare un favore a se stesso partendo in contropiede.

Niente di tutto questo, Bull non è in crisi ma non è nella giornata giusta e del resto l'aveva detto il giorno prima. Quello che gli resta in pancia lo tirerà fuori verso Morzine. A 6 km Bull scende dal treno e per Indurain è un grande vantaggio psicologico, maggiorato dal fatto che rinvengono Leblanc e Bernard. Bugno continua a scandire i tempi di un'arrampicata che lo esalta e lo condanna insieme. S'arrabbia pure, a –3, e tira un gran cazzotto alla vettura di Bouvet, il direttore di corsa: c'è troppo casino, troppe moto, troppa gente. E intanto torna a scollarsi Bernard, ha fatto fin troppo. Ma ormai per Indurain è fatta, può anche permettersi di aderire alle richieste di Bugno, che si sbraccia: tirasse un po' anche lui. E qualche tiratina il navarro la esibisce, *con juicio*, giusto per mantenere buoni i rapporti con Bugno. C'è una volata senza storia e senza allegria per chi la vince, e intanto il cielo è sempre più scuro e tra pochi minuti pioverà a secchi.

Bugno e Chiappucci avanzano di un gradino in classifica, ma in questa tappa «o tutto o niente» è difficile accontentarsi di qualcosa di intermedio. Da Bourg-d'Oisans a Morzine sarà lunga la strada, domani. Sono 255 km che possono pesare molto, se fa caldo. Aravis, Colombière, Joux Plane sembrano più nomi di trattorie che di grandi montagne. Grandi non sono, mitologiche nemmeno, la più alta e ripida, fino a 1713 metri, è la Joux Plane, poi si piomba su Morzine e l'arrivo è su una salitella. I vecchi *suiveurs* dicevano: nell'aria c'è odore di polvere da sparo. Da qui sento solo odore di terra bagnata e di una montagna riempita di rifiuti. Ma un sacchettino di polvere da sparo Bull e Vedremo,[4] poveraccio (quanto ha sgobbato per la miseria di 1"), da qualche parte l'hanno conservato, questo immagino. Può non bastare, però. La maschera di Indurain è quella di un leader corazzato. Solo una sua crisi o un incidente possono riaprire il Tour che s'è chiuso in cima all'Alpe d'Huez.

4. Soprannome dato dall'autore a Gianni Bugno, che aveva l'abitudine di rispondere così quando alla fine di un'intervista gli veniva chiesto come avrebbe affrontato la tappa del giorno dopo. *[n.d.c.]*

Indurain, il buon padrone

AIX-LES-BAINS, 25 luglio – Indurain non è un tiranno, forse è stato tanti anni dalla parte dei non vincenti che li capisce, è solidale, li aiuta. A lui basta vincere il Tour, stravincere è troppo. Ha già capito altre cose, non solo la voglia degli umili di arraffare qualcosa in questi pochi giorni che mancano alla chiusura. Ha capito che Chiappucci è contento di vincere la classifica degli scalatori, e non lo disturberà più. Ha capito che Mottet sarà contento del terzo posto e intanto si risparmia per la cronometro, un altro che sta a cuccia. Ha capito che Bugno, il più temuto, s'è messo il cuore in pace vincendo all'Alpe d'Huez. Forse cercherà l'affermazione di prestigio a Mâcon, ma 3' mettono al riparo da tutto. Indurain è un buon padrone, per questo gruppo.

Indurain ha perso la Vuelta da Mauri, un giovane catalano sconosciuto che al Tour ha preso solo randellate (Indurain lo guarda col cannocchiale, 87' più giù). Bene, che Mauri si prendesse la sua fetta di gloria, in partenza. Mauri è bello da vedere, ha il difetto di non andare molto forte in salita. Ha 7' di vantaggio al km 73, la sua libera uscita finisce al km 118. La Banesto non gli dà la caccia, è Mauri che si esaurisce.

La Banesto, se qualcuno ha voglia di provarci, lo benedice con gli occhi e con le mani. Basta che non partano quei quattro-cinque dell'alta classifica, c'è disco verde per tutti. E i più allupati sono quelli che non hanno vinto. Come lo svizzero Richard e il sovietico Konyshev. Corre per gli olandesi della TVM (come Fondriest nella Panasonic) ma vive in Italia. Questi due se ne vanno ai piedi del Mont Revard, che è una montagna buona. Mica per nulla Gimondi aveva suonato Poulidor: è una montagna per passisti, non per scalatori. Strada larga, fondo levigato, curve miti, abbondanti tratti di falsopiano.

Anche la discesa è una specie di autostrada, Konyshev che è il più pesante fa da apripista, i due passano gli 80 orari. Dietro, nella sua grande bontà, Indurain lascia partire anche un gruppetto con LeMond. C'è anche Conti, ma cade in discesa.

LeMond che contrattacca in salita sarebbe la notizia più clamorosa del Tour, oggi, se fosse una notizia. LeMond riceve il permesso di libera uscita, tutto qui. Il gruppo rispetta la sua voglia di arrivare comunque a Parigi. Un altro al suo posto si sarebbe ritirato. Lui no. E Indurain rispetta particolarmente LeMond, perché il suo nome nell'elenco degli sconfitti aumenta la portata della vittoria. C'è convenienza, ma anche stima. A pensarci, in questo Tour non c'è stato uno sgarbo, una rissa verbale, una polemica spinta. Perfino LeMond e Chiappucci si sono rappacificati. Bull sa di avere indovinato il pronostico e non gli va di infierire, LeMond sa di avere esagerato e adesso è pure arrivato a dire in tv che chi corre come Chiappucci fa del bene al ciclismo. Tesi condivisa integralmente da Hinault: «Magari ci fossero dei francesi che corrono come Chiappucci. Invece i giovani stanno sempre al coperto, nel gruppo. L'unico che mi piace è Leblanc».

Tutto questo buon clima, non voglio scivolare sullo «strappacore», è piuttosto bello, finché dura, almeno finché i ciclisti non assumeranno la mentalità e le cattive abitudini dei calciatori. Fatto sta che si sentono più carognate in una domenica di pallone che in tre settimane di Tour. E questo significherà qualcosa: naturalmente non approfondisco l'argomento. Lo accantono, lo iberno: per passare da moralista c'è sempre tempo.

Konyshev e Richard arrivano sul vialone con una decina di secondi su Chozas. Konyshev parte da lontano, lo svizzero tarda a uscirgli di ruota, è la terza vittoria sovietica al Tour di quest'anno (ma Konyshev qui lo conoscono, aveva già vinto l'anno scorso a Pau). Bel ragazzo, tutto l'opposto del nostro caro Abdu, è Dimitri. Biondo, occhio azzurro, zigomo alto. Anche il suo italiano è migliore. È nato a Gor'kij, madre fisioterapista e padre allenatore di ciclisti per professione, un buon passato da dilettante di Stato coi gradi di sergente dell'Armata Rossa, portato in Italia da Primo Franchini con l'Alfalum. Da allora si sente dire: Dimitri ha una grande classe, ma pensa troppo alle ragazze e troppo poco alle corse. «No, ci penso il giusto», ride lui. Com'è che vive a Canazei? «Perché è un bel posto per viverci. Ho la residenza, non sono di passaggio, e quando all'estero mi chiedono dov'è Canazei io dico Dolomiti e tutti mi capiscono. E poi sto lì perché ci abita il mio manager». Nelle conferenze stampa del vincitore di tappa c'è sempre un giornalista belga e barbuto che spara domande allucinanti. Come questa: «Non ha mai pensato di poter vincere un Tour?» «A cronometro sono fermo, in salita non vado, mi spiega come faccio a vincere un Tour?» Ma alla Vuelta era andato per vincere? «No, e poi mi sono rotto una clavicola alla quinta tappa. Quest'inverno sono stato due mesi a Gor'kij senza toccare la bicicletta e nelle classiche di primavera avevo una scarsa condizione. Adesso sto bene, il Mondiale di Stoccarda pare sia abbastanza facile, mi concentro su quello». Fa bene, anche se non è uno sprinter di professione. C'è da ricordare che è già arrivato secondo al Mondiale di Chambéry, bruciato da LeMond.

Gli dicono: «Non credi che avresti vinto di più avendo dentro la rabbia che ha Abdujaparov?» «Sicuro che non ho una grande rabbia. Perché dovrei averne? Sto così bene». Il Tour parla italiano anche quando vince uno di Gor'kij che vive a Canazei. Stupendo. Ma coi suoi compagni della TVM, come ci parla? «In inglese». Questa è nuova, Dimitri, sai anche l'inglese? «*Of course*». Notizia finale, che vale quella di LeMond in fuga: Stanga confida qua e là che l'anno prossimo Bugno non correrà il Giro ma solo il Tour. Vedremo (noi) se Vedremo (Bugno) riuscirà a scansarlo. O se lo sponsor la pensa diversamente. O se glielo disegnano bello comodo.

Classifica finale

1. Miguel Indurain (Spagna, Banesto), km 3914 in 101h 01'20", media 38,747; 2. Bugno (Italia, Gatorade) a 3'36"; 3. Chiappucci (Italia, Carrera) a 5'56"; 4. Mottet (Francia, RMO) a 7'37"; 5. Leblanc (Francia, Castorama) a 10'10".

Partenti: 198. Arrivati: 158.

1992

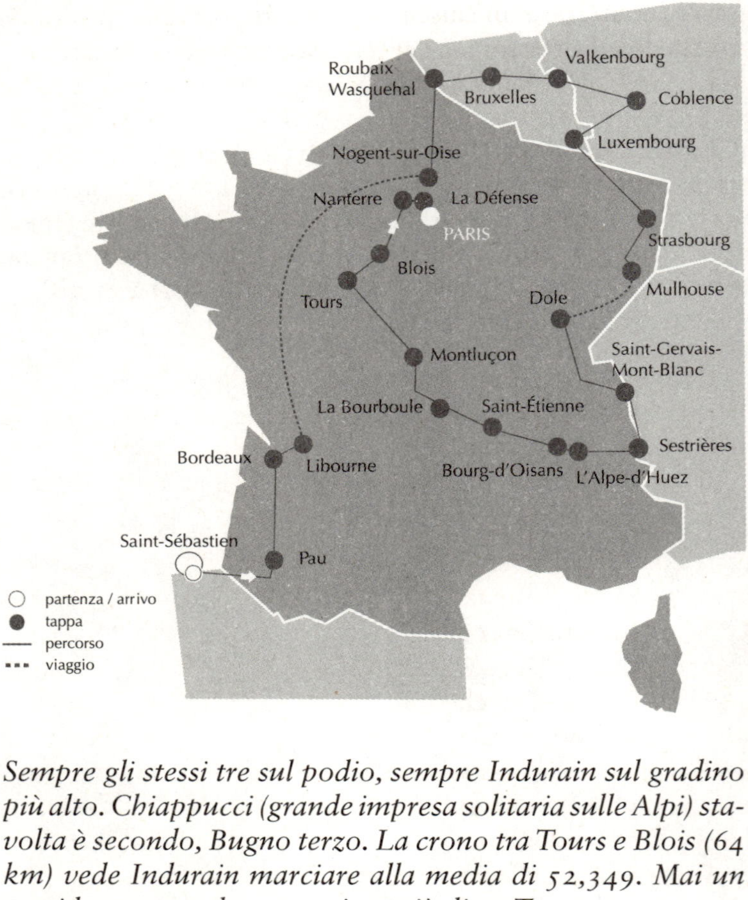

Sempre gli stessi tre sul podio, sempre Indurain sul gradino più alto. Chiappucci (grande impresa solitaria sulle Alpi) stavolta è secondo, Bugno terzo. La crono tra Tours e Blois (64 km) vede Indurain marciare alla media di 52,349. Mai un corridore spagnolo aveva vinto più di un Tour.

Bontempi, come un cavallo

WASQUEHAL, 9 luglio – Se Guidone fosse belga o francese, sarebbe considerato un campione. Essendo italiano è considerato un buon corridore, e questa è un'ingiustizia. Guidone ha mani grosse, da contadino, se tira un pugno a un bue lo fa stramazzare. Stamattina, nel cortile di un liceo della periferia parigina, non aveva l'aria dell'anima attraversata. «Ragazzi, a perdere di 7" una cronometro a 52 di media, girano le balle o no?» Come no. C'è un sole che fa strizzare gli occhi. È una tappa per velocisti. O per contadini. Si attraversa la Francia povera, l'Oise, la Somme, il Pas-de-Calais. Campi di grano, di patate, di barbabietole. Un paese si chiama Crèvecoeur. Chiedo perché. Non lo sanno. Potrebbero gemellarsi con Crevalcore. Un altro paese si chiama Folies. Quattro case di mattoni rossi. È il Nord, anche se le case sembrano fabbriche. A Montdidier c'è un monumento a Parmentier, il profeta e cantore della patata, l'uomo che la trasformò da pianta ornamentale in rimedio per i morti di fame (lui che le aveva mangiate quando era prigioniero dei prussiani.) Folies è tranquilla ma il gruppo è impazzito. 46 di media nelle due prime ore. Guidone ha avuto la rogna di bucare dopo 20 km, ha perso le code del gruppo e la scia delle auto, ha inseguito da solo per 10 km (per i capitani che forano si fermano gli altri, non per lui). Si è poi appiattato in fondo al gruppo a tirare il fiato. Ci sono Konyshev, il russo di Canazei, e Maassen, il fiammingo che l'anno prossimo dovrebbe correre con la Carrera, che hanno il pepe addosso.

Ancora nomi. C'è un cimitero militare in un paese che si chiama Suzanne. Chissà se si riposa meglio, in una terra che ha un nome di donna. A Froissy, seduta sui gradini di casa c'è una donna vecchissima e sdentata con in mano un dépliant degli occhiali da sole Bollé e nell'altra una bandierina di plastica azzurra della Z, che agita ridendo. Vorrei essere un bravo fotografo per fissare quest'immagine che rende tutta la solitudine di questi posti e tutta la gioia che dà il Tour. I paesi poveri si capiscono da tanti particolari: la gente ai bordi saluta di più, con più affetto, e non chiede con aria scocciata quanto manca all'arrivo dei corridori. Possono arrivare anche fra due o tre ore, tanto per oggi e chissà per quanti giorni non c'è altro da vedere.

Sembra una tappa balneare, ma il mare è lontano. Gente in sandali, in slip, in bermuda, in canottiera. Una tappa di pance grosse, di seni enormi, di braccia che ballonzolano, e sfido: burro, patate, birra, lardo, sai che dieta. C'è poco da aspettare, i corridori vanno come bestie. Non c'è il pavé in questa tappa, il pavé che illumina di grigio questo pezzo di Nord dove ancora si fanno spettacoli coi burattini nei cortili delle cascine e si allevano (ma sarebbe proibito) i galli da combattimento. Andiamo sempre più avanti spinti da un gruppo insensato: dopo essersi stirati i muscoli a Libourne, chi glielo fa fare? Il Tour, probabilmente. Il Tour si porta appresso un'aria speciale, una sorta di doping psicologico. Il Tour è uno specchio che fa crescere i più grandi e ingrandisce i piccoli.

Il Tour è non riuscire a bere per 80 km. C'è un bicchiere di bianco? Non ne abbiamo. Vuole una birra? No, grazie. Però ci sono le MS (oh patria lontana), i biliardi piccoli e i calcetti ingrommati dei nostri anni Cinquanta. Il barista chiede se ci sono in testa alla carovana i *motards acrobatiques*. Se li ricorda, son passati di qui nel '78. Non ci sono più, gli dico, sono andati in pensione. Peccato, dice. Avete degli adesivi, delle foto, delle pins? No, mi dispiace. Arrivederci.

E intanto, come ti sbagli, sono partiti a 60 all'ora Konyshev e Maassen, poi Vargas e Cenghialta, che pensa a Ferretti ai funerali del padre e se vincesse gli farebbe trovare i fiori, poi Jalabert e Ludwig (ma come farà Cenghialta a vincere con tutti questi velocisti), poi Bauer e Van de Laer, poi Heppner e Guidone, che ha ripreso fiato. È il km 93. Al km 97, 2'20". Davanti c'è un'ottima intesa, tanti possono vincere. Dietro si sveglia la Lotto di Museeuw, trenate pazzesche, un bis di Libourne, ma in 36 km il gruppo mangia appena 30". Media della terza ora: 50,400.

A 10 km da Wasquehal, 3'40". Provano Bauer e Jalabert. Ripresi. Prova Cenghialta. Ripreso. Riprovano Bauer e Cenghialta. Ripresi. 5 km all'arrivo. Guidone fa tutto alla luce del sole, non parte da dietro, parte dalla testa, a centro strada. Ludwig lo guarda come un'apparizione, un incubo, un disco volante. Stavolta Guidone non ha preavvertito, come al giro, telefonando a casa ai figli: domani guardate la tele. Ma Guidone taglia le curve come un cavallo di razza, come quel *pistard* che è stato (quarto a Mosca nel chilometro). In carriera ha corso dieci Giri, nove Tour, tre Vuelta (vincendo complessivamente ventisei tappe). Il finale di Bontempi è di un'intensità quasi dolorosa: il penultimo km in 1'02", tanto per gradire.

Guidone è un cavallo. Quest'anno ha corso la Vuelta, ha corso il Giro (due tappe), sta correndo il Tour (una tappa). E sempre sgobbando per gli altri. Questo il gruppo lo sa, e infatti Bontempi è uno dei più stimati dai colleghi, e pazienza se in Italia la gente si innamora solo di chi vince le corse a tappe. Salteranno tanti tappi in Franciacorta per questo grandissimo corridore-cavallo che ha piazzato la sua ruota nella Parigi-Bruxelles e due volte nella Gand-Wevelgem. Mi piacerebbe essere a Gussago, ma va bene così, anche Wasquehal. E quanti italiani hanno vinto il Criterium di Harelbeke, dove se sbagli una virgola i fiamminghi ti sbattono contro le transenne?

Guidone si stira la maglia, perché le scritte del jeans e della cedrata devono venir bene alla tele. Poche vittorie ricordo più belle e giuste di questa. Bontempi, bel tempo, buon tempo (47,801 di media). Tanti anni fa, quando Baffi era da 200 km in fuga verso Bordeaux, il direttore Goddet lo avvicinò e gli disse: «Sono corridori come voi che onorano il Tour». Baffi non disse niente anche perché non sapeva il francese, abbassò il testone e continuò a pedalare. Questo oggi meriterebbe Bontempi dal Tour. Una pacca sulla schiena adesso mi manda di traverso il bianco finalmente conquistato. È Geminiani, la volpe. «Non ha vinto Bontempi, ha vinto il ciclismo». È vero, noi lo sappiamo, e saperlo ci fa sentire più vecchi, complici e felici.

Chiappucci, elogio della follia

BRUXELLES, 10 luglio – Chi può essere così allegro, in un parco di Roubaix sotto la pioggia, da infilarsi sul casco protettivo una paglietta alla Chevalier, sul palco delle firme, prima di partire? Chiappucci. E chi può essere così matto da scatenare un attacco in cima alla prima salitella (km 22) trascinando LeMond e, a ruota, Marie e Capiot? Chiappucci, ancora. E chi può essere così coraggioso da piazzare una mossa folle (ma qualcuno ha già scritto l'elogio della follia) a 26 km dall'arrivo? Sempre Chiappucci. E con lui c'è ancora LeMond, attivissimo. E Jalabert e Holm a ruota. Che poi, sul vialone d'arrivo, sotto l'Atomium che ha ancora una sua suggestione a trentaquattro anni dall'Expo, la spunti Jalabert, velocista con l'occhio perduto, da ballerino, conta pochissimo. Chi lo impegna fino agli ultimi metri nello sprint? Chiappucci, tanto per cambiare.

Quello che è riuscito a combinare Chiappucci fra Roubaix e Bruxelles ha dell'incredibile. Guadagna tra tempo reale e abbuoni 1'46" a Indurain e Bugno su un percorso da locomotive fiamminghe, cioè non suo. Fa più danni che in una tappa di salita. Obbliga tutti a corrergli dietro, rischiando molto specie nel finale, quando la pioggia rende l'asfalto scivoloso, e nell'unico tratto di pavé, a 8 km dal traguardo, c'è una caduta di almeno quaranta corridori (fra cui Argentin, Poli, Cenghialta, Virenque, mentre Fondriest è attardato dal groviglio di biciclette). E poi non l'ha sempre detto, Chiappucci? A stare dietro si fa più fatica e si rischia di più, e allora tanto vale stare davanti.

Bisognava vederlo subito dopo lo sprint: il ritratto della salute. È caricato a molla, Bull, e bisogna sentire con quanta felicità strilla: «Ve li do io i tatticismi» al plotone di giornalisti infradiciati che gli va incontro. Non ha bisogno di domande, fa tutto lui: «Sto girando benissimo. Oggi è la vittoria dei non considerati contro i considerati. Con LeMond ci siamo parlati molto, e adesso cosa cambia? Se non perdo tanto tempo nella cronometro in Lussemburgo, la musica cambia davvero. Io adesso sono davanti in classifica, sono tranquillo, sta a loro recuperare. Ragazzi, andavo così forte che ho perfino pensato di riuscire a battere in volata Jalabert. A questi ritmi, chi ha le gambe scappa e chi non le ha si stacca. Un colpetto l'ho dato al mattino, uno al pomeriggio. Non credevo che tra i primi a inseguirmi ci fossero quelli della Gatorade, ci sono rimasto proprio male».

Se è per questo, c'è rimasto peggio Bugno, che arriva sul traguardo imprecando e tira dritto. Sotto accusa è la pressione dei tubolari, inadatta al pavé. Ma non solo quella. Se Stanga ha davvero pronunciato la frase: «Come si fa a lasciarseli scappare due volte nello stesso giorno?», nell'albergo della Gatorade dovrebbe tirare aria pesante. Se Bugno, Stanga e Indurain (l'altro grande battuto della giornata) avessero mai letto Poe sulla lettera scomparsa che invece era in perfetta vista, avrebbero una chiave tattica per capire Chiappucci. L'anarchico, il sabotatore, il gitano, l'indio, Pierino, Calimero (in tanti modi l'hanno chiamato, perfino Andreotti per come s'incavicchia la testa nelle spalle) gioca a carte scoperte. Intervistato in tv da Roche a Wasquehal, aveva ammesso di avere riannodato buoni rapporti con l'ex nemico LeMond (che più o meno un anno fa gli aveva dato del bandito e del dilettante, salvo fare ammenda più tardi).

Si era spinto oltre, Chiappucci: «Gli ho detto che so che lui combinerà qualcosa e io spero di esserci». E allora perché non guardarli un po' più da vicino? Se il primo tentativo è stato un po' casuale, doveva almeno suonare come un allarme. Secondo il gregario Scirea, Bugno nella pioggia e con la strada tutta a curve non ha visto scappare LeMond e Chiappucci. Secondo Quintarelli, ds della Carrera, «Chiappucci è più abituato di Bugno al clima, atmosferico e agonistico, che c'è in Belgio». E difatti Bugno, maestro di stile, non ama i percorsi spezzati, le curve strette, tutto quel che richiede acrobazia, e non ama il freddo e la pioggia. E ancor meno ama rischiare. Esattamente come Indurain. Ma non si può pretendere che non piova, o che le strade siano sempre belle, dritte e levigate.

In apparenza, Indurain non se la prende: «Un Chiappucci strepitoso mi ha dato un distacco notevole, ma non mi sento colpevole. Non era il mio terreno e la pioggia ha complicato tutto. Non ho mai voluto rischiare. Meglio perdere quasi 2' che perdere il Tour per una caduta. Io sono tra gli sconfitti del giorno 10 luglio, ma il Tour finisce il 26». Tra i vincitori del 10 luglio c'è anche Greg LeMond: «Accordi con Chiappucci no, interessi comuni sì. Io con queste tappe miste al Nord devo avvantaggiarmi perché non so che rendimento avrò poi sulle Alpi. Almeno adesso la notte dormo e recupero bene, il mio inizio stentato era dovuto solo alla fatica di un viaggio durato 36 ore, di cui tre in piedi su un treno affollatissimo».

Si riparte da Bruxelles con la strana coppia Chiappucci-LeMond che ha dato una bella botta alla nobile coppia Bugno-Indurain. I tir del gruppo, le ruote più veloci, continuano a sprintare per i piazzamenti. E il Tour continua a correre sempre più forte: 46,153 la media in una tappa di montagnole, discesine, anche un po' di pianura. Dice Lino, che conserva la maglia gialla: «Non so dove stiamo correndo, ma sicuramente sulle Alpi, col caldo, molti pagheranno questi giorni di pazzia». Nella pazzia Chiappucci si diverte, ci sguazza, ci nuota. Ma è una pazzia apparente, che ha invece molto metodo. Chiappucci finge di interessarsi alla maglia a pois e insiste a piazzare scatti su ogni collinetta. Lo fa per spezzare il gruppo e per vedere che nuove situazioni si possono creare e che vantaggio ne può trarre. Mal che vada, si rialza come un cacciatore di punti. Ben che vada, se appena trova collaborazione, insiste. E corre come uno che vuol vincere il Tour. E rivaluta la corsa d'attacco, la sola che Chiappucci può fare, in una corsa di tre settimane. Attacca per temperamento e perché sa farlo bene, perché ha dei tempi mentali diversi, perché ormai la sua metamorfosi si è completata, non sarà più il brutto anatroccolo e non gliene frega niente di essere un cigno. Gli basta il rispetto degli avversari e l'affetto sempre più grande che gli dimostra la gente.

Dieci e lode a Bull Chiappucci, che annuncia ed esegue un piano. Il piano di Bugno e Indurain sembra, per ora, quello di rincorrere tutto quello che si muove, salvo non riuscirci quando sarebbe il caso. È stata annullata dopo 40 km di rincorsa una fuga di quindici corridori con dentro Chioccioli (in ripresa), Gölz, Alcalá, Hampsten e Poli. Una fuga che si poteva lasciar decollare, sorvegliandola a giusta distanza. Ma quando Bull ricomincia a battere sul tamburo e LeMond lo sostiene, la risposta non c'è, l'attenzione non c'è, il castigo c'è. Via, dopo sette fette capire che è polenta. E non finisce qui, la rumba.

Lacrime amare dietro Indurain

LUSSEMBURGO, 13 luglio – Tante nuvole sventolano sul Granducato, ma il temporale, quando arriva, si chiama Indurain. La sua dimostrazione di superiorità è impressionante, e infatti il Tour è molto impressionato. La frase più ripetuta, dalla linea d'arrivo alla sala stampa, è: domani si potrebbe anche andare a casa. Gli avversari di Indurain hanno facce da Quaresima: Bugno ha beccato 3'41", LeMond 4'04", Roche 4'10", Chiappucci 5'26". Particolare ancora più scoraggiante: il più vicino (o il meno lontano) nei confronti di Indurain è un suo fedele gregario, il francese di origini spagnole De Las Cuevas. A parte gli specialisti come il polacco Jaskuła e il lituano Kasputis (che corre coi colombiani), in un gruppo di massacrati è difficile trovare un sorriso. C'è quello di Pascal Lino, il biondino di Vannes, che evidentemente non è soltanto un *pédaleur de charme*, come dicono i francesi. C'entrerà anche il morale che dà la maglia gialla, certo è che Lino, appena 2" più di LeMond, può essere molto soddisfatto. Conserva la maglia e fa pure un favore a Indurain, che avrà ancora per qualche giorno un'altra squadra, la RMO, a tenere cucita la corsa anche per lui. I grandi favoriti erano Indurain e Bugno.

«Gianni è al 125 per cento della condizione», diceva prima del via lo psicologo venuto da Milano. Non si direbbe:

dopo 2 km Bugno è già sotto di 8", dopo 7 di 22", dopo 16 di 45", è un lento sprofondare. C'è il lampo dell'illusione di Chiappucci, che al primo intertempo (km 22) è al secondo posto. Chiappucci è partito come se il traguardo fosse dietro l'angolo, sa già che il percorso non gli darà una mano e nel finale, controvento per tutti, annegherà nel vento come un uccellino. Il grande favorito Indurain, a differenza di Bugno, trova subito la cadenza giusta. È uno spettacolo, sembra fuso con la bicicletta. Si corre, per la prima volta al Tour, su un'autostrada: i primi 22 km in favore di vento, e gli ultimi 9 col vento contrario. In 65 km solo una curva secca, a Ehnen, obbliga a cambiare rapporto e ad alzarsi sui pedali per attaccare uno strappetto fra le case, in pavé. Per il resto è sempre leggera salita, larghissima, leggera discesa, larghissima, e pianura calma e liscia, fra vigne di Pinot e Riesling, ai bordi della Mosella discesa dai barconi e dalle chiatte, i conducenti suonano le sirene per salutare.

Chiappucci si ritroverebbe nei percorsi spezzati, che obbligano a frequenti cambiamenti di passo. Qui per un peso leggero non c'è speranza. Qui e forse anche domani, e negli altri giorni che mancano a Parigi. Sul traguardo, guardando i distacchi sul tabellone, Chiappucci ha la faccia attonita dei bambini che vedono passare l'Orient Express e si perdono nelle fantasie. «Lui è di ferro, gli altri di carne e ossa. C'è poco altro da dire. Adesso il Tour diventa come il Giro, con un padrone difficilmente abbordabile. Se penso che c'è un'altra crono di 64 km mi passa la voglia di fare piani. Però chi ha fatto piani e ha adottato la stessa corsa di Indurain adesso dovrà ammettere che bisogna cambiare sistema, se si vuole metterlo in difficoltà, ammesso che sia possibile. Finché corre Indurain, chi aspetta le cronometro è solo un illuso».

Si prega di notare il riferimento a Bugno, mai nominato. Bugno, alla luce (al buio, anzi) della crono di oggi, è lo sconfitto non solo della giornata ma della prima settimana di corsa. Forse lui e il suo clan non credevano a distacchi così pesanti. Dice: «Sapevo di perdere, ma così tanto non pensavo. Eppure mi sembra di essere andato forte, è lui che ha fatto un'impresa dell'altro mondo. È lui che è migliorato tantissimo, oppure siamo calati tutti quanti noi. Forse nemmeno Merckx e Hinault facevano una differenza così».

Ha l'aria di aggiungere: proprio a me doveva capitare un tipo simile? Invece dice: «E dove cavolo glieli riprendo questi minuti?», gira la bicicletta e va. Sembra una dichiarazione di resa. Un Indurain di queste proporzioni fa passare anche la voglia di parlare. Tenendo conto della crono di Tours, è come avesse 7' di vantaggio. Ha ammazzato il Tour, è un'altra frase di queste ore. Il commissario Maigret avrebbe visto la cronometro da un barcone, bevendo birra (lui preferiva la Mosa alla Mosella, però) e saprebbe già chi è l'assassino. La faccia è insospettabile, ma le gambe sono un'arma impropria. Forse è omicidio preterintenzionale, vero Miguel? «Il primo a essere sorpreso sono io, non pensavo di guadagnare tanto. Faccio i miei complimenti a Lino, ma a Bugno dev'essere successo qualcosa, se ha perso quasi 4'. Adesso ammetterete che io non bluffavo, nei giorni scorsi. Limitavo i danni su un terreno non mio e non volevo rischiare stupidamente sul pavé bagnato. Stavo bene, e aspettavo il mio terreno, la tappa di oggi, per dimostrarlo. Vicente Iza, il mio massaggiatore, stamattina m'ha detto che le gambe sono molto meglio che al Giro».

Al Nord, Indurain si è sottoposto a sedute di agopuntura e laserterapia prima delle partenze per attenuare i danni di pioggia e freddo sui tendini. Adesso è calmo e forte. La forza di chi può prendere in mano la corsa (aveva ragione Merckx, tanto per cambiare) e dare disco verde a chi non lo inquieta. Dopo giorni di battaglie e di follie, di medie altissime, di colpi di mano e di colpi di scena, le previsioni sono di calma piatta, almeno da qui a Strasburgo. Chi vuole avrà tempo e terreno, poi. Al momento, solo una spaventosa crisi sulle salite, o un gatto nero, una magia voodoo, una fuga d'amore con una dattilografa di Mulhouse (tutte cose non prevedibili, non tecniche) possono impedirgli di vincere, dopo il Giro, anche il Tour. E di entrare nel quintetto Charm, con Coppi, Hinault, Anquetil, Roche, Merckx. Tutta gente che andava forte a cronometro, Roche un po' meno. E la cronometro, detta la corsa della verità, la lotta degli uomini soli, il momento in cui il ciclismo è più vicino all'atletica come scienza esatta o quasi, la cronometro esalta Indurain. Che continua a essere il ragazzone quieto, a modo, sereno, di poche parole che era un anno fa. «Il suo equilibrio mette quasi paura», garantisce il gregario Philipot. Resta l'incognita del rendimento sulle grandi salite, in cui la classifica non lo ha mai obbligato a rincorrere, solo ad accompagnare, con aria compunta, come stesse seguendo la processione di San Andrés, il patrono del suo paese, quelli che vorrebbero disarcionarlo. Quelli che non hanno ancora capito che il padrone su due ruote di questi primi anni Novanta è lui, Miguel Indurain (anagramma: anni duri). Ma è ancora presto per tornare a casa, dopo i fuochi del 14 luglio ne aspetto altri. Perché fa parte della storia del Tour non consumarsi in una transumanza da città a città e perché ci sono tanti giorni di corsa e, al peggio, tanti modi di perdere.

Per esempio, non credo che Bugno sia andato forte, non tanto in rapporto a Indurain quanto ai distacchi abbastanza esigui che ha inflitto a corridori non specialisti nella cronometro. Non è tardi per chiedergli garbatamente di dare un senso a questo suo '92, o almeno una pennellata di verde, di rosso, di blu. Non escludo che gli possa pesare, come aveva confidato a Indurain, la pressione (stampa? sponsor? opinione pubblica?) di sentirsi quasi obbligato a vincere il Tour dopo aver saltato il Giro. Ma la decisione l'ha presa lui, in assoluta libertà, d'accordo con chi lo guida. E qualcosa bisognerà chiedere a Chioccioli, qualcosina a Chiappucci, LeMond e Roche, che hanno già fatto parecchio. Diceva Echávarri, il ds, di Indurain: «Se fossi un tifoso, terrei per Chiappucci, perché è vero che lui fa spettacolo. Ma Indurain non deve fare spettacolo, lui è qui per vincere il Tour». Già.

Montagne innamorate del professor Fignon

MULHOUSE, 15 luglio – Una montagna innamorata. È il Ballon: il Tour ci si arrampica nel finale di una tappa che poteva essere tremenda. Leggera no, non è stata, e quanto mai gradito arriverà domani il giorno di riposo, e Indurain festeggerà il suo compleanno. La stanchezza comincia a farsi sentire e già dalla prima salita, il Kreuzberg, qualcuno comincia a restare indietro. Ma il clima, sempre fresco, con veli di nebbia sulle montagne, qualche pioggia lieve e qualche chilometro di sole, aiuta i corridori a rinviare la scoppiatura, aiuta la corsa a essere viva. A Strasburgo, sotto i fiori di pietra della cattedrale, fra un ombrello aperto e un croissant masticato in fretta, par di cogliere la sensazione che il Tour possa ricominciare. Non sono segnali precisi, ma lo spazio c'è, il tempo c'è, c'è anche il Ballon, gran bella salita ma troppo lontana da Mulhouse. Si capisce che non è giorno di guerra vera dalle pedalate del primo attaccante: è Gölz, il tedesco della Ariostea, una squadra che ha raccolto meno del previsto. Almeno farsi vedere. Gölz si fa vedere dalla partenza al km 132, tra salite, discese e qualche brivido che increspa appena la radio di bordo: si sgancia in discesa un gruppetto di dodici, con dentro Bugno, Chiappucci e Indurain. Ma nessuno ci crede veramente. Con 13' di vantaggio, Gölz comincia a picchiare in testa. Una novità è LeMond, dietro, che patisce la salita, e sceglie per restare indietro il Col du Calvaire. Il gruppo di Indurain, quasi senza volerlo, lo stacca di 2'. È LeMond che non tiene il passo, come sui Pirenei. Ma là c'era l'attenuante di un viaggio che gli aveva impiombato le gambe, qui il passaggio a vuoto è più grave perché viene dopo giornate positive.

Konyshev e Roscioli, gregario della Carrera, sono i cacciatori più convinti sulla scia di Gölz. Lo raggiungono e lo piantano sulla salita della Schlucht. Da dietro finalmente si muove Abelardo Rondon, il colombiano che la Gatorade ha strappato a Indurain perché diventasse la scorta di Bugno in salita. Fin qui, mai visto. Poco più in là, anche Fignon esce dal gruppo di Indurain. Forti scosse emotive tra i *suiveurs*: vuoi vedere che la Gatorade ha un piano di ferro e porta in avanti due punti d'appoggio per quando attacca Bugno? Hinault amava molto questa tattica, e anche Merckx. Con Fignon c'è González, uno spagnolo che non dà un cambio. Gli spagnoli non si fanno dispetti tra loro, specie se uno di loro è Indurain.

I voli pindarici si attenuano quando Fignon e González arrivano su Rondon, che perde subito le ruote. È a questo punto che la montagna si innamora. Fignon è una specie di padre nobile per il ciclismo francese. La nuova guardia, specie Lino, De Las Cuevas e Jalabert, non è male, ma il Professore, questo è il soprannome di Fignon per via degli occhialini rotondi, d'oro, dell'aria da intellettuale, del codino che porta da quando non era ancora così di moda, è un'altra musica.

Fignon sente che è giornata, si scolla González e va via da solo. La gente impazzisce, qualcuno nella frenesia di spingerlo gli molla all'ultimo momento una pacca sulla schiena, altri gli sventolano fin sotto il naso gli striscioni con scritto *Vas-y Laurent*.

Bella pagina, questa di Fignon. Dietro, per ora, non si tirano il collo per andarlo a prendere, ma lui ce la mette tutta e scollina con 1'50" sul gruppo dei migliori. Fignon è un grande discesista e la lunga discesa lo aiuta a non perdere colpi. È anche, o forse è stato, un grande corridore, ma l'orgoglio è quello dei giorni buoni. Basterebbe ricordare i due Giri vinti, i due Tour, le due Sanremo. Fa, in pratica, una cronometro di quasi 50 km, lui che dalla crono è uscito stravolto, umiliato da Indurain che è andato a prenderlo partendo 6' dopo. Ma nel momento dell'aggancio Fignon ha trovato la forza di alzare il pollice destro dal manubrio: complimenti, Miguel. Fignon ha 1'59" a 30 km da Mulhouse, 2'02" a 20 km, 1'55" a 15 km, 1'45" a 10, 1'30" a 5.

È a questo punto che Guimard schiocca la frusta ai Castorama, la vecchia squadra di Fignon. Leblanc, in un gruppettino con Elli e il solito Konyshev, il più scatenato. Il vantaggio di Fignon continua a calare. «*C'est pas moral, c'est pas possible*», grida costernato nel microfono Patrick Chêne, il Dezan del Tour. In effetti, in questi momenti viene in mente che Fignon è stato anche un grande perdente: un Tour, da LeMond, all'ultima tappa, per soli 8", il Mondiale a Chambéry, sempre per colpa di LeMond, quando sembrava già lo avesse vinto. Stavolta riesce a mantenere 12" sul gruppetto, 22" sul gruppo. Ed è una vittoria molto utile, per lui e per la Gatorade, che nel contratto ha previsto un ruolo futuro da PR. Esultano i francesi, è il giorno dei Laurent: Fignon vince, Jalabert si riprende la maglia verde. *Allons enfants*.

«È una vittoria strameritata, che servirà a fare morale», dice Stanga. Per lui, il Tour non è finito. Nemmeno per Bugno, che sorprende un po' uscendosene con questa frase: «Credo che Fignon possa fare meglio di me». Dopo avere riferito che Indurain va come al solito, cioè fortissimo, Bugno quasi si risente a una banale domanda che parla di attaccare. «Ma voi giornalisti siete proprio fissati con questa storia dell'attaccare». Qualcuno potrebbe fargli notare che a parlare di attacco come unica scelta è stato proprio lui, prima sul traguardo e poi in tv, a Strasburgo. Ma è meglio lasciar perdere, dopo una tappa Bugno generalmente è piuttosto teso. Ma non importa, è festa per i vecchi ragazzi. Fignon ha vinto, passando da trionfatore in paesi-giardino come Guebwiller, fra ortensie, gardenie, gerani. Le riprese dall'elicottero sembravano un quadro impressionista. Tutti contenti. Anche Indurain: «Era una delle tappe che temevo di più, è passata senza danni». Ma Fignon l'avete lasciato andare? «No, è stato bravo lui, ci vogliono gambe e coraggio».

Nel clan spagnolo sono tutti sicuri che, dopo un accenno di brindisi per i fotografi, dopodomani Indurain andrà a prendersi la maglia gialla. Da notare che nella tappa di oggi gente non di mezza tacca come Mottet ha buscato 13'50", Ballerini, Bernard e Bauer 25'12". Altri cinque ritirati tra cui Cubino e Moreau, il francese della MG-Bianchi. Il Tour comincia a perdere i pezzi, e deve ancora trovare i nemici peggiori: il caldo e le Alpi.

Come Coppi

SESTRIERE, 18 luglio – Un immenso Chiappucci si sovrappone all'ombra di Coppi, che qui aveva vinto quarant'anni fa, e riceve l'abbraccio di Bartali, che qui festeggia i suoi settantotto anni. Chiappucci salda, con la sua estrema generosità, il ciclismo di fine secolo con quello degli inizi, dei pionieri. Vince dopo 223 km di fuga, gli ultimi 126 da solo. Vince resistendo al ritorno di Indurain, Bugno, Hampsten, Vona. Bugno cede sull'ultima salita. Indurain toglie la maglia gialla a Lino, ma è solo un dettaglio di cronaca. La giornata la riempie, da solo, Chiappucci.

Un uomo solo covava il colpo come un'aquila le uova. E sentiva che il colpo per andare a segno doveva partire da lontano, da molto lontano. Ho già scritto, in questo Tour, che Chiappucci passa per pazzo, ma c'è del metodo nella sua pazzia. Anche stavolta che è partito da troppo lontano. Appena passato in testa (in testa è passato su tutte le salite) il Col des Saisies è andato appresso a Ruiz Cabestany, un gregario di Bugno. E poi c'erano Virenque, Claveyrolat, Kelly, dieci uomini in tutto. Il gruppetto si scava un piccolo buco salendo un monte dal nome di Cavaliere. Chi siete, straniero? Il mio nome è Cormet de Roselend, principessa. Chiappucci ha altro per la testa che i poemi epici, e poi se lui avesse guardato una principessa come minimo l'avrebbero bastonato o messo in gabbia. Quelli come Chiappucci sono sempre esistiti, ne ho visti uguali in Messico, in Turchia. Ci sono boschi fatati, sul monte Cavaliere, è sicuro. Il verde è fitto, misterioso e languido quando si sale, quando si scende non c'è più un albero e solo un parapetto di 15 centimetri tra la strada e lo strapiombo. Chiappucci guarda in faccia gli altri nove, ci sono due González e un Pérez di cui non sa nulla, c'è Kelly trincerato dietro le lentiggini come dietro una maschera.

Dietro pensano che è la solita pazzia di Chiappucci, ha sbagliato i calcoli, lo ripescheranno con la lingua fuori a bordo strada. Bull non è ancora scatenato, sta pensando. Sta pensando se gli conviene aspettare e riprovarci più in là, se gli conviene proseguire con quella mercanzia a ruota, se gli conviene andarsene da solo. Sta buono, pensa a mangiare, non bere troppo, strilla Roccia dall'ammiraglia. È una discesa da brividi. Uno dei fuggitivi, Gastón, cade di brutto, picchia la testa, lo portano in elicottero all'ospedale di Grenoble. Dietro, LeMond e Leblanc sono in crisi nera, arriveranno con 50' di ritardo, ma Bull non lo sa e non gli interessa. Gli interessava spaccare il gruppo, dichiarare la guerra, normale che non lo amino alla follia uno che dà fuoco alla corsa in questa maniera, che andando in anticipo di mezz'ora sulla tabella di marcia più veloce spedirà fuori tempo massimo anche il suo compagno Abdu.

Giorni fa ero andato da Chiappucci per chiarire un particolare letto su una sua scheda: davvero i genitori venivano da Marina di Massa? «E allora che ci andavano a fare, nella nebbia di Uboldo a girare per i mercati? Se erano di Massa, mettevano giù due ombrelloni sulla spiaggia e si campava. No, venivano da Bagnone, in Lunigiana. È un paese povero». Lo so, ci sono stato. Anche la cucina è povera: polenta incatenata, col cavolo nero, testaroli, minestre d'erbe, coniglio quando è festa. E sull'Iseran non c'è nemmeno un panino. C'è un sole che tira scemi, in compenso.

La strada sale implacabile. Cima a 37 km, c'è un cartello all'inizio. Però sono 29. Però sono tanti lo stesso, e tutti allo scoperto, in mezzo a muri di gente e, più su, a chiazze di neve. A quel punto Bull è già solo, se li è scrollati tutti di ruota. Rimane solo a 10 km dalla cima. Adesso Chiappucci vola su una corsa frantumata da lui. A 2'20", a quota 2770, Conti e Virenque, a 2'30" Chioccioli (pagherà alla distanza) e Lino (idem, ma che grinta) a 3'45" il gruppo di Indurain e Bugno,

35 corridori in tutto. Bull ha il casco da alieno e la maglia buffa, un po' da clown. Scende e sale, tocca al Moncenisio. Dietro, Rondon pilota l'affondo di Bugno, ma Indurain è lì, e anche Vona, chi si rivede, gran bella corsa, e Hampsten. In cima, 3'33" per la maglia da pagliaccio che fa sul serio, su Indurain e Bugno. A Susa (km 290) Bull conserva 2'40". I quattro tirano, ancora una volta non si capisce l'atteggiamento di Bugno: potrebbe sfiancare Indurain nella rincorsa standogli a ruota e poi approfittarne. Solo dopo si viene a sapere che non era giornata, per lui. Sentire che dietro Bugno tira fa vedere rosso a Chiappucci e lo manda in affanno. E si ritrova nel tratto peggiore, in pianura e controvento. Si è tolto il casco da alieno, ha la faccia contratta dallo sforzo, a fotografarlo tra Susa e Oulx non si sa se piange, se ride, se bestemmia. Comincia a sentire la fatica. La fatica parte dalle cosce, s'allarga alla pancia, alla fine il corpo fa male da tutte le parti, ma si va avanti. In 26 km perde solo 10".

Il tifo è tutto per lui, anche quelli che erano venuti su per Bugno sentono dalla radio che su un attacco di Vona Indurain ha risposto e Bugno è rimasto lì piantato. Indurain ha l'azione molto più bella, rispetto a Chiappucci. Ma Chiappucci tira fuori l'anima, non è solo un modo di dire. Gli ultimi 5 km sono esaltanti e infami. La gente è impazzita, non c'è o non si vede servizio d'ordine. È un calvario per i primi. Chiappucci riceve decine di spruzzate d'acqua in faccia (sono come frustate, obbligano a chiudere gli occhi, spezzano il ritmo) e pacche sulla schiena (spezzano il ritmo, fanno male). È sparita la strada, sono tutti in mezzo, si bloccano le auto, si bloccano le moto, Chiappucci le dribbla, allontana con una mano tutti gli imbecilli che vogliono toccarlo, annaffiarlo, spingerlo, e che rischiano solo di farlo cadere. Si vede che siamo arrivati in Italia, dicono i colleghi stranieri. Sì, purtroppo, è vero, in tutti i paesi d'Europa che abbiamo toccato non era così. Non è più una festa dello sport, è una demenza collettiva. Anche le scritte contro Indurain, che ha la sola colpa di essere il più forte, fanno parte di questa calcistizzazione del tifo ciclistico. E il caos, la paura di essere schiacciati, la disorganizzazione più disarmante saranno uguali anche dopo l'arrivo.

Ma intanto Chiappucci ha vinto, ha sferrato due pugni all'aria, al cielo, alla vita, alla corsa, a quelli che ha fatto morire, per usare le sue parole, e forse un po' morto è anche lui, ma con questa tappa entra nella storia del ciclismo passando per la porta grande. Non è solo cuore, bisogna avere anche le gambe per provarci e per riuscirci. È una vittoria antichissima, da Petit-Breton, da Giovanni Gerbi, detto il diavolo rosso. Una volta Alfonso Gatto dettò dal Tour un pezzo che cominciava con: «Ha vinto lo spirito», e lo stenografo dell'*Unità* gli disse: «Non fare lo scemo, ha vinto Coppi». Mi sarebbe piaciuto cominciare allo stesso modo, ma le dimafoniste di *Repubblica* sono molto gentili e non mi avrebbero dato sulla voce. Però davvero ha vinto lo spirito, chiamatela pazzia, improvvisazione, poesia. Ha vinto qualcosa che sta scomparendo in uno sport da ragionieri, da notai, da tassametri sul manubrio, da programmazioni che lasciano il tempo che trovano, quando lo trovano. È il caso, mi dispiace dirlo, di Bugno, che ha grandi mezzi ma se non riesce a sfruttarli è come se li avesse ridotti. Se Chiappucci riesce a compiere imprese che gli altri si limitano a sognare è perché non si limita a sognare. Ha una volontà incredibile, una concentrazione feroce. Se per caso in salita gli apparisse la Madonna lui cercherebbe di staccarla sullo scatto. *Vedremo* non è una parola del vocabolario di Chiappucci, *farò* sì. Chiappucci ha la forza di correre dietro ai suoi desideri e di farsi correre dietro da tutti i corridori del Tour, se necessario. Ha la forza di ricominciare. La forza di rischiare di andare arrosto sui fuochi che lui stesso ha acceso.

E non c'entra nulla, ma in qualcosa la sua vittoria ricorda la Danimarca degli Europei. Qui vincerà il favorito, ma gli altri aspiranti alla vittoria stanno diventando piccoli e sbiaditi. Breukink becca 9', Roche (e Superperini) 10', Alcalá 15'. Di LeMond, completamente svuotato, di Leblanc (scoppiato a piangere tra le braccia di Guimard, dopo l'arrivo) ho già detto: 50'. Un'enormità. Ma enorme è anche quello che ha fatto Chiappucci, in termini atletici e morali. Fa provare sensazioni che escono da sottoterra, da sotto la crosta delle strade dove passano biciclette sempre più moderne e veloci, e i grandi strateghi hanno telefonini, microcomputer, un sacco di stupidaggini che fanno status symbol. Le corse si fanno anche in un altro modo. Scusate per questo arrivo così tanto italiano, ma anche Chiappucci è italiano. E se avesse voglia vi direbbe che di aspettare domani son capaci tutti. Di ottenere che domani sia oggi pochi, quasi nessuno, anzi a guardarsi bene in giro c'è solo lui. Onore al diverso. E piantiamola di chiamarlo Chiappa.

Benvenuto Chioccioli, eroe di seconda fila

SAINT-ÉTIENNE, 20 luglio – Chioccioli, finalmente. Dopo Sciapucsì, Sciocsiolì, i francesi fanno acrobazie con la lingua ma battono le mani. Perché, come Bontempi e Chiappucci, anche Chioccioli attacca da lontano. Non 5 km, né 226, una trentina gli bastano per arrivare a braccia alzate. Somiglia tanto a Coppi che in Italia lo chiamano Faustino, urla lo speaker. Veramente lo chiamano Coppino e il primo a chiamarlo Coppino fu Alfredo Martini, ct della Nazionale. La somiglianza è impressionante, naso, occhi, orecchie, gambe. Qui ha pure la bici Bianchi e può sorridere con timidezza, come faceva Coppi. È un arrivo composto, senza pugni all'aria, perché Chioccioli è un mite. Sabato gli è nato il secondo figlio, si chiama Alessio (come quello di Bugno) e la vittoria è dedicata a lui.

Chioccioli ha un'aria da santo di seconda categoria, quelli delle navate laterali, secco secco che gli si contano le ossa e con un'insonnia addosso simile a quella di Roccia Quintarelli. Dorme, a fatica, solo nel buio più assoluto, anche la striscia di luce che filtra da sotto l'uscio gli dà fastidio. E come toscano non è un chiacchierone. Sono giorni che ci provava, anche ieri sul Galibier ci ha provato: «Ma mica per vincere, solo perché è una montagna famosa e ci volevo passare primo io». Ci è riuscito, ma poi lo sforzo l'ha pagato salendo verso l'Alpe d'Huez. Lì, dopo Hampsten, secondo Vona, come al Sestriere, e Bugno a picco. E il Tour impiccato. Tra sabato e domenica, i *rescapés*, i superstiti, sono falciati: ventinove in meno. Fuori tempo massimo Leblanc, campione di Francia, e De Las Cuevas, il più forte gregario di Indurain. Ritirato LeMond. Oggi, a casa anche Tebaldi. E ogni giorno si dice: è pazzesco, è incredibile, chi glielo fa fare, mai vista una roba simile, e ogni giorno si ricomincia ed è peggio. La Croix de Fer ha disperso il gruppo, spietata, l'asfalto liquefatto, un gruppo che già al Sestriere aveva dovuto subire ritmi mostruosi. L'unico che ride è Chiappucci, deve avere tempi di recupero prodigiosi.

Dopo il numero del Sestriere era ancora in prima linea con Indurain e oggi ha provato qualche allungo in discesa. Sta bene, e vedere che Bugno ha il fiato corto lo fa stare ancora meglio. Ha detto che domani sparerà le ultime cartucce, sulla strada per la Bourboule. È un gruppo che ha visto le streghe, quello che si ritrova a Bourg-d'Oisans, lasciandosi alle spalle il malefico panettone dell'Alpe d'Huez, una strada tutta scritta che, percorsa in discesa il giorno dopo, dà l'idea di quanti aspettassero Bugno a braccia alzate per la terza volta consecutiva. È arrivato invece Hampsten, americano sveglio: «Per me è una vittoria magnifica, nella tappa più dura che abbia mai corso, ma negli Stati Uniti contano più due minuti di Super Bowl che tutto il Tour». Ancora secondo Vona, per due giorni di fila. La MG-Bianchi ci prova, non ha molte carte da giocare dopo il clamoroso ritiro di Cipollini.

Sono rimasti in cinque, è il loro primo Tour. Ma Enrico Paolini, il ds, ogni giorno si presenta con lo stesso sorriso largo e buono di quando correva: «Oggi ci proviamo». L'ha detto anche stamattina. Ho sperato che ci azzeccasse. È stato un buon corridore. Faceva il gregario ma certi giorni era un campione. A un Tour andò a sbattere con la testa contro uno spartitraffico, lo portarono fuori conoscenza all'ospedale di Annemasse. Io allora lavoravo alla *Gazzetta* e avevo accompagnato il ds Giganti, che non parlava il francese. «Chiedigli se potrà fare ancora il corridore». Il dottore era magro, con gli occhiali, le radiografie in mano: «La domanda giusta sarebbe questa: può arrivare a domattina oppure no?» Essendo un buono da corridore (guarì e vinse ancora), Paolini lo è anche da direttore sportivo. Forse troppo, dicono nella carovana, ma il carattere non si cambia. E con questo carattere ha subito legato con Chioccioli, a loro bastano poche parole. E Chioccioli non è più uno dei tanti, in gruppo. Avrà trentatré anni ad agosto, è famoso dall'anno scorso, quando vinse il Giro. «Mi ha dato la sicurezza, ma non la tranquillità economica. L'unica soddisfazione è che per tre inverni a tirar su la casa ho lavorato io e quest'inverno invece ho guardato i muratori che lavoravano». Un esordiente al Tour, anche se stimato professionista, ha bisogno di tempo: «Di molto tempo. Qui la prima settimana non ci capivo nulla, non sapevo chi correva per che cosa, la classifica o le tappe, tutti andavano come vespe impazzite. Da noi la tattica è più importante».

Le vespe impazzite non perdono l'abitudine: prima ora di corsa a 50,200 di media, in un caldo da capogiro. Di una fuga di venti corridori restano in testa Roscioli, compagno di camera di Chiappucci, e l'austriaco Maier. La salita di Georgat, un Muro di Sormano, fa mettere i piedi a terra a più di mezzo gruppo. Qualcuno, per la pendenza, cade all'indietro. Si va avanti, si taglia l'Ardèche, con le sue piantagioni d'albicocche e i campi di girasole. Si va verso la salita della Croix de Chabouret, che due anni fa costò carissima a Chiappucci. Chioccioli esce dal gruppo con Kummer e Pedersen, arriva sui due in fuga, nessuno tira, il gruppo è molto vicino, guidato dagli uomini di Jalabert che hanno visto Museeuw in difficoltà.

Chioccioli decide di proseguire da solo, in cima ha 1' di vantaggio. Mancano 16 km di discesa e 2 di pianura. Perfetto stile, e una mano dal cielo. Comincia a piovere. Dietro allunga Chiappucci, poi Roche, poi Pensec che scivola all'uscita di una curva e cade, senza danni. A margine, dirò che Magic Perini ha fallito per 2" l'aggancio a Breukink: Magic è ottavo ma gli piacerebbe assai finire settimo. Dopo l'arrivo ricomincia a piovere, il gruppo più folto arriva a 15', e doveva essere una tappa tranquilla, se non altro per legittima difesa. Con Chioccioli continuano i bei giorni dei «vecchi ragazzi» (club nel quale Chiappucci ha la tessera ad honorem). Ha detto bene Echávarri, il ds di Indurain: «Chiappucci corre all'antica e vince alla moderna, anch'io speravo che non lo riprendessero». In questo spirito abbraccio Paolini sotto la pioggia e penso a quando avevamo meno pancia e più capelli, più sicurezze e meno dubbi. *Oui*, Sciapucsì, Sciocsiolì, sembra l'unico modo pulito per finire in prima pagina da queste parti. Notizie come quelle di Palermo[5] fanno ancora più male quando si è all'estero, in Italia c'è una specie di allenamento al male, al peggio, al sempre peggio. Stanotte Chioccioli estrarrà dalla sacca il suo armamentario di nastro isolante nero e trafficherà su porte e finestre per dormire il sonno del giusto. Ma quanto buio c'è intorno, quanto vuoto.

Bravo Bugno, ci ha provato

BLOIS, 24 luglio – Bugno ci ha provato. Dopo 15 km aveva 3" di ritardo, dopo 29 km 2", dopo 46 appena 1". Vuoi vedere che? No, da vedere c'è solo Indurain, che a questo punto dà gas e in 9 km gli mangia 30". Bugno rimedia una sconfitta «umana» (40") e un brodino per il morale. Passa al terzo posto, scavalcando nettamente in classifica Lino e Hampsten. È un terzo posto senza grandi acuti, in questa crono si è visto comunque il Bugno più incisivo di tutto il Tour, una volta liberato dalle tensioni, ma non gli è bastato per vincere. Contro Indurain c'è poco da fare, è davvero uno spettacolo quando pedala. José Miguel Echávarri, il ds della Banesto, lo paragona a Carl Lewis: «Sotto sforzo hanno la stessa naturalezza, la stessa eleganza. La perfezione non esiste, ma in Lussemburgo Miguel ci è andato molto vicino. Qui, bastava controllare la situazione. Miguel è nato per la cronometro individuale, ha doti cardiovascolari fuori dalla norma, il femore lungo come tutti i grandi passisti, una posizio-

5. Il riferimento è all'assassinio del giudice Paolo Borsellino. *[n.d.c.]*

ne in sella già perfetta quand'era dilettante, non c'è stato bisogno di studi aerodinamici».

Questa cronometro si corre nella zona del Vouvray, vino non famoso fuori di Francia e molto poliedrico: può essere secco, dolce, spumante, semisecco e passito. Jean Bardet, eletto cuoco dell'anno in Francia, nel suo ristorante di Tours ha in carta dei Vouvray di sessant'anni a prezzi inavvicinabili. Per una buona cena invece bastano 200.000 lire. È curioso che gli organizzatori del Tour da un po' di tempo piazzino le loro cronometro fra le vigne: l'anno scorso a Mâcon, quest'anno a Libourne, in Lussemburgo e qui. Quando Indurain ha tempo, cioè mai, durante una cronometro, l'occhio gli va sui campi e la sera ne parla a tavola, con quelli della squadra: qui il grano è ancora indietro, vedo più girasoli dell'anno scorso, le viti sono più basse che da noi.

«La fortuna di Miguel è che è un contadino», dice Sabino Padilla, medico della Banesto. La fortuna di Miguel è che non suda, penso anche. Viene alla conferenza stampa sotto il solito tendone dove si crepa dal caldo. Lui ha addosso due maglie gialle e non suda. Nemmeno sotto domande terrificanti come: ritieni di aver già vinto il Tour? In sintesi dice: «Tappa dura, difficile, non per il percorso, più facile qui che in Lussemburgo, ma perché siamo tutti stanchi. Sono partito forte, poi sono andato più regolare e sono tornato ad alzare il ritmo nel finale. No, non penso al record dell'ora, il mio lavoro è in strada, non in pista. Più in là nel tempo, può darsi. È vero, ho vinto quasi due Tour e un Giro vincendo solo a cronometro. Ma a me sta bene, alla Banesto anche. A me basta fare la differenza, sono specialista in un settore e cerco di avvantaggiarmi lì. Altri sono più forti di me in salita, altri più veloci nello sprint». È Bugno, in linea di massima, il suo avversario più forte? «Sì, perché va forte a cronometro e anche in salita. Ma in questo

Tour dopo Lussemburgo ha avuto una crisi più morale che fisica. Se non gli avessi inflitto quel distacco così pesante forse sulle Alpi avrebbe corso con un altro spirito e io avrei avuto più difficoltà, ma le corse non si fanno con i *se*. Il rivale più forte in bicicletta è stato Chiappucci e, in assoluto, la pioggia e il freddo. A Pau ero distrutto, menomale che non se ne sono accorti». Perché non è andato a prendere Chiappucci, come al Giro? «Perché lui è andato più forte, è stato bravo. Non era mia intenzione andarlo a prendere». E Chiappucci ha corso per non essere raggiunto. Indurain lo ha avvistato a 4 km dall'arrivo, ma non ha fatto lo squalo-tigre. Gli bastava vincere (a 52,349 di media). La sua relativa, se parliamo a questi livelli, concentrazione agonistica spiega i distacchi più normali.

Resta la considerazione che Bugno è andato bene, sia in rapporto a Indurain che nei confronti degli altri specialisti. «Ci tenevo a finire bene, a lasciare un discreto ricordo. Ho perso 3' meno che in Lussemburgo, va bene così, niente da dire. Sono partito meglio, più veloce, e a un certo punto ho anche sperato di farcela. Comunque finire sul podio è già qualcosa, con quello che ho passato». Per Chiappucci il risultato di Blois conferma la sua tesi pre-Tour: «Per renderlo equilibrato basterebbero due cronometro meno lunghe, oppure una per passisti e una per scalatori. Due lunghe per passisti fanno pendere troppo la bilancia. Io sono soddisfatto, considero questo secondo posto molto più bello di quello ottenuto dietro a LeMond. Ho impegnato al massimo Indurain, più di quel che ho fatto non potevo fare».

Magic Perini, pur finendo decimo, cede 23" a Breukink. Il commissario Maigret, che si fa vivo in occasione delle cronometro, perché gli piacciono il vino e i fiumi, ha preso appunti seduto a un tavolino della trattoria La Lanterna di Rochecorbon (la padrona è di Brisbane). Approfittando dell'assenza della signora Maigret, si è concesso frittura di pescioli-ni della Loira e un'*andouillette* (in pratica, prosaicamente, trippe di maiale) con salsa alla senape, un piatto controindicato in un caldo giorno di luglio. «Quest'uomo è molto tenace», ha scritto sul taccuino vedendo passare Perini, che anche all'ottavo km ha la faccia stravolta di chi ne ha fatti 230 (solo Indurain ha sempre la stessa faccia).

Forse ha ragione lui, mancano due giorni. Intanto ha sempre ragione Indurain, che non mette il broncio nemmeno quando i giornalisti francesi gli fanno notare che si è un po' risparmiato, che poteva almeno cercare un'impresa, una vittoria fuori dalla sua abituale riserva di caccia. Sempre Echávarri risponde: «Una corsa di tre settimane si vince con la testa, e Miguel per tutto il Tour è stato intelligente. Si è difeso quando doveva difendersi, ha dato il massimo quando era sul suo terreno, si è limitato a controllare gli attacchi quando era in giallo. Quando Miguel arriverà secondo, forse cambieremo sistema di corsa. Ma finché arriva primo, non ne vedo il motivo». E bravo Echávarri. Avrebbe anche potuto dire: signori, quando Anquetil vinceva i Tour con le cronometro e basta, in Francia non ho mai sentito una critica. Ma non lo dice. A lui, a Indurain, alla Banesto, basta vincere.

Chiappucci la luce, il resto si è sciolto

NANTERRE, 25 luglio – Sui Campi Elisi vedremo una copia della foto dell'anno scorso, solo che stavolta Chiappucci è secondo e Bugno terzo. I giornali, la tv, la gente su Chiappucci hanno la stessa idea: Indurain è il vincitore ma Chiappucci è l'eroe del Tour. Senza dover citare Brecht, non considero Bull un eroe, ma è certamente il corridore che ha illuminato la corsa di una luce più viva e continua. Piace a tutti, anche al clan di Indurain, per come interpreta il suo ruolo. Che non è più, che non è solo quello del guastatore. L'unico vero avversario di Indurain in questo Tour è stato Chiappucci, che è andato fortissimo, sostenuto da una squadra fortissima (la più forte in assoluto, lo dice la relativa classifica). Il resto dell'opposizione si è sciolto per strada, vuoi per limiti precisi (LeMond, Breukink, Leblanc, Mottet) vuoi per una scarsa adesione al ruolo: è il caso di Bugno. Bugno, anche se sale sul podio, esce rimpicciolito dal Tour. Senza una vittoria e con più dubbi. Solo nell'ultima crono è riuscito a essere se stesso. Nessuno gli contesta la classe, parola magica e dai contorni indefiniti, e nemmeno la volontà: a un certo punto avrebbe anche potuto ritirarsi ma ha continuato.

Bravo, però ci si aspettava ben altro. È normale che adesso piovano le critiche: Bugno e la Gatorade se le meritano. Siccome non scrivo per la *Gazzetta*, che organizza il Giro, non considero peccato mortale saltare un Giro. Era un diritto di Bugno farlo, se così riteneva di presentarsi con più forze al Tour. Ma era anche suo dovere correre il Tour con altra concentrazione, con altro spirito. Così ha ricoperto il ruolo del grande atteso che non arriva mai e che, quelle poche volte che prende un'iniziativa, sbaglia. Vedi l'inseguimento a Roche sulla strada per Saint-Gervais e l'aiuto a Indurain sulla strada per il Sestriere. Partito come avversario numero uno, Bugno ha finito per essere un ottimo gregario di Indurain, e questo è grave. Nel vicolo cieco Bugno ci è finito per un errore di valutazione (suo, o di chi lo guida, o di chi lo consiglia). Da quando Indurain è Indurain (un vincitore, non più l'assistente di Delgado), Bugno non l'ha mai battuto a cronometro e non l'ha mai staccato in salita. In base a quale credenza (ma se entriamo nel campo della fede, va tutto bene) potesse permettersi una corsa parallela, non si sa.

Gran parte della delusione che Bugno ci ha regalato nasce da questa valutazione sballata: nelle corse di un giorno può battere Indurain, in una corsa a tappe di tre settimane no, finché continua a correre a fianco dell'altro. L'attesa di Bugno, che non è mai veramente arrivato, ha coinvolto anche la sua squadra, bloccata intorno a un capitano reticente, costretta a lavorare solo di rincorsa. Unica vittoria quella di Fignon. Un fallimento con poche attenuanti: l'unica è che Indurain è forte. In un patetico comunicato, il team manager Stanga ha affermato che non è il momento di fare processi. Giusto. Ma è il momento di fare analisi approfondite e anche, se necessario, sgradevoli. Adesso sarebbe facile dire che Bugno ha sbagliato a fare la Sei Giorni di Stoccarda, o a correre in America. Sorvoliamo, e sorvoliamo sul fatto che Indurain, Chiappucci, Hampsten non sembrano rovinati dal Giro. Diciamo solo che o si è Indurain, che può aspettare le sue tappe con la certezza di dare martellate a tutti, o si deve fare un'altra corsa, una corsa che attacchi Indurain. Il grande limite di Bugno e della Gatorade è di non averla saputa o voluta fare.

Questo atteggiamento bloccato è stato ridicolizzato dalla corsa senza catene di Chiappucci e della Carrera. Bravissimi tutti, da Roche a Perini, da Ghirotto a Bontempi. Parlano le classifiche, parlano le vittorie, parlano le cronache delle tappe. Il Tour dovrebbe dare un premio speciale alla Carrera, che ha sempre acceso il fuoco sotto il pentolone. Questo è correre, sissignori. Ci vuole coraggio, ci vuole sudore, ma un Tour va interpretato così. Ammetto di aver avuto qualche dubbio sulla grandezza assoluta di Chiappucci fino a un anno fa. Mi pareva eccessivo in alcuni lati folkloristici, e per altri lati condannato al ruolo di grande perdente, come un Poulidor con più sangue in corpo. Adesso mi tolgo metaforicamente il cappello e mi inchino. Quello che Chiappucci ha fatto nella tappa del Sestriere è ai limiti del credibile, è una delle più grandi imprese del ciclismo. Da notare che la sua fuga non l'ha fatta da sconosciuto ma da sorvegliato speciale. È arrivato tardi al ruolo di campione, ma lo è, e non assomiglia a nessuno. Esce enormemente ingrandito dal Tour. Per me, che leggo le classifiche e non mi stanco di ascoltare la voce delle strade, Indurain ha vinto il Tour, ma Chiappucci è stato più grande di Indurain. Con Chiappucci ottimi voti a tutta la squadra, che la prossima stagione perderà Abdu: ha firmato per la Lampre, come Lietti. Un'ampia sufficienza va a MG-Bianchi e Ariostea: tradite dai grossi nomi, hanno vinto ugualmente una tappa con Chioccioli e Jaermann, hanno messo in evidenza Vona, Vanzella, Elli. C'è stata molta buona Italia, in questo bel Tour.

Classifica finale

1. Miguel Indurain (Spagna, Banesto), km 3983 in 100h 49'30", media 39,504; 2. Chiappucci (Italia, Carrera) a 4'35"; 3. Bugno (Italia, Gatorade) a 10'49"; 4. Hampsten (USA, Motorola) a 13'40"; 5. Lino (Francia, RMO) a 14'37".

Partenti: 198. Arrivati: 130.

1993

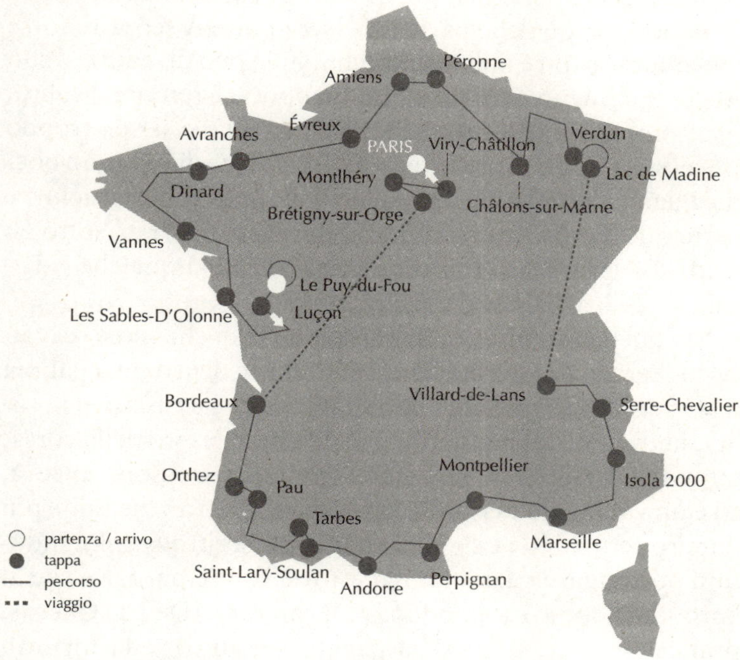

Indurain rivince il Giro ma non gli passa la fame. In calo Chiappucci e soprattutto Bugno, cambiano gli avversari, per lui, ma non la tattica. Gli interessa solo la maglia gialla, per il resto vive e lascia vivere ma soprattuto vince e lascia vincere (Rominger e Jaskuła). La mancanza di cattiveria è strategia, non limite.

Tutti contro il muro Indurain

PUY-DU-FOU, 2 luglio – Magic Perini che vince una tappa in Eurovisione, e poi che altro chiedere a questo Tour? È un Tour che parte dal nulla, per quanto sia un nulla molto ricco di verde, e da qualche parte condurrà pure. A scoprire forse che Indurain non è imbattibile, che Zülle può diventare il suo erede, che Bugno è rinato, che Chiappucci è sempre il solito, che Rominger patisce il caldo. Può darsi che ci siamo troppo affezionati, come a un santino, all'immagine di Indurain boccheggiante verso Oropa: un quarto d'ora di sofferenza in tre settimane. Però non era una visione, era tutto vero, sotto gli scatti di Ugrumov il muro navarro ha perso qualche calcinaccio. Di lì a farlo cadere, c'è tempo.

Ma quella minima crepa è la speranza di chi vuole scavalcarlo. Perché questo fa Indurain: ti sbatte dentro una gabbia con le cronometro e poi ti devi arrangiare per uscirne: in salita, in discesa, in pianura, in quello che è il resto della corsa, fatta da tutti insieme. Le lunghe cronometro ci sono ancora, ed è un vantaggio per Indurain. Però ci sono anche salite più dure rispetto al '92 e su quel terreno, se si ritrova solo, Indurain può pagare dazio. La Banesto al Tour è più forte che al Giro, dove spesso abbandonava il capitano (De Las Cuevas, praticamente licenziato, ha pagato per tutti), e la forza di squadra conta, in una corsa lunga. Rominger ha vinto la Vuelta con 29" su Zülle, Indurain il Giro con vantaggio doppio, 58", su Ugrumov.

Meno di un minuto basta a fare la differenza e Indurain, che la sa lunga, ha già dichiarato che a lui basta arrivare a Parigi con un solo secondo di vantaggio. Non si sente bruciare la pelle quando la critica, specie quella francese, gli rimprovera di vincere dando poco spettacolo. «Quando in una finalissima del calcio una squadra vince 1-0, va tutto bene, no?» Sì, in effetti. E se volesse, ma non vuole, Indurain potrebbe anche aggiungere: com'è che queste critiche non le facevate, ai tempi di Anquetil, che vinceva allo stesso modo mio? Da un esame delle facce e delle parole direi che Indurain ha vinto il Tour. La concorrenza è sbiadita. Chiappucci resta il più amato dal pubblico, ma 114 km a cronometro individuale sono tanti, per lui. Non una, ma due grandissime imprese almeno dovrebbe compiere per pareggiare i conti. Eppure continuiamo a restare attaccati a Chiappucci, al suo modo di correre, come ragazzini a un aquilone. Se c'è vento, se piove, se fa troppo caldo, se un cane traversa la strada, se la discesa è larga, se la salita è stretta, Chiappucci inventerà qualcosa. Tanti piazzamenti fin qui, belli ma sempre con un po' di amaro nel fondo, e qualche firma con svolazzo sulle tappe che contano (stavolta, dovrebbe essere Isola 2000).

Non lo chiamerò Diablo, com'è di moda. Lo chiamerò ancora Bull e continuerò a vederlo dalla parte di quelli che non ci stanno, e si spremono fino all'ultimo. Invece non chiamerò Vedremo, non in questo Tour almeno, Bugno. Di cui si possono dire tante cose come nulla. Preferisco nulla. È in un tunnel, forse ne esce. Merita rispetto per come porta in giro il suo buio, questo sì, ma previsioni tecniche non se ne possono fare.

E veniamo al fronte svizzero, mai così gasato dai tempi di Koblet e Kübler. Dopo Hugo e Ferdy, Alex e Tony. Perché loro due? Perché in circolazione non ci sono grandi scalatori (il più forte, stando alla speciale classifica, è Chiappucci, ma dovremmo rifare il discorso della cronometro) e quindi l'avversario di Indurain va cercato fra chi a cronometro va molto forte (Zülle) o abbastanza forte (Rominger). Zülle è il nuovo, Rominger il vecchio. Nell'aspetto però, nel naso da ciclista, non nei metodi. Anche lui, per interposto medico, è di scuola conconiana. Sa programmarsi per il periodo giusto. Controindicazione: va meglio col freddo (vedi ultimo Lombardia) che col caldo. Zülle è più bello, in bici, è potente, e ha più squadra (la migliore, come peso complessivo: ci sono anche Breukink e Jalabert). Controindicazione: il rendimento sulle grandi salite è quasi sconosciuto e la scarsa esperienza è inevitabile. Il discorso maglia gialla è tutto qui, a parte occasionali portatori. Ben visti dalla Banesto, che si eviterebbe del lavoro: nella distribuzione di omaggi che vanno metaforicamente dal panino al caviale Echávarri è maestro.

C'è ancora da dire della presenza-record di squadre italiane (sei). Di Carrera e Gatorade abbiamo già detto. L'Ariostea, la Lampre, la GB e la ZG, senza uomini d'alta classifica, punteranno ai successi di tappa con i vari Cassani, Jaermann, Abdu, Cipollini, Museeuw, Ghirotto. Ferretti ha rischiato di partire senza Richard, campione di Svizzera che ogni due anni soffre di terribili emicranie, ricordo di una caduta durante un cross con frattura del parietale. Ma un chiropratico arrivato da Ginevra dovrebbe aver sistemato le cose. Ho rivisto volentieri Lietti. Si è ripreso dalla frattura della mandibola, ha la faccia coi segni di quaranta punti di sutura, ma c'è. Farà fatica la prima settimana, dice. Poi forse ricomincerà a cantare «Attenti al lupo», come la mattina di Gap, quando vinse la tappa, e il giorno dopo si fracassò un femore contro un camion per schivare un bambino.

Non ho visto quelli che non ci sono, quelli come LeMond e Leblanc, lasciati a casa dai ds perché fuori forma. Vedrò Breukink, dopo l'incidente di oggi in allenamento, un ginocchio un po' malconcio non gli impedirà di essere al via. Il Tour ha storie tremende e bellissime e parlarne prima che cominci è un esercizio doveroso ma inutile. Comincia domani, prologo di 6-8 km a cronometro abbastanza spezzati. Nel nulla e nel verde si annunciano 150.000 spettatori paganti. Perini si è fatto crescere il codino, e sia, ma se appena pronuncia la parola *look* giuro che me lo strappo dal cuore.

Il solito Indurain, la sorpresa è Bugno

PUY-DU-FOU, 3 luglio – Ho visto Indurain vincere il prologo. Nessuna sorpresa. Anzi una: Bugno. Ho visto il Tour partire dal nulla, un nulla verde. Bisogna spiegare. Puy-du-Fou suona come pozzo del pazzo ma può significare anche collina del pazzo. Invece sembra derivi da *podium fagi*, «collina del faggio». Difatti è pieno di castagni. Sulle carte non esiste, è un'invenzione collocata qualche decina di km a sud di Cholet e qualche decina di km a sud-est di Nantes. A chiedere, anche a poca distanza da Cholet, solo facce interrogative. Forse succederebbe anche in Italia, a chiedere da che parte si prende per il Pianoro del Larice o il Pozzo del Turbamento. Prologo atipico, con una salita secca dopo 4 km. Solo 700 metri, ma con un tratto al 15 per cento. Tutti a danzare sui pedali. Aggiungiamoci qualche curva pericolosa e, sempre, il ritmo spezzato e la necessità di rilanciare il rapportone.

Atipico ma non bugiardo, questo pezzettino di corsa. Ho visto sventolare nastri, gonne, bandiere, orifiamme, forconi. Ho visto Alain Delon, arrivato in elicottero, presentare poi lo spettacolo «unico al mondo», che si replica dal 16 giugno 1978 ogni venerdì e sabato d'estate e ha già avuto 5 milioni di spettatori, a colpi di 13.000 per volta. Tanti ne contiene l'anfiteatro piazzato davanti al castello di Puy-du-Fou, dove 2000 abitanti della zona s'improvvisano attori e recitano la saga di Jacques Maupillier, contadino di Vandea, con largo dispiego di fuochi d'artificio, su una scena di 12 ettari complessivi. In più, raggi laser, zampilli d'acqua, amori e morti ammazzati, naturalmente passando per il 1793 e i moti controrivoluzionari. Stavo per scrivere realisti, forse è meglio filomonarchici, per non infilarsi in un ginepraio di realisti, surrealisti, iperrealisti.

Il re è sempre Indurain, ma gli reggono lo strascico dei paggi ben selezionati. Zülle a 8", Bugno a 11". Un ottimo Bugno, che ha perso qualche briciola di tempo smanettando col cambio all'inizio della rampa e che ha commentato: «Bene, credevo peggio». Un po' di fiducia dovrebbe averla ritrovata («Sono partito col piede giusto») anche se puntualizza: «Tenete conto che nessuno mi aspettava e nessuno mi chiedeva nulla». Già. Come se le gambe girassero meglio seguendo gli impulsi di una testa in libertà. Ho visto 30 ettari di libertà (così dice il dépliant, che parla pure di avventura culturale e umana senza precedenti). Le intenzioni sono buone, ma costruire in Vandea a fine Novecento un villaggio della Vandea del Seicento lascia un senso di posticcio e di pasticcio.

Ho visto una principessa finta con un orso vero al guinzaglio, non si fa così, è sbagliato. Lasciate liberi gli orsi. Ho visto giostre cavalleresche, picche, mazze e corazze. E falconieri coi falchi veri. E una rarissima coppia di maiali di Bayeux, ci sono solo dodici maschi in tutta Europa. Lei espansiva, simpatica, socievole, lui a dormire, sognare forse. Mi convincono più gli spazi dedicati all'ecologia che alla storia.

Ho visto torce e alabarde, orti botanici, tristi panini al prosciutto, carillon suonati da automi. Indurain non è un automa, anche se la sua freddezza può spingere qualcuno al paragone. Indurain è un campione che va fortissimo e i suoi avversari sono avvertiti, nel caso si facessero illusioni. Il navarro dà qualche colpo secco di tosse, poi dice che è tutto ok, che non si sorprende per Bugno, se lo aspettava, che la maglia gialla gli interessa averla a Parigi, portarla a spasso per la Bretagna e la Normandia assai meno. Per educazione, non aggiunge che sarà molto grato a chi gliela sfilerà già domani. Ma oggi, quando già tutti avevano fatto la bocca alla vittoria di Zülle, il suo planare sul rettilineo d'arrivo è stato quello di un gigante.

Vandea, terra di giganti e di ginestre in fiore, scrisse Victor Hugo. Le ginestre ci sono in abbondanza, i giganti della strada sono 180, eccoli qua. Il più alto è Scirea (1,94), il più basso Montoya (1,62). Quello col polso più lento (39) è Desbiens. Esaminati tutti e 180 i giganti della strada, i medici del Tour hanno stabilito che l'altezza media è di 179 centimetri (però), il peso di 70 chili, la frequenza cardiaca di 54.

Ho visto Paletti. Il chiropratico di Ginevra non ha scacciato le emicranie di Richard, campione di Svizzera. Paletti, mi correggo, non è romagnolo: è nato a Ferrara e abita a Modena, suo padre costruisce bici e così lui ha deciso di fare il corridore. Ferretti lo ha convocato ieri mattina alle otto. Ecco un'altra storia. «Gli altri erano già in ferie e me mi hanno beccato», ha detto Paletti. Alla Tirreno-Adriatico faticava a tenere le ruote del gruppo. Oggi, se non altro, se ne lascia alle spalle diciotto. Dalla coda alla testa. Secondo pronostico: Marie a 13", Rominger a 14", Sørensen e Alcalá a 18". Ma bene ha fatto anche Chiappucci, a 20". Forse il suo risultato migliore, in un prologo. «Mi sono sentito un po' legato all'inizio, sono andato forte sulla salita. Cosa v'aspettavate, che uno scalatore vincesse il prologo? A me va bene così».

Sui cigli della strada oggi c'erano più di 130.000 persone, che si sono sobbarcate a piedi 14 km fra andata e ritorno al parcheggio più vicino. Anche questo è il Tour. E, per chiudere col prologo, è da sottolineare la bella corsa di due neoprofessionisti della Gatorade, Boscardin e Peron, quella grigia di Perini (che ha perso 42") e quella nera di Delgado che ne ha persi 56. Perché il Tour è partito proprio da qui? Per quasi due miliardi (in lire) di motivi. Regione propone e organizzatore incassa. Qui non sarà peggio di Disney World ed è certo meglio di Futuroscope. E da come i bambini si fermano a guardare le anatre, non dico i falconi reali, mi sembra di capire che c'è del buono, non solo del kitsch, in questo nulla verde. Domani si parte da Luçon. La Ville Lumière, dice l'ennesimo depliant. Ma non è Parigi? Sì, ma lo è anche Luçon, che deriverebbe dal latino *lux*. Secondo me, in questo pezzo di Francia con gli etimi si divertono alquanto. Leggi e rileggi, finisce che m'imbatto nel fatidico motto: «Se avanzo seguitemi, se indietreggio uccidetemi, se muoio vendicatemi». È del controrivoluzionario Henry de la Rochejacquelin. E noi abituati a vederlo scritto sulle fiancate delle nostre case, firmato Mussolini, rendiamo volentieri il motto al suo legittimo possessore.

Ci voleva un parroco per sbloccare la corsa

CHÂLONS-SUR-MARNE, 10 luglio – Una tappa che stappa il Tour, una felice coincidenza visto che siamo nei paesi dello Champagne. Che poi vinca un danese con maglia italiana su un italiano con maglia statunitense e un belga con maglia italo-belga è un dettaglio. Ma sono fondamentalmente giuste due cose: che abbia vinto una tappa l'Ariostea e che si sia dimostrato che una fuga da lontano può andare all'arrivo, se tutti ci credono. E pedalano di conseguenza. Ne parlavo prima della partenza, guarda caso, con Ferretti. Forse perché abbiamo vissuto, in modi diversi, un altro ciclismo, non è che quello visto finora ci faccia battere il cuore. È un concetto che Ferretti, con la solita sincerità, sintetizza così: «Una settimana di merda».

I suoi ci daranno dentro, garantito. E si parte, sotto un cielo di nuvole assortite. Si potrà fare il test di Rorschach con le nuvole? Nel dubbio, il vecchione Duclos tenta un'uscita giusto per far vedere che la Francia, in bici, c'è. Come sparare con una pistola ad acqua. Si passa per paesi che hanno ospitato Carlo il Calvo, Filippo il Temerario, dove sono nati Babeuf e Berta, madre di Carlo Magno. Prima di Laon, il paese di Berta, l'Ariostea ha cominciato le grandi manovre. Per la buffa maglia a pallini rossi, che è comunque un segno di distinzione, quelli di Ferretti aggrediscono la salita arrivando in cima in quattro su cinque: Cassani, Riis, Simon, Jaermann e Cenghialta. Cade Peron, si ritira Mantovan, che stava male dal giorno della cronosquadre. E parte la fuga buona, con due Ariostea (Riis e Cenghialta), tre Motorola (Sciandri, Mejía e Anderson), Museeuw e Sierra.

Museeuw ha l'aria mite del parroco di campagna e da due giorni sta masticando amaro. Da quando Parsani, ds in seconda, è andato a dire a lui e Peeters, in fuga con quasi 3', di non tirare più. Il ds Lefevere aveva trasmesso a Parsani, via radio, un'istruzione ambigua: digli di tirare, ma non troppo. Sembra che Parsani abbia capito: digli di non tirare. I belgi hanno obbedito, ma poi hanno chiesto spiegazioni. Risultato: a Museeuw e Ballerini il compito di infilarsi in tutti i tentativi. È una buona tattica, gli altri, compreso Cipollini, possono stare tranquilli.

La composizione della fuga (due italiani, un danese, un venezuelano, un australiano, un colombiano, un belga) dimostra che i francesi sono alla macchia e gli spagnoli bloccati in gruppo, a fare catenaccio. I francesi, Hinault li frusta quotidianamente sull'*Équipe*, fatevi almeno vedere, ma sono prediche al vento. Degli spagnoli, particolarmente incomprensibile l'atteggiamento di quelli della Once, che in teoria hanno più punte di un istrice ma aspettano la cronometro anche loro. Tutti aspettano la cronometro, ed è perlomeno curioso. Come se per scuotersi avessero bisogno di un pugno. Come se, in uno stadio di calcio, le due squadre decidessero di fare gol solo nel secondo tempo.

Il Tour comincia dopodomani al lago di Madine, ma oggi ho avuto l'impressione che fosse già cominciato. Al km 100, a Cerny, sono andati via in sette. Miracolo, nessuno rifiuta un cambio, nemmeno Sierra che preferisce le montagne. La presenza di due velocisti, Museeuw e Sciandri, non è un peso sul cuore. L'avventura è l'avventura. Hanno 1'20" al rifornimento di Fismes, dove è nato Albert Uderzo, con Goscinny creatore di Asterix. A proposito di stampa: ogni tanto, raramente, mi capita di trovare dei quotidiani italiani, purtroppo sempre con lettere del ministro Fabbri. Cose che all'estero fanno male, sinceramente, ma talvolta con spunti allegri. Il titolo di *Repubblica* «Cultura & tangenti arresti eccellenti» mi fa balenare l'idea di una possibile cronaca ciclistica in versi. Parodistica, non seria, come quelle belle e colte che faceva Antoine Blondin, fino a che gli ha resistito il fegato. Ecco Riis Mejía Cenghialta che conquistan la ribalta mentre vanno ventre a terra Anderson, Museeuw e Sierra.

Smetto subito perché a Fleury-la-Rivière, contrada fiorita di nome e di fatto, c'è una degustazione volante di Champagne. A Damery (km 154) è nata Adriana Lecouvreur e *les coureurs* hanno 3'20". Da un bel pezzo Museeuw è maglia gialla, se la fuga tiene. Si avvistano frecce molto suggestive. Hautvillers, dove officiava Dom Pérignon, Cramant, Avize, i migliori pezzi di vigna, Ay, Mareul. Passo davanti alla cantina che produce lo Champagne preferito da me e dall'avvocato Agnelli (in ordine d'importanza per lo scrivente). È chiusa, ma anche se fosse aperta non ci sarebbe il tempo giusto per fermarsi. Davanti è il gran ballo. Su un allungo di Museeuw si tira il collo Anderson, su un tratto di discesa fa un abbozzo d'allungo Sierra, Riis negli ultimi 10 km si è messo sulle ruote. Parte lungo, troppo lungo Museeuw, in pratica tira la volata a Sciandri ma Riis, partendo in terza ruota, li mette tutti d'accordo.

Allo stesso modo, al Giro d'Italia, ha vinto la tappa d'Agrigento. È un danese stempiato, vive in Lussemburgo, un corridore buono per tutte le stagioni che sa fare un po' di tutto. L'anno prossimo dovrebbe essere con Argentin. Toglie anche la maglia a pallini al compagno Cassani, così come Museeuw toglie la maglia gialla al compagno Cipollini che però vince la volata del gruppo e conquista quella verde. Il Cipolla fa buon viso a buon gioco: «È rimasto tutto in casa, per me è finito un sogno, ma va bene così. Col giallo ero di passaggio, col verde voglio arrivare a Parigi».

Brividi per Cenghialta, un veneto robusto che non farà la storia del ciclismo ma fa il ciclista come si deve. Aveva provato lo scatto al chilometro, il parroco lo aveva ripreso impiombandosi ulteriormente. Guardava lo sprint da dietro, Cenghialta, quando è andato a sbattere contro una moto della tv, che non è chiaro cosa facesse lì in mezzo ai 200 metri. Tanta paura e pochi danni per Cenghialta, che arriva sul traguardo a piedi, con in mano un rottame. «Ho una rogna pazzesca». È vero, quest'inverno si è operato per la seconda volta all'arteria iliaca, oggi ha rischiato di rompersi la testa. Ma quando c'è da rompere la corsa, da farla saltare, lui c'è. È un corridore antico, come è antica la concezione della corsa che ha Ferretti (se fosse un allenatore di calcio, si direbbe filosofia). Per questo mi piace.

E mi piace che di fianco alla sala stampa i piccoli produttori (piccoli nel senso che non producono milioni di bottiglie, non come qualità) abbiano organizzato una maxidegustazione di Champagne. I belgi, che non escono coi giornali la domenica e hanno Museeuw in maglia gialla, ci danno dentro come fosse birra. Io brindo discretamente alla salute di due signori nati qui che hanno fatto due scoperte fondamentali per il benessere dell'umanità: Nicolas Appert, che nel 1789 ha consentito la conservazione dei cibi in scatola, e Adolphe Jacquesson, che nel 1844 ha brevettato la gabbietta metallica per i tappi di Champagne. Che avevano la tendenza a saltare, cosa che spero anche del Tour.

A tutta montagna, chi attacca Indurain?

VILLARD-DE-LANS, 13 luglio – Viste da qui, le montagne sono vecchie bestione accovacciate. Ma vederle da qui non significa nulla, è come scattare una fotografia. I ciclisti ci dovranno pedalare sopra, e hanno paura. Chiappucci e Rominger hanno anche qualche desiderio. Bugno è in vigile attesa. Indurain aspetta di essere attaccato. Il Tour ce l'ha al guinzaglio, ma non basta. Echávarri gli ricorda ogni giorno che un Tour si può perdere per un sacco di plastica che ti blocca la ruota, chiedere a Zülle, o per una caduta, o una foratura nel momento sbagliato. «Tra i miei avversari c'è anche il mio corpo», ha detto Indurain, quasi mistico nel suo tentativo quotidiano di spiegare che la corsa finirà solo a Parigi.

I ciclisti hanno paura perché per più di una settimana hanno corso veloci scalando al massimo qualche cavalcavia e adesso si trovano subito il Galibier. La prima tappa di montagna in genere fa male alle gambe e può anche spezzarle. Ecco perché credo che a muoversi domani saranno soprattutto corridori di seconda fila e soprattutto francesi, perché è il 14 luglio. Boyer, Claveyrolat, Cornillet, Virenque, forse Mottet, gente così. E poi le montagne cambiano facilmente umore. Le Alpi sono in genere più tenere dei Pirenei, meno soffocanti. Ma domenica sera a Serre Chevalier c'era la neve, e il freddo condiziona molto i protagonisti: deprime Indurain e Bugno, esalta Rominger, mentre Chiappucci va meglio col caldo ma sa adattarsi al freddo. Non si adatta al giorno di riposo, invece, anzi lo patisce. Ecco perché ha preferito trasformarlo in una simil-tappa. Un centinaio di chilometri molto tirati, mangiando in sella e non al tavolo dell'albergo. Un'ottantina di chilometri per Bugno, che ha provato una bici nuova, da montagna. Fin qui, senza responsabilità addosso, ha corso piuttosto bene e intende continuare. «Le salite sono tante e possono succedere tante cose. Io sto bene, non ho un'idea precisa, in corsa bisogna anche improvvisare».

A differenza di Indurain e Chiappucci, Bugno non è andato a vedere le salite di domani. Chiappucci le ha fatte in bici, Indurain in macchina, il giorno dopo aver vinto il Giro. Tutti e due sono rimasti impressionati dal Restefond, «perché non finisce mai». Indurain, pur con l'incognita dei problemi di respirazione a 2800 metri, gradisce il Restefond «perché sale continuamente, ma senza strappi», giudica molto pericolosa la discesa ma teme in particolare il Vars, «perché ha rampe secche, è una salita da scalatori veri, quello che io non sono».

Un collega italiano si è preso la briga di sommare tutte le salite e le prestazioni dei tre ultimi Tour, scoprendo che complessivamente in montagna Chiappucci ha strappato poco più di 1' a Indurain. Che non è uno scalatore, ma in salita ci sa andare, al suo passo. E rompergli il ritmo, mandarlo in affanno, isolarlo, questo deve provare a fare qualcuno che come massimo traguardo non mira al secondo posto. C'è una specie di pellegrinaggio, dal diavolo bastonato. Orgoglioso, ma non bugiardo: le bastonate le ha sentite. «In discesa andavo a 85 all'ora e pensavo: vado forte, più di 3' quello non mi dà. E invece, lo sapete. La sera della crono ero abbattuto, perché girano le balle a vederlo sempre lì bello e forte, sembra che non sudi nemmeno. Io non so cos'ha dentro, è troppo più forte. Voi che avete visto correre Merckx, era così?»

Gli diciamo che era peggio, più vorace, con una presenza più lunga nel corso della stagione. Te lo trovavi contro da marzo a ottobre. «Allora sono fortunato io, che questo qui dopo le corse a tappe stacca la spina», ride Chiappucci. Da molto tempo ha in mente Isola 2000 e credo che domani vorrà annusare il vento. Vedere chi si muove, per esempio. Manolo Saiz ha detto che la cronometro ha cambiato le strategie della Once: «Breukink capitano, gli altri all'attacco». Due attaccanti sicuri, chi per vocazione chi per necessità, sono Chiappucci e Rominger. Ma attenzione a Bugno: la pedalata c'è. Più che in altre edizioni, stavolta le montagne si affrontano al buio. Ogni anno gli organizzatori del Tour inventano qualcosa cancellando qualcosa. L'anno scorso hanno cancellato i Pirenei. Quest'anno, le tappe miste, quelle di mezza montagna. Dalla sagra degli sprinter si passa alla ronda degli scalatori. È stata una corsa in maschera fin qui. Da domani, o da dopodomani, può diventare una corsa nuda.

Guardiamole meglio, le montagne. Domani si va da Villard a Serre Chevalier. Dopo 70 km si scala il Glandon: 25 km di salita, pendenza media del 4,5, tratti del 10 a 2 km dalla cima (metri 1924). Il Glandon è più difficile di quanto dicano le cifre, ha pendenze irregolari e perfide. Si scende e si risale verso il Galibier, lato nord, il più difficile. Da Valloire sono 17 km di salita, dislivello di 1215 metri, pendenza media 7,2, impennate al 14 per cento al quarto, nono e negli ultimi 3 km. Cima a 2645 metri e altri 27 km fino al traguardo, che consentiranno recupero ai più coraggiosi. Tappa impegnativa ma non micidiale. Tappa micidiale dopodomani, quattro colli in 180 km e nessuna possibilità di recuperare. Si attacca l'Izoard a freddo, dal lato nord, il meno tradizionale e relativamente più facile del lato sud. Pendenza media inferiore al 7 per cento, qualche falsopiano. Fa più impressione il nome della strada, anche se, come in tutte le salite, quello che conta e fa la differenza è il ritmo dell'ascensione. Più ostico il Vars (altri 19 km di salita, media 5,7 per cento). E poi c'è il Restefond, detto anche Col de la Bonette (metri 2802). È il tetto del Tour e ho deciso di chiamarlo Restefond. Sono 22 km al 7 per cento, solo 3 km di salita più del Vars e dell'Izoard, ma comunicano angoscia, non finiscono mai, come hanno ammesso Indurain e Chiappucci.

Ha ragione ancora Indurain quando dice che la discesa è pericolosa: stretta, ripidissima, col fondo irregolare. Il Tour è passato solo due volte sul Restefond, nel '62 e, dal versante di dopodomani, nel '64. Entrambe le volte, primo in vetta Bahamontes, detto anche «l'Aquila di Toledo». A dirlo e a scriverlo, suona meglio di «l'Aquila di Uboldo» (e poi Chiappucci non è un'aquila). Finita la discesa si risale verso l'inedito arrivo in quota (1900 metri) di Isola 2000. Sono ventinove tornanti, in sé non spaventosi, ma con le altre bestione nelle gambe i corridori li patiranno assai.

Rosciolì cuore antico, pazza fuga di 215 km

MARSIGLIA, 16 luglio – Rosciolì è più facile, e ci toglie dall'imbarazzo di decidere su quale delle due *o* casca l'accento.

Perché è normale, dopo, che i colleghi stranieri ci vengano a chiedere chi è, da dove viene, cos'altro ha vinto in carriera. *Rien, nada, nothing*. È il compagno di stanza di Chiappucci, è marchigiano, è un buon gregario. È sposato, ha due figli e un cane che si chiama Igor. Rosciolì, numero 16, 16 luglio, farà ventotto anni dopodomani. È nato nel giorno di Bartali. Anche Bartali vinse a Marsiglia nel '38. Non c'è solo Indurain che compie gli anni, ma noi stiamo sempre addosso ai soliti.

Rosciolì vince a Marsiglia dopo circa 184 km di fuga da solo, più 31 con altri corridori. È la quinta fuga vincente, con partenza da lontano, in tutta la storia del Tour: 253 km Bourlon, acceso comunista, nel '47; 234 Marie, che ancora se la ricorda, in gruppo, nel '91; 223 Pérez Francés, l'hidalgo, nel '65; 222 il bretone Quilfen nel '77. Rosciolì entra nella storia del Tour. «Vengo dall'Adriatico», dice in tv, una frase bellissima, e poco importa se può venire da Lignano come da Otranto. È come un salto da mare a mare. Il mare Rosciolì lo vede solo a 2 km dal traguardo. Si sistema la maglia, i capelli, cambia gli occhiali da vista con quelli alla moda. Urla la sua gioia all'ammiraglia ai 300 metri, sulla riga bianca si fa il segno della croce. Dice che è credente, che nella vita è importante sposarsi, avere una famiglia, dei figli, andare d'accordo, lavorare bene, ragionare col cuore.

Se avesse ragionato con la testa non sarebbe entrato nella storia del Tour. Perché dopo due tappe come quelle alpine nessuno ha voglia di spremersi ancora. Anche chi le ha seguite in macchina si sente suonato. Molti hanno preso l'autostrada. È più facile, come con Rosciolì. Solo che così si perde la Provenza, è un peccato. Quando si parte dalla montagna e si va al mare si capisce subito che aria tira. Nel '71, da Orcières-Merlette a Marsiglia, Merckx andò in fuga al primo metro di corsa, quando Ocaña aveva ancora un microfono sotto il naso. Vinse Armani, c'era anche Paolini in fuga: 250 km a 45,351 di media. Una pazzia. Chi va piano in salita va forte in discesa, come per allontanarsi più in fretta da quei posti. È una scelta. Oppure tutti decidono di andare piano.

Oggi è successo così, 35 km nella prima ora. Sono tanti 286 e rotti km sotto il sole, che arriverà a 40 gradi sulle teste. Il mare è sempre lontano, oltre i pini e gli ulivi. È una bella tappa per andare in fuga, piena di curve, di strappi. È una bella tappa per gli occhi, i paesi medievali, Vence e Grasse, Matisse e Chagall, Montand e Fragonard. E le cicale, sempre. Solo in questa zona, e nelle Lande, le cicale sono così compatte, sonore e, si presume, felici.

Rosciolì è una cicala. Va in fuga con altri 23 al km 73, ci sono anche Perini, Chiesa, Jaermann, Ghirotto, Ballerini, Bruyneel, Cenghialta, Lino, Raab. Ma il gruppo non li lascia andare, massimo 1'. E poi torna sotto, zona rifornimento (km 104). «Ho dato un'occhiata a Ballerini e Ghirotto, non hanno capito. In partenza sapevo che potevo partire per la fuga buona e avevo il permesso. Ho rilanciato l'azione quando ho visto arrivare il gruppo, in fuga eravamo in tanti ma tiravano in pochi. Speravo di restare in meno e mi sono ritrovato da solo. Ho pensato che era una pazzia. Ma che dovevo fare? Mica potevo tornare indietro».

Sì, poteva rialzarsi. E certo era una pazzia. Ma forse anche così e anche nel ciclismo nascono le grandi imprese, le grandi felicità. Imprese sì, parla la media. Perché tu pedali a volte in mezzo ai boschetti con un'ombra da bere, ma soprattutto sotto il sole. E a te, a tutti quelli che non danno fastidio, a tutti quelli che scappano il gruppo lascia prendere anche 7' (km 126), anche 12' (km 145), anche 17' (km 155). Perché sanno che quasi sempre con la corda che lasciano lunga finirà per impiccarsi, quello solo davanti. Comincerà a voltarsi. O ad avvertire crampi. O a pensare a quanti chilometri mancano all'arrivo. «Io da solo? Ci sono abituato. Nella mia zona sono l'unico ciclista. Sono sempre solo quando mi alleno. Ho pensato ai miei che mi vedevano in tv, mia moglie dice che quando mi vede in tv, mica tante volte, veramente, riesce a trasmettermi energia. Ne ho bisogno, pensavo».

E intanto da dietro escono in caccia Abdu, Jalabert, Ludwig, Ballerini, Ghirotto, Pulnikov, Tebaldi, Tafi, Jaermann (che fora). È forse la tua unica fortuna, Rosciolì. Che i velocisti escono dal gruppo, ma nessuno tira troppo. Che due della Carrera gli rompano i cambi. Ma tu vai, accidenti se vai. Sembri un passista vero. «Sono un gregario. Aiuto Chiappucci. Aiuto la squadra. È quello che mi chiedono. Faccio un lavoro, cerco di farlo bene. Anche mio padre è stato corridore, negli anni Cinquanta. Adesso è in pensione, cura l'orto. Prima del Giro avevo scommesso con quelli del paese che avrei vinto una tappa, poi sono caduto, per dieci giorni avevo male alla schiena. Non sapevo nemmeno se avrei corso il Tour. Quando l'ho saputo, ho rifatto la scommessa».

Me li immagino, i paesani. Affetto e ironia. Oh, Fabio, ma quand'è che ne vinci una? Hai fatto secondo ad Harelbeke, quarto in una Sanremo, hai fatto 200 km di fuga per niente al Giro delle Fiandre, e che t'è rimasto? Spero che ci sia una grande festa, con buristo e vincisgrassi, anche se fa caldo, e sardine alla griglia, grandissimo Rosciolì, al paese tuo dove, in alto, c'è una delle mie osterie preferite. E Verdicchio di quello buono, che c'è ancora, e alla fine, molto tardi nella notte, Vernaccia di Serrapetrona. Non sarà più solo il paese del papa Sisto che commissionò la famosa Cappella, sarà anche il paese di un uomo serio e coraggioso, con gli occhiali da miope. Al quale tutti a Marsiglia hanno battuto le mani.

E io batto le mani a nome di tutte le cicale del mondo, che non hanno mai chiesto nessun favore a nessuna formica, sia chiaro. Da oggi non sarai più *le domestique de Sciapucsì*, ma il vincitore di Marsiglia. E goditi questa popolarità, questi primi autografi che ti chiedono, questa felicità per cui non devi ringraziare nessuno. È vero che in fin dei conti basta vincere, meglio così però che come Rominger a Isola. Ed è vero che basta perdere, ma c'è modo e modo. Chiariti dopo due giorni i particolari di Stanga e Bugno che si mandano proprio dove immaginate in cima al Galibier. Stanga aveva invitato, alla sua maniera, Bugno a tirar fuori più carattere. Bugno gli aveva risposto alla sua maniera. È tutto ricomposto, dicono. Ma tra perdere e straperdere, aggiunge Stanga, c'è differenza. Tanto per non gradire, anche oggi Bugno ha perso 7" da Indurain. Rominger, caduto nel finale, è rientrato in tempo.

È proprio vero, perde Indurain

MONTLHÉRY, 24 luglio – Il Topo[6] si trasforma in ratto, nel senso di veloce. E Indurain perde a cronometro dopo sette successi consecutivi, al Tour. È la notizia del giorno. Non cambia molto nel Tour, a parte un prevedibile ribaltone sul podio. Rominger scavalca sia Mejía sia Jaskuła, pure impegnatosi a fondo, e si garantisce il secondo posto, chiamato anche piazzamento d'onore, modo di dire che non mi è mai piaciuto. Può cambiare forse qualcosa nel Tour dell'anno prossimo.

Il Topo esce a testa alta, la più alta fra quelle degli aspiranti al trono, in partenza, chi più chi meno presi a randella-

6. Soprannome dato dall'autore a Tony Rominger (con la variante «Topone»). *[n.d.c.]*

te. Ha vinto, per merito suo e benevolenza altrui, due tappe alpine e la cronometro conclusiva. E i conti li facciamo per lui: ha beccato 1'44" nella cronosquadre più 1' di penalizzazione dalla giuria più 2'42" al lago di Madine. Fanno 5'26", e chiude staccato di 4'59". Al lago di Madine la nuvola personale di Rominger gli aveva scaricato addosso pioggia e grandine; più dolce era stata la natura con gli altri pezzi grossi, solo vento ma strada asciutta. Oggi la scarsa fortuna del Topo si è manifestata in una foratura a 3 km dall'arrivo, in discesa. «Arrivavo a 70 all'ora, avrò perso una ventina di secondi. Già stamattina sapevo che avrei vinto, mi sentivo forte, e poi sul Tourmalet avevo visto Indurain affaticato. Una cronometro è una corsa basata sulla freschezza, e io sono sicuramente arrivato alla fine meno stanco di Indurain».

Indurain è partito forte ma non fortissimo. Lo aveva già annunciato alla vigilia, con oltre 5' di vantaggio non voleva spremersi al massimo. «Pensavo di fare come l'anno scorso con Bugno. Sapendo i tempi degli altri, dare all'occorrenza tutto nel finale. Ho fatto così, ma Rominger non è calato. È una sconfitta che non mi turba e non mi brucia. Lui è andato più forte, complimenti a Rominger. Non lo considero un precedente ma un semplice episodio. In questa cronometro Rominger e Jaskuła partivano con molte più motivazioni di me». Indurain ha pure rischiato di cadere, per la manata di uno spettatore scemo quando era in piena azione. «Di botte ne ho prese, sulla schiena, specie in salita, ma a cronometro non mi era mai capitato».

Nel gruppo, il Topo è chiamato il Dromedario. Perché non ha molto stile e quando è sotto sforzo si ingobbisce. Ma sa essere molto efficace. Anche nelle polemiche. «C'è qui qualche giornalista dell'*Équipe*? Mi hanno fatto dire che il record dell'ora lo batterei con una gamba sola andando oltre i

53, a Città del Messico. Non ci penso proprio, e non l'ho detto. Occorrerebbero tre mesi di preparazione specifica e non so quale sponsor me lo permetterebbe. Ho solo detto che in Messico si possono fare 53 km. E poi, il signor Hinault continua a scrivere che dovrei avere dei rimorsi per come non ho saputo attaccare Indurain. No, i rimorsi li deve avere lui o chi ha concepito questo Tour, con quella cronosquadre assurda. Io già quella sera ero condannato a perdere il Tour. Massimo, potevo fare secondo. E questo ho fatto, attaccando per risalire la classifica. Per mettere veramente in difficoltà Indurain, non potevo bastare io da solo. Ma quanti altri ci hanno provato?»

Qui Rominger non ha torto. Sarà per l'anno prossimo. «Se ci vengo, al Tour. Alla Clas interessa soprattutto la Vuelta, quindi devo essere pronto in primavera e poi mantenere la forma per il Tour mentre si corre il Giro. Non è così facile». Su un percorso nervoso, che richiedeva forza ma anche agilità, Bugno ha cominciato male ma è finito in crescendo (quinto). Chiappucci se l'è cavata (nono) ma i distacchi restano pesantucci. Rominger aveva già 23" di vantaggio su Indurain dopo 10 km, 45" dopo 26, 1'03" dopo 42 e i 42" finali si spiegano con la foratura. Domani si chiude ufficialmente sui Campi Elisi un Tour già chiuso da parecchi giorni.

Classifica finale

1. Miguel Indurain (Spagna, Banesto) km 3714 in 95h57'09", media 38,709; 2. Rominger (Svizzera, Clas) a 4'59"; 3. Jaskuła (Polonia, GBM) a 5'48"; 4. Mejía (Colombia, Motorola) a 7'29"; 5. Riis (Danimarca, Ariostea) a 16'26".

Partenti: 180. Arrivati: 136.

1995

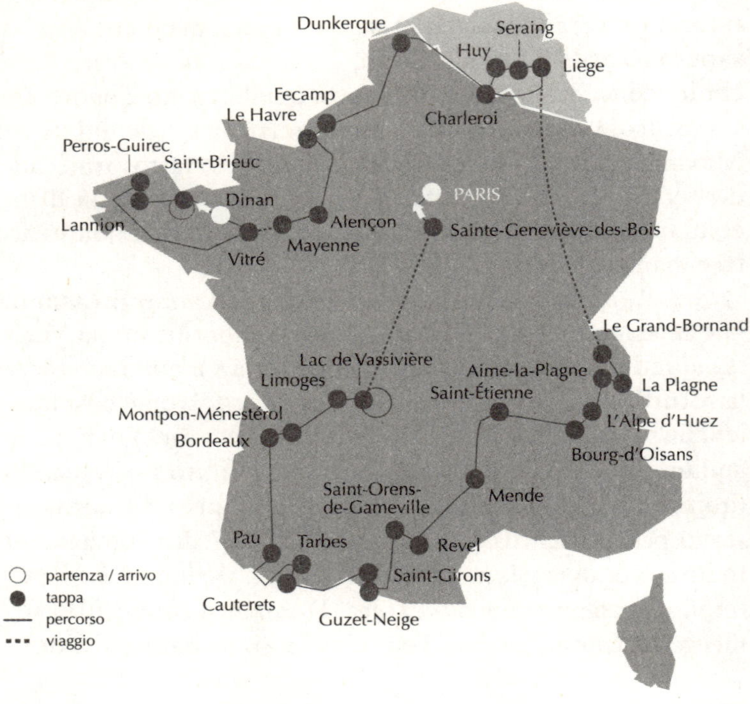

Uno dei Tour più pieni di cose strane, belle, dolorose. Indurain va in fuga nelle Ardenne. Pantani vince all'Alpe d'Huez e Guzet-Neige. Jalabert si esalta a Mende, il 14 luglio. Casartelli muore cadendo nella discesa del Portet d'Aspet. Armstrong vince per lui a Limoges, indicando il cielo. E Indurain fa 5.

Indurain a energia solare

LIEGI, 8 luglio – Miguel va a energia solare, disse una volta Echávarri. Comincio a credere che abbia ragione. Il sole belga, sempre più caldo, sempre più simile a quello del nostro Sud, ha acceso il grande Miguel e gli ha fatto maturare rapidamente in testa un'idea nuova: attaccare. La gente che affollava le strade non credeva ai suoi occhi. Tanto più che alla ruota di Indurain per 25 km s'è accucciato Bruyneel, che poi l'ha battuto in volata. Può sembrare strano parlare di impresa, quando il protagonista non vince, ma Indurain ha davvero fatto un'impresa. Anzi due. La prima è atletica: 14" aveva a 20 km dall'arrivo, 50" sull'arrivo, più 12" d'abbuono che fanno 1'02". Dietro la rincorsa non è stata esemplare, e vedremo perché, ma si trattava pur sempre di cinquanta contro uno, con gli ultimi 10 km su strade piane e larghe, che avrebbero dovuto favorire gli inseguitori.

La seconda impresa è quella di obbligare tutti (la critica, ma anche gli avversari) a rivedere alcune certezze su Indurain. A costruirle ha contribuito anche lui, in passato, manifestando scarso interesse per le vittorie di tappa. Troppo superiore a cronometro per infierire, gli bastava controllare per vincere il Tour. Oltre a dei grandi acuti a cronometro, quasi se lo fosse imposto, non andava. E a chi gli diceva: «Ma perché non fai un'impresa in montagna?», rispondeva: «Perché peso 80 chili e per me è già difficile accompagnare gli avversari». Bene, tutto questo salta per aria, e forse i pezzi torneranno a ricomporsi quando Indurain capirà di avere già vinto il Tour. Ma oggi l'inimmaginabile e strepitoso Indurain degli ultimi 25 km si è comportato come uno sfidante, non come un detentore. Ha mandato al tappeto la concorrenza, in particolare Berzin e Rominger che il primo caldo vero lo hanno pagato caro.

Non è un ko, ma un ko tecnico, su bel colpo d'incontro, e duro. La concorrenza si rialza, si rimette in guardia, ma non è che domani avrà speranze di recuperare. Solo limitare le perdite, ben che vada. Quella di oggi doveva essere una tappa chiave per chi voleva mettere in difficoltà Indurain. È stata una tappa chiave perché Indurain ha corso come un grande animale cacciatore. Solo che nel ciclismo le prede non si inseguono, si staccano. Caldo e ritmo altissimo da subito, come fosse una classica in linea, e in effetti quasi lo era: la Liegi-Bastogne-Liegi che, guarda caso, Indurain ha sempre indicato come la più vicina ai suoi mezzi. La Once si spolmona per tagliar fuori Cipollini e Abdu dalla maglia verde, e intanto Jalabert, a colpetti di abbuoni, conquista temporaneamente la maglia gialla.

Questo succede a Theux (km 174,5). E poi succede di tutto, in un caldo feroce appena mitigato in qualche tratto dagli alberi. C'è un gruppetto in cerca di gloria: Thibout, Lelli, Bruyneel, Armstrong, Boyer, González Arrieta, Hamburger. Mentre Bruyneel allunga per farsi vedere in cima dai suoi tifosi – è Lelli che parla – è come se arrivasse una moto, ma è Indurain. Arriva anche Jalabert ma Indurain è già ripartito verso Bruyneel, solo Boyer tiene il ritmo e dà qualche cambio, che pagherà poi staccandosi sulle Forges, l'ultimo strappo. Bruyneel, per ragioni di squadra, non tira un metro. Jalabert, che ha carattere, prova a inseguire da solo, poi si rialza e aspetta il gruppetto dei migliori.

In discesa, Cipollini sbaglia una curva e si infila letteralmente dentro la porta di una casa (nessun danno). Signori, la cronometro è domani. Indurain è uno spettacolo, Berzin e Rominger sono imbalsamati, e Indurain non lo ammetterà mai, ma è partito perché li ha visti brutti, come si dice in gergo. Intanto, ecco il parere di Davy, suo gregario francese:

«Alla riunione del mattino e anche in corsa, non abbiamo mai parlato di un'azione di Miguel. Se si è mosso è perché ha visto gli avversari in difficoltà». In particolare Berzin, che dal secondo giorno lo innervosiva giocando a rimpiattino con la sua ruota (ce l'ho sempre tra i piedi, era sbottato a Charleroi il pur pazientissimo Miguel). Non giocava: era in coda. «Non avevo gambe», dirà all'arrivo. E Rominger? «Non stava bene», dice il gregario Mauleón. Ma Rominger non ci sta: «Può darsi che il caldo mi abbia ridotto le forze, ma non stavo male, oppure stavano male in tanti. Secondo me, abbiamo organizzato male l'inseguimento». Sembra una critica alla squadra, e non è meritata: se si muove Indurain, devono rispondere i capitani, non i gregari. Questione di cilindrata. E i capitani erano senza gambe. Che poi Indurain perda la volata è abbastanza normale e nemmeno s'arrabbia: «Ci ho provato, ma chi sta a ruota per 25 km per forza è più fresco. Considero di aver fatto una buona operazione, che certo non decide il Tour. Mi sono mosso perché stavo bene, lo sapete che mi piace il caldo, e perché eravamo ancora in tanti. Volevo evitare un finale a coltello con gli sprinter. Adesso il mio problema è di recuperare velocemente le forze. Siccome non ho vinto la tappa e non sono maglia gialla, non ho da perdere tempo col cerimoniale, quindi scusate tanto e arrivederci a domani». Impressione personale: in fuga, non si è mai girato una volta. E adesso, dopo uno sforzo massacrante, è freschissimo, pronto a concedere il bis sulla sua Espada, incerto solo sul rapporto da montare: 54 o 55 (se c'è vento a favore) x 12. Bruyneel ha già detto che la maglia gialla la terrà un giorno solo, ed è già una soddisfazione. Chiappucci semina un dubbio: «Miguel è sempre stato fermo, perché stavolta ha attaccato? Perché si sente più forte o perché si sente più debole? Quando hai i mezzi di Indurain, farsi un mazzo così per guadagnare un minuto non mi sembra una grandissima operazione. Io di me sono contento, ho evitato per un pelo di cadere sul Theux per colpa di uno spettatore».

Altri pezzetti d'Italia. Migliore all'arrivo Lombardi, un lombardo di pasta solida. Ferretti ha fatto i complimenti a Bugno: nelle sue condizioni, arrivare coi migliori è da grande corridore. Le sue condizioni non sono buone, la sera gli sale la febbre, 39,5-40°. Soffre di foruncolosi con probabile infezione alle vie urinarie, tira avanti ad antibiotici ma non può fare di più. Stamattina si era sparsa la voce di un possibile ritiro. Invece no: ma fino a quando? E purtroppo di possibile ritiro parlava stasera anche Pantani: «Il ginocchio ferito nell'incidente mi fa un male cane. Ho sofferto molto, troppo. Provo a fare la cronometro, ma se continua così che ci vado a fare sulle Alpi?»

Pantani, un giorno da Coppi

ALPE D'HUEZ, 12 luglio – Come brilla la pelata di Pantani. Che bella tappa. E che effetto veder piangere di commozione un vecchio amico come Alfredo Martini, l'uomo che guida da vent'anni la Nazionale di ciclismo. «È unico, Pantani è unico». Deve essere come sfogliare un album di vecchie fotografie, rileggere vecchie lettere d'amore, ritrovare una vecchia conoscenza in una faccia nuova ai bordi della strada. Insisto sull'aggettivo vecchio perché Pantani è vecchio, anche se per l'anagrafe ha venticinque anni. Di più: Pantani è antico. Pantani è un preziosissimo fossile. Mi dice Martini, che li ha visti tutti da vicino: «Lascia perdere Coppi e Bartali, altre strade, e loro troppo superiori. Ma Pantani è più forte di Gaul, più forte di Bahamontes. Adesso che è tutto livellato, le strade come un biliardo, la tecnologia che appiattisce, questo ragazzo prende e va. Ma hai visto com'è partito?»

Sì, l'hanno visto tutti. Oltre il diciannovesimo tornante, a poco più di 12 km dalla cima. In piedi sui pedali. Appena il tempo di dire «va» e aveva scavato un buco di cento metri. Ed era in quel momento che nasceva la corsa nella corsa e se ne toccavano gli estremi. Di una lunga fuga nata ai piedi della Croix de Fer, con dentro Jalabert, Elli, Virenque e Gotti, galleggiano i resti. Gotti, uno alla volta, se li era tolti di ruota. Andava su bello leggero, composto, in mezzo a striscioni bergamaschi, a cubitali «Gotti go» dipinti sull'asfalto. Dall'ammiraglia (prenderà una multa) lo incoraggiava Berzin. Già, Berzin si è ritirato al rifornimento. Febbre, ha detto il direttore sportivo Bombini. Delusione, aggiungo. Berzin non può essere questa cancellatura.

Gotti restava solo mentre Pantani restava solo e macinava i tornanti come un arrotino arrabbiato e ardente. Pantani recuperava e staccava secco quelli seminati da Gotti, arrivava su Gotti. «Ho sbagliato a cercare di seguire Marco, lo conosco, era meglio lasciarlo andare», dirà Gotti, occhio lucido all'arrivo, sempre umile (bravo, è già oltre ogni previsione, è il momento buono per andare ancora oltre). Pantani stacca Gotti, va su di forza, dieci pedalate in piedi per superare il tornante e poi seduto. Sempre così, inesorabile. In 3 km ha risalito la corsa. Adesso che è solo, dietro nasce un'altra corsa. Perché Indurain, esaurito come sempre il parco-gregari, ripete il numero del giorno prima.

È il treno giallo che parte, occhio ai colpi di vento. Salta subito Chiappucci, salta Rominger, gli restano sulla coda solo Zülle e Riis. Altri due personaggi grandi. Zülle non molla mai, Riis solo nella volata finale, che Indurain stavolta vince perché è ghiotto di secondi posti. Sull'ultima curva, dove

Pantani aveva sbandato rischiando di cadere, cade Gotti. «Colpa del tubolare, o anche mia. Non mi sono fatto niente. Peccato perché potevo essere quarto». Avrà perso mezzo minuto e si ritrova Rominger davanti per un solo secondo. Sta crescendo, il cavaliere. S'è trovato in alto e lavora per rimanerci. Qualcosa del genere, sempre al Tour (che è come la vita) era capitata a Chiappucci.

Ci sono troppe cose da dire ancora. Di Pantani che vince, e ci riproverà. Non per nulla è antico, pterodattilo fra molti canarini. Parla poco, per come si immagina spesso che parlino i romagnoli, ma non racconta storie. Se dice di essere ancora indietro di condizione, bisogna credergli. E se, indietro di condizione, vince qua in cima in questo modo, aspettiamolo ancora. Senza pescare troppo nel baule dell'epica, se possibile. Ma in questo paese, dove un farfallino come Claveyrolat è chiamato «l'Aquila di Vizille», sarà dura che il cranio lucente di Pantani sfugga all'accostamento con grandi rapaci calvi (il condor, l'avvoltoio di Cesenatico?). In questo paese le montagne hanno una solennità pura e antica. La Madeleine, vegetazione di boscaglia, nemmeno una conifera, strada rugosa e perfida, si allarga verso l'alto come un canto gregoriano.

Da riferire: Cipollini non partito. In verità, si era ritirato già la tappa prima. Me l'aveva detto Moser, io ho creduto all'ordine di arrivo e alla classifica ufficiale, che ha preso fischi per fiaschi. A Parigi, di conseguenza, Cipollini in bicicletta non arriverà. Al rifornimento, molto vicino alla frontiera italiana, si ritirano in tanti, fra cui Berzin e Fondriest. Poco dopo Jalabert lancia la fuga, Gotti è svelto a entrarci e poi a fare la sua parte, sulla Croix de Fer, altra salita mistica e incarognita solo all'inizio e alla fine, tutta allo scoperto, ma con lunghi tratti piani. Per 80 km il distacco oscilla sull'1'30". Indurain non vuole che la squadra spenda troppo per andarli a prendere, li tiene sotto controllo. In pianura, la Carrera dà una mano.

L'attacco di Pantani è di una bellezza brutale per il gruppo, come quando di notte ti arrivano in faccia gli abbaglianti. Aggancia Gotti, e sembra il film del giorno prima. Insieme, allo stesso passo. Ma non è lo stesso film, c'è la vittoria in ballo, non l'inseguimento a Indurain. E c'è da sbrigarsi, perché è Indurain che insegue. «Pensavo alla tappa e anche alla classifica, per fortuna sto bene e quindi ci provo», dice Gotti. «E ci proverò ancora, ho più certezze. Sto vivendo una situazione emozionante, non ho mai avuto un tifo come oggi e oggi mi son reso conto che ero fra i migliori del Tour, in una grande tappa del Tour».

Ai più accaniti navarrologi Indurain è apparso fortissimo ma non eccezionale. Altrimenti avrebbe staccato Riis e specialmente Zülle. Ma può darsi che Riis e Zülle recuperino bene le energie. E può anche darsi che Indurain non si senta obbligato a fare un numero straordinario tutti i giorni. Zülle, famoso più per le sconfitte che per le vittorie, è un attaccante nato, ed è il solo avversario abbastanza vicino in classifica a Indurain, con 2'27". Da Riis, si va dai 6' in giù. Una grandissima tappa l'ha fatta Jalabert, sempre più lanciato verso un'altra dimensione ciclistica, mentre Lanfranchi sta confermando il suo buon Giro.

A proposito, Rominger s'è messo il cuore in pace. «Ho capito che bisogna scegliere tra Giro e Tour. E non si può stare al vertice correndo tutte e due le corse. Da oggi discorsi di classifica non ne faccio più. Indurain è troppo superiore. A me basta vincere una tappa». In effetti, un giorno dopo l'altro, Indurain sta facendo passare a tutti la voglia di metterlo alla frusta. Secondo Echávarri, Miguel non è mai stato così maturo tatticamente. «In due giorni ha dato due grandi dimostrazioni di strategia offensiva e strategia difensiva. Io penso che i primi tre di oggi saranno i primi tre anche a Parigi, ma devo fare i complimenti a Zülle. Pensavo pagasse l'impresa di La Plagne e invece no, è ancora lì». Come dire che è il primo della lista di quelli da bastonare, da rispedire a distacchi di sicurezza totale. All'Alpe d'Huez, dove aveva vinto due volte, Bugno è arrivato con mezz'ora di ritardo. Sembra rotto dentro. Un altro al suo posto si sarebbe già ritirato. Sono triste per lui.

Lo slogan di Pantani: provarci sempre

SAINT-GIRONS, 17 luglio – Alla Locanda della Posta di Oust una squadra così allegra non l'avevano mai vista. Champagne per tutti e tutti a cantare «Romagna mia», e il più intonato era il pelato. La mattina dopo per il pelato c'erano una tv francese e una americana, più una italiana. Perché si è rasato a zero, chiedono gli americani. «Perché avevo pochi capelli e non mi piacciono le mezze misure», risponde Pantani. Non è per essere più aerodinamico, insistono gli americani. «Allora dovrei farmi rifare le orecchie», dice Pantani impugnandosele. Nel pomeriggio è richiesto alla fiera di Saint-Girons. Vincendo a Guzet-Neige ha anche vinto un cavallo, naturalmente di razza pirenaica. Si chiama Habi, ma quando potranno portarglielo a Cesenatico, fra tre mesi, quando non sarà più attaccato alla madre, lui potrà anche cambiargli nome.

Pantani si informa sulle abitudini alimentari dei cavalli pirenaici. «Ho giusto comprato da poco 11.000 metri quadri per mettere su casa. Non sul mare, verso l'interno». Tutti lo cercano, tutti lo vogliono, tutti chiedono autografi. Firma «Pantani M.», con una M diseguale che sembra il profilo d'una tappa di montagna. Sorride spesso. Sta pensando a vincere un'altra tappa, sarebbe la terza, ma anche Chiappucci sta pensando a vincerne una. «Basta decidere, ci sono due possibilità. Per vincere la tappa è sufficiente attaccare sull'ultima salita. Se si vuol far saltare in aria la classifica, Indurain escluso, si parte da più lontano», dice Pantani. Appare molto sicuro di sé. «Lo sono. Voi mi trovate cambiato, ma io no. Anche da dilettante ero così, l'unica differenza è che oggi sono più calmo». E in politica, tanto per capire? «Mai parlato di politica con un giornalista. Con gli amici sì, a volte. In questo Tour mi hanno già chiesto se sono comunista e se sono fascista. Nessuno dei due, ho detto, sono un moderato. Cerco di star dietro a quello che succede nel mondo ma correndo il Tour non è facile. Quello che sta succedendo in Bosnia è terribile».

Spesso cerca la frase rotonda. È un bisogno di comunicare? «Credo di sì. Mi piace pensare di essere trasparente. E allora devo parlare chiaro. Non rimpiango gli studi abbandonati, non mi sentivo realizzato, andavo a scuola per dovere di figlio, ma smettere è stata una liberazione. Quando giocavo a biglie, sulla spiaggia, la mia biglia di terracotta era rosa. Sognavo di correre in bici. Giocavo anche a calcio, ero ala destra, quasi mai titolare. Ho puntato tutto sulla bici. Adesso penso che il futuro è mio. Ho solo venticinque anni, Indurain a fine '96 smette». Da 40 milioni lordi, primo ingaggio, è passato a mezzo miliardo. Ancora poco, rispetto ai calciatori del Milan, la squadra per cui tifa. «All'inizio, tifoso per caso. L'anno dello scudetto della stella il Milan Club locale offriva dolci a tutti i milanisti. Mi sono riempito di paste, dopo aver giurato che ero milanista. Poi lo sono diventato davvero. Ho un diavoletto tatuato sulla spalla, da sette anni». E anche un fiore, e una farfalla. Perché i tatuaggi? «Una moda, ai tempi. Penso che il tatuaggio sia nato fra i galeotti, è forse un modo per sentirsi libero. Io che già ero libero, ho scelto di farmi tatuare. Non ci trovo niente di strano». E nel suo modo di correre non c'è niente di strano? Ha idea delle emozioni che provoca? «Un'idea molto relativa. Vedo che piaccio alla gente, lo scalatore ha sempre colpito la fantasia. Sfoglio i giornali, ricevo qualche telefonata dall'Italia. La verità è che queste vittorie non riesco a godermele per intero».

Vince per sé o si porta idealmente qualcuno sulla canna della bicicletta? «Porto la mia sofferenza. Non è che io vada su in moto. La salita è dove si soffre di più, e per staccare chi va forte devo aumentare la mia sofferenza. Non è una cosa facile da capire. Mi hanno detto che sul traguardo a Guzet-Neige non ho neanche sorriso. Cosa gli dico? Che ero stanco morto? Che è già una fatica alzare le braccia, e chi ci pensa a sorridere? Tornando alla domanda, sulla canna della bicicletta porto le amicizie vere, quelle vecchie, solide. Vinco per me e so che è come se vincessero loro. E se sono sconfitto sono sconfitti anche loro. Ho buona memoria. Ricordo di quando ci si andava a sedere davanti al mare, in fondo al porto-canale, e ognuno tirava fuori i suoi sogni. Io li sto realizzando, qui. Io sogno anche di vincere il Mondiale. Ma so di poterlo vincere. Nello sport conta diventare il primo. In un settore, la salita, credo di essere il primo».

Avevo chiesto a Davide Boifava, il team manager della Carrera, come avevano messo gli occhi sul prezioso fossile, come avevano anticipato la concorrenza: «Ti dico la verità. Non siamo andati noi da lui, è venuto lui da noi. A casa mia, due anni prima di passare professionista. Io ero un po' perplesso, lui insisteva: guardate che a prendermi fate un affare». Martinelli, il direttore sportivo, racconta: «Ero ancora corridore, all'Alfalum. E un ciclista romagnolo, Amadori, continuava a farmi due palle così con questo Pantani, un dilettante che negli allenamenti i professionisti in salita non riuscivano mai a staccare». Interviene Pantani: «Veramente ero allievo». Dietro Pantani intuisco un fuoco che lui filtra. Le scommesse, gli scherzi, le zingarate, i bar sport, i motori, le ragazze da collezionare, la Romagna d'inverno, l'ombrellone al bagno Marconi.

Uno scalatore che viene dal mare, poi, mai visto. Lui precisa: «Veramente mio padre è di Sarsina, non tutti sanno dov'è». Io sì, gli dico: ci è nato Plauto e c'è la chiesa col collare di san Vicinio che cura gli indemoniati. Pantani, che sospetto di coltivare interessi esoterici, non raccoglie. «Giusto, Plauto e il collare. Sono anche le strade dove mi alleno. Ma è collina piuttosto povera, a Cesenatico si poteva campare meglio». Questo scalatore eccezionale (un Fuente con molto più cervello, lo definisce Gimondi, uno che con Berzin e Jalabert dominerà gli ultimi anni del secolo) di eccezionale, clinicamente, non ha molto. Normolineo, 1,72 per 56 chili, rende a Indurain 15 centimetri e 24 chili, e questo spiega tante cose. Parlo col dottor Grazzi, medico della Carrera e allievo di Conconi (ormai più preso dall'Ulivo che dalle pedivelle): «Sei litri di capacità polmonare, 34 pulsazioni al minuto, come tanti che in salita non vanno. Al massimo dello sforzo può arrivare a 180 pulsazioni, questo è già un dato interessante. E ancor più quello del dislivello-ora: 1833».

Il dislivello-ora è una faccenda lunga. Si tiene conto del peso della bici, del peso del corridore e del tempo che impiega a fare una determinata salita (Mortirolo, Alpe d'Huez, a scelta). Il numero 1833, in soldoni, significa che in un'ora Pantani può superare 1833 metri di dislivello. Sarebbe un record, non fosse una cifra teorica. Di Pantani si sanno molte cose: della passione per le auto veloci e per la caccia (però non spara quasi mai, va a spasso), per le canzoni (la preferita è «Gente di mare» di Raf), per le tagliatelle, per le discoteche, per i film con Sharon Stone e Dustin Hoffman. Ma si giudica un campione? «Mi giudico un corridore che in salita sa fare grandi cose». Cos'è per lui un'impresa? «Riuscire a fare quello che nessuno pensa di fare. Io in questo Tour sto crescendo di morale e di condizione. All'Alpe d'Huez ero incerto, mi sono buttato senza sapere come sarebbe andata a finire. Ma quando ho vinto la seconda volta, ho attaccato dove volevo io e sapevo quello che facevo. Sono fatto così. Quando attacco, attacco. E quando decido di staccare, stacco. Riesco a isolarmi bene, anche in famiglia. Mi faccio buona compagnia. Limito le pressioni esterne, recupero meglio».

Di lui dice il meccanico Turchetti: «È come la vela quando sente il vento. Guai a interferire». «È un po' testardo», dice Martinelli, «ascolta tutti ma tende sempre a fare di testa sua». Ai giornalisti stranieri piace, perché è molto disponibile, anche alle domande brevi risponde con frasi lunghe, e poi basta guardarlo e fioriscono le immagini. Riesco a prenderlo in un angolo, da solo. Sarà trasparente, ma credo che, per conoscerlo, ci faccia arrivare fino a duecento metri dal traguardo. Poi c'è un cancello. Sbaglio? Mi guarda serio: «È proprio così, e da quel cancello non passa nessuno».

Povero Casartelli, la corsa è finita

CAUTERETS, 18 luglio – Non si sa chi è caduto per primo, se Rezze o Casartelli, a tre quarti del gruppo unito, in discesa. Grave caduta, dice alle 11.45 la radio di bordo. In genere, dice solo caduta. Coinvolti anche Perini, Breukink, Baldinger, Camargo, Aguirre. Rezze finisce fuori strada, giù in mezzo agli alberi, lo tireranno su con una corda. Baldinger urla. Casartelli è immobile sul fianco destro, quasi in posizione fetale, fuori conoscenza. È andato a sbattere a 70-80 all'ora contro un paracarro di cemento che protegge dal burrone. Una grande macchia di sangue si allarga sulla strada. Viene convocato l'elicottero. Massimo Testa, medico della Motorola, con la sua macchina punta subito sull'ospedale di Tarbes. Il dottor Nicolet del Tour sale sull'elicottero. Durante il volo il cuore di Casartelli si ferma tre volte. Non riprenderà mai conoscenza. Alle 14.40 Radio Corsa dà l'annuncio della sua morte, avvenuta poco dopo le 14.

Mentre il Tour va avanti, un pezzetto di Tour è all'ospedale di Tarbes, davanti al reparto rianimazione. Il dottor Testa telefona a casa di Casartelli, ad Albese, un paesino del comasco. Parla con la moglie, Annalisa. Lei ha visto tutto in tv. Le dice di stare tranquilla, di non disperarsi, Fabio ha preso una gran botta, lo stanno curando. Mentre telefona, esce il dottor Nicolet e fa capire a Testa che Fabio è morto. Ti richiamo appena so qualcosa, dice lui alla moglie. Alla vedova. Richiama dopo pochi minuti, chiede di Rosetta, la madre di Fabio. Le comunica la verità. Il Tour va avanti, la corsa si frantuma in tanti gruppetti. È la tappa più dura del Tour. Per qualcuno è stata l'ultima. E solo una voce fra quelle che ho sentito dopo dirà che bisognava sospendere la corsa. Gianluigi Stanga, ds della Polti: «Cercavo di reggere in piedi il mio corridore (Baldinger: frattura scomposta del bacino) e ho visto spuntare il bianco dell'osso. Ho girato gli occhi e ho visto tutto quel sangue di Fabio che andava giù per la strada. E ho pensato basta, così è troppo, tanto vale chiudere baracca piuttosto che continuare una corsa senza senso».

Senza senso? Virenque è l'immagine della felicità. Ha fatto 121 km di fuga, ma gli ultimi km (quante borracce ha preso dall'ammiraglia? quante scie di moto ha sfruttato?) hanno scandalizzato i non francesi. Per i miei gusti, il peggio è dopo il traguardo. Dopo baci e feste sul podio, Virenque dice: «Se avessi saputo che era morto, non sarei andato sul podio». Poi dirà che poteva dedicare la vittoria alla famiglia di Casartelli. Poi dirà che non lo sapeva perché dall'ammiraglia non glielo avevano detto. «Sicuramente per non turbarmi, forse pensavano che avrei rischiato meno in discesa, che mi sarei fatto raggiungere da Chiappucci».

Chiappucci lo sapeva. In tv lo si è visto scuotere la testa mentre dialogava con Martinelli, sull'ammiraglia. Sembrava una discussione, invece era la prima reazione alla notizia. Racconta Martinelli: «L'avevo saputo dalla radio di bordo, piangevo. Con Claudio eravamo d'accordo che cambiava bici nella discesa dell'Aspin. Mi ha chiesto cos'era successo, perché piangevo, e io gliel'ho detto, non me la sentivo di raccontargli una balla. Lui era sconvolto, voleva fermarsi. Io gli ho detto vai avanti, Claudio, vinci la tappa e la dedichi a Fabio. Così è andata».

E Pantani, che si è staccato così presto insieme a Bugno? Già al raduno aveva una brutta faccia: «Ho dormito poco e nulla. Ho avuto degli incubi. Non ho le gambe giuste». C'era un'aria cupa, al raduno. Anche a comprare le ultime cartoline ci si trovavano sopra rovine di castelli, disegni di donne al rogo. Per il 750° anniversario della strage dei Catari, 215 bruciati vivi in piazza dopo la caduta di Montségur, mercoledì 16 marzo 1244. E poi si sale l'Aspin sapendo che Casartelli è morto. Sull'Aspin ogni cinquecento metri c'è una scritta che ritorna: *Miguel Claudio Robin Madouas Bosnie Alex Miguel Pantani Bosnie*. E come un grido di calce è questo richiamo alla Bosnia, senza nient'altro, e dura quanto dura l'Aspin. Quanto pesano una o mille morti, e qual è il peso specifico dell'abitudine, dell'indifferenza?

All'inizio del Tourmalet il fotografo Sergio Penazzo affianca Pantani: dai Marco, dai, cosa fai qui. Pantani gli taglia la strada rabbioso, come a dire lasciami stare. Penazzo lo sorpassa e vede che sta piangendo. Chi sa, chi non sa. Podenzana arriva al traguardo sfiatato e un telecronista gli mette il microfono sotto il naso: Podenzana, giornata gloriosa per il ciclismo francese e tragica per quello italiano. E la Madonna, dice Podenzana, in fin dei conti Pantani due tappe le ha pur vinte. No, è morto Casartelli. Urla e piange Podenzana. Piange Ferretti e tira su il finestrino dell'ammiraglia. «Non ho niente da dire», e abbassa la testa sul volante singhiozzando.

Ferretti era stato il primo ds di Casartelli, passato professionista con l'Ariostea. Non si erano trovati molto bene. Casartelli sembrava destinato a vincere molto, dopo il successo alle Olimpiadi di Barcellona. Buon velocista. E anche coraggioso. Da dilettante nell'88 aveva sofferto di mononucleosi, nel '90 in Toscana era stato investito da una macchina: frattura della dodicesima vertebra. Ma si era sempre ripreso. Il suo idolo era Bugno. Bel ragazzo, ora Antenne 2 ripropone la sua volata in Catalogna, davanti a Dekker. Lui sul podio bacia la medaglia.

Mi aveva colpito un particolare, allora: aveva il posto in aereo, ma aveva preferito tornare al paese col pullman dei suoi tifosi. Era 470° nella classifica mondiale dei ciclisti. Alla Motorola lo aveva portato il suo amico Peron. Gli avevano già detto che l'avrebbero riconfermato per il '96, stava studiando l'inglese. È morto. Sembra che abbia sbagliato curva Rezze, che il ghiaino abbia portato Casartelli a sbattere contro il parapetto. «Era uno che non faceva male a una mosca», dice Gianni Motta, che è qui al volante di una macchina dell'organizzazione. «Appena la radio ha dato la notizia, sull'Aspin è calato il silenzio. Nessuno più tifava. Se i corridori dicono che non sapevano, io non ci credo, è impossibile». Gotti lo sa da un giornalista di Torino, all'arrivo. Piange, si chiude nel camper. La Motorola fa sapere che si riunirà in serata per decidere se continuare e saranno solo i corridori a decidere. Zülle lo sa da Antonio Ferretti, ex corridore, ora bravo telecronista alla tv ticinese, e piange come un vitello.

Jean-Claude Killy, direttore della società Tour de France, dice: «Il protocollo della premiazione andava rispettato. Pur con tutto il dolore per Casartelli, per onorare l'impegno di professionisti come Indurain, Virenque e Jalabert. Avevano diritto alle premiazioni». Rominger dice che dei professionisti seri sarebbero stati molto più seri e rispettosi di un collega morto non andando sul podio. Merckx commenta alla tv belga: «Tutti questi festeggiamenti li trovo vergognosi». Quintarelli piange e dice che, almeno in discesa, il casco dovrebbe essere obbligatorio. Pantani non parla, tira una lattina contro una transenna e va via. Bugno non parla. Indurain dice: «Sono cose che succedono, noi non riflettiamo mai abbastanza sui pericoli del nostro mestiere». Anche quando era morto in corsa Antonio Martín, suo compagno di squadra, il commento di Indurain era stato scarno. A lui non piace esternare i sentimenti.

Alle 21 la Motorola fa sapere che continuerà. L'hanno deciso i corridori dopo aver sentito la famiglia di Casartelli. «Andate avanti anche per Fabio», hanno detto. Alle 21.15 arriva in sala stampa Jean-Marie Leblanc, direttore del Tour, preceduto da un comunicato più addolorato nella forma che nella sostanza. Dopo l'arrivo, Leblanc è andato in elicottero all'ospedale di Tarbes a raccogliersi davanti al corpo di Casartelli. «C'erano anche, per la Motorola, il medico, Ochowicz e Kuiper. Abbiamo saputo che la signora Casartelli non verrà qui, ha un bambino piccolo. La salma sarà rimpatriata domani in giornata o al massimo giovedì mattina presto, i funerali dovrebbero aver luogo giovedì, il Tour sarà rappresentato da Killy e Hinault. Alla partenza da Tarbes il Tour osserverà un minuto di raccoglimento, con i titolari delle maglie delle tre classifiche in prima fila coi corridori della Motorola, che continueranno la corsa. Abbiamo offerto alla famiglia Casartelli, con le condoglianze più sincere, la massima disponibilità amministrativa, morale e materiale. No, non abbiamo mai pensato di fermare la corsa. E per il cerimoniale ho raccomandato a Hinault di farlo svolgere nel modo più sobrio possibile, senza l'esuberanza degli altri giorni, cosa che mi risulta sia avvenuta».

Sarà per questo che Virenque ha tirato il mazzo di fiori al pubblico. «Il Tour è un grande circo, *the show must go on*», aggiunge Leblanc. Certo, si capisce. Quando morì Simpson, al Tour, dopo un minuto di raccoglimento il gruppo spedì in fuga il suo migliore amico, il compagno di squadra Barry Hoban (che poi avrebbe sposato la vedova Simpson). Hoban vinse a testa bassa, piangendo. Mi pare ci fosse la partenza da Carpentras e l'arrivo a Sète. Mi pare di ricordare che quel circo avesse un cuore, e lo usasse per dare un segno, non solo per piangere.

Un funerale lungo 237 km

PAU, 19 luglio – La tappa di oggi, la non-tappa, la bellissima tappa, è nata da quella di ieri. Dal km 34, la discesa del Portet d'Aspet, al traguardo, al dopocorsa a Tarbes, alla notte che porta consigli e brividi. A Tarbes hanno rivestito Casartelli con la tuta della Motorola. Dopo cena vanno a trovarlo Virenque e tutta la Festina, Bugno e tutta la MG, il settore tecnico della Banesto. La mattina altri italiani della carovana, Stanga, Bombini, Salutini, tutta la Carrera. Ma Pantani e Chiappucci si fermano davanti all'ultima porta. Non vogliono vederlo. Alle 9.30 il corpo è chiuso in una cassa di zinco. Col dottor Testa è sempre stata Agnès Pierret, della direzione amministrativa del Tour. È lei che ha trovato un volo privato svizzero che ha consentito al medico della Motorola di tornare in Italia con Casartelli. Il regolamento francese non ammette, in casi del genere, accompagnatori.

«Gli effetti personali?», chiede un'infermiera. Testa sta per dire di no, poi pensa che la famiglia di Fabio forse li aspetta. Maglia, scarpini, pantaloni finiscono in un sacchetto bianco di plastica. Poi un borsone, una valigia con su scritto CASARTELLI in maiuscolo, a lettere adesive. È tutto pronto. Casartelli torna a casa come i soldati.

Soldati, tenenti e generali si aggirano nella piazza centrale di Tarbes. Fa un gran caldo, quasi tutti i corridori hanno gli occhiali. Frattini parla e piange: «Siamo come dei burattini, se oggi non riusciamo a metterci d'accordo per ricordare Fabio non meritiamo niente». Volpi, più esperto, lo calma. «Io vado a parlare con Virenque. Si può fare una cosa come dopo Simpson, vedrai che qualcosa faremo». Del dopo-Simpson parla Ferretti: «Eravamo tutti d'accordo che vincesse un inglese, allora c'erano le nazionali. Gli si lasciava prendere un vantaggio largo, sicuro, e dietro si faceva la corsa. Vinse Hoban anche se non era lui il designato. Oggi succederà qualcosa del genere. Ma quella era una tappa piatta, qui è diverso. Ti voglio dire una cosa: io sono tra quelli che non hanno avvertito i corridori in corsa e ho detto al mio secondo di non dirglielo neanche lui. Bisogna essere stati corridori per sapere a che punto di sfinimento, di fragilità sono i ciclisti, in una tappa come quella poi. Mi assumo ogni responsabilità: per me era giusto dire tutto, ma in albergo».

Il nastro isolante nero, quello che serve per fasciare i manubri, per sigillare gli spifferi, serve come segno di lutto. La Motorola ce l'ha sulla manica, Rominger sul petto, la Aki intorno al braccio sinistro, come una fascia, Jalabert ha una coccarda nera tenuta da una spilla di sicurezza. Entro in un bar per un caffè e il barista mi fa le condoglianze. Cassani è già partito come ambasciatore: tutti i premi della tappa alla famiglia di Fabio. La notizia viene comunicata da Virenque in apertura di tappa agli organizzatori. Anche loro verseranno l'equivalente dei premi di tappa. In tutto sono 450.000 franchi.

L'edicola della piazza moltiplica in bianco e nero e a colori la morte di Casartelli. Un collega di *Libération* ha evocato per lui i versi del «Dormeur du val», di Rimbaud. Anche Fabio sembra che dorma, il braccio allungato verso la caviglia, nessun segno sulla parte di faccia che si vede. L'altra, meglio non parlarne. Ed è questo che ha esasperato i corridori: l'immagine del loro collega, o amico, crudissima, nella morgue di Tarbes, al telegiornale delle 20. E le feste del cerimoniale, rispettato alla lettera in un giorno diverso dagli altri. Ecco perché Virenque è guardato male, prima della partenza. Anche se molti sanno del suo impegno con associazioni umanitarie, di maglie e biciclette messe all'asta con incasso girato a Medici Senza Frontiere. Proprio questo li ha colpiti, e mi ha colpito.

Virenque non ci sta: «Nessuno, sapendo della morte di un collega, riuscirebbe a esultare così. Vi assicuro che non lo sapevo, l'ho saputo dopo la premiazione. E già da adesso mi dichiaro disponibile a tutto quello che decide il gruppo per onorare Casartelli e alleviare il dolore della sua famiglia». Ecco il percorso: Cassani-Virenque-Indurain. La maglia gialla è lui. E lui dice: «Abbiamo parlato sulla prima salita. Niente nomi. C'erano varie proposte. Io sinceramente non conoscevo Casartelli, il mio è il dolore di chi ha perso un compagno di lavoro. Non so se abbiamo scelto la cosa migliore o la peggiore, so che eravamo tutti d'accordo. Andare piano e primo sul traguardo Peron, il compagno di stanza di Casartelli».

Ma questo Andrea Peron prima della partenza non lo sa. Ha telefonato a casa di Casartelli. Adesso guarda la bici di Fabio col numero 114 attaccato al telaio, sul tetto dell'ammiraglia Motorola: «Non l'avrò più al mio fianco, ma lo avrò dentro. Adesso lo porto fino ai Campi Elisi, finiamo il Tour. E poi lo avrò dentro per sempre». Jalabert, dopo: «Nessuno aveva voglia di fare la corsa. È una morte che ci ha toccati tutti. Ci siamo uniti per un ricordo. È stato un bel gesto, non voleva essere altro».

La tappa è stata praticamente neutralizzata dal gruppo. Ritmo basso e vince Peron, ripetuto in quattro, cinque lingue. Quintarelli non è molto d'accordo: «Rispetto la volontà del gruppo, però potevano dircelo prima. Io credo che Casartelli avrebbe preferito una corsa vera, si può ricordare un amico anche lottando sul serio. Piuttosto, io propongo di devolvere il 10 per cento dei premi del Tour, di tutte le squadre, alla famiglia di Fabio». È una proposta che Cassani ha già fatto circolare nel gruppo. Non è obbligatorio starci. La MG apre le adesioni. Il minuto di silenzio, gli applausi. Si parte per una corsa che non c'è. Ai traguardi premio, agli sprint di abbuono, in cima alle salite passa sempre primo un corridore della Motorola. Solo sul Marie-Blanque un gregario di Indurain, ma dev'esserci stato un malinteso. Sulle ultime montagne di quest'anno il gruppo passa compatto, nessuno tradisce la parola.

Tutto questo sembra turbare molto Thévenet, commentatore per France 2. «Se deve vincere uno della Motorola, che esca dal gruppo a 55 all'ora. Non si fa così. È un brutto omaggio alla memoria di Casartelli». Thévenet per ora non ha capito che questa tappa è un funerale di 237 km. Lo hanno capito tutti gli spettatori sulle strade, che battono le mani e stanno seri. Hanno fatto chilometri a piedi per salire sull'Aubisque, sul Soudet, dove l'asfalto cola e s'appiccica e anche la strada sembra un lungo nastro nero a lutto. Loro hanno capito. Non c'è fuga né scatto né spettacolo. C'è un funerale del giorno dopo, il giorno prima di quello vero. «C'è», dice Eros Poli, «che quasi tutti in gruppo abbiamo moglie e figli. Fabio il suo ha appena avuto il tempo di vederlo, e suo figlio non vedrà più lui. Tutti abbiamo qualcuno a casa che ci telefona e dice di andare piano, e adesso lo dicono più forte da quando hanno visto Fabio steso per terra. È come se il dolore nostro, di chi lo conosceva, ci rimbalzasse moltiplicato. Uno spagnolo, un tedesco, un australiano, non c'è bisogno di spiegargli nulla. Si è fatto di testa nostra, tutti d'accordo, e si è fatto bene». Riis era contrario, ma non per motivi di classifica: «Andare così adagio, nel caldo e nel dolore, è stato come soffrire due volte. Però non ho discusso, va bene anche così».

A 5 km dall'arrivo il gruppo, che era stato tirato a turno da tutti, rallenta. Quelli che restano della Motorola si allargano per quanto è larga la strada. Al centro vince Peron, a testa bassa, ma non ci sarà ordine d'arrivo, né podio di vincitore, né conferenza stampa. Il presidente di giuria vorrebbe fare il sorteggio antidoping ma il medico di turno si oppone. Io non ci sto, dice. Nessun sorteggio. L'ultima immagine: sono cavalli che tirano il carro. Thévenet, folgorato, dice che questa scena così commovente entrerà nella storia del Tour. È vero. Anche perché è amara, bella, giusta, solidale, perché forse farà dimenticare certe cose del giorno prima. Perché era difficile mettersi d'accordo, in una tappa così, con gli interessi che ci sono, con tante squadre che devono ancora vincere una tappa. Killy è libero di commentare che è andata così perché i corridori erano stanchi, ma io credo che la *grandeur* del Tour non esca scalfita da questa giornata, dedicata a un morto nemmeno famoso. I corridori hanno voluto e capito, il pubblico ha capito e applaudito un gesto, non un'impresa. Un simbolo, non una volata. Pare che molti spettatori, da casa, abbiano protestato con France 2 per la condotta dei corridori. Pazienza. Fra Tarbes e Pau, due città dove i sindaci di sinistra hanno vietato chiedere la carità, i corridori del Tour sono stati all'altezza del Tour, che è come la vita. È solidarietà, è unione, è qualcosa di terribilmente semplice e chiaro. È una lezione.

Baci al cielo di Fabio

LIMOGES, 21 luglio – Il cielo, Lance Armstrong indica il cielo. Un arrivo così chi l'aveva mai visto, chi poteva immaginarselo? Ammettilo, *suiveur* scafato, crescono alti i rami di questo Tour disgraziato e caldo. Il cielo, Armstrong accosta le mani alle labbra e manda un bacio al cielo. E non c'è bisogno di inventarsi nulla, è già tutto lì. Armstrong comincia a indicare il cielo a 150 metri dal traguardo, e va avanti, non smette, vuole che tutti capiscano, che il gesto non vada perduto. È importante che tutti capiscano, c'è chi continua a non capire. Jean-Marie Leblanc è stato corridore, ma non sempre capisce i corridori. Jean-Marie Leblanc è stato giornalista, e non capisce certi attacchi dei giornali. «Rifaremmo tutto quello che abbiamo fatto», ha dichiarato alla *Gazzetta* a proposito del cerimoniale a Cauterets. Io non capisco Jean-Marie Leblanc, ma lo ricordo come un corridore serio e gli consiglio di cercare di capire cos'è, o cos'è diventato. Jean-Claude Killy è stato un grande sciatore. Sapete come ha commentato la tappa-funerale di Pau? «È cascata in un buon momento, i corridori erano tutti stanchi». I corridori gli hanno risposto, a modo loro, anche oggi: 43,887 di media sotto un sole feroce, coi giornali che pubblicano pagine di consigli su come difendersi dal caldo, su come non star male, su come non morire.

L'infelicissima uscita di Killy dimostra che si può essere stati grandi campioni, essere membri del CIO, essere a capo della società Tour de France, e dire frasi imbecilli. Il cielo, Armstrong ha l'indice verso il cielo e forse Killy ha guardato il dito. Molti hanno guardato il cielo, anche se Casartelli è sottoterra. Ma Armstrong non può arrivare indicando l'asfalto, indica il cielo perché è lì, si presume, che vanno i buoni. Un cattolico si sarebbe fatto il segno di croce, come tanti calciatori prima di entrare in campo. Non credo che Armstrong sia cattolico, ma il cielo è di tutti. Ed è così che il Tour vive un'altra giornata carica di simboli, e non solo. Se l'arrivo a Pau era di sei cavalli che trainavano il carro funebre, l'arrivo a Limoges è quello di un corridore che non ha chiesto il permesso a nessuno. Se l'è preso. È andato via a 29 km dall'arrivo «perché allo sprint avrei perso, e volevo vincere». Ha vinto bene, il texano del lago di Como. E appena gli chiedono come ha fatto ad andare così forte, risponde: «Sono andato così forte perché avevo quattro gambe, le mie e quelle di Fabio».

Il *suiveur* annota scrupolosamente, teneramente, e si chiede: dove comincia la retorica, oppure dove finisce la paura della retorica? Perché in questi giorni siamo tutti allo scoperto, chi fa e chi racconta. E questo non è solo il Tour del 54 x 11. È cuore, sangue, fegato, è primordiale, vedi Pantani. È antico, eppure Armstrong ha solo ventitré anni e si è dovuto inventare, pedalando, un messaggio non cifrato, una dedica in esperanto. Con un nome così appuntito e un cognome da jazzista gli riesce tutto bene. È un grande, straziante assolo. Certo che non serve a Casartelli, ma così ragionano gli uomini, così corrono e vincono così. Perché è un bel gesto, perché dopo l'omaggio di gruppo pensano all'omaggio individuale. E perché sì. Perché Pantani si estirpa dal gruppo, staccato di 7', su verso il traguardo? Perché è l'ultima salita del Tour, e ci tiene a timbrarla in solitudine, e poi «perché il Tour finisce ma la mia stagione comincia adesso», dice lui.

E ad altre domande risponde Armstrong. Le unisco col filo della gratitudine. «Di solito faccio un grande show quando vinco, come a Oslo. Ma stavolta era diverso, non era una vittoria solo mia, questo volevo dire. Abitavo vicino a Casartelli, ci allenavamo insieme. La prima volta che l'ho visto ho pensato: ecco uno che parla troppo. Poi ho capito: parlava molto perché aveva molto da dire, molto da dare. Gli volevamo bene perché era sempre di buonumore. Era felice, in una parola. Non era obbligato a fare il corridore, la sua famiglia era piuttosto agiata. Lo faceva perché gli piaceva. C'era tanta gente ai suoi funerali, anche Merckx, ho letto. Aveva tanti amici. Dite che dopo il Mondiale ho deluso? Può darsi. L'ho vinto a ventun anni, da perfetto sconosciuto. Mi fossi chiamato Museeuw o Fondriest, a Oslo mi sarebbero corsi dietro. Questo spiega qualche mia vittoria, non mi conoscevano. Poi, con la maglia iridata addosso, è stato tutto diverso. Ero sorvegliato numero uno. Al Tour speravo in un posto nei dieci ma sulle Alpi ho capito che non era il caso. Sono caduto a Dunkerque, temevo di non ripartire. Già prima del Tour, con Kuiper si era deciso che le tappe buone per me erano due: Revel e Limoges. A Revel mi ha battuto Outschakov, è stato bravo, non è che l'ho sottovalutato, forse mi sono sopravvalutato. Poi è successa la disgrazia e mi restava solo Limoges. Ho preferito andar via da solo».

Tappa di su e giù, subito veloce. Anche Bugno ha provato ad andare in fuga, con Simon, Colagè e Sierra. Massimo vantaggio 1'20". Ripresi loro parte la fuga buona, al km 82. Vanno via Armstrong, Sciandri (attivissimo), Ekimov e Ferrigato, si agganciano Dufaux, Jaermann, Cenghialta (gran Tour), Tafi, Bruyneel, Robin, Lelli e Den Bakker. Dodici corridori, dieci squadre rappresentate, solo MG e Festina ne hanno due. Dietro tiracchia per onor di firma la Banesto con minimi contributi della Brescialat. Con questo caldo, alla vigilia della cronometro, alla fine di una corsa così prosciugante, ogni sforzo va calcolato. Tra i dodici ci sono velocisti, scalatori, *finisseurs*. Tutti tirano per creare il vuoto, ma quando il vuoto è fatto tendono a sfrangiarsi, a dividersi in gruppetti, in azioni isolate, e Armstrong è bravo a scegliere il momento buono, appena superato uno strappetto. Non lo vedranno più. Il libro storico del Tour informa che a Chalus, paese attraversato nel finale, è morto Riccardo Cuor di Leone, nel 1199. Cuor di leone, oggi al Tour, è un formaggio a pasta molle che ha fra i testimonial anche Stephen Roche. Ma è stata ancora una tappa del cuore, ancora una tappa per Casartelli. Il ragazzo morto che non si riesce a dimenticare, corsa neutralizzata o corsa scatenata, ci ritorna addosso. Perché non è vero che tutti i morti sono uguali. Il cuore del Tour (immagine retorica, suppongo) con il sangue di Casartelli ha ripreso a battere su cadenze più umane, sulle strade sotto il cielo.

Classifica finale

1. Miguel Indurain (Spagna, Banesto), km 3635 in 92h 44'59", media 39,191; 2. Zülle (Svizzera, Once) a 4'35"; 3. Riis (Danimarca, Gewiss) a 6'47"; 5. Jalabert (Francia, Once) a 8'24"; 5. Gotti (Italia, Mapei) a 11'34".

Partenti: 189. Arrivati: 115.

1996

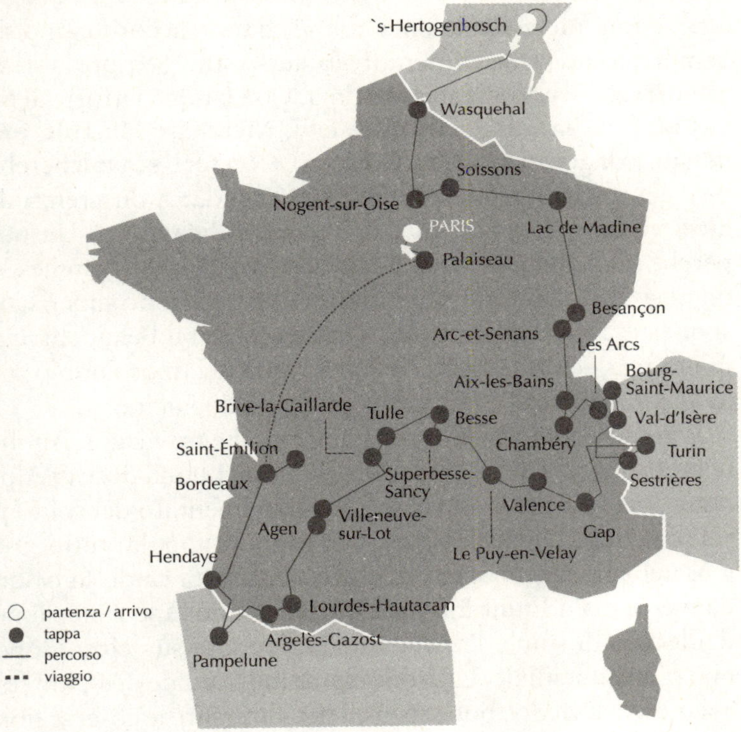

Il Tour parte dall'Olanda senza Pierre Chany, uno dei suoi più ispirati narratori: per lui sarebbe stato il cinquantesimo. È l'ultimo per Indurain, la cui crisi comincia sulle Alpi e continua a Pamplona, sull'uscio di casa. Si attende Berzin ma vince Riis, che pareva destinato al gregariato. Prima vittoria danese. La rivelazione è Ullrich.

Calma e potenza, è l'ora Indurain

'S-HERTOGENBOSCH, 28 giugno – Indurain anni duri. Per gli altri. Forse anche per lui, ma non se ne sono accorti in molti. Sempre la stessa faccia. Sempre lo stesso stile. Sempre la stessa potenza. Sempre la stessa calma. Con cinque vittorie di fila Indurain ha eguagliato Anquetil, Merckx e Hinault, ma nessuno di questi aveva fatto filotto. Con sei li scavalcherebbe e penso che li scavalcherà. Una leggenda. A differenza di altre volte, non esiste un anti-Indurain dichiarato. Un po' perché non conviene dichiararsi, si rischia. Un po' perché c'è un mazzo di anti-Indurain tutti bravi, ma nessuno super. Così questo Tour che parte dall'Olanda, taglia il Belgio, arriva in Francia, sconfina in Italia e in Spagna, il famoso uomo solo al comando ce l'ha già, ancora prima di partire.

È un percorso che gli gratta via qualche privilegio. Abolite le cronosquadre, c'è una cronoscalata. Buona dose di Alpi dopo una settimana di volate, più movimentato del solito il tragitto dalle Alpi ai Pirenei, con tappe-trappola, tutte su e giù, nel Massiccio Centrale, dove quando fa caldo fa caldo davvero, ma a Indurain piace il caldo. E poi, incoronazione d'alloro o di spine, l'arrivo a Pamplona, la sua città, dopo una tappa micidiale. La cronometro individuale di 63 km tra i vigneti del Médoc può servirgli per sistemare le cose, se non l'ha già fatto prima. L'avversario più ostinato in questi anni, per ammissione di Indurain, è stato Chiappucci, il nostro caro vecchio Bull che declina dignitosamente, ma i suoi colpi di tuono sembrano colpi di tosse, le sfide che lanciava al gruppo erano schiaffi e sono pizzicotti. Però lo aspetto e a differenza degli altri anni non ci ho nemmeno parlato. Lo aspetto in un grande colpo dei suoi, e non importa come va a finire. Si passa sulle strade del Cormet de Roselend, del Sestriere: ci penseranno loro ad accendergli il sangue. E peccato, davvero peccato che a questo Tour manchi Pantani.

Parlo di Chiappucci perché penso a Jalabert. Al Dauphiné ha staccato Indurain sul Ventoux, gli ha concesso 50" su 43 km di cronometro. Indurain ha vinto ugualmente, ma sa che Jalabert è molto più d'un velocista, ha fatto grandi progressi in salita e a cronometro. E fin qui, lo può ancora controllare. Anche Indurain, per quanto possa sembrare strano, ha fatto progressi in salita e l'anno scorso, attaccando sugli strappi delle Ardenne, ha dimostrato di saper inventare la corsa, di non esserne solo un attento amministratore. E allora Jalabert gli ha dimostrato, con quella stupenda fuga di 198 km verso Mende, di sapere anche lui inventare la corsa. È questo che preoccupa Indurain: il colpo a sorpresa. Jalabert è la prosecuzione francese di Chiappucci, Indurain lo sa e lo sa la gente, che nel ciclismo sbaglia raramente e s'innamora di quelli che hanno più cuore.

Il mazzetto degli altri esce da un gruppo di 198 corridori di ventiquattro nazionalità: 62 italiani (record assoluto), 38 francesi, 23 spagnoli, 10 tedeschi e olandesi, 9 belgi (che tristezza), 8 svizzeri, 5 colombiani, russi e danesi, 3 polacchi, statunitensi, ucraini e australiani, 2 inglesi. A quota 1 Portogallo, Lettonia, Lituania, Repubblica Ceca, Giappone, Austria, Uzbekistan, Kazakistan e Venezuela. Gli altri sono i *pédaleurs de charme* Evgenij Berzin e il suo compagno Gewiss Ivan Gotti, che vedo seguito in corsa da una stella giovanotta e che spero abbia più libertà che al Giro d'Italia. Se funzionano tutt'e due, è una bella tenaglia. Altra tenaglia: Rominger-Olano. Il Topoleone è all'ultimo assalto e mostra serenità dicendo di non avere nulla da perdere. E poi c'è Zülle, che può fare tenaglia con Jalabert: la Once è la squadra più forte, ma scossa nel morale dalla morte di Mariano

Rojas, il gregario spagnolo che con Jalabert l'anno scorso aveva diviso la camera. Davide Cassani, che una frattura ha tolto dalle strade percorse con grande spirito da gregario illuminato (ora fa l'assistente di Dezan) m'ha detto di Indurain: «Lui è sempre forte, ma la Banesto è più debole». Saggio richiamo, non si vince mai da soli.

E poi ci sono Riis, Ugrumov, Zaina, Boardman (favorito domani nel prologo), Virenque, Luttenberger. Tante speranze e tante storie. Adesso che si comincia, voglio ricordare uno che non potrà più raccontare le storie dei ciclisti. È morto una decina di giorni fa Pierre Chany, uno degli ultimi grandi vecchi della carovana. Aveva seguito quarantanove Tour, di cui sedici in moto, questo doveva essere il cinquantesimo. Era malato e lo sapeva, la cronometro l'ha vinta il cancro. Era un gentiluomo, un romantico, un grande giornalista di quelli che si spendono tanto ma non si buttano via. Beveva molto, fumava moltissimo (solo Gitanes senza filtro). Non sopportava i poliziotti, i preti e tutti quelli che non avevano mai pedalato controvento. Lui aveva cominciato a lavorare a undici anni, in Auvergne, aveva fatto la Resistenza nel Vercors, a Parigi nel primo dopoguerra a *Ce Soir* aveva come capo Louis Aragon.

Non succede a tutti, pensavo sentendolo raccontare di quando Aragon gli disse: ma va' in giro per Parigi, portami delle storie, il giornalismo non si fa stando seduti in redazione. Era amico di Coppi, di Anquetil, di Bobet, di Blondin, di Jean Ferrat. Scriveva canzoni che teneva nel cassetto e del resto diceva spesso ai colleghi più giovani: i pezzi migliori sono quelli che non si scrivono. Nel '68 (anche il Tour ne ha avuto uno) organizzò il primo e ultimo sciopero dei giornalisti contro uno degli organizzatori, Félix Lévitan. La sua testa era la memoria del Tour. Da domani, sarà un'altra cosa.

Ma queste cose andavano scritte da questo pezzo di Brabante, patria del pittore Hieronymus Bosch e di fastidiosi bruchi (notizia a parte). Tanto per cambiare, sul prologo è annunciata pioggia.

Astensione prolungata dal pedale

NOGENT-SUR-OISE, 2 luglio – Poi decideremo come chiamarlo. Non è normale che si vada così piano. Il vento contro spiega qualcosa, non tutto. In questo pezzo di Nord il vento c'è sempre, ci si può incantare a guardare il passaggio delle nuvole. Di incantevole c'è poco altro. Le belle case di Douai, città famosa per le campane e perché Balzac ci ha ambientato *La ricerca dell'assoluto*. Chissà quanti leggono ancora Balzac. Il gruppo cerca pace. Va pianissimo. Va bene così dopo due giorni in cui è successo di tutto. Va bene alle squadre dei favoriti, va bene alle squadre dei velocisti. Io avevo già deciso di andare avanti, in pratica si fa alla rovescia la tappa che nel '92 aveva vinto Bontempi, molto ricca di fughe.

Nel '92 avevo visto una freccia: *Suzanne, cimitero di guerra 3 km*, e mi ero chiesto se si stesse meglio, in una terra con un nome di donna. Stavolta da Suzanne passa il Tour. Il cimitero di guerra è in mezzo ai campi di grano (clic, l'attacco della «Guerra di Piero»), di patate, di barbabietole. Sono tutte note di verde differente, col bianco dei fiori di patata e qualche papavero. La radio di bordo dice che vanno piano, e ogni tanto c'è un rovescio di pioggia. C'è un sentiero erboso in mezzo al campo di grano, il cimitero ha un muro alto mezzo metro, è ben tenuto, l'erba rasata da poco. Ci sono 140 lapidi, quelle dei non identificabili con la scritta *Conosciuto da Dio*, le altre tutte con il grado, la data. Soldato A. Bellchambers, 55° battaglione australiano, 1.9.1918. I canadesi sulla lapide hanno scolpita la foglia d'acero. Il soldato H.C. Collins è partito da Peterboro, stato dell'Ontario, per morire il 26 agosto 1918, età 20. Altri erano arrivati dalla Tasmania, dal Lancashire, dal Nuovo Galles del Sud. Si sentono solo cantare i merli, la carovana pubblicitaria deve ancora passare. In un angolo, come in una nicchia del muro, c'è al riparo la carta dei cimiteri di guerra della zona e il libro per le firme dei visitatori. Parte dal 19 maggio del '95 e fino a oggi sono ventidue in tutto. Molti dei visitatori hanno scritto *thank you*. Anche loro venuti da lontano, come quelli venuti a difendere una terra non loro, che però in un certo senso lo era. Adesso è loro. A Suzanne, paese in discesa, neanche un bar in vista all'ombra dei tigli, il gruppo è come impacchettato, in processione. Come quando volle ricordare Casartelli.

Adesso è un'altra faccenda, non chiara, ma è un'altra faccenda. Zaina continua a staccarsi e a fare l'elastico, anche se il gruppo va piano. Ha un ginocchio come un melone. Sembrava una caduta banale, ieri è andato a sbattere col ginocchio contro il manubrio di Boardman, caduto davanti a lui. Il ginocchio si è gonfiato durante la notte: trauma contusivo alla rotula destra con interessamento tendineo del quadricipite, recita il bollettino medico. Non basta la fasciatura rigida né tutti gli antidolorifici della notte. Finisce che Zaina si ritira, non ce la fa più. Era arrivato secondo al Giro, aveva vinto due tappe di salita, era una delle nostre speranze. E anche lui, per questo Tour, aveva altre speranze. Il paese dopo Suzanne è Cappy, distrutto durante la prima guerra e occupato dai nazisti nella seconda: specialità gastronomiche il paté di anguilla e lo spiedino di luccio (che è già un buon motivo per non fermarsi). Sarebbe un bel percorso per le fughe, abbastanza ondulato, con curve, ma non fugge nessuno. Il gruppo si allarga su tutta la carreggiata, va sui 20 all'ora. Quelli che sperano che la tappa si scaldi con la diretta tv ci restano male.

La corsa vera comincia dopo 142 km, a Montdidier, il paese di Parmentier, l'apostolo della patata. Via Saligari e l'olandese Boogerd. Dura poco. Poi si passa da Clermont, gemellato (apprezzate la finezza) con Chiaramonte Gulfi, dove si fa un'interessante gelatina di maiale con scorza d'arancia amara. La fuga buona sembra quella di Lietti, Arrieta e Seigneur, ma le squadre dei velocisti non ci stanno. Ripresi a 7 km dall'arrivo. Il lavoro lo sbriga in particolare il treno rosso della Saeco, che Zabel alla fine ringrazierà. Già, perché vince Erik Zabel, nato a Berlino quando si doveva specificare Est. Parte da lontano, si butta tutto a destra contro le transenne, obbliga Cipollini a una volata di potenza in cui un po' di potenza gli viene a mancare. Mario esce tardi di ruota, ma la rimonta si ferma a mezza ruota. E poi è arrabbiato col mondo, forse anche con se stesso. Al bis ci teneva, ma non c'è solo lui qui. E intanto Zabel sta dicendo che non può esistere una classifica degli sprinter: un giorno vince uno, un giorno l'altro.

Il colpo migliore, per la verità, è di Moncassin, che arriva terzo, ma grazie agli 8" di abbuono toglie la maglia gialla a Zülle e gli fa un gran piacere. Moncassin è rimasto uno dei pochi a fare le volate senza la protezione del casco, e dopo quel che gli è successo ad Hasselt in aprile (forte trauma cranico) ci vuole una bella dose d'incoscienza. Ma lui ride, sale sul podio con in braccio la sua bambina, Capucine, diciannove mesi, e poi spiega che il casco gli dà fastidio, lo porta solo dov'è obbligatorio. Belgio, Olanda. «Lei non poteva capire l'importanza del momento, ma io sì. La maglia gialla è un sogno per ogni corridore francese. Io una ce l'ho, e se penso che un campione come Poulidor non ne ha mai avute mi vengono i brividi».

E adesso decidiamo come chiamare più di quattro ore di non corsa. Sciopero no, perché nessun corridore ne parla apertamente. Allora diciamo: astensione prolungata e volontaria dal lavoro. Per le cadute, per i percorsi, per gli orari. Si arriva sempre tardi, perché così piace alla tv, e diventa difficile rispettare i tempi di riposo (massaggio, cena, sonno). Gli alberghi non sono sempre a due passi. Insomma, tante piccole cose. E, puntuale, è arrivata la protesta dell'associazione corridori professionisti (AICPRO). Denunciano: «Il disprezzo della sicurezza a vantaggio degli interessi economici». Chiedono all'UCI che un loro rappresentante possa verificare in anticipo i percorsi delle gare più importanti.

Sereno Riis, i big aspettano

PUY-EN-VELAY, 12 luglio – Sarebbe, a prima vista, una tappa buttata via. Anche a un secondo esame, più meditato, sembra una tappa buttata via. E per conto mio lo è. Certo non si può obbligare Pascal Richard a pensarla allo stesso modo, perché lui l'ha vinta bene, in volata, su Skibby e Gualdi. Richard è un vecchio cliente delle corse a tappe, difficile che non lasci il segno. Lo lascia anche su classiche come il Lombardia, sempre che non gli interessi il Mondiale di cross. Vinto pure quello. È un tipo allegro, porta la prima vittoria alla MG di Ferretti, quindi migliora il magrissimo bilancio italiano, ma c'è sempre poco da entusiasmarsi. Entusiasmante invece trovare all'ingresso della sala stampa sette-otto tipi di pane e dieci di salame. Che in Francia, da Roubaix a Perpignan, ci sia sempre la stessa baguette è un mistero della storia, ma anche dell'attualità. Nessuno ha il coraggio di dire che la baguette va bene quando è croccante, ma la sera fa pena, e che un paese così forte nei formaggi dovrebbe avere più sviluppata la cultura del pane.

Le sale stampa, al Tour, sono dei posti strani, a volte invivibili per il caldo, altre per il freddo, non sempre provviste di un minimo di decoro (contate due toilette chimiche per seicento persone). E a volte, come oggi, danno molto piacere. Il salame, dunque. Tradizionale. Ma anche ai mirtilli, alle noci, alle castagne. Mai visto. Provato con diffidenza. Non sono una mammoletta, ho assaggiato paté di pipistrello, vermi messicani alla griglia, più raramente cose propagandate in tv. Illuminato, conquistato, specie da quello alle castagne. È una vecchia tradizione?, ho chiesto a una ragazza che armeggiava con i coltelli. No, è un'idea di mio padre. Che testa, questa gente d'Ardèche. Suo padre si chiama Alain Abrial (25 Grande Rue, 43190 Tence, tel. 0471598114, anche questo è giornalismo di servizio). Capelli bianchi, aria da intellettuale, accosta il maiale alla frutta solo da tre anni. Ha pensato che ai maiali piacciono le castagne, e tanto valeva provare a metterli insieme per vedere se piacciono agli uomini. Funzionava. Funziona anche il mirtillo, funziona meno la noce, che un po' d'oleoso lo conserva. Da voti altissimi anche un salame alle erbe provenzali, solo che non è di maiale ma d'agnello. Lei è un artista, gli ho detto chiedendo informazioni.

Avevo letto su *Libération* che in Francia è vietata la testina di vitello, piatto preferito da Chirac, e fin qui pazienza, ma presente anche nella mia top ten. Come la mettiamo? No, la testina no, mi dice, solo la cervella e il midollo. Di tutti gli animali, maiale escluso. A questo punto, pur nell'entusiasmo per i salami e per il piazzamento del maiale, che vince anche nei momenti brutti, m'è venuto freddo. Perché è dall'inizio del Tour (allora erano frisone) che mi sento in qualche modo osservato dalle mucche (di peggio c'è solo lo sguardo delle aragoste, dagli acquari). Se Mucca Pazza va avanti, addio fritto di cervella e zucchine, e risotto alla milanese senza midollo. Ma intanto rosicchiamo quest'osso di tappa. Uguale a quella di ieri, ma più corta e senza chiodi. Uguale nella prima fuga, di nove anziché di otto, che è pure l'unica. La iniziano Roux (unico in prima linea per due giorni di fila), Richard e Vanzella. Li seguono Breukink, Nelissen, Gualdi, Skibby, Mauri e García Casas. Tra il km 10 e 48 il vantaggio non supera il minuto.

E qui si ripete il fatto strano. Indurain resta indietro nell'ultimo pezzo di salita, tutti i grossi calibri si mettono a tirare come pazzi e per la fuga si mette male. Indurain rientra in discesa che sembra una moto, calma piatta, per la fuga si mette bene. Al km 61 i nove hanno 7' su Uriarte, non si sa bene uscito dal gruppo a fare cosa, ma soprattutto non si capisce perché ci debba restare 90 km, e 13' sul gruppo. La bagarre appena incominciata è già finita. Verso Puy-en-Velay il gruppo va in pellegrinaggio, come quelli che da qui dovevano passare per andare poi a Santiago de Compostela. Il gruppo passa sul Gerbier de Jonc, dove nasce la Loira, allegramente distanziato di un quarto d'ora. Nell'ultima discesa Rominger prega Tafi di fargli da guardia del corpo, di limitare le sue ampie possibilità di cadere. È sul ginocchio del Topone che ruota e s'avvita il discorso di chi doveva attaccare. La Mapei, non fosse stato per quel ginocchio del Topone. Attacco rinviato. A Riis, a Berzin, evidentemente anche a Indurain sta bene così.

Altra piccola notizia è che oggi per la prima volta Riis si è presentato al controllo antidoping. Non che li dribblasse, è che il regolamento, cambiato a inizio '95 dall'UCI, sorteggia i corridori da esaminare. A far notare l'incongruenza della vicenda era stata la *Gazzetta* ieri, oggi una breve nota sull'*Équipe* diceva che gli organizzatori trovavano abbastanza stupido questo meccanismo e oggi (del tutto casualmente, potete immaginare) Riis è stato chiamato all'antidoping. «Le regole non le ho cambiate io, io possono solo seguirle», ha commentato. Ma perché non ti attacca nessuno?, gli dicono. E lui: si vede che non trovano abbastanza duro il percorso, non è a me che dovete chiedere. E nemmeno a me, vorrei aggiungere. Domani c'è un'altra tappa molto ondulata, con arrivo in salita. Il che non significa assolutamente nulla. Una delle prime cose che ti insegnano, quando segui il ciclismo, è che la corsa la fanno i corridori. Sembra una frase banale, invece è una verità assoluta. Infatti, nei due temutissimi giorni sul Massiccio Centrale, non hanno voluto farla e non l'hanno fatta.

Vecchio Abdu, splendida pazzia

TULLE, 14 luglio – Eccolo finalmente, nel paese dei pizzi, il nostro caro Abdu. Ma non in volata, sarebbe banale. Abdu il polveroso, il grifagno, lo storto esce dalla fornace della tappa con una gran voglia di volare. Forse gliel'hanno trasmessa i colombi che alleva con dolcezza nel suo paese d'adozione, sul lago di Garda. Forse Abdu il cupo, il truce, lo spigoloso è semplicemente pazzo. In senso buono. E c'è del metodo nella sua pazzia. Già ci aveva provato salendo verso Besse (foneticamente è quasi un gioco di parole) e poi aveva spiegato: se nelle tappe di pianura io vado in fuga nessuno tira, oppure tutti cercano di scattare a sorpresa. Allora in una tappa con montagna io faccio come loro. Vado via.

Dove vai, vecchio sgangherato Abdu? In cima al Puy Pinçon, dove per secoli si sono eseguite le condanne a morte.

Gli ultimi 2 km hanno una pendenza media del 5 per cento, con tratti all'8. Il caldo del pubblico, le vampate dell'asfalto, e poi quei quattro da sistemare. Tu sai che è il 14 luglio. Non che te ne importi molto, se c'è da rovinare una festa mai farsi pregare. Occhio ai francesi, però. Madouas è quello che va più forte in salita. Poi c'è Rous. Da non confondere con Roux, che va più forte ma in questa fuga non c'è. Domani i suoi genitori saranno lieti di ospitare tutto il Tour (non glielo auguro, troppa gente) al ristorante La Poule au Pot, km 121. Chissà se i tuoi genitori, Abdu, ti stanno vedendo in diretta a Tashkent. Non credo. Tua sorella Julya di sicuro, lei vive con te a Raffa di Puegnago, dove si fa un Chiaretto niente male. Poi c'è Hamburger, c'è sempre un danese di mezzo. Questo ha fatto un bel po' di strada da solo, ma forse non è ancora cotto. E c'è Gualdi, che sta facendo un bel Tour ed è, a sentire lui, il primo anno che corre senza dolori, in libertà. Campione del mondo dei dilettanti a Utsunomiya, un'ernia al disco, due interventi alla spalla, adesso lo cura un chiropratico di Lugano. Mancano 4 km all'arrivo. Non è stato un divertimento, Abdu. 45 e rotti la media. Mai un momento di respiro. Chi se lo immaginava che Indurain dormiva così? Rominger passi, oltre al ginocchio ha un ematoma alla coscia. Tu eri in coda, naturale, mentre il gruppo saliva per la Croix Morand e a un certo punto c'è stata come una frustata diagonale, quando batti le mani e i colombi volano uno qui uno là.

Indurain dorme, e gli vanno via tredici corridori che non scherzano: Riis, Bölts, Ullrich, Virenque, Dufaux, Brochard, Olano, Berzin, Leblanc, Luttenberger (che dovrebbe passare alla Rabobank), Bartoli, Richard e Roux (quello del ristorante). E come mena Riis, e i suoi. I Festina danno una mano. 1' di ritardo al km 45, Banesto a tutta, Once e Kelme in appoggio. Regolare. Niente di nuovo, tranne una maglia gialla all'attacco in una tappa del genere, ammetterai che non è male. Tu non ammetti. Tu risali il gruppo. Km 60 tutti insieme. Tu non guardi i paesaggi che portano via il cuore, quando si entra in Corrèze: 5000 km di fiumi, torrenti e ruscelli, 2000 tra stagni e laghi. Sai che te li berresti, uno o due ruscelli. Sai di aver stupito tanta gente al Giro, quando eri conciato da sbatter via dopo la caduta in Grecia e il tuo medico non sapeva più da dove cominciare a contare le piaghe. E tu, errante, mitico, eocenico Abdu, ti eri spogliato nudo e ti eri infilato nel mare per una decina di minuti, e non faceva neanche caldo, e poi in albergo ti eri spalmato di miele. Cosa ne sanno loro? Tu vedi Hamburger partire e alzi l'occhio nero. E appena parte un trenino dietro ci zompi sopra. Al km 91 c'è Saint-Victour, e lì vicino Ussel, città di cui fu a lungo deputato Chirac. E non a caso a Ussel è nata la confraternita *des Entêtés de la Tête de Veau* e forse non sai che Chirac deriva dall'antico francese *chirat* («mucchietto di pietre») e sicuramente non te ne frega nulla.

Al km 120 siete in diciotto, troppi perché duri. E ti guardano storto: ma come, sei ancora lì dopo il numero di ieri? Ma al km 132 siete in sei, andati via sulla salita di Ventadour. Diventa dura la fatica, adesso. Ma gli altri non sono rose. Bourguignon è stato il primo a mollare. Siamo a 4 km dal traguardo, allunga Madouas, Gualdi ricuce. Ci si guarda in faccia. La tua è dura come un sasso, hai voglia a dire che il tuo nome, Djamolidine, significa «dal bel sorriso». Via Hamburger, a –3. Vacci, sparviero uzbeko. Lui stavolta è cotto, rifiuta il cambio, non fa finta. E allora vola, scaglioso lucertolone, lampo buio, in perfetto stile da *grimpeur*. Sii tutto quello che non risulta dalle enciclopedie. Alza le braccia, dietro non può fare tutto Gualdi, che fa il massimo, e gli tocca mandare giù amaro perché pure lui meritava di vincere. E crolla dopo il traguardo, Abdu, anima attraversata, senza una briciola di fiato.

Dopo dirai d'aver pensato: o vinco o muoio. Hai vinto, e allora spiega che Zabel e Cipollini hanno ben altri compagni a tirargli la volata e che tu ti devi arrangiare, ma che fra una settimana sarai ancora più forte. Nel tuo giorno, Riis scopre di avere con sé la serenità («Non è un'esclusiva di Indurain») e Indurain dice che non bisogna pensare che i baschi siano un paese di terroristi, e che col Tour in quelle terre non succederà nulla di brutto. È vero che oggi *Egin*, quotidiano indipendentista, ha pubblicato un annuncio anonimo in cui si avvertivano i corridori: una volta in territorio basco la vostra sicurezza non sarà garantita. È vero che Echávarri dice che quelli parlano tanto per parlare. È vero che non si deve drammatizzare. Buonanotte, caro Abdu.

Indurain umiliato nella sua terra

PAMPLONA, 17 luglio – Sul palco, Riis chiede un microfono. Non è previsto dal cerimoniale, ma glielo danno. Riis comincia a parlare in italiano e finisce in francese. È emozionato, ma ci tiene a parlare alla gente di Pamplona: «Vi ringrazio degli applausi. Voglio solo dirvi che io qui oggi sono il primo, ma Miguel Indurain era e resta il più grande». In casa di Indurain, Riis ha cercato di vincere la tappa per dedicargliela, ma non ci è riuscito. Ha attaccato due volte, il danese, prima ai 3 km, poi ai 2. Dufaux gli ha preso la ruota e l'ha bruciato uscendone ai 100 metri. Indurain, il grande atteso da tutta una regione, ha beccato 8'30". Lo chiamano sul palco a stringere la mano alle autorità, tutto il pubblico lo applaude, Riis gli alza un braccio, gli dà una pacca sulla spalla. «Sarei un ipocrita se dicessi di essere triste. Sono felice. Ma sono triste per lui. Gli sono molto vicino».

Di veramente vicino, in questo momento, Indurain ha solo una stanchezza infinita. Discretamente, nessuno della famiglia si è fatto vedere sul traguardo. Marisa, la moglie, col piccolo Miguel, fratelli e sorelle, tutti a Villava nella grande fattoria di Miguel padre. Villava è ancora campagna, tutta a grano. Indurain ci passa da sconfitto, da rassegnato, da atleta così debole che nemmeno pensa di far finta di mettersi in testa a tirare quel gruppetto di inseguitori. Per la Navarra, per l'orgoglio, per quel che volete. Profondamente onesto anche nel momento peggiore, Indurain va a rimorchio, mescolando la sua faccia impassibile tra quella di Elli e quella di Hamburger. Non c'è rivincita, nemmeno parziale, non c'è recupero. Che recupero poteva esserci in una notte?

Deve essere terribile vincere cinque anni di fila, passare in maglia gialla in posti mai sentiti, lontanissimi da casa, e la prima volta, forse l'unica, che il Tour arriva a Pamplona, essere uno straccio. «Mi sembrava un sogno, questo arrivo. Invece è un incubo. Il mio Tour è finito a Les Arcs, il discorso di vertice almeno. Il mio Tour finirà comunque a Parigi: è un modo di rendere omaggio a chi mi ha battuto ma anche un modo per ritrovare la condizione. Per quanto riguarda Atlanta, vedremo. Mancano due settimane. Dovessi decidere oggi, sarebbe no».

L'incubo di Indurain non è solo Riis, sempre forte sui pedali ma anche fuori corsa, mai una parola o un gesto fuori posto. L'incubo di turno può essere Dufaux, Virenque, Escartín. L'incubo è non riuscire a tenere il passo, in salita, di gente che al Dauphiné lo implorava di andare piano. È la Festina che fa la corsa. Va via Hervé sul Soulor, lo raggiungono

Bartoli e Stephens, ma sul Soudet un allungo di Dufaux inchioda Berzin e Rominger. Si ritrovano a ondate Dufaux, Virenque, Ullrich (sempre più sorprendente), Escartín e Leblanc, poi arrivano Riis, Indurain e Ugrumov, poi Olano e Luttenberger. Su tornanti micidiali, altro scatto di Dufaux, lo scalatorino svizzero che, come il suo amico e collega Richard e, prima, Adenauer e Chaplin, va a rigenerarsi sul Lemano con una cura di estratti di feto di montone. Stavolta si piantano Olano e Indurain. I due idoli, i più attesi: giù come birilli, in un colpo solo. In cima al Soudet Indurain ha 1'30" di ritardo. In cima al Larrau, dove spesso si allena e va a caccia di colombacci, 4'30". In testa ormai tirano tutti. In discesa lo scarto scende sotto i 3', poi risale. Dietro, tirano solo i tre Mapei (Olano, Rominger e Fernández Ginés). È una cronosquadra sbilanciata. La Navarra dà il benvenuto al Tour anche in Basco (*ongi xin*), espone ai balconi le sue bandiere rosse, scritte sulla strada invocano amnistia per i detenuti dell'ETA. Nessuna bomba, nessuna manifestazione, solo un frillo che cerca di bloccare la corsa da solo, sventolando una bandiera basca, ma non la ferma. Più vino tinto che ideologia, m'è parso di capire.

Indurain è presente nei cori e in centomila grandi foto a colori, cartonate, distribuite dal giornale *Marca*. Ma a Indurain è rimasta solo la forza di continuare. Colleziona serenamente un altro naufragio. Rominger è andato a chiedergli di dare una mano, ha fatto segno con la testa che non ce la faceva. La sua gente lo capisce. Guardo quanta folla è salita in bici sul Larrau, tremenda montagna dalla testa pelata. C'è un sacco di giovani che avranno cominciato tifando per lui, comprandosi una bici per diventare come lui. Lui e Olano, primo e secondo del Mondiale in Colombia, il grande di Spagna e il suo erede designato, vanno a picco sulla stessa barca.

Ora la classifica è piuttosto cambiata alle spalle di Riis. Saltato il duo Mapei, al secondo posto c'è Ullrich, al terzo Virenque. Berzin è arrivato dopo 33'. La Telekom, costretta l'anno scorso a fare squadra mista con la ZG e quest'anno decisa a ridurre il budget, si trova con primo e secondo in classifica, più la maglia verde. Riis, dopo anni passati a distribuire borracce, si inventa campione di altissima classe. Non possiamo chiamarlo l'erede di Indurain, ha trentadue anni come lui. È semplicemente uno che sta meritando di vincere il Tour perché ha battuto tutti, anche la convinzione che campioni si nasce.

La prima volta di Jan il Terribile

SAINT-ÉMILION, 20 luglio – Una crono da stordirsi, e senza nemmeno aver bevuto i meravigliosi vini di queste zone. Non per disamore, per caldo. Litri d'acqua, per legittima difesa. Fa così caldo che a un certo punto della corsa Riis si strappa il casco. Indurain lo tiene. Ullrich ha un cappellino piantato in testa con la visiera sulla nuca. Berzin nulla. Una corsa massacrante: 50,443 la media del vincitore, che si chiama Jan Ullrich. Sorpresa relativa. È fiorito come un girasole questo ragazzone di Rostock, ventitré anni il 2 dicembre. Doveva saltare sui Pirenei, macché. Ha tutto per vincere il Tour, è l'uomo del presente e del futuro. All'esordio, arriva secondo per 1'41" dietro a un capitano cui ha dato una mano notevole. Senza rimpianti, e senza rimpianti per Atlanta: «O facevo la preparazione con gli altri selezionati o facevo il Tour. Meglio così. Prima del Tour, il mio obiettivo era dimostrare a Godefroot di essere un buon corridore e dimostrare a me stesso che potevo arrivare fino a Parigi. Non conoscevo niente, nemmeno una salita. Le disposizioni erano: tirare le volate a Zabel e aiutare Riis, per quanto potevo, in montagna. È andata molto meglio del previsto, ma adesso voglio solo riposare».

Barba di due giorni, occhio sveglio, Ullrich sa perfettamente che da oggi la domanda da diecimila dollari sarà: se il ragazzone non faceva tutto il lavoro per Riis, il Tour poteva vincerlo lui? Domanda lecita ma un po' inutile. Se la Telekom avesse mai pensato di poter vincere il Tour con Ullrich, col cavolo che dava un miliardo a Riis. «Del '97 non so nulla, non m'interessa sapere cosa succederà. Per me il capitano resta Riis. Io ho ancora molte cose da imparare». Una mammola, il ragazzone di Rostock. «Ma qualche calcio in culo, a parole, ho dovuto darglielo», dice Godefroot. «Bisognava aver pazienza, tener conto del passaggio dall'Est all'Ovest, della scoperta di una realtà che non conosceva, di nuovi metodi di allenamento».

Dopo che gli hanno ritirato la patente perché aveva saltato due semafori rossi, Ullrich si è messo tranquillo in un paesino della Foresta Nera, s'è fidanzato, è il cocco della squadra. Infanzia difficile: il padre muratore se n'è andato di casa quando Jan aveva nove anni, lasciando la moglie con tre figli da mantenere. Mi aveva colpito per la sua faccia antica, Ullrich: se la testa è pari ai mezzi atletici, bisognerà fare i conti con lui per parecchi anni. Indurain è il solo a contenere il distacco entro il minuto, tutti gli altri sono oltre i due. «La condizione è migliorata, fino a 40 km dall'arrivo sono andato bene, poi ho fatto fatica, mi è mancato il ritmo giusto nel finale». Così il navarro ha deciso: andrà ad Atlanta a caccia di una medaglia di consolazione. Riis voleva vincere e non ha vinto. «Potrei dire che è stato il giorno meno felice del mio Tour, ma parlare di crisi è eccessivo. Ho pur sempre chiuso al quarto posto. Sono andato bene, non benissimo. Può darsi che con la testa fossi già a Parigi, ma non ne sono sicuro. Mi sono anche deconcentrato prima della partenza perché mi si era rotta la tutina, ma anche questa non è una spiegazione. Quando si parte con 4' di vantaggio è difficile dare veramente il massimo. Ammetto di non esserci riuscito. Ma sono contento lo stesso, anche per Jan che è stato eccezionale, e per Miguel, che riprenderà fiducia».

Centomila danesi, intanto, stanno andando a Parigi: in aereo, in treno, in auto. Lo sa Riis? «Lo so. In Danimarca resteranno soltanto il re e la regina». Dopodomani sera ci sarà festa grande a Tivoli, tutta la capitale per Riis. Poi, due giorni in famiglia e giovedì la partenza per Atlanta. Pensa mai agli inizi, Riis? «Sì, specialmente in questi giorni. Perché io volevo fare il corridore e non mi hanno selezionato per le Olimpiadi dell'84, anzi un tecnico danese disse che non ero tagliato per fare il corridore. Allora, o smettevo o provavo a dimostrare qualcosa altrove. Così sono andato in Lussemburgo, nella squadra di Marcel Gilles, che adesso è qui. Non avevo soldi, la mattina facevo il meccanico e il pomeriggio mi allenavo. Non era la bella vita, la vita facile, però l'avevo scelta io e mi andava bene. Anzi, credo che mi sia servita a diventare quello che sono, a crescere». E io credo che domani Parigi applaudirà un vincitore degno di un bel Tour. Alla fine, il grande favorito si ritrova undicesimo, i suoi principali avversari dispersi, dal nono posto di Olano al ventiseiesimo di Zülle, passando per il decimo di Rominger, il ventesimo di Berzin, e ricordando che Jalabert è tornato a casa in anticipo. Come previsto, Elli scavalca Piepoli ed è primo degli italiani, cioè quindicesimo.

Classifica finale

1\. Bjarne Riis (Danimarca, Telekom), km 3765 in 95h57'16", media 39,235; 2. Ullrich (Germania, Telekom) a 1'41"; 3. Virenque (Francia, Festina) a 4'37"; 4. Dufaux (Svizzera, Festina) a 5'53"; 5. Luttenberger (Austria, Carrera) a 7'07".

Partenti: 198. Arrivati: 129.

Gli anni di Pantani

1997

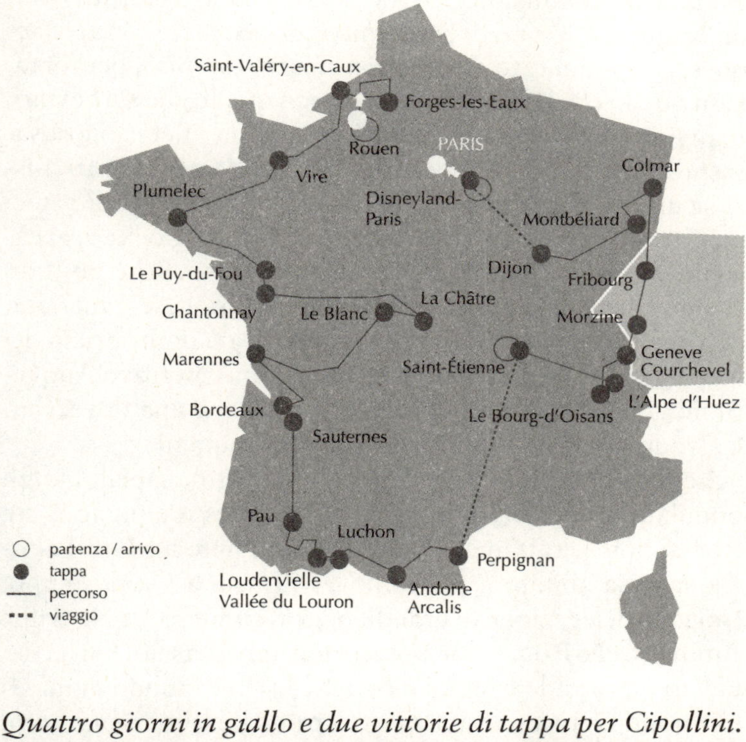

Quattro giorni in giallo e due vittorie di tappa per Cipollini. Due per Pantani, che soffriva di bronchite, all'Alpe d'Huez e Morzine. Ullrich risolve il dualismo interno con Riis attaccando sui Pirenei. Prima vittoria finale di un tedesco. Pantani terzo come nel '94. In Francia si diffonde la «Virenquemania».

Champagne, Boardman e Anquetil

ROUEN, 5 luglio – La vignetta di Chenez, sull'*Équipe* di oggi, mostra un gruppetto di corridori sotto una pioggia fitta, e il primo della fila dice: «Dev'essere Champagne, se siamo da Anquetil». È uno dei tanti modi di ricordare Maître Jacques, così ammirato e così poco amato. Un mito, per forza. Con quello che ha vinto. Ma pure con quello che s'è bevuto, mangiato, per la vita che ha fatto (non da atleta, rigorosamente non da atleta). Ricordo di quando Mario Fossati (fossi sicuro di aver imparato qualcosa, lo metterei fra i miei maestri) raccontava di una sua visita, con Sergio Neri, al castello di Anquetil, a Neuville-Chant-d'Oisel. Che poi non era un castello, ma una solida villona borghese e merlata, con attorno 250 ettari di bosco e prato, già di proprietà dei Maupassant. Le undici di mattina, e come aperitivo Anquetil mette in tavola una bottiglia di whisky e una di vecchio Calvados. *Servez-vous*. Era fatto così, Anquetil.

Le foto dei primi anni sono da angioletto, capelli biondi ondulati, grandi occhi azzurri. Non per essere pignoli, ma Rouen non è esattamente la sua città. È nato a Mont-Saint-Aignan, ha abitato a Sotteville-lès-Rouen, a Quincampoix (solenne delegazione di grandi, oggi al cimitero), a Neuville. Ammetto che Rouen non poteva non annetterselo. Gli ha dedicato una strada e molte mostre. Ullrich è biondo di un altro biondo, più alto e massiccio. I prologhetti a cronometro, le giostre cittadine per cavalli cresciuti in pista, ai tempi di Anquetil non c'erano. Né queste bici strane, queste ruote assurde, questi colori da bagnino. Non piove (strano), e il tempo di Ullrich, che scatta intorno alle 17 non essendo capitano, tiene a lungo: 8'22". Erano circa le 17, il 29 giugno del '57 sul Quai d'Elbeuf (oggi Quai Anquetil) quando arrivarono per la volata i primi, da Caen. Faceva un caldo pazzesco, fu uno dei più bollenti Tour di tutta la storia. Si ritirarono in 64, su 120 partiti. Era la tappa più corta, appena 134 km, e la vinse Anquetil, in volata lunghissima, una non volata: Gay, Nencini e Bahamontes a dieci metri buoni, il gruppo a più di 7'. Ma che gente era?

Ullrich e Riis, Ullrich contro Riis, Ullrich a braccetto di Riis. Questo sarà il tormentone del Tour. Lo dico subito. Si può evitarlo? Forse no. I cavallini sgommano tra Place du Général De Gaulle e Rue Ricard, unica strada in salita, poi si scende sul Boulevard Gambetta. Fanno affari d'oro i paninifici, tonno e caprino qui non ancora arrivato. È anche questo, il Tour, ma è anche memoria. Nel '57, dunque, muore Maurice Garin, il valdostano vincitore del primo Tour, Albert Camus è Nobel per la letteratura, i russi lanciano il primo Sputnik, Roland Barthes si occupa anche di ciclismo, in *Mythologies*, e così descrive Geminiani (poi parlerà Geminiani): «Corre con la regolarità leale e un po' ottusa di un motore. Montanaro onesto, ma senza fuoco. Disgraziato e simpatico. Chiacchierone». Oh certo, per questo, per quante ne ha sparate e non è stanco di, lo chiamavano Grand Fusil. Nel '57 muoiono Toscanini, Malaparte, Oliver Hardy, Eric von Stroheim, Humphrey Bogart. Tutti fischiettano la marcetta del *Ponte sul fiume Kwai*.

Ma quel 29 giugno del '57 c'è un uomo tozzo e con pochi capelli in testa che oltre le transenne abbraccia Anquetil ed è Ernest, suo padre, il coltivatore di fragole (1906-1963). Molto più longeva la madre Marie (1904-1995). Questo sta scritto sulla lapide della tomba di sinistra, a Quincampoix. Su quella di destra: Jacques Anquetil 1934-1987, Legion d'onore. Quando suo padre morì, investito da un'auto sulla statale 28 in località Rouges Terres, Anquetil era in Nuova

Caledonia con Janine. «Non arriverò alla sua età», disse a Janine sul volo di ritorno. Partire bisogna pur partire, 7300 metri di giostra non sono peggio di 230 km in gruppo. Ad Anquetil non piaceva stare in gruppo. Janine era la moglie del suo medico, e Coppi il suo idolo. C'è una foto di Anquetil giovane con Coppi, al paese, e in mezzo il cieco Cavanna, con bastone bianco e basco, gilet e cravatta. Anquetil ha un foulard al collo, la giacca di velluto tutta abbottonata. Coppi una camicia da cacciatore e le braghe della tuta. Credevo che uno come Coppi abitasse in una reggia e invece è pieno di galline, dirà tornato a Quincampoix. Ma continuò a venerarlo, a farlo entrare nella cerchia di amici, fino a quella trasferta in Alto Volta.

Adesso Janine ha i capelli bianchi. Ricorda che a Jacques piaceva dormire con la luce accesa, odiava il buio. C'è davvero tanta gente per le strade di Rouen. E vede Berzin avvicinarsi a Ullrich, ma non batterlo. E anche Rominger e Zülle (ammirevole, pensando alla faccenda della clavicola) stanno sotto di 3". Gotti piglia una discreta sberla (41" è una sberlona, è non aver mai trovato il ritmo, fa meglio perfino Pantani). E si aspettano gli altri pezzi da novanta. Geminiani è nato nel '24 a Clermont-Ferrand dove suo padre s'era trasferito, da Lugo di Romagna. I fascisti gli avevano incendiato l'officina da meccanico.

Geminiani è stato tra quelli più vicini ad Anquetil, con giornalisti come Chany, scrittori come Blondin, tipi per cui la parola è parola e la sbronza sbronza. Geminiani in questi giorni non parla volentieri di Anquetil. Ha detto a Philippe Brunel: «Quando Jacques correva, molti francesi lo fischiavano, e gli organizzatori del Tour pur di farglielo perdere avevano accorciato le cronometro. Le hanno riallungate quand'è spuntato Hinault. A me va bene che si sia mobilitata Rouen, ma non stuzzicatemi, ho la pelle sensibile. Non posso dimenticare che l'addio al ciclismo Anquetil lo ha celebrato ad Anversa, non in Francia. E questo, basterebbe solo questo, oggi dovrebbe far vergognare parecchia gente».

E intanto Bartoli fa un discreto 8'36", Virenque becca 44", e un tuono d'eccitazione annuncia l'arrivo di Chris Boardman. «Forse per i gusti dei francesi Anquetil era troppo signore. Preferivano altri corridori, più romantici e commoventi secondo loro. Dicevano che Jacques non sapeva soffrire, ma io l'ho visto da vicino quanto poteva soffrire. La rivalità con Poulidor? Mai esistita, per me: erano di un'altra categoria». Boardman batte Ullrich di 2" e così evita a Riis (13) di passare la sua maglia gialla proprio a Ullrich. Cipollini fa il miglior tempo fra gli sprinter (alla pari con Jalabert e Vandenbroucke) e pensa di prendere la maglia gialla domani, dopodomani al massimo. Domani al km 9,5 c'è il Souvenir Jacques Anquetil. Uno sprint. Per uno specialista nell'andare contro il tempo e contro i tempi. Forse la sua voglia di vita nasceva dal presentimento di morire ancora giovane. O forse no. «Era come la Callas», sospira Geminiani. Era un mistero con gli occhi azzurri.

Cipollini, il grande seduttore

VIRE, 7 luglio – Cip e Gou hanno due storie diverse, nel giorno della tappa più lunga e del fiume più corto. Cip si fa vedere per meno di 1 km, è tutto vestito di giallo tranne le scarpe. E arriva primo. Gou, cioè Gouvenou, si fa vedere per 110 km e arriva quasi ultimo: 192. Sono due corridori di parola, questo li avvicina. Sono due corridori del Tour. Cip è michelangiolesco, è carne potente, fa l'indossatore per Corneliani, viaggia oltre il miliardo l'anno. Gou non è bello, non è potente, non fa l'indossatore per nessuno, è già tanto se trova un ingaggio in qualche squadra di quarta fila. Solo che è nato a Vire e lui l'aveva detto, la vigilia, che si sarebbe fatto vedere. E anche Cip l'aveva detto, che una tappa in giallo non l'aveva mai vinta. Si gioca a carte scoperte.

Il fiume più corto di Francia si chiama Veule: è a 7 km dalla partenza di Saint-Valery-en-Caux (gabbiani, battelli, scogliere, un bel posto). La Veule nasce e muore, in 1250 metri, nel paesino di Veules-les-Roses, che sembra il villaggio delle bambole. È un fiume un po' così, che si passa con un salto, però pulito, ornato da bei ciuffi di crescione. Stavo pensando alla partenza della tappa più lunga (262 km) che alla vittoria italiana di Cip si sommava un'altra importante vittoria italiana: da due giorni, in attesa della firma dei corridori, gli organizzatori mandano in onda a tutto volume un'antologia di Paolo Conte. Fare mente locale: «Via con me» funziona benissimo, con battelli che vanno e vengono (c'è anche il ponte levatoio), gabbiani che vanno e vengono, corridori che vengono e vanno. Ma sentire «Bartali» a Saint-Valery-en-Caux, funziona anche meglio. I giornali svolazzano nel vento di mare, ma i francesi non si incazzano, anzi amano Supermarió, *le roi lion*. Anche perché Cip è bravissimo a fare il suo mestiere, che è quello di vincere le volate, e intanto a piazzare la merce, cioè se stesso.

Ai francesi continua a raccontare che tiene casa a Montecarlo e che spera di incontrare Claudia Schiffer, e loro godono. In effetti quella casa non ce l'ha più da due anni e l'ha usata pochissimo, bastandogli la Versilia per le esigenze primarie. E poi oggi a un corridore conviene dire che sogna la Schiffer, o una Ferrari. Sempre meglio che avere una nonna cieca, o la madre postina, o sette fratelli a carico. Cip è internazionale, è l'hamburger del ciclismo di vertice. Sorride come nessuno, parla un franco-italiano (*bisogne aver tout*) molto efficace. Paragonarlo a Van Steenbergen non è più una bestemmia. Gou certe volate se le sogna di notte mentre Cip le fa di giorno. Gou esce solo da una fuga a quattro e da solo va avanti, attraversando quella che con un po' di enfasi è chiamata la piccola Svizzera. È *l'enfant du pays*, una volta a questi disgraziati si lasciavano 15' o 20', adesso 5' (massimo). È un Tour strano, anche quando non succede nulla c'è la sensazione che possa succedere di tutto. Come una fuga di Zülle, come una di Jalabert. Ci sono state.

È la corsa senza padrone, i tafani della iella si sono già posati sulla testa pelata di Riis. Cip è un padrone splendidamente provvisorio. Mai andato così forte. Mai stato così sicuro. A Franqueville gli si è timidamente accostato il sindaco del paese. Mario, lo sa che mia nonna era di Lucca? *Bravò*, gli ha detto Cip dandogli una pacca, ma si capiva che non poteva importargliene di meno. Si è brindato con spumante trentino portato dall'Italia. Dura botta al mito (anche nel ciclismo) dello Champagne. Adesso vi dico una cosa in parte sorprendente: non bisogna credere sempre a Cip. È un bluff quando posa a *tombeur de femmes*, a playboy su due ruote. Certo, uno scorfano non è, ma per andare come sta andando adesso i suoi sacrifici li ha fatti. Certo, Cip sa come catturare l'interesse dei media, ma appena sale in sella pensa solo alla corsa, a quante ne ha già vinte, a quante ancora ne vincerà rischiando ogni volta la pelle sissignori. L'ha rischiata anche stavolta, emergendo da un buco nero. Ai 600 metri non era fra i primi venti. Chiuso. Ai 400 gli si apre un varco alle transenne, tutto a sinistra. Si sfiora con un GAN, oscilla, vede la ruota di Zabel, la prende. Ai 200 la strada comincia a salire, Zabel ha quasi due bici di vantaggio. Cip lo macina, lo affianca, lo passa, mentre Blijlevens si contorce senza uscirgli di ruota.

Che volata, Big Cip, che dimostrazione di forza. E che fuochi di passione accende in Francia, Marió. In Italia, per gusti molto radicati, gli sprint non sono apprezzati come altrove, e anche la volata è sottostimata, come fosse uno zero a zero nel calcio con pochi corner. Ora, io penso che questa sia stata la più bella, difficile, impressionante e maestosa volata mai fatta da Cipollini. Perché l'ha fatta da isolato, da orfano, senza nessuno della guardia rossa a portarlo in posizione di sparo. E lo pensa anche lui: «Ero quasi rassegnato. Altre volte avevo la forza ma non ho trovato la strada. Stavolta l'ho trovata, fortuna. È stata una sensazione violenta, esaltante, aiutatemi voi che siete più bravi con le parole a raccontare cosa è vincere uno sprint così. Per me, vincere in salita o a cronometro dà meno soddisfazione». Anni fa, lui questa sensazione l'aveva paragonata all'orgasmo. Stavolta si trattiene. Dice che gli porta fortuna il braccialetto di conchiglie che gli ha fatto avere un ciclista delle Bermuda, Elliot Hubbard. Se l'è messo a Venezia. Dice che aveva programmato dieci giorni di Tour, ma ritirarsi stando così bene sarebbe un'offesa al ciclismo. Gou arriva a casa sua staccato di oltre 8'. Prima di lui c'è uno tutto stracciato che a 3 km dal traguardo ha alzato le braccia in segno di festa. È Fornaciari, compagno di Cip, caduto nel finale quando il gruppo andava sui 70. «Colpa mia, mi son girato. Continuavo a rimbalzare e pensavo: sei stato un bischero, adesso muori». No, solo paura e tagli.

Gou, salutato come un eroe, stasera è stato accolto nella confraternita dell'*andouille*, di cui Vire sostiene di essere la culla, come altri venti paesi francesi peraltro. Si tratta di un budello di maiale ripieno di interiora di maiale e affumicato per circa sei settimane con legno di faggio. Per Alexandre

Dumas, molto meglio l'*andouille* di cinghiale con legno di ginepro. Gou era felice. Se nessuno fa una fuga isolata più lunga di 110 km e lui arriva fino a Parigi, gli sarà consegnato l'equivalente del suo peso in formaggio. Cip intanto sta pensando a un nuovo look. E anche la giuria sta pensando di stangare più pesantemente chi si veste come gli gira. Ma, per ora, sempre 200 franchi svizzeri sono. Attenzione però, la multa per Salutini, il ds, è passata da 100 a 1000 franchi svizzeri. Il resto al prossimo numero: di Cipollini.

Emozioni da Pantani: di nuovo con i primi

LOUDENVIELLE, 14 luglio – Bel giorno per i francesi: Virenque attacca, Brochard vince, Vasseur tiene la maglia gialla. Bel giorno per gli italiani: Pantani c'è. Bel giorno per i tedeschi: Ullrich, spaventosamente forte, c'è. Discreto giorno per danesi e spagnoli: Riis e Olano, pur senza essere mai andati in crisi, stentano ma limitano i danni. Per il Tour è una giornata che non tocca le punte drammatiche di Les Arcs, molto dura ugualmente, però, e portatrice di piccole verità da controllare subito, domani. Non c'è stato il cattivo tempo previsto dai meteorologi. Dopo una serie di scatti di Virenque, in piedi sui pedali, tutti sventati da Ullrich, seduto, è nell'ultimo tratto del Col d'Azet che si chiariscono le intenzioni. Tre uomini raggiungono Brochard: sono Virenque (al quinto scatto), Ullrich (alla quinta risposta) e Pantani.

Da lontano, non fosse per i colori vivaci della divisa, Pantani sembra Gandhi in bicicletta. Sprinta lui, appena vede lo striscione gonfiato dal vento, oltre il tornante. Virenque lo contrasta, Ullrich non fa una piega. 11 km di discesa: dopo tre tornanti Pantani sbaglia una curva a sinistra e se la cava per un pelo. Brochard torna sotto e a 3 km dal traguardo Virenque lo spedisce avanti. Ma si vede che un po' gli dispiace, incita vistosamente Ullrich e Pantani a far qualcosa. Ullrich dice di no, non può, dietro ha Riis, suo teorico capitano. Pantani dice di no solo per rendere la pariglia a Virenque. «Perché è venuto lui a prendermi, sull'Azet? Poteva lasciarlo fare a Ullrich. E poi mi chiede una mano? Se la scorda». Pantani, non ancora Pantadattilo, domani può vincere ad Andorra. Non è il vero Pantani, lo sa e lo dice. Ma ci sta arrivando, questo antichissimo pirata dei monti. Più che scalare, va all'arrembaggio. Adesso, oltre il traguardo, mi sa che sta attento a non mostrarsi troppo felice. Approvo. Immagino che dentro debba avere una cascata di emozioni. La gamba sinistra, quel maledetto giorno del '95, più che spezzata era esplosa. E con quella un gran pezzo di futuro. Pantadattilo, credo di averlo chiamato così all'Alpe d'Huez. Mi sembrava un prodigioso animale estinto (pterodattilo o archeopteryx), un Godzilla in miniatura che ci arrivava da anni lontanissimi, quando il pane sapeva di pane e gli scalatori erano scalatori. Me lo godo con gli occhi, mentre sprinta per soffiare il secondo posto a Virenque. Bello, anche se perde lo sprint. Ha già rimesso un piede nel futuro che sembrava esploso, forse ha dimenticato il gatto che lo ha tolto dal Giro nella discesa del Chiunzi, e forse anche le parole non molto delicate di alcuni del suo mondo («Che barba queste immagini in tv sempre sul dramma di Pantani»).

Quando si era scollato dai migliori, sul Tourmalet, ci ero rimasto male. Questione di 1 km. «Sulle prime due salite ho patito il freddo», dice lui. Sulla prima salita non piove, né mai pioverà. Nebbia bassa, però. Sul Soulor si stacca Rebellin (buscherà 16'). «Non capisco cosa mi sia successo, le gambe non andavano». Anche Leblanc è in difficoltà. Sul

Tourmalet scende di sella. Stanga lo convince in qualche modo a ripartire. Arriverà penultimo, nel gruppo a 33'14". «Mi fa male tutto il fianco destro. Mi dispiace per Stanga, cui devo molto e per cui ho rifirmato per altri due anni. Mi spiace per la squadra, tutti aspettavano me sulle salite e io non potevo far niente. A queste botte sono abituato, ma non sono morto. Se miglioro punto a una vittoria di tappa. Oggi arriva Huroshi, un chiropratico giapponese che cercherà di farmi passare il dolore. Voglio onorare il Tour».

Se lascia di stucco la mezz'ora di Leblanc, non sono pochi i 3' di Luttenberger, i 5' abbondanti di Jalabert. Perché non è stata una corsa al massacro, semmai una curiosa via di mezzo tra guerra e pace. Forti allunghi e forti rallentamenti. Una corsa selettiva, per forza di cose, ma anche tattica: come se i favoriti non volessero accollarsi, già prima di metà Tour, il peso della maglia gialla. Si guardano in faccia, e intanto la Festina ha spedito in fuga Hervé, che sembra il fratello del ct tedesco Vogts, con lo spagnolo Pascual. La Telekom fa l'andatura, con regolarità, senza cattiveria. A 11 km dalla cima del Tourmalet molla Vasseur, a sette Olano e Jalabert. I capitani fanno lavorare i gregari specializzati: Totschnig e Bölts la Telekom, Laukka e Rous la Festina. In cima, i due hanno 20" su un gruppetto di dodici: in fila Virenque, Dufaux, Ullrich, Casagrande, Jiménez, Escartín, Bölts, Luttenberger, Totschnig, Riis, Pantani, Conti. Olano è a 2'. La discesa bagnata ridà vantaggio ai fuggitivi e rallenta assai il gruppetto dei dodici. Rientra un sacco di gente, non solo Olano. Anche Vasseur, cui la maglia gialla dà una forza particolare. Casagrande sembra più disinvolto di Pantani, che Conti ha aiutato nel recupero e che sta di preferenza in coda, dalle parti di Riis.

Prima del via, Riis ha montato due ruote speciali in fibra di carbonio, valore sei milioni, che alleggeriscono la bici di quattro etti. Ullrich non ha montato niente di speciale. È bello da vedere, mai in affanno, va su come fosse seduto in poltrona. Si risale verso l'Aspin. Ancora staccati Jalabert e Vasseur. Hervé molla Pascual e passa primo. In cima, a dieci secondi appena, i migliori, con Olano un po' rinfrancato. Meglio di lui, Jiménez. Ad Arreau c'è il sole, finalmente. E sull'ultima salita, che ha tratti molto duri, la Festina sgancia in avanti Brochard e Rous, con Camenzind. Hervé li aspetta, Brochard se ne va con Camenzind e poi lo pianta. Ma è più importante quello che succede dietro. Sulla serie di scatti di Virenque, Riis, bocca spalancata, faccia sofferente, è impreparato. Ma Ullrich è un vero pastore pirenaico. Rintuzza e aspetta, si gira. E ogni volta Riis torna sotto, con un Pantani via via più vispo. Finché Pantani ce la fa e Riis, al quinto scatto, no. Pur figurando tra i battuti, Riis concede 27" a Virenque, Pantani e Ullrich, e sugli altri qualcosa o molto guadagna. Ora la Telekom o, al posto suo, la strada dovrà scegliere. «Anche se avessi preso la maglia gialla non cambiava nulla. Il capitano è Riis e io lavoro per lui. Mi avevano detto di controllare Virenque e l'ho fatto»: così Ullrich, freschissimo, trenta metri oltre il traguardo. E Riis, semidisfatto: «Oggi è andato più forte lui, ma l'importante è che il Tour lo vinca uno di noi, io o lui. Non essendo uno scalatore vero, non potevo pretendere di più dalla prima tappa di montagna».

Pantani invita a non sottovalutare Riis: «Certo, Ullrich è stato uno spettacolo, ma attenzione. Oggi bastava la potenza, fra un po' conterà anche la resistenza. Per questo Riis resta il mio cavallo». Ora il primo degli italiani in classifica è Nardello (9), molto regolare. In crescita Casagrande, che non capisce il gioco della tattica: «Se Festina e Telekom si mettevano d'accordo per tirare, facevano fuori tutta la concorrenza, da Olano a Luttenberger. Secondo me hanno fatto un grosso errore». Anche secondo me. Ma evidentemente la Festina teneva di più alla vittoria di tappa, il 14 luglio, e l'ha ottenuta. E la Telekom, rendendo il ritmo più alto per allargare il margine con i dispersi, forse temeva di giocarsi Riis. Personalmente, avrei lasciato libero Ullrich di andare con Virenque a tutta, anziché accucciarglisi di guardia al sellino. Forse Godefroot teme molto Virenque, o aspetta a lanciare Ullrich. Domani ci si vedrà più chiaro. Oggi, intanto, in visita al Tour c'era Lance Armstrong. Domani il direttore del Tour deporrà una corona di fiori al km 45, davanti alla stele per Fabio Casartelli. E anche il gruppo, se ci sarà gruppo compatto, si fermerà un attimo.

Furia Ullrich, ma Pantani c'è

SAINT-ÉTIENNE, 18 luglio – Croce. Così si apre e si chiude. La prima è un duplice segno della croce. Se lo fa Jan Ullrich sulla pedana di partenza. Cattolico dunque, il rosso di Rostock. La seconda è una salita: si chiama Croix de Chabouret. È lì che il rosso trita tutti. La terza è il gesto simbolico di rinuncia alla vittoria finale che possono fare tutti quelli partiti per vincere il Tour. Pensate che strana cronometro da commentare se non ci fosse Ullrich: Pantani alla pari con Riis, miglior tempo al km 41 (1h04'09"). Roba da non crederci. Oppure, rifacciamo il giochino con i tempi al traguardo, specialisti e scalatori intervallati, pressati in poco spazio. Tanto per cominciare, se non ci fosse Ullrich avrebbe vinto Virenque, e questa è già una non notizia. Succosa, però. Virenque avrebbe dato 4" a Riis, 10" a Olano, 38" a Pantani. Se non ci fosse Ullrich forse avrebbe vinto Riis, perché Virenque, raggiunto dalla maglia gialla a una dozzina di km dall'arrivo, l'ha usato come punto di riferimento. Siccome Ullrich c'è, ha dato una solenne mazzata a tutti, avversari e incertezza del Tour in un colpo solo. C'è lui e ci sono gli altri, oltre i 3'. E già questo è impressionante. Ma lo è ancora di più il tempo alla Croix de Chabouret, in cima, più o meno a metà percorso (km 26,5).

La prima metà della tappa era discesa brutta e salita, la seconda pianura e discesa buona. Nella prima metà, la miglior prestazione sarebbe dell'eccellentissimo Pantadattilo (45' 08") seguito a 16" da Casagrande, a 21" da Virenque, a 31" da Olano, a 38" da Riis. Roba da fregarsi le mani. Non fosse che Ullrich spara un 43'24" che è come un colpo di gong. Vuol dire che, tolto Pantani, Ullrich rifila almeno due minuti a tutta la compagnia. Sembra quietarsi dopo aver ripreso Virenque, inutile rischiare nelle curve, peraltro ormai asciugate dal sole. Sul bagnato, prima, sono caduti nello stesso punto Fois e Buschor. Fois è stato costretto al ritiro: è già stato operato al tendine in anestesia totale. A Buschor, rimasto fermo una decina di minuti, sono stati applicati sei punti di sutura alla testa, ha voluto continuare, è arrivato a 24' da Ullrich, fuori tempo massimo, ma la giuria lo ha ripescato.

Dall'ultimo torniamo al primo. È scoraggiante la facilità con cui ha sorvolato la concorrenza, che pure ce l'ha messa tutta. La prova di Pantani è da considerare molto buona. Il suo distacco è aumentato negli ultimi 10 km, quando s'è trovato in discesa pedalabile col vento contro: due circostanze non certo propizie ai suoi 56 chili. Circondato da giornalisti molto più entusiasti di lui, raffredda: «Non è la miglior crono della mia vita. Nel '94 al Tour sono arrivato secondo dietro Ugrumov. Ammetto che è stata una bella cronometro, ma, controllando il cardiofrequenzimetro, non ho mai spinto al limite. Ci tengo troppo all'Alpe d'Huez».

Il camper dei suoi genitori, circondato da altri camper romagnoli, è già ben piazzato negli ultimi mille metri. Io so che Pantani sente la voce delle montagne e domani lo aspetto in cima ai famosi quattordici tornanti. Il rischio è che partano fughe da lontano. Un altro che è andato forte è Casagrande. Da giorni, per tenerlo sulla corda, i compagni gli ripetono: non sarai mica più scarso di Dufaux. Ha funzionato. Oggi Casagrande ha scavalcato in classifica Dufaux e punta pure lui a una vittoria di prestigio. Chi invece ha deposto le ambizioni è Riis. «Da oggi corro per arrivare secondo. Metterò la mia esperienza al servizio di Ullrich. Il capitano è lui, è lui il più forte». A parole, l'unico che non molla è Virenque. «Attaccherò ogni giorno sul mio terreno, le salite. So che la Francia è tutta con me. Continuo a credere che il Tour non sia segnato. Una brutta giornata può capitare a chiunque». Fa bene Virenque a ragionare così. Oltre a mandare in estasi permanente i commentatori di France 2, Patrick Chêne e Bernard Thévenet (come conoscenza specifica e bravura, Cassani lo batte 4-0), sta correndo ai suoi limiti, ma Ullrich è più forte. È vero che al Giro di Svizzera ha avuto un giorno nero (dovuto all'uso di un rapporto sbagliato in salita) ma qui è un'altra storia. Il vantaggio su Virenque, quasi 6', gli può anche consentire, se in difficoltà, di mollare qualcosa. L'ultima cronometro, a Disneyland, gli garantisce almeno altri 4' su quelli che possono disturbarlo in salita. E si tratta di due soli corridori: Virenque e Pantani. L'avversario più pericoloso che Ullrich poteva ritrovarsi tra i piedi era Riis, e Riis ha deposto le armi. Ha abdicato. Magari sta pensando che è già stato un bel colpo inserirsi tra il tramonto di Indurain e l'alba di Ullrich. E solo Riis sa cosa gli è costata, quella maglia gialla. Come ha dovuto massacrarsi e crescere per uscire dalla pelle di buon gregario piazzato, conquistarsi quella di campione, e quanta sofferenza per fare il vuoto in salita, sempre con una smorfia cupa a deformargli la faccia da uomo del Nord.

Ullrich ha una faccia giovane, simpatica, lentigginosa e non collocabile geograficamente. Potrebbe essere anche francese, o russo. Il vento della corsa gli spartisce i capelli rossi e mi ricorda una foto di Learco Guerra. Un problemino ce l'ha anche lui, ma glielo risolveranno presto. Ha un contratto fino al '98 con la Telekom per 600 milioni l'anno e sa che Zabel prende più del doppio. Normale che s'aspetti un sostanzioso adeguamento. Per il resto, il padrone è ancora timido. Nelle interviste sta attento a non dispiacere a nessuno. La potenza la tiene per quando corre. A lui basta che ci sia il sole (con la pioggia rende meno). Nel giorno in cui tutti, tranne Virenque, dicono che il Tour è finito, Ullrich s'affretta a dire che non è vero. E fa notare che di tutte le salite che si affronteranno da domani in poi lui conosce solo la Madeleine. Le altre no, e nemmeno ha voluto andare in ricognizione. In questo, è abbastanza antico. Anche per il materiale è tradizionalista, mentre Riis è ghiotto di novità sempre più all'avanguardia. Intanto in Germania è salita la febbre-Ullrich: oltre sei milioni di tedeschi hanno seguito in diretta la tappa di Andorra. Sua madre, Marianne Katz, no, era al lavoro a Rostock. Ma sarà sul traguardo di Colmar. Quando il Tour sarà quasi finito sul serio. Un po' più di adesso. E adesso, aspettiamo Pantani.

Pantani, eroe del Tour

ALPE D'HUEZ, 19 luglio – Pantani primo e solo. Uno di quei giorni, di quelle imprese che restano dentro. Più che un ciclista, Pantani è un'emozione, un giro più veloce del sangue, un soffio sul cuore. Queste parole le avevo ricopiate e tenute da parte, sperando di poterle scrivere ancora. Le avevo scritte a Guzet-Neige, ultima vittoria di Pantani al Tour, due anni fa. Stavolta non vincerà il Tour, va bene. Intanto gli ha chiuso la porta in faccia al secondo tornante di quella salita bella e orrenda. È andato via come quelli di una volta, quelli che erano le nostre figurine, le nostre biglie, i nostri sogni. Sono quasi tutti morti, o hanno smesso, o non ce la fanno più. Guardate Ullrich, come è bello e potente, e nessuno due anni fa sapeva chi fosse. Il ciclismo mangia se stesso, si digerisce, si dimentica, si aggiorna, scopre facce nuove e nuovi altari. Ullrich è immenso, l'ha dimostrato anche oggi. Ma attenzione, si nota qualche crepa. Ha avuto un attacco di dissenteria. Si è liberato due volte, in corsa, aiutandosi col cappellino. Lo so che non sono dettagli gentili, neanche la corsa lo è stata. Chiarissima, feroce, fin dal primo metro di salita.

E adesso guardate questa biglia d'uomo con le orecchie a sventola, questo irripetibile omarino rasato, perché preferisce atteggiarsi a pirata che sembrare un ragioniere triste. Guardatelo mentre tossisce forte, perché ha la bronchite, mentre si commuove perché un coro lo avvolge come una cortina di seta, le note di «Romagna mia». «Sono quelli di Cesenatico. Sai che ho visto piangere uno di cinquant'anni che pesa 150 chili, e solo allora ho pensato che avevo fatto un bel numero?» Continuate a guardarlo, Pantadattilo. In mezzo alla gente sparisce e continua a ricordarmi il bambino disegnato da Reiser per la serie *Le orecchie rosse*. Potete anche non guardargli la gamba sinistra, che può sembrare quella di un invalido, non di un campione. Anzi, no, guardategliela. Ostentata come una ferita di guerra, come il marchio della cattiva fortuna, come il sorriso della luna nera, come la canzone dell'avvoltoio.

È troppo bello quello che ha fatto Pantani. Non guardate ai minuti, ai secondi. È bello perché l'omarino si fa trovare nel suo giorno, lo sapevano anche i sassi che doveva essere il suo giorno. Noi, quasi zingari in questa corsa dilatata e immensa, noi cacciatori d'emozioni dopo che ha vinto Pantani siamo stranamente calmi e immensamente felici. Almeno cinquanta volte ho avuto paura che me lo buttassero giù e tutte le volte mi sono detto che non lo meritava. Ma cosa vuol dire? La corsa era tutta dietro, sparpagliata e dolente, accesa e confusa. Confusa come me, che ho sbagliato alla vigilia a indicare il numero dei tornanti: sono ventuno. Il gruppo ci arriva sotto a tutta manetta, ripresi Aus e Loda. 60 all'ora, gran lavoro dei Mercatone. Il primo allungo in salita è di Vasseur. Un sospiro bianco. Già al secondo tornante il meraviglioso fossile scandisce i tempi e i modi. Ha buttato via il cappellino giallo, luccica di sole e sudore. Al terzo tornante, come nel '95, Pantani fa saltare la corsa. Basta un allungo e gli restano a ruota in quattro. Nell'ordine: Virenque, Ullrich, Riis e Casagrande. Escartín si impicca da solo per rispondere allo strappo duro. Altri tre tornanti. Pantani sempre in piedi. Ullrich sempre seduto. Casagrande molla. Poi molla anche Riis. Ora la maglia gialla è in una morsa, ma sale sicura, di potenza. Un altro tornante. Pantani scatta, Ullrich veleggia senza scomporsi, Virenque si torce e sta appeso al treno. Impressiona la sicurezza di Ullrich, come impressiona Pantani che non si volta mai. Macina il suo rapporto, ara la strada cercando sempre l'esterno della curva. Molla anche Virenque. Mancano 10 km. Altro tornante e Pantani si libera anche di Ullrich. «È stato il momento più bello, uno scalatore ha bisogno di star solo, di sapere che li ha tutti dietro». Mancano 8 km, Casagrande torna su Riis, due bei lottatori. Ullrich a 9", Virenque a 33". Ullrich sale sempre bene, ma con una smorfia da lupo. Sapremo dopo cosa gli ballava in pancia. A maggior ragione, complimenti.

Pantani tira una sventola a un cretino truccato da pellerossa che gli corre di fianco per cento metri. «Non tanto per quello, ma perché aveva un fischietto da arbitro e mi fischiava nelle orecchie. Prima invece ho preso un forte colpo al tricipite, mi fa ancora male. Io capisco il tifo, fa piacere, ma ci vorrebbe anche un po' più di rispetto». Sì che ci vorrebbe. Molti spettatori lo hanno, molti no. L'omarino si infila in un buco stretto e pieno di bottiglie, di mani, di bandiere, di bambini, di ubriachi, di fotografi. C'è da aver paura. Non ha paura. Tira dritto. Ne ha già passate tante. Sa che in cima ha un appuntamento importante. Ha anche il record della scalata: 38'04" nel '95. Lo batterà: 37'35" per 14,5 km di salita. Ma adesso non lo sa nessuno. Adesso, stramaledette teste di cazzo, lasciategli almeno lo spazio per passare, non sbattetegli l'acqua in faccia che è come una frustata e non vede più, e invece deve vedere e schivare le manate e farsi ancora più piccolo. Lasciategli la strada, non è vostra, è sua e degli altri. Non fategli perdere il ritmo, non fategli perdere il tempo, non fategli perdere la tappa. Meno 5. Ullrich a 25", Virenque a 47". Pantani sprinta come un pazzo furioso. Dà i brividi. Veri, lunghi. Meno 4: Ullrich a 34", Virenque a 47".

C'è un flic ogni giorno e ogni cinquecento metri quando attraversiamo le lande più desolate, quando grandina, quando non si vede a dieci metri, vigliacca terra se ce ne fosse uno in questi ultimi chilometri di fornace, di merda, di sangue che bolle, di passione. Meno 3: Ullrich a 25", Virenque a 1'. Meno 2, adesso c'è il tratto di falsopiano, serve il rapportone, vuoi vedere che il lupo se lo mangia? Meno 1: Ullrich a 40", Virenque a 1'19". Si può respirare. Lui no, noi sì. Suo padre Ferdinando, detto Paolo, non sta nella pelle. «Vorrei vederli adesso qui quelli che dicevano che Marco faceva la dolce vita». La madre Tonina e la fidanzata Kristina sono rimaste a Cesenatico, al chiosco di piadine. E anche loro, forse piangendo, in questo preciso momento stanno vedendo l'omarino che lancia un urlo forte sul traguardo. Guardatelo, il trionfatore, l'uomo che ha rivinto sulla montagna di Coppi, di Bugno, e anche sua. È un pugno d'ossa, un cardellino spiumato. Ha dietro tutto il Tour, l'ha messo in fila lui da solo dove e quando ha voluto. Ha anche dietro una frattura di polso e clavicola, due traumi cranici, una frattura del metatarso, l'incrinatura di due costole, otto punti al ginocchio, una spalla lussata, lo schiacciamento di due vertebre lombari, una lesione al menisco, una frattura di tibia e perone con briciole d'osso un po' dappertutto.

Se volete, a questo punto, notate che è salito al terzo posto in classifica e non gliene frega niente. Non è per questo che si rimonta la corrente, il gruppo, la vita. Non è per il podio, è per sentirsi vivi. Davanti a Pantani, l'Alpe d'Huez è un cane con le orecchie basse. Di cani me ne intendo. E come un cane non sapevo, ma sentivo, che Pantani avrebbe vinto, soffrendo come un cane. Adesso che la strada è transennata sotto lo striscione c'è un lenzuolo d'aria fresca e il cielo si fa scuro, Marco Pantani si presenta all'appuntamento. Fissato da tempo dal Pantani di adesso col Marco Pantani di prima, quello della gloria e degli incubi, quello che forse non avremmo più visto, quello che lui rincorreva, senza sapere se l'avrebbe ripreso. Ciao. Ciao. E sono tornati una cosa sola, un solo cardellino, un solo pugno d'ossa. Buon viaggio, Pantadattilo.

L'incredibile Pantani

MORZINE, 21 luglio – Pensavo alla fatica fatta ieri. Ho alzato la mia soglia del dolore. Il meraviglioso fossile infila due impeccabili endecasillabi involontari rispondendo alla domanda più normale: a cosa pensavi andando giù come un pazzo per la discesa di Joux Plane? Domanda che conteneva, e Pantani l'ha capito, una nuvola di cattivi pensieri, di ricordi incisi sulla pelle. Ti è passata la paura di trovare sempre qualcuno o qualcosa dietro ogni curva? Ti ricordi ancora della jeep che trancia te e gli altri giù dalla discesa del Pino Vecchio? E il gatto del Chiunzi? «Non potevo aver paura. Rischiavo di perdere la tappa». La paura, blu, l'ha avuta Giuseppe Martinelli, bresciano di poche ma opportune parole, medaglia d'argento a Montreal nel '76. «Mai visto uno andar giù così, mai. Da star male».

A tomba aperta, dicevano i *suiveurs*. Ma no, stavolta no. La tomba s'era aperta ieri e da sottoterra era uscito l'urlo di Pantani. Oggi non ha urlato. Nell'ammirazione per quest'altro colpo, molto inatteso, resto più freddo e non faccio ricorso a espressioni volgari. Perché la stamburata del Similgandhi, a 6 km dalla cima di Joux Plane, quando comincia il pezzo più duro e la strada ha il grigio rugoso dei vecchi elefanti, è preceduta da una lunga sera, una notte corta, una mattina grigia. Ore 20. Marco torna a casa con suo padre? No, il padre è partito, Marco è ancora in albergo. Ore 23: avete deciso qualcosa? No, vediamo come passa la notte. Decidiamo domattina. Ore 10: come ha passato la notte? Risposta Pantani: «Malissimo, ho tossito come un cane, ho dormito poco e male». Risposta Martinelli: «Io sono ottimista. Ieri ha fatto un gran finale. Per me sta meglio di quanto crede. In ogni caso, partire parte». Porte, il medico del Tour, conferma l'infiammazione alla trachea. Martinelli non ha alzato la voce, col meraviglioso fossile. Gli ha detto che arrivare a Parigi è un punto d'onore, che nessuno gli chiede più nulla, che dopo il Tour potrà andare in vacanza. La tappa, con Jalabert in fuga (più o meno come Bugno verso il Mortirolo: *bonjour tristesse*) è, rispetto al giorno prima, una passeggiata a buon ritmo.

Martinelli non accosta mai l'ammiraglia a Pantadattilo. Si serve di ambasciatori. Va da Podenzana: come sta Marco? Podenzana si informa e torna: sta sempre male. Dopo un po', Martinelli va da Siboni e Siboni si informa e torna: sta ancora piuttosto male. Passano i chilometri e passano gli ambasciatori, finché Conti non dice: Marco sta un po' meglio. Marco espettora, tossisce, sputa, scaracchia, si libera. Il ritmo dei Festina gli aveva piombato all'inizio gambe e polmoni, pensava di perdere molto più di 3' e quella, sissignori, quella di Courchevel era un'altra delle sue tappe, e lui sempre dietro. Dignitosamente dietro, col cappellino in testa e l'aria di chi segue il proprio funerale. Jalabert tira gli ultimi. Il gruppo non fa sconti nemmeno al ciclista numero 1 del mondo (classifica del 29 giugno). Il gruppo non fa regali. Martinelli ha detto a Conti: se continua a star meglio, digli di provare. Messaggio trasmesso.

Dopo un interminabile su e giù (le belle chiese barocche della Tarentaise, le stazioni sciistiche, i panini col Reblochon) c'è Joux Plane, salita non lunga ma, nella seconda parte, molto dura. La Festina, squadra di grandi slanci non sempre da me compresi, alza il ritmo perché ha deciso che per la vittoria è di turno Dufaux (che infatti becca 11'). Il risultato è che Virenque si ritrova solo. E allora comincia a menare la Telekom, specie Bölts, poi Riis che continua a fare il padre nobile. In salita, rispetto al '96, è sceso di un buon gradino. Ma si rende utile. Pantani fa capolino verso la testa del gruppo, che ormai è un gruppetto sfaldato. Il pezzo duro deve ancora venire. Olano è già staccato. Pantani si toglie il cappellino. Al circo rullerebbero i tamburi. Venghino venghino, l'uomo-proiettile, il prodigioso pelato, la pulce di Cesenatico (a pensarci, è una fregatura per uno scalatore nascere in riva al mare: proibita la fauna alpestre, dall'aquila al camoscio), il Superman della iella, quello che Nostra Signora dei Disgraziati, la Vergine delle Rocce e san Matteo delle Chiaviche se c'era da dargli un occhio erano occupati altrove. Ecco a voi l'omino di ferro, reduce dal calvario del calvo, vince con la bronchite e vola, perde con la tracheite e si interra, vuole tornare a casa ma resta. Non vorrete mica che sia normale, uno così?

S'è tolto il cappellino, l'ha buttato in un fosso. E adesso si toglie gli occhiali. È come un rito da samurai. Prima o poi se ne accorgeranno, gli avversari. O no? «E allora? Quando vado via e faccio male con lo scatto, loro fingono di non vedermi. Così, li metto sull'avviso. Mando un segnale. E poi, quando so che farò più fatica, non sopporto l'idea di aver addosso corpi estranei». Testuale. A 18 km dal traguardo e quindi a 6 dalla cima di Joux Plane, il bambino vecchio, il piccolino con la biciclettina si fionda avanti e trac, il gruppetto si rompe come una bolla di sapone. Mollano Casagrande, Bölts, Jiménez, il sorprendente americano Julich. Restano a guardarlo Riis, Ullrich (ancora fortissimo), Virenque, Escartín. Lo guardano andar via come fosse un cartone animato. Virenque dopo dirà che poteva stargli dietro, che lo ha lasciato partire aspettando che tappasse il buco un Telekom. Ma è noto, e chi segue questo racconto a puntate lo sa, che Virenque e Pantani non si vogliono un gran bene.

«Hanno fatto bene a non seguirlo», dice Alfredo Martini, appena arrivato a Morzine. «Chi gli risponde si crocifigge da sé». E poi il vecchio Alfredo, sempre benvenuto tra i cuori viaggianti, in apparenza divaga: «Un Pantani così non fa bene solo al ciclismo». E a chi altro? «Te pensa a tutti quelli che hanno avuto un incidente, una disgrazia, che temono di restare zoppi, storpi, sciancati, e gli si dimostra che si può guarire. Gli si dice: oh bischero, pensa a com'era ridotto Pantani e poi pensa all'Alpe d'Huez». Hai ragione, Alfredo. E se stavolta sono più controllato che all'Alpe è che non posso permettermi di andare troppo spesso fuori soglia coi battiti. E poi, è un'altra storia. Simbolicamente là in cima c'era l'appuntamento tra i due Pantani, adesso che sono un solo uomo, un solo cardellino spiumato, è diverso. Certo, c'è sempre qualcosa di sotterraneo, che somiglia a un suono lontano, quando Pantani attacca. Ma stiamo calmi. E poi, nello sport, Rombo di Tuono è già stato inventato per un altro. Il malato, l'ex malato, passa in cima con 55" su Virenque e Ullrich, 1'30" su Riis e Escartín. Pantani va giù a uovo.

Di fronte, un uovo piccolo è la testa, uno più grande il corpo raccolto (un uovo di pterodattilo). È spaventosamente lucido in questa pazzia, ha un vantaggio di sicurezza ma sembra che non gliene importi. È ancora e sempre la solitudine che Pantani cerca e ama, ma nel vento. «Mi avevano detto che era una delle salite più dure, ci ho provato ed è andata bene al primo colpo. Nel finale ho anche pensato che Martinelli ha fatto bene a insistere. È vero che ho la tendenza a lamentarmi, ma davvero non sto benissimo. Adesso a Parigi ci arrivo. Non sul podio. Ho scavalcato Riis ma a cronometro si ripiglierà il suo posto». Il posto di Pantani è dappertutto.

La favola di Traversoni, vincitore per sbaglio

DIGIONE, 25 luglio – Un arrivo così non se lo ricorda nessuno di noi touristi, neanche i vecchioni. Nessuno ricorda una tappa così, la cui cronaca è tutta nei primi 5 km e negli ultimi 100 metri. Ci si ritrova con un vincitore che si presenta così: «Sono nato il 12 aprile '72 a Codogno, provincia di Lodi». È lui, Mario Traversoni, che finalmente posso chiamare Cross. Bella faccia della Bassa, professionista dall'anno scorso e ottantesimo nella graduatoria mondiale. Arriva terzo. Vince la tappa perché i primi due sono squalificati. Non patisce danneggiamenti, Traversoni: lui si è limitato a vincere la volata degli inseguitori e ha cominciato a farci un pensierino quando gli hanno detto di aspettare a fare la doccia. La comica, prima. L'olandese Voskamp e il tedesco Heppner se n'erano andati al km 144 da un gruppetto nato in partenza. Subito via il borgognone Pretot (tentazione di chiamarlo *Très tôt*). Al terzo km gli si aggiungono Outschakov (alla perenne ricerca della vittoria che la giuria gli ha negato a Perpignan), Dekker, Saligari, Henn e Voskamp, integrati al km 5 da Sørensen, Simon, Traversoni, Bourguignon (che è savoiardo), Knaven, Heppner, Ekimov e Van Petegem.

Fine della trasmissione. Piove, il gruppo aspetta la cronometro fra Minnie e Paperino, davanti i Telekom non tirano, i TVM nemmeno, gli altri sì. Nel timore di velocisti come Traversoni, di *finisseurs* come Ekimov e Outschakov, si squagliano a 28 km dall'arrivo i due compari e resistono al ritorno (a strappi, poco convinto) degli altri dodici. Una volta sicuri di giocarsi la vittoria, fanno uno sprint osceno, quasi una parodia. Parte in testa Voskamp, Heppner gli esce di ruota a 80 metri, è in rimonta, Voskamp devia a sinistra allargando un gomito mentre Heppner da centro strada devia verso destra, agganciandosi al gomito e appoggiandogli la testa sul fianco.

È uno sprint da caproni e forse questo dettaglio influenza la decisione della giuria. Che però a decidere ci mette più di mezz'ora. Intanto si discute. Nel calcio, sarebbe: primo fallo di Voskamp e reazione di Heppner. Ma il ciclismo è un'altra cosa. Intanto, si pensa che la corsa ha dei ricorsi. L'ultima vittoria italiana a Digione fu di Parsani nel '79. Ma era arrivato secondo, allora fu declassato Knetemann con la maglia di campione del mondo. E intanto sia Voskamp sia Heppner dicono che se quelli della giuria li penalizzano sono dei pazzi, sì, un contatto c'è stato, ma uno sprint è uno sprint, il Tour è il Tour, nessuno s'è fatto male (anche se Heppner è stato a un pelo dal cadere). Il primo sul traguardo, con Heppner di traverso, è stato Voskamp. E sul podio sale Traversoni.

A 40 km dall'arrivo, per non disturbare il finale, avevo chiamato al telefono Luciano Pezzi, con qualche costola rotta dopo un tamponamento subito. La Mercatone l'ha costruita lui, in funzione di Pantani, e si sta rivelando una squadra di tutto rispetto. Adesso avranno il problema di trattenere Traversoni, che ha molte offerte. Forse, offrendogli Martinello come pilota, potrebbe restare. La decisione della giuria non convince molto né il gruppo (arrivato a 18') né tantomeno il grande capo Leblanc, faccia cupissima. È stato corridore e si chiede, come molti, se è regolare annullare, con la fatica, il tempo e lo spazio. Che sia 26" il distacco di Traversoni o 10', è uguale. È giusto premiare il terzo o era più giusto fulminare il più scorretto dei due caproni? Per la giuria, che respinge i reclami di Telekom e TVM, entrambi hanno deviato dalla loro linea e per entrambi c'è il declassamento. Questo, se mi passate la gigantesca banalità, conferma la validità del detto sui due litiganti e sul terzo che gode.

Champagne per Traversoni, dunque. Ho letto che Berlusconi ha definito Ba[7] «frizzante, spumeggiante, guizzante come il Beaujolais Nouveau» e mi piacerebbe proprio sapere dove ha trovato un Beaujolais così. È pur vero che Gianni Agnelli ha paragonato Zidane a Delacroix. L'importante è far cultura. Se frizza il Beaujolais, frizza anche Traversoni: «Le vittorie più belle sono quando puoi alzare le braccia, ma questa me l'hanno data e non mi vergogno a prenderla. Sugli albi d'oro del Tour ci sarà il mio nome. Non so che volata hanno fatto quei due davanti, ma se hanno sbagliato era giusto declassarli. Una volta che la giuria ha scelto la linea dura, non può tornare indietro». Io penso che la giuria abbia cominciato a dare qualche segno di confusione, per non dire di peggio, a Perpignan: allora la decisione di declassare Outschakov a favore di Desbiens fu presa in due minuti. Adesso, per fortuna, siamo quasi alla fine. Da notare che nello sprint per il terzo posto, rivelatosi poi valido per il primo, anche Van Petegem è stato declassato per aver chiuso Outschakov.

Traversoni, l'anno scorso, al Tour aveva esordito con un filotto di volate coraggiose. Nelle prime cinque tappe si era piazzato quattro volte nei dieci, uno che non aveva paura: a Wasquehal aveva urtato con la spalla uno spettatore che si sporgeva troppo. Jalabert gli aveva chiesto se sarebbe andato alla Once, Traversoni ha preferito restare in Italia, passando dalla Carrera alla Mercatone. Suo padre è centralinista all'ospedale di Codogno. Un fratello maggiore, Nello, è morto nel '77 a quattordici anni, investito da un'auto mentre si allenava in bici. Perito meccanico con la passione della pesca, Traversoni ha sposato Annalisa (distributore di benzina) e appe-

7. Ibrahim Ba, calciatore francese di origini senegalesi, all'epoca in forza al Milan. *[n.d.c.]*

na ha avuto un figlio l'ha chiamato Nello Alberto. «Ho sempre l'impressione che mi accompagni», ha detto del fratello morto. Per illustrare le sue virtù di sprinter, va ricordato che Cipollini ha vinto il campionato italiano in fotofinish su Traversoni, detto anche Mini-Mario perché il Mario grosso è Cip. «Stavolta mi sono messo in testa di arrivare a Parigi, cominciavano ad appiccicarmi l'etichetta di uno che si ritira alle Alpi. È vero che l'anno scorso mi sono ritirato fra Torino e Gap, alla decima tappa, ma stavo male di stomaco». Sei vittorie di italiani al Tour (questa, così strana, è la sesta) non si registravano dal 1957. Anche nel '91 furono sei, includendo però la cronosquadre della Ariostea.

Grazie Pantani, e a Parigi si apre l'età di Ullrich

PARIGI, 27 luglio – Un gran bel Tour, un gran bel vincitore. Partiamo da qui, poi ci sarà spazio per qualche piccola riserva. Direi che Jan Ullrich ha saputo adattarsi alle tre fasi. La prima era di attesa. Non è mai caduto, stava sempre nelle prime posizioni. Nella seconda, Pirenei per gente in salute e cronometro complicata, è andato all'attacco. Nella terza, altre montagne e cronometro più banale, si è difeso bene. Proprio nell'ultima fase di montagne, tra Alpi e Vosgi, Pantani e Virenque hanno dato il meglio e Ullrich ha limitato i danni.

Sarà forse per questo che il nuovo mostro del ciclismo (mostro nel senso di fenomeno) appare adesso un po' più umano. Anche lui può avere mal di pancia, anche lui può essere messo in difficoltà. Stiamo parlando di un corridore che avrà ventiquattro anni a dicembre. Anche per questo è bello il Tour: nel '96 c'è la prima volta di un danese anziano, arrivato al vertice dopo una carriera da gregario. Nel '97 la prima volta di un tedesco giovane, che già l'anno prima aveva fatto capire (secondo a 1'41" da Riis) tutto il suo valore. Riis aveva vinto il suo Tour in salita, Ullrich lo ha vinto un po' dappertutto. Di lui sappiamo tanto e poco. I dati clinici, dalla capacità polmonare ai battiti cardiaci, tutti. Le misure anche: 43 di piede, un metro di lunghezza l'arto inferiore (48 cm di coscia, diametro 50 cm), 65 cm di braccia. Però non sappiamo quanto vale in volata. Suppongo che non sia male, se sa tirarle a Zabel e se, da dilettante, in Australia ha più volte battuto McEwen. E poi ha fatto pista. Perché uno così non dovrebbe vincere la Roubaix, o il Giro delle Fiandre? «Perché soffre il freddo. La primavera non è la sua stagione. È l'unico difetto che ha Ullrich», dice il suo ds Godefroot. E s'affretta a precisare: «L'unico contro il quale non possiamo far nulla». Certo, sulla posizione in sella si può lavorare e la maturità tattica (che per ora non ha: se lasciato da solo, perde tempo per decidere cosa è meglio fare) verrà da sé. Ullrich non è bello, in sella, come Indurain, ma impressiona per la potenza e facilità della pedalata. Il suo punto forte è nella zona renale. Tradizionalista, impugna il manubrio nella parte bassa, e con le mani in posizione asimmetrica. Come Indurain ha una faccia impenetrabile, su cui è impossibile leggere le intenzioni.

Una grande differenza sta nell'atteggiamento delle squadre: mentre la Banesto era interamente votata alla conquista della maglia gialla, la Telekom è onnivora: maglia gialla, maglia verde, vittorie di tappa. La Banesto aveva pochi nemici, e per la superiorità anche tattica di Indurain, e perché lasciava a tutti una fetta di torta. Con la sua voracità, la Telekom può essere paragonata alla Molteni di Merckx. Ma correndo come ha corso logorerà di più i suoi uomini e avrà più piranhas addosso, al primo guado difficile. Non credo sia fondamentale, per Ullrich, essere nato nell'Est. Il Muro è caduto nell'89, e Jan con Peter Becker si è spostato da Berlino ad Amburgo. Secondo Becker, la scuola resta importante per il rigore (sveglia alle sei e doccia fredda), per il totale rispetto degli ordini. Ma questo, nel ciclismo attuale, può anche essere un handicap. Bisogna anche saper improvvisare.

È comunque curioso sapere che a Becker Jan fu segnalato da Saager, tecnico della Dynamo Rostock, e Ullrich fu sottoposto all'esame decisivo in occasione di una gara di ciclocross a Potsdam nel novembre '86. Per la madre, col dispiacere di avere il ragazzo lontano da casa, c'era anche il sollievo di un figlio in meno da mantenere. Ora lei pensa di aprire un'agenzia di viaggi a Rostock e lui l'aiuterà. C'è una coda di sponsor lunga così. Domani Ullrich sarà a Bonn, dove c'è la casa-madre della Telekom, e per l'occasione è stato annullato il mercato del lunedì. È la seconda volta che accade: la prima fu per la visita di Gorbaciov. Da questa sera, circuiti in Olanda, Belgio, Francia. Non credo proprio che Ullrich sarà una meteora come Berzin. Molto dipenderà da come saprà amministrarsi fuori corsa. Non parlo tanto del peso del suo corpo (d'inverno aumenta di 6-7 chili, è ghiottissimo di dolci, ma in compenso quasi astemio: un bicchiere e già gli gira la testa) ma di quello del suo ruolo. Jan non capisce perché deve parlare tanto con tanti giornalisti alla volta. Della gente ha quasi paura. «Sarebbe meglio che andasse a vivere in Australia», ha detto Riis quando gli hanno chiesto un buon consiglio per Ullrich. Invece resterà a Merdingen, traslocando nei 111 metri quadri mansardati sopra la casa del padre viticoltore (finestre sulle vigne) della sua ragazza, Gaby. E continuerà a puntare tutto sul Tour.

Becker, di cui si fida ciecamente, è rimasto dell'Est, dentro, e ci tiene a dimostrare la superiorità della preparazione dell'Est (anche senza doping) usando Ullrich e il Tour. Per la parte economica, Jan si affida a Wolfgang Strohband, commerciante di auto ad Amburgo e già suo presidente da dilettante. Ullrich è un gran bel vincitore perché è un corridore completo, e può ancora migliorare. Dietro a lui due scalatori, Virenque e Pantani, migliorati a cronometro ma non ancora in grado di annullare lo svantaggio. Virenque ha già mandato a dire a Leblanc di fare come gli italiani: loro organizzano il Giro per gli italiani, perché in Francia non si fa lo stesso per i francesi, cioè per lui? Per Pantani, a parte le condizioni di salute, ci si sono messe in avvio anche le cadute: circa 4' andati in malora. Però il vantaggio di Ullrich sul secondo è imponente, oltre 9', mai tanto distacco ebbe alla fine Indurain, per trovarne uno maggiore bisogna riandare all'84 (10'32" di Fignon su Hinault). Come si usa dire, Ullrich il Tour l'ha messo in cassaforte a Saint-Étienne e lo ha blindato.

Virenque e Pantani, ognuno per suo conto e spesso l'uno contro l'altro, hanno fatto il possibile. Enorme è la gioia per Pantani: è ancora un corridore vero, un corridore forte, forti le emozioni che regala quando si toglie il cappellino e comincia la recita. Pantani è la certezza ritrovata e anche la notizia più bella per il ciclismo italiano. Che non si è mal comportato, anzi: sette vittorie di tappa, come nel '52. Bello il Tour, anche se otto tappe consecutive di pianura all'inizio costituiscono un grave errore da evitare, perché rendono pericolosa la corsa. C'è il Tour degli abbattuti, degli eliminati da fratture o dolori (Rominger, Zülle, Gotti, Berzin, Leblanc), e quello dei battuti: Riis (ma con un grande gesto di solidarietà), Jalabert (del tutto irriconoscibile), Olano (ma con il fiorellino di Disneyland). E anche il Tour della giuria (tre vincitori declassati), dei quattro messi fuori corsa (Abdu per doping, Steels per gesto violento, Gontchenkov e Salmon per traino). Nessun ematocrito fuorilegge. In tre riprese, sono stati controllati 75 corridori. Di quelli d'alta classifica, solo Pantani. Mai controllati i corridori delle due squadre più forti del Tour, Telekom e Festina. Lo scrivo senza alcun sottinteso, per puro dovere di cronaca.

Classifica finale

1. Jan Ullrich (Germania, Telekom), km 3950 in 100h30'35", media 39,237; 2. Virenque (Francia, Festina) a 9'09"; 3. Pantani (Italia, Mercatone Uno) a 14'03"; 4. Olano (Spagna, Banesto) a 15'55"; 5. Escartín (Spagna, Kelme) a 20'32".

Partenti: 198: Arrivati: 139.

1998

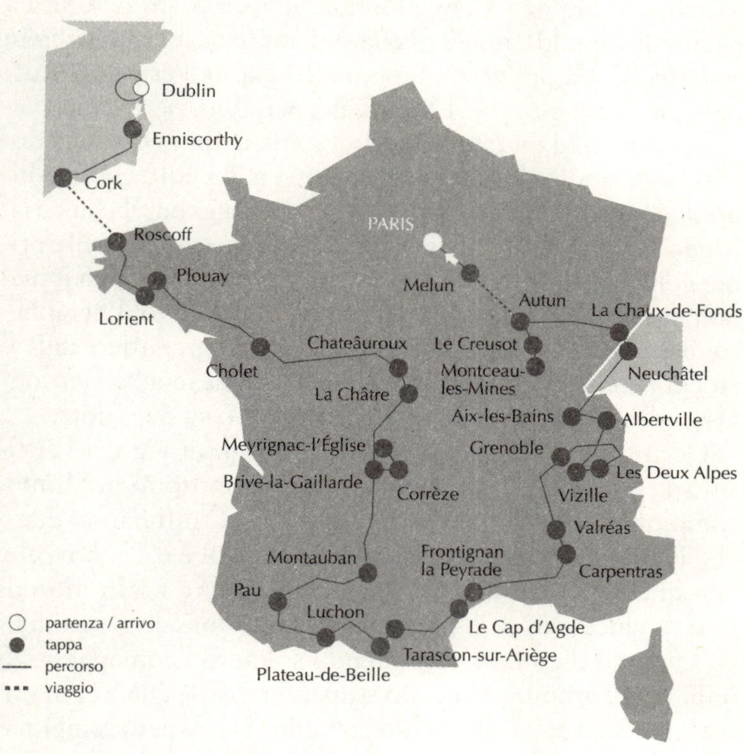

Il Tour parte da Dublino. La Francia ha appena vinto i Mondiali di calcio, in casa. Ullrich è il favorito di tutti. Pantani s'è imposto nel Giro, ma il tracciato del Tour non sembra favorirlo. Edizione segnata dal doping: espulsa la Festina, arrestato Massi, poi si ritirano per protesta una squadra olandese e tutte le spagnole. Pantani attacca a fondo Ullrich sul Galibier e vince il Tour trentatré anni dopo Gimondi.

Una staffetta con Pantani, l'Italia torna a sognare

PARIGI, 10 luglio – Com'è lontano il Tour, visto da qui. La pelata di Ronaldo non è quella di Pantani. La Francia ha in testa *les bleus*, poi verrà il tempo del giallo. Per non disturbare gli ultimi giorni del Mondiale, per non essere schiacciato e perché gli danno una barca di soldi, il Tour comincia domani in Irlanda. Martedì lo acchiappo a Roscoff, vecchio nido di contrabbandieri, e questa per me è già una bella cosa. Meno bello che il Tour sia così mal disegnato. Non è la prima volta che lo si scrive ma stavolta è proprio vero. Nemmeno i parenti di Ullrich, o il suo direttore sportivo, l'avrebbero disegnato così ottusamente a favore del granatiere di Rostock. Perché l'abbia fatto il signor Leblanc, con la sua congrega di esperti, resta un immenso mistero su due ruote.

Occhio: se nel calcio esiste una sindrome di Vigo, nel ciclismo da pochissimo tempo può esserci la sindrome di Montecampione. In Italia, per tre quarti di Giro, tutti hanno detto che Pantani, poveraccio, era chiuso da Zülle e Tonkov, che con quel percorso morbido nemmeno a fare i salti mortali poteva vincere. E poi Pantani ha vinto, e noi siamo stati felici. Quando dico noi, non intendo soltanto i romagnoli, gli italiani, gli ammiratori dello stupendo fossile che è Pantani, ma una bella fetta di mondo ciclofilo. Gaul, per esempio, e Merckx, e anche Virenque, che con Pantani proprio non s'annusa (e viceversa) ma sicuramente sta dalla stessa parte della barricata.

Se per Pantani il Tour è una corsa a handicap (due arrivi in salita, e nemmeno micidiali, contro i quattro del '97, e 115 km a cronometro), lo è anche per Virenque. Un francese che lotta per vincere (l'anno scorso è finito secondo) non farebbe comodo anche agli organizzatori? A quanto pare, no. Il pane di Pantani è la montagna, pane duro e montagna dura, non grissini e crackers. Lo spettacolo nel ciclismo è la montagna. Nessuno fa centinaia di chilometri il giorno prima e piazza una tenda per la notte, se si arriva a Lorient o a Cap d'Agde. Nessuno spettatore soffre, se non per veder soffrire, nessuna volata per quanto maestosa può prendere occhi e cuore come uno scatto in salita. Mette quasi tristezza dover dire queste cose vecchie come il ciclismo, è come puntualizzare che il calcio si gioca undici contro undici. Però, con la giusta tristezza e la giusta dose di disapprovazione, è giusto dirle adesso. Dieci giorni consecutivi di pianura sono una solenne corbelleria e ripropongono pari pari l'avvio degli ultimi anni, con una classifica decisa dagli abbuoni e dalle cadute. Roba da Cipollini, Zabel, Moncassin, Minali, Steels, Traversoni, Blijlevens. I grandi attori sono pregati di non cadere, di non restare coinvolti in cadute (anche senza sbucciarsi, si perde tempo) e di stare nelle prime venti posizioni perché non si sa mai.

Ora, siccome anche l'etica è un bene di consumo, nessun ristoratore di buon senso proporrebbe dieci giorni filati di ostriche o piedini di maiale. Leblanc lo fa, noi siamo i camerieri dell'evento e lui il gestore. Raccomando agli avventori di non essere troppo pessimisti perché al Tour succede sempre qualcosa, non si sa cosa, alla faccia dei gestori e dei camerieri. È il qualcosa che fa mangiare e bere il Tour, che gli dà un sapore unico, io so che questo succede quasi sempre ma non so spiegare perché, ed è per questo che continuo a venire al Tour, perché da quando sono alto così sento dire che la corsa la fanno i corridori, ma se ci riescono stavolta dico loro in anticipo che sono davvero bravi, bravissimi, molto più del gestore di pianure.

Il favorito resta Ullrich, col cavallo Riis d'appoggio. Poi c'è Olano col cavallo De Las Cuevas e Virenque coi cavalli

Zülle e Dufaux. Pantani è da solo, e non ha nemmeno più la cultura, l'umanità, l'esperienza di Luciano Pezzi al suo fianco. Pantani cerca di fare lo spiritoso, sente aria di pallone e dice che giocherà a zona, e aggiunge che non è qui per la tappetta (in verità ha vinto solo tappone) e se vede che è tagliato fuori dal grande giro torna a casa. Lo capisco, ma cerco di usare le parole che avrebbe usato Pezzi: non mollare, Marco. Il tedesco non è di ferro, e poi c'è tanta gente che ti aspetta. Sei unico, e lo sai. Porta la tua unicità almeno fino alle Alpi, non essere anche tu un uomo piccolo, una barca senza vela (questo veramente è Tenco), uno di quelli che vanno alla Tirreno-Adriatico e vanno subito a casa. Dacci dentro, Marco, il ciclismo è fatto anche di alleanze, potreste fare magari corsa parallela tu e Virenque.

Il Tour di Pantani comincia il 21 luglio. In Francia non ci sono le salite italiane, l'ha detto Roussel, il ds di Virenque, quelle che obbligano a mettere i 25 denti. Pensate, addirittura si arriva a Carpentras senza fare il Ventoux e Ullrich s'è sgonfiato, sembra pure più magro dell'anno scorso. Ha perso 12 chili (15 secondo Pevenage) e ha fatto dire a Merckx: «Io tifo Pantani per il bene del ciclismo. Un'altra vittoria di Ullrich, uno che corre sul serio solo un mese all'anno, sarebbe una sconfitta del ciclismo vero, di quello che tiene in sella per vincere da marzo a ottobre».

È quello che penso io, ma se lo pensa e lo dice Merckx è meglio. E quindi dacci dentro Pantadattilo, perché non abbiamo nessun altro in grado di contrastare i corridoroni da un mese all'anno, non abbiamo Gotti che s'è perso tra i virus, non abbiamo da adottare, altrove, altri corridoroni da un mese l'anno, e quindi sei l'unica fionda che abbiamo. Lo so che non è un bel momento, che il tuo ingaggio sono pronti a triplicartelo, in Spagna, in Olanda e in Italia, hai la coda fuori dalla porta e anche a queste cose uno deve pensare, se non ha più vent'anni. Ma ricordati che quel contratto l'hai firmato che giravi ancora con le stampelle, e ricordati di chi ha insistito per fartelo firmare, che qualcosa gli devi, e ricorda che hai vinto il Giro d'Italia e arrivi qui con un'altra buccia, e se mai fidati di Gimondi che è uno della sponda giusta. Lo so che non è facile, a essere sinceri è quasi impossibile, però provaci. Dalla tua parte, per quel poco che può servire, ci sono quelli che vogliono bene ai corridori di tutte le stagioni, non a quelli programmati come robot, ci stanno quelli (e sono ancora tanti) che aspettano il Tour nella speranza che la legge del cuore, qualche volta, sia più forte della legge del tempo.

Il Tour colpito al cuore, il Tour dello scandalo

CORRÈZE, 18 luglio – Il Tour mutilato, senza la squadra Festina. Notte agitata e giornata calda, in tutti i sensi, nella terra del presidente Chirac, che ha seguito la cronometro con sua moglie Bernadette. Ullrich ha preso la maglia gialla, e questo era previsto, è quasi una rassicurante normalità in una situazione assolutamente anomala. Mai, prima, un'intera squadra, nove corridori, era stata espulsa sotto l'accusa di doping, mai prima il direttore sportivo, il medico, il massaggiatore erano finiti dietro le sbarre accusati di aver organizzato e gestito un traffico di sostanze proibite. Un colpo di ramazza che è insieme un colpo al cuore: del Tour e del ciclismo. Mentre la Francia e lo stesso gruppo dei corridori rimasti si dividono fra innocentisti e colpevolisti, una cosa è chiara: la storia non è finita qui, non tutti i cattivi sono partiti, non tutti angeli sono quelli che continuano a pedalare.

La storia e la leggenda del Tour devono fare i conti con la cronaca. È forte la sensazione che da qui alla fine non sarà stata solo la Festina a pagare, che i controlli saranno sempre più rigidi. Stamattina, alle 6.30, ispettori dell'UCI hanno controllato l'ematocrito di 53 corridori di sei squadre (Banesto, Lotto, Saeco, US Postal, Riso Scotti e TVM): tutti in regola. Il che non significa che nessuno bari. I cocktail di EPO, PFC, GH, uniti agli anti-addensanti e ai prodotti coprenti, servono proprio a rendere non rintracciabili sostanze proibite. Notte agitata perché fino alle 23 di ieri i corridori non si aspettavano l'esclusione. A Zülle l'ha comunicata per telefono un giornalista svizzero. Commento di Zülle: «Mi sento distrutto ma sono pulito. Con la Festina ho cominciato ad avere rapporti a fine gennaio, di certe cose non so nulla». La squadra è fuori Brive 10 km, è a Varetz, in un albergo che si chiama Castel-Novel e fa parte della prestigiosa catena Relais & Châteaux. Ci ha abitato Colette. Camere in stile Luigi XV. Ristorante che propone insalata di astice, zuppa di funghi e ciccioli d'anatra, storione in *cocotte*, ma nessuno ci bada.

I duri della squadra (Virenque, Brochard, Dufaux) non ci stanno all'espulsione, non vogliono tornarsene a casa. «Non siamo drogati, non ci sono prove, ci impediscono di fare il nostro lavoro». Ore 9.30: riunione generale nel salone della prima colazione, a porte chiuse. La linea della maggioranza è quella di chiedere di partire ugualmente nella cronometro. Virenque insiste sull'atto formale: non possiamo essere mandati a casa da un foglio di carta. «Farò la più bella cronometro della mia vita», dice Virenque. Armin Maier, l'ultimo arrivato, se ne va a casa molto prima che finisca la riunione. Per lui, correre ugualmente sarebbe una pagliacciata. Ore 10.30: Leblanc, con a fianco il presidente di giuria, l'olandese Bruin: «Se vogliono prendere il via, facciano pure. Non posso chiamare i gendarmi per impedirglielo, anche per un fatto sentimentale. Sappiano che il loro tempo non verrà preso». La frase crea molto sconcerto. E quanto può durare il fatto sentimentale? E se vogliono partire anche domani? Si sparge la voce che Michel Gros, vice di Roussel, stia cercando un notaio per fargli seguire la prova di Virenque. Dice Hinault: «Il regolamento ci ha obbligato a una scelta dura. Resto convinto che si possa vincere il Tour senza barare». Commento di Lefevere (ds della Mapei): «È come una bomba senza fine. Dopo l'esplosione, si contano morti e feriti, ma qui no, qui si aspettano altre bombe». Commento di Pantani: «Diminuisce l'importanza della corsa, vada come vada questo sarà etichettato come il Tour del doping. I corridori sono vittime di un sistema. Da noi, deve darsi da fare il Coni».

Ore 12.40: sei corridori della Festina escono in bici, tre ammiraglie li seguono. Destinazione Corrèze, a 50 km di distanza. Ore 14: BAR GIORNALI TABACCHI, dice l'insegna di Le Gillou. In una saletta sul retro i corridori della Festina incontrano Leblanc. «Io sono pulito, io non ho mai preso niente», dice Hervé a tutti quelli che trova. I compagni lo guardano con compatimento, è Virenque il capitano, solo lui deve parlare. Ore 14.15: esce Leblanc, tiratissimo in volto. «Sono venuto a dire arrivederci alla Festina, che ha deciso di ritirarsi dal Tour, senza contrastare la decisione già presa da noi. Era naturale che venissi a salutare campioni come Brochard, Virenque e Dufaux. È stato un incontro molto toccante». Ore 14.25: si apre per le telecamere la porta della saletta. Seduto a un tavolino, parla Virenque: «Abbiamo deciso, si ritirano tutti. Anche se in questa faccenda i colpevoli sono in carcere e noi, l'ha detto anche il giudice, siamo solo testimoni. Per lo sport, per il ciclismo, per il Tour noi ce ne andiamo, ma tra un anno torneremo per vincere il Tour. La gente è dalla nostra parte, ma la situazione è invivibile. Sto bene, stavo bene, essere escluso in questo modo è terribile, ma ok, meglio fermarsi, il Tour è la corsa più bella, viva il Tour e grazie ancora al pubblico».

A questo punto gli si spezza la voce e comincia a piangere. Ore 15: altri commenti. Antonio Salutini, ds Saeco: «Bisogna smacchiare, a costo di ripartire da zero. Credo si debba studiare l'eventualità di un esame del sangue oltre l'arrivo. Gli ultimi quindici anni hanno rovinato un secolo di ciclismo. Li chiamano medicinali ma sono bombe a orologeria a lunga scadenza. Questa è una tegola che verrà in testa a tutti, non facciamoci illusioni». Miguel Rodríguez (direttore generale Festina, 11 miliardi investiti ogni stagione nel ciclismo, 2,5 milioni di orologi venduti ogni anno nel mondo, sponsor del Tour per il cronometraggio): «Esclusione stranissima. Da quando ho detto tre giorni fa che il ministro dello Sport parla col ministro degli Interni, mi è arrivata una telefonata da Parigi: se continuavo a usare quel tono, sarebbe finita male. È finita male lo stesso». Jacques Chirac (in maniche di camicia, azzurra): «La disonestà va punita senza pietà. Con chi bara la giustizia deve essere ferma. Le autorità del Tour hanno preso la loro decisione e io non voglio commentarla. Dico solo che non si ha il diritto di giocare con la salute dei giovani, che bisogna tornare a una pratica sana dello sport. Forse diminuiranno le performance, ma ci sarà comunque una gara e la vincerà il migliore».

Ore 17.20: sotto il palco delle premiazioni, tifosi inscenano una manifestazione a favore di Virenque. Molti incitamenti per lui e per la Festina anche lungo il percorso. Una sola scritta critica: *Tour marcio venduto*.

Tour tra fughe e polemiche

MONTAUBAN, 19 luglio – La prima volta della città rosa, il ripescaggio delle pesche bianche, la maglia gialla sulle spalle di un francese, un altro francese che vince la tappa, tre italiani che gli reggono lo strascico, 40 gradi e passa (36 all'ombra), il sole è bello e fa bene: alle ossa, alle ferite, al morale: il Tour ha bisogno di sole. Riparte come liberato da un peso, quello della nuvola nera di Lilla.[8] Riparte dopo che alle sette di mattina sono stati effettuati dall'ispettore dell'UCI gli esami del sangue ad altri cinquanta corridori di sei squadre: Telekom, Ullrich compreso, Polti, Casino, GAN, Once, Rabobank. Tutto regolare. In piazza 14 Luglio, non lontano dal mercato reso famoso da una canzone di Brassens, Pantani ha una bella faccia furba. Anche lui ha bisogno di sole. Alla partenza e lungo il percorso ci sono cartelli d'incoraggiamento per Virenque e la Festina. Il gruppo non ne parla volentieri. Storia chiusa. Sono lontanissimi. «È ora che si parli un po' della corsa», bofonchia Jalabert. Adesso, il tifo non deve più spartirlo con nessuno.

Di corsa si può parlare perché c'è. Ed è subito chiaro che Ullrich non ha nessuna voglia di difendere la maglia gialla, che è pronto a cederla in cambio di qualche ora in più di recupero quotidiano, senza gli obblighi del protocollo. Si va verso sud e si muovono gli uomini del Nord. Montauban è considerata la più rosa delle città rosa grazie al particolare colore dei suoi mattoni. Ci è nato Ingres (nel museo a lui dedicato, proprio all'ingresso, è esposto il famoso violino). *Violon d'Ingres* è come dire hobby, ma è più lungo, non è in-

8. Dal Tribunale di Lilla era partita l'inchiesta che avrebbe portato all'esclusione della Festina dalla corsa. *[n.d.c.]*

glese e quindi la frase è tramontata. A Montauban è nato anche Daniel Cohn-Bendit, che dopo il 3-0 della Francia al Brasile commentò: se adesso Chirac vuole regolarizzare 60.000 *sans papiers*, è il momento buono.

Si taglia la Dordogna, si sfiora il Quercy, tra campi di girasole, vigneti bassi, abbazie fortificate, allevamenti d'oche. Dormito in un albergo di Donzenac. Padrone tifoso di Cipollini. Stamattina offre un caffè quasi italiano e mi fa: potrebbe spiegarmi la storia di Berlusconi? Se oggi fosse giorno di riposo sì, rispondo. Siamo in aperta campagna, dove trovo dei giornali? Vi accompagno io, altrimenti è facile perdersi. Andiamo a Perpezac-le-Noir. Perché si chiama così? Per il pane, qui lo fanno nero, cioè scuro, con un po' di grano saraceno. Ah. Ma c'è anche un Perpezac-le-Blanc? Naturalmente, *monsieur*, lì fanno il pane bianco. Prendiamo i giornali davanti a una bella chiesa. L'albergatore precisa: qui c'è una giunta comunista, e la prima cosa che ha deciso è il restauro della chiesa, non è una storia che sarebbe piaciuta a Guareschi? Certamente, dico. Andando dal centro al sud-ovest, al sud si trovano tipi singolari. Una volta a Castres ho fatto le tre di notte con un benzinaio e una sua amica professoressa di ginnastica che sapevano tutte le canzoni di Paolo Conte.

Si suda come bestie già alle nove di mattina. Certi navigatori dicono che alcune isole (le Incoronate, ma anche la Corsica) si sentono prima ancora di vederle, perché in mare arriva col vento odore di salvia, di timo, di rosmarino. Sento aria di Tour. Pronti, via, e ci sono fughe una via l'altra. La sesta è quella buona. Nasce in un paese che casualmente si chiama Salviac. La promuove Durand, che sulla schiena ha il numero rosso che distingue il più combattivo. Durand è francese del nord, come Gaumont e Desbiens. I nostri sono: Mazzoleni di Bergamo, Sacchi di Milano e Tafi di Fucecchio, ma che vive a Lamporecchio. È già un po' meno del nord, Tafi, ma la sua collocazione è compensata da quella di Laukka, che è nato a Helsinki. Aspettavate spagnoli e colombiani con questo sole? Eccovi serviti. Tre francesi, tre italiani e un finlandese. Ci danno dentro, e dopo un po' è chiaro che fra questi sette c'è anche la nuova maglia gialla. O Desbiens o Tafi. Tafi è probabilmente il solo ciclista che anagrammato dà una marca d'automobili, e uno dei pochi ad avere 46 di piede. Ha fatto terzo e secondo alla Roubaix e forse vincerà la prossima. Segue molti sport, era compagno di banco del pallavolista Bracci, è juventino e amico di Lippi. È campione italiano in carica ed è riuscito a vincere campionato italiano e Giro di Lombardia sullo stesso vialone d'arrivo, a Bergamo. La città di Mazzoleni, che fa parte del treno-Cipollini. Di Milano è Fabio Sacchi, abita oltre l'Idroscalo, è un passista veloce della covata di Stanga. Oltre il traguardo, si rimprovera per essere partito troppo tardi.

Si arriva per la prima volta a Montauban e oltre al nord c'è una cosa che accomuna i tre francesi. Tutti e tre nel '96 sono stati pizzicati per doping, Desbiens e Gaumont sono stati fermi sei mesi, Durand no, grazie all'intervento del Tribunale del lavoro. Gaumont è un tipo simpatico, la sua faccia è sparsa sui cartelloni stradali in tutta la Francia e reclamizza la Cofidis (una finanziaria). Fa il lavoro grosso per Desbiens, che marca Tafi. Tafi prova un paio di volte a scappare per conto suo. Si sale e si scende ma la strada è larga, bella, e ogni tanto una fila di platani si fa bere. In tappe così, un corridore beve mediamente sei litri di liquidi, non di alberi. Durand dice che s'è trovato in fuga per caso: «Ero andato a prendere delle borracce per Elli, ho rimontato il gruppo per dargliele e quando è partita la fuga buona ero davanti. Ci vuole anche fortuna». Il più veloce è Desbiens, che l'anno scorso a Perpignan vinse per declassamento di Outschakov. Desbiens, per paura di Tafi, sbaglia parecchio. Piazza un attacco a 7 km dal traguardo e questo attacco ha l'unico effetto di far crollare il suo fedele compagno Gaumont. Poi ci prova Laukka, ripreso da Durand a 2 km dal traguardo. Infine ai 1000 metri ci prova Mazzoleni, e qui secondo me sbaglia per eccesso di zelo Tafi, che spende molto per riportargli sotto il gruppetto. E ormai, sullo slancio, Tafi comincia la volata troppo presto, eppure è primo fino a dieci metri dal traguardo, quando lo passa Durand. «Che dovevo fare? Ci tenevo a vincere con questa maglia addosso», dice Tafi. «Gli altri campioni nazionali della Mapei, Steels e Svorada, la loro tappa l'hanno vinta, e ci è mancato poco che vincessi anch'io. Se sto fermo, garantito che vince Mazzoleni, ma io volevo vincere e invece ha vinto Durand».

Sintesi perfetta quella di Tafi, e Durand lo ringrazia: «Tafi è forte, tanto forte, ma non così forte da vincere una volata se la lancia ai 300 metri con me a ruota». In questo Tour, la prima volta di Montauban coincide con la prima tappa vinta da un francese e la prima maglia gialla conquistata da un francese. Un piccolo modo per allontanare Virenque. Annesso alla sala stampa c'è un capannone con un buffet che andrebbe benissimo se piovesse: prosciutti, formaggi, ciccioli di maiale e d'oca, a malincuore scartati per legittima difesa. E pesche, pesche bianche meravigliose. Pesca fresca aulentissima, quel che l'Italia mi ha tolto il Tarn mi rende.

Avviso a Ullrich, Pantani vola

LUCHON, 21 luglio – Per essere montagne, i Pirenei sono galantuomini. E parlano italiano: il marchigiano di Massi, il romagnolo di Pantani. Come succede d'estate da quelle parti, c'è un sottofondo di tedesco: è Ullrich, che esce bene a sua volta dalle trappole delle prime montagne. Ma sono diciassette, fra ritirati e caduti, quelli che ci restano, e fra loro c'è Casagrande, vittima di una brutta caduta nella discesa dell'Aubisque. Stava andando forte, Casagrande, poteva arrivare tra i primi cinque.

Il cielo non ha pietà dei ciclisti e manda in onda la sua versione autunnale. L'Aubisque e il Tourmalet sono incappucciati di nuvole, cade una pioggia fredda e sottile, la strada è scivolosa, la visibilità è minima, in certi punti sui dieci metri. In salita poco importa, ma in discesa si rischia la pelle, anche non andando fortissimo, perché a destra c'è la roccia e a sinistra il burrone. Da un giorno all'altro, 30 gradi in meno. Il popolo delle canottiere e dei sandali è ora una processione di alluvionati, stivali e incerata.

È ancora un italiano, Roscioli, a lanciare la corsa dopo 20 km. È specializzato in fughe da lontano, come Vasseur, che lo va a prendere e lo stacca. Volevo entrare in un sogno, l'avevo promesso alla mia ragazza, dirà poi in tv. Su Vasseur, appena passato l'Aubisque, vanno in due, Elli e Massi, due Casino. Complimenti a Pantani, che l'aveva previsto. Quel che il meraviglioso fossile non aveva previsto è che mezza squadra, lui compreso, avrebbe avuto disturbi gastrici e intestinali per i due giorni di grande caldo. Ragazzi, oggi si corre in difesa, aveva detto Pantadattilo ai suoi legionari. E poi si sa che il freddo non gli piace. Non è una corsa fredda, ma non è nemmeno calda. È una corsa a eliminazione. Anche a scendere in fila indiana, non si vedono le cadute ma si sentono gli urli.

I tre davanti trovano una buona intesa, Massi ha un momento di crisi (fame) salendo verso il Tourmalet, Elli e Vasseur lo aspettano, o meglio gli danno il tempo di riprendersi. E Massi, che resta un gregario anche se vince una tappa memorabile, li ringrazierà per non averlo staccato: ci vuole anche un po' di fortuna nella vita, a volte si va in fuga con la gente giusta. In cima all'Aspin, Elli sarebbe virtualmente maglia gialla. Dietro, Jalabert fa un paio di allunghi. Per Ullrich lavorano sodo Frattini, Heppner, Bölts. Riis, poco. Il Peyresourde, che Alfonso Gatto aveva definito montagna povera e rattoppata di verde, sembra ancora più povero e desolato. Però c'è un sacco di gente. Qui, una volta staccatosi Elli, Massi va via a 6 km dalla vetta e Vasseur esce dal centro del sogno, ma la sua ragazza, a Lilla, si sarà riempita il cuore. Dietro, come previsto, Jalabert riesce a digerire tre salite, la quarta no. Ullrich se ne accorge, girandosi lo vede impiccato in fondo alla fila, e anche Olano annaspa da quelle parti.

A 5 km dalla cima Ullrich va in testa e scandisce il ritmo: elevatissimo, non micidiale. Strano che faccia lui questo lavoro quando potrebbe chiederlo a Riis. Sempre che Riis abbia birra. Il particolare è curioso. Tengono bene il passo Di Grande e Piepoli. Pantani sul cappellino si è annodato una bandana azzurra fradicia. Saltabecca come un passero indeciso tra sei briciole. Mancano 2 km e il Fossile piazza sulla destra uno scatto prolungato, strepitoso. Un ruggito. Ullrich lo guarda passare senza scomporsi, non si sogna di andargli dietro, ha 5' di vantaggio, quanto può guadagnare Pantani? 30"? 1'? Faccia pure. Guadagna 23". La zampata della tigre. Non cercava più vantaggio, Pantani. Voleva solo lasciare una piccola firma in un angolo del quadro. I Pirenei sono galantuomini perché Massi arriva prima e solo, Pantani secondo e solo, e poi la seminata.

Ullrich fa un buon affare distanziando Olano e Jalabert, ma la zampata di Pantani ha destato molta impressione: «In poco più di 1 km ci ha preso quasi 1', e poi per fortuna nostra era tutta discesa. Ma domani, se Pantani attacca ai piedi dell'ultima salita, può fare un disastro»: questo è Julich. «Il Tour non lo vince Ullrich, lo vince Pantani. Mai visto uno andare così in salita»: questo è Luc Leblanc. «A Pantani dirò che è un asino», dice il ds Martinelli, che scoppia d'allegria: «Continuava a dirmi che non stava bene e guardate che numero ha fatto. Non avevo torto nei giorni scorsi a trovarlo a posto come mai, è una fortuna lavorare con uno così».

Pantani protesta: «Bene non stavo, all'inizio. Poi ho trovato la pedalata e quello scatto sul Peyresourde, l'ho fatto solo per vedere come reagivano gli altri. Non cambia niente. Ullrich mostra una grande sicurezza, corre sciolto. Qui si lotta per il secondo posto, a meno che non gli venga il mal di pancia. E quindi, bilancio provvisorio: sono contento di aver dato un minimo di spettacolo, per il massimo dello spettacolo ci sto pensando. Ma continuo a studiare le cartine e non trovo le vere montagne».

Per Rodolfo Massi, a trentadue anni, la giornata più bella. «Mica mi immaginavo che sarei arrivato fino in fondo, sarei stato un pazzo. Mi sono mosso per fare punti per la classifica degli scalatori, senza immaginare di fare tanta strada. Tra l'altro, con la pioggia mi viene una paura tremenda, specie in discesa, e oggi di discesa ce n'era tanta». La paura, è logico che gli venga. Nell'88, al Giro andò a sbattere contro l'arco di Santa Maria Capua Vetere: frattura scomposta del femore, si ruppe anche naso, denti e altre cosette, il ricordo è una gamba, la sinistra, più corta di un centimetro. E da quella gamba più corta, per qualche anno, a causa della posizione in sella, le conseguenze erano fortissimi dolori di schiena. Altra frattura, alla clavicola, nel Giro del '93. Per forza aveva paura. «E poi dall'ammiraglia continuavano a dirmi che mi stava arrivando addosso Pantani. Io cercavo di girarmi il meno possibile, per non rischiare di cadere, e negli ultimi 5 km avevo anche dei crampi spaventosi, e poi continuavo a dirmi che era impossibile vincere una tappa così. Sono stato sicuro di farcela solo ai 200 metri».

Pantani re dei Pirenei

PLATEAU DE BEILLE, 22 luglio – *Pantastique*, cari amici francesi e italiani vicini e lontani. Il bello di Pantani è che lo aspetti e lui arriva. Come un treno, come un vento, come una ruspa, come una musica. Rimette in discussione il Tour, rifilando 1'40" a Ullrich. Il tedescone ha ancora 3' di vantaggio, ma oggi s'è preso un bello spavento, secondo me anche una mezza cotta, e qualche salita sulle Alpi c'è ancora, fra qui e Parigi. Forse Pantani non vincerà il Tour, ma a modo suo l'ha già vinto. Sui Pirenei aveva due tappe a disposizione: in entrambe ha salutato alla sua maniera e se n'è andato in salita.

A Luchon è arrivato secondo, qui è arrivato primo. In totali 17 km di salita e 15 di discesa ha levato 2' a Ullrich, ma mi sento un po' a disagio quando uso molti numeri. È vero che il ciclismo anche su questi si basa, ma le emozioni, lo spettacolo che sa dare il ciclismo, e Pantani in particolare, non amano i numeri. Per questo torno a dire che Pantani, più che un ciclista (un ciclista fossile) è un'emozione. Si accontenta di poco, basta dargli una salita. Non tutte sono come il suo prediletto Mortirolo, ma lui sa adattarsi. Può essere la sinuosa, regolare biscia grigia dell'Alpe d'Huez, può essere l'inedita salita di oggi, secca all'inizio, poi più spianata e regolare, ma pur sempre una salita. Questa tappa dal finale wagneriano parte dolcemente, nel sole. Pantadattilo strizza gli occhi furbi e dice che non sta benissimo. Bugiardo? No, io gli credo. Il gruppo sale senza scosse, inquadrato in fila per otto, il Col de

Menté, e sul Portet d'Aspet si ferma un minuto davanti alla stele di Casartelli. Ci sono i genitori di Fabio. Fornaciari, Elli, Di Grande, Tafi li abbracciano e sfiorano il marmo con una mano. Sul terzo colle, la Core, se ne vanno lo svizzero Meier e lo spagnolo Gómez. In discesa Meier va contro un muretto e vola qualche metro sotto, tra i rovi. Torna su con pochi graffi, lo spagnolo lo aspetta. In gruppo la Telekom fa andatura regolare, non proibitiva. Si ritira Olano, dolorante per una caduta di ieri. È brutto dirlo, ma in pochi ci eravamo accorti della sua presenza, e comunque sparisce un altro dei favoriti. Penso: non sarà difficile per Ullrich vincere questo Tour, sarà come mandar giù uno strudel con panna in dicembre. Errore (piccolo o grande, direbbe Bugno, vedremo). Si sale verso il Col de Port. Meier è solo, viaggia oltre i 4' e in soccorso alla Telekom arriva qualche compagno di Pantani. Ma sono impazziti? Perché non li lasciano sgobbare da soli? «Noi», dice Martinelli, «si tira a vincere la tappa, Marco non pensa alla classifica perché Ullrich è troppo forte». Il guaio è che lo dice in diretta tv, così poi passa o per finissimo stratega o per bugiardo. Ma lui dice quello che gli ha detto il Fossile. Davanti, è splendido Meier, che doveva aiutare Casagrande, ma Casagrande s'è ritirato e Meier corre per sé.

Verso Tarascon, sull'ultima pianura, gli corre a fianco una vecchia locomotiva, ma va più forte lui. Meriterebbe di vincere, non ci fosse Pantani. Ma c'è davvero Pantani? Mai visto nelle prime venti posizioni. Quindi: o sta male e si nasconde, o sta bene e aspetta che gli scatti dentro qualcosa, e appena quel qualcosa scatta subito dopo scatta lui. A 20 km dall'arrivo Meier ha 3'28" di vantaggio. Ai piedi della salita fora Ullrich, allunga uno spagnolo (Beltrán) ma il gruppo dei più forti, dove ci sono anche molti deboli, non attacca Ullrich. Però il tedescone sbaglia tutto, si fa prendere dall'affanno e rientra a una velocità folle, rimontando il gruppo come una moto. Col risultato di far schiattare in un colpo quattro suoi compagni, e poi il quinto, Totschnig, mentre Riis sta appeso coi denti. A 13 km dall'arrivo si vede un pezzo di testa pelata, in ventesima posizione. Pantani sfida il sole e, in un tratto all'ombra, gli scatta qualcosa e scatta lui. Ullrich risponde subito con Jalabert a ruota. Secondo scatto del Fossile. Ullrich molla la presa e se la vede brutta. Gli dà una mano provvidenziale Piepoli, gli altri non si immischiano.

A 6 km dall'arrivo Pantani raggiunge Meier e lo pianta. Sventolano le bandiere basche, quelle italiane, quelle francesi, quelle svedesi. Pantani è l'esperanto del ciclismo. Lo capiscono i bambini e i vecchi allo stesso modo, lui è la biglia dei bambini, il loro cartone animato, lui è la consolazione dei vecchi, il ricordo che si salda alla realtà. Lui è terribile quando attacca, è l'ululato nel bosco e il soffio che fa tremare le candele, è selvaggio e solitario, ostinato e intrattabile, ma con una sua mistica precisa della corsa, della salita, della fatica. Ed è fatto come è fatto, una biglia d'uomo andata spesso fuori pista, fuori conoscenza, fuori strada. Può rasarsi e mettersi tutti gli orecchini e le bandane che vuole, per me non sarà mai il Pirata, troppo facile. È più complesso, Pantani. Lo sa Martinelli quando dice: «Marco ha qualcosa in testa molto più forte di quello che ha nelle gambe».

Non è un tipo semplice quello che dice, testuale: «In salita vado forte solo per abbreviare la mia agonia». Va forte, questo è certo. Non fortissimo. Dietro, Meier stramerita il secondo posto e i cinque compagni di Ullrich lo piantano agli ultimi 100 metri e gli danno 6". Non è un bell'Ullrich quello che un elicottero riporta a valle, facendogli saltare la conferenza stampa di rito. Pevenage dice che è arrabbiato con chi lo ha attaccato su foratura, ma questa è una balla. Più onesto, Godefroot ammette che il ragazzo ha agito d'istinto e ha sbagliato. Un leader deve ragionare. Ma Ullrich, si era già notato l'anno scorso, nell'ultima settimana, non è molto abituato a ragionare, e come balia-consigliere Riis lascia molto a desiderare. Commenta Hinault: «Ullrich ha dimostrato di essere vulnerabile ed è questo, più del distacco sul traguardo, che gli può costar caro».

Le prime parole di Pantani: «Non sono al massimo. Volevo solo dimostrare che non sono qui per turismo, vincere sull'arrivo più duro. Forse mi ritroverete a Deux Alpes, ma adesso non voglio parlare di classifica altrimenti mi viene il mal di testa come al Giro. Non è escluso che lotti per la maglia gialla». E più tardi: «Sono scattato bene, poi ho avuto dei momenti di flessione. So che posso andare più forte, ma non ho voluto usare tutte le energie. Avevo deciso di attaccare prima, ma Ullrich ha forato e ho aspettato che rientrasse. Non è sportivo attaccare uno che fora. Forse sono troppo spavaldo, ma voglio ricordare che io sono qui dopo aver vinto il Giro. Guardate la classifica e ditemi in quel periodo dov'erano gli altri». Guardando la classifica, con Julich più vicino a Ullrich, si può anche dire (senza malizia, ma senza ipocrisia) che ci possono essere nomi nuovi, fatti nuovi e grossi sbalzi di rendimento anche perché dopo il caso Festina alcune squadre si sono disfatte di valigette pericolose. Anche oggi quaranta corridori controllati la mattina presto, Pantani fra questi. Niente di irregolare nel sangue. Mentre Piepoli si difende («Non volevo aiutare Ullrich né rovinare la festa a Pantani. Ho tirato nella speranza di staccare Ullrich, quando ho visto che non ce la facevo, mi sono messo dietro»), il Fossile va alla trasmissione di Holtz, che gli ha preparato una sorpresa: il filmato di Luciano Pezzi che batte Nolten e vince la Narbonne-Ax-les-Thermes, nel '55.

Il Fossile si commuove: «Pezzi è stato un grande signore e questa squadra l'ha costruita lui come le squadre di una volta: tutti corrono per me. Ha avuto fiducia in me che avevo ancora le stampelle. Questa vittoria è per lui». Al Tour tra i meccanici di Pantani c'è il figlio di Pezzi. Si chiama Fausto, in onore di Coppi. Capirete che questo omarino che sfida il sole dei Pirenei, sai cosa gliene importa di Ullrich. Capirete che l'uomo-biglia, il bonsai, ha radici profondissime nella terra del ciclismo, che è poi la terra degli uomini, dei contadini, dei nomadi e dei poeti, forse anche dei pirati. In certi bar di provincia c'è sempre una fisarmonica o una chitarra sull'ultimo tavolo in fondo. Arriva da fuori uno e si mette a suonare. Come fa Pantani con le salite vere. Spettacolo vero, ciclismo vero, e poi non dovremmo innamorarcene? In coda c'è posto, grazie.

Un giorno da Pantani

GRENOBLE, 26 luglio – Eccoci qui ai piedi delle Alpi. Il Fossile si lamenta, buon segno. Non occorre una gran memoria per ricordarsi di quando Pantani a Courchevel disse che voleva ritirarsi e il giorno dopo vinse a Morzine. Era l'anno scorso. Fin qui siamo arrivati a buon ritmo: fuga a sei, partita dopo 40 km su iniziativa di Calcaterra, nel disinteresse del gruppo. Calcaterra, trentaquattro anni, rischia di vincere. Arriva secondo di una gomma perché non tiene la sua linea e allarga il gomito per contenere la rimonta di O'Grady. Dopo un'ora la giuria lo declassa al sesto posto. Tutto qui. La Telekom lavoricchia, sul Col de Rousset l'asfalto fonde. Sul grado di fusione dei corridori saremo più informati a Deux Alpes. O'Grady, l'australiano vincitore di tappa e già possessore di maglia gialla, ha detto tutto contento che per lui questo Tour è come Disneyland. A me sembra a volte d'essere a teatro, oppure al circo. Più al circo. Rullano i tamburi, gli spettatori sono pregati di prendere posto.

Ferdinando Pantani detto Paolo, il padre, è già arrivato con la banda dei tifosi del club e quella del bar. I camper si sono piazzati nei punti strategici. Stacco musicale: la «Marcia dei gladiatori». Ed ecco a voi il domatore dei Pirenei, lo schiantatore, l'uomo-uccello. Chiamato a gran voce, fautore della tesi che l'appetito vien mangiando, il Fossile adesso sta sulle sue e lo capisco. «Incomincio a essere stanco di testa. Dovrò improvvisare. Ci sono due tattiche: una per vincere la tappa, una per provare a vincere il Tour, ma non è così semplice, Ullrich non è che va piano. Punterà a limitare i danni e penso che in gruppo abbia anche amici. Nell'ultima settimana tutta la fatica si paga con gli interessi, e qualche colpo posso perderlo anch'io. Ma stringo i denti per dimostrare che qui c'è gente che onora la corsa e il ciclismo. Analizzerò le mie sensazioni chilometro per chilometro e quando sentirò che è il momento di attaccare, attaccherò. Certo che il Galibier è ben lontano dal traguardo».

Dipende. Spero che stasera Alfredo Martini abbia ripetuto a Pantani quel che ha detto a me nel pomeriggio. A parte che Martini porta buono, è sempre un piacere vederlo e starlo a sentire. «Marco deve correre come se l'arrivo fosse in cima al Galibier. Gli ultimi 4 km sono terribili, e lì per me deve attaccare da diavolo, come sa fare lui, e a quell'altro gli viene l'angoscia. Quell'altro è forte, un grandissimo corridore, ma adesso sappiamo tutti qual è il suo tallone d'Achille: quando rimane da solo si imbroglia. E allora bisogna sfiancargli la squadra, e questo Pantani non lo può fare da sé, in classifica ci sono altri che possono dargli una mano.

Dalla cima del Galibier all'arrivo ci sono 34 km di discesa tecnica, e Pantani in discesa ci sa andare, non rischia di veder calare il vantaggio come fosse in pianura. E poi, hop, gli si dà l'ultima botta». Ho lasciato parlare Martini e gli ho detto: Alfredo, non è che stiamo aspettandoci da Pantani delle cose che faceva Coppi? «No, se sta bene un colpo così lo può fare. Di tappe al Tour ne ha già vinte, tutti sanno chi è e lo amano per questo. Adesso ha la possibilità di fare l'accoppiata Giro-Tour, proprio come Coppi. Ci deve provare, e se gli va male e non sale sul podio a Parigi, che importanza ha?»

È lo stesso concetto che esprime Hinault: «Il grande campione deve pensare in grande. Pantani può far saltare il banco sapendo che rischia di saltare lui. Un grande campione correrebbe il rischio». Secondo Gianni Motta, «Pantani può vincere la tappa, guadagnare un minuto o due, ma Ullrich non è mica uno stupido, in questi giorni qualche alleato se l'è fatto. Chi ha da controllare la maglia gialla? Julich, che forse è già contento così, e Pantani, sapendo che qualcosa gli può concedere, con una cronometro a favore». Eccoci qui ai piedi delle Alpi, la situazione è chiara. Le alleanze non ci vengono comunicate ufficialmente, ma Ullrich ha le sue e Pantani pure. Può essere determinante il peso dei francesi. Già sulla prima salita, la Croix de Fer, si può capire lo schieramento. Il Galibier (2.645 metri, tetto del Tour) può essere davvero per Pantani la rampa di lancio. Ma è indispensabile che, dopo il Télégraphe, il Fossile senta le voci. La squadra forte in salita ce l'ha. Purtroppo, non ha nessun compagno in grado di partire da lontano e di farsi rincorrere sul serio, perché è piazzato discretamente in classifica. Io guardo la classifica e mi sporgo sull'ottimismo: Piepoli (voce di gruppo: ammorbidito da Podenzana) è a 7'17". Ullrich, o chi per lui, dovrà valutare molto attentamente eventuali attacchi di Leblanc, Hamburger, Escartín, Meier (che però soffre di tendinite). Il peso della corsa ce l'ha addosso Ullrich. Ma il peso del pronostico ce l'avrà, domani, Pantani. E non vorrei che l'appetito (che vien mangiando) ci avesse un po' tutti coinvolti e adesso gli stessimo chiedendo un'impresa fuori dalla sua portata. Perché dovrebbe vincere una corsa che non lo favorisce? Perché è già successo al Giro? E se piove? E poi questa è un'altra corsa. E se non sente le voci? Non pensiamoci. Questa è un'altra corsa ma è ancora aperta. Vai, Pantadattilo, i camper sono già piazzati e qui stiamo accordando i violini.

Il Tour ai piedi di Pantani

LES DEUX ALPES, 27 luglio – M'illumino di Pantani, che arriva sotto l'acqua con dietro, come lucciole grasse, i fari ballonzolanti delle grosse moto. Ma sì, illuminiamoci un po' tutti di Pantani, che scuote dalle fondamenta questo Tour torbido, che schianta Ullrich come fosse un gigante di cartapesta, che si veste di giallo, che ridà grandezza e dignità al ciclismo e dunque anche a questo Tour malato e mal disegnato, non certo per i suoi mezzi, enormi da una parte e limitati dall'altra. Non fosse una tappa-massacro, sarebbe una festa. Pantani partecipa volando e distribuisce regali: uno a se stesso, può vincere il Tour trentatré anni dopo Gimondi, che non a caso era sul traguardo. Ci sono radici forti, rimandi, ricordi, pulsazioni. Un regalo a Luciano Pezzi, che è morto da poco, ma da vivo nel mondo delle biciclette ha seminato verità e saggezza. È stato partigiano, Pezzi, e poi gregario di Coppi, e poi padre ciclistico di Gimondi e quindi nonno di Pantani.

Pantani viene da una terra che non è solo discoteche e piadine: ai vecchi, lì, si dà ancora retta. La Bianchi di Pantani, che va su come avesse un motore nascosto, l'ha sistemata Fausto Pezzi, il figlio di Luciano. Radici forti, ancora, e pulsazioni. Volando da quel cardellino che è ma artigliando la corsa come un'aquila reale, Pantani fa altri regali: a Jean-Marie Leblanc, perché gli riporta l'etica e l'onestà del Tour, pieno di macchie e sbavature. Un regalo a quelli che stanotte avevano scritto *Vola pirata* sui tornanti del Galibier, e lui li prende in parola. Ma fa anche un regalo a quelli, e mi ci metto in mezzo, che credono che l'ultima parola a volte non sia l'ultima, a quelli che non misurano i ciclisti, o gli atleti, o le persone in genere, in peso, altezza, muscoli e spalle larghe, che sono contro gli anabolizzanti e le droghe di tutti i tipi, che pensano, come Hélder Câmara, arcivescovo di Recife, che un sogno sognato da soli è solo un sogno, un sogno sognato da tanti può essere realtà.

Credo che il sogno del Tour fosse quello di essere vinto da Pantani, o in seconda battuta da Julich. Da Ullrich, no. Eppure, Ullrich stringeva il cuore, completamente esausto sull'ultima salita. Eppure, in un certo senso, era giusto che si rompesse il cerchio di quelli bravi e tosti un mese all'anno, quelli mirati scientificamente a un solo obiettivo. Ma viva il Fossile, viva Pantadattilo che fa Giro e Tour e uno l'ha vinto e uno può vincerlo, anche se è 1,72 per 56 chili. Quando ho scritto dell'arcivescovo Câmara, mi sono accorto di perdere lucidità quando vince Pantani. Non c'è il dovuto distacco, tanto vale ammetterlo: mi prende. Ancora non so da quali luciferine profondità cavi quella voglia di solitudine, di sofferenza, che molto raramente (non oggi, ad esempio) si sciolgono sul traguardo in un sorriso. Alza una mano, poi l'altra, le batte una volta, serio, e basta. Come l'illusionista dopo il numero riuscito. Ma questo numero è il più bello di tutti. Ed era nell'aria, come le altre volte. Era anche nel titolo di *Re-*

pubblica: «Un giorno da Pantani, attacco a Ullrich». Cosa dava questa certezza? Torno a dire: sono un cane che sente Pantani come altri sentono i temporali. Sono, per l'esattezza, un cane bagnato e soddisfatto, con la prospettiva di cenare da cani e di soffrire fino all'ultimo metro del Tour, fino a domenica. Ma intanto oggi è andata così.

Tempo infame, Fossile concentrato ma contrariato. A Grenoble gli si avvicinano dei lontani cugini di cui ignorava l'esistenza e gli mostrano una vecchia foto di suo padre in bicicletta, da giovane. Altre radici. Piove, fa freddo, tutto il contrario di quello che piace a Pantani. Vuoi vedere che prende il sogno suo e di tanti e lo butta in un fosso? Ritmo tranquillo. Nessuno si muove. In cima alla Croix de Fer Massi prende punti per la maglia a pallini. Sta facendo una grandissima corsa. Attacca in fondo alla discesa, con lui vanno Rinero, Serrano, Sciandri, Farazijn e Bourguignon. Gruppo quieto, Pantani mai nelle prime trenta posizioni: vuoi vedere che il freddo lo sta congelando?

Si scende nella nebbia, si risale verso il Galibier. Qualcosa, qualcuno si muove. Leblanc dà qualche colpo di spillo, Riis lo placca. Leblanc ci riprova, con Escartín. Stavolta interviene Ullrich in persona. Terza bottarella di Leblanc. Utile, comunque, ha sfoltito il gruppetto, ha fatto perdere i gregari alla maglia gialla. E prima e ultima deflagrazione di Pantani. Ullrich resta di marmo, Leblanc è passato in tromba. Allacciate le cinture, Pantadattilo decolla. Mancano esattamente 4500 metri alla cima del Galibier. Radici, ricordi recenti: cosa aveva detto alla vigilia Alfredo Martini? Gli ultimi 4 km del Galibier, il pezzo più duro. In 2 km Pantani prende 40" a Leblanc, 1'13" a Ullrich, Julich, Boogerd, Robin e Di Grande. Anche Escartín e Jiménez se ne sono andati. Dietro, tutti lasciano il lavoro a lui, a Ullrich. È rimasto solo. Prima, ha giocato a poker. Infastidito da Meier, era scattato lui, deciso. Julich e Pantani, subito a ruota. Fa un freddo terribile.

Cima del Galibier: Pantani precede il terzetto di Massi e fa bene a non staccarli, torneranno buoni. Leblanc a 2', Ullrich a 2'50". All'inizio della discesa Pantani frena e si ferma perché non riesce a infilarsi il giubbetto impermeabile. È adesso che ci si gioca tutto, nei 34 km di discesa che portano sparati all'ultima salita. La discesa è stretta e tecnica all'inizio, poi s'allarga. A 27 km dall'arrivo Pantani ha 2'02" su Ullrich, a 20 km 2'33", a 12 km 3'14". Qui Pantani è in giallo. E subito dopo Ullrich, come già ai piedi del Plateau de Beille, fora. Anche lui patisce il freddo, ha mangiato poco, va in crisi di fame, solitudine e nausea. Julich lo guarda e se ne va. Ullrich non accenna nemmeno una reazione.

Come al Giro, il Fossile fa fuori un nemico (Ullrich come Zülle) e ne spunta un altro (Julich come Tonkov). Pantani ricomincia a scattare a 8 km dal traguardo. La salita è molto secca all'inizio e alla fine, ma nelle gambe c'è il piombo delle altre. Molla Serrano, molla Massi, molla Rinero. L'ultimo a cedere è Escartín, con la sua faccia lunga da ballerino triste. Pantani è impressionante quando si alza sui pedali, a ogni tornante, sembra arare l'asfalto fradicio. Ha gli occhiali da sole, ogni tanto se li alza sulla fronte, contro la bandana azzurra, e questo accentua il profilo da uccello. La gente lo sente arrivare, annunciato dalle moto, e salta e balla e s'abbraccia.

Su Ullrich, completamente alla deriva, rientrano Riis e Bölts, lo scorteranno svuotato e definitivamente battuto (25, a 8'57"). Ti ricordi quella volta, si partiva sempre da Grenoble, che Ocaña rifilò 8' a Merckx? Sì, mi ricordo. Come al Giro d'Italia, Pantani stravince sulle montagne ma la storia non è finita, c'è una cronometro ma per adesso non ci pensa. Adesso continua a fare regali, un giorno così è da mangiare e da bere, da commuoversi e da dirgli bravo, ma non adesso che sta sprintando negli ultimi 400 metri come un pazzo furioso, con la bocca spalancata. Glielo dirò dopo, fra un giorno o fra un anno. E guarda, il secondo è Massi, straordinario lui pure, mentre Julich, con gli occhi di fuori, becca 5'43", in una giornata così schifosamente fredda e bagnata, così meravigliosamente viva e colorata, non avrei voglia di ricorrere ai numeri. Ma devo. Il Fossile ha 3'52" su Julich (tanto, ma non troppo), 4'14" sul ballerino triste, 5'56" su Ullrich, 6'12" su Rinero, 6'16" su Boogerd, 7'53" su Massi, nomi relativamente nuovi, ma non dobbiamo stupirci troppo. Questa, come tutte ma più di tutte, è una corsa di uomini ma anche di carburanti. Può essere, ma diciamolo sottovoce, come nei romanzoni di appendice, il Tour dei grandi peccatori e dei grandi innocenti. Fermo restando che Marco Pantani originario di Sarsina, il paese di Plauto, non è un ciclista. È un cuore in bicicletta. Più si sale e ci si avvicina al cielo, più questo cuore batte, ribatte, combatte. E abbatte Ullrich, ma vedere in questo la storia di Davide e Golia sarebbe assai banale. Cercheremo di meglio, sperando di trovarlo, coi nostri violini di parole di carta. A volte, è anche bello dire semplicemente: grazie.

Pantani, un regalo da padrone

ALBERTVILLE, 28 luglio – I mortali nemici del Galibier diventano gli alleati della Madeleine. Guardate come filano d'accordo (d'amore è chiedere troppo) il Fossile e il tedescone. Guardate com'è bravo Pantani a far finta di sprintare per vincere. Poi vince Ullrich, con la benedizione di Pantani che qui ha vinto il Tour. Lo ha messo in cassaforte. Lo dice Ullrich:

«Non credevo che Marco dopo il Giro potesse ripetersi». «Adesso che l'ho visto in azione», aggiunge, «gli dico quello che non ho potuto dirgli a Deux Alpes: è stato il migliore, è un grande vincitore». «Grazie, ma non è ancora finita, qui può succedere di tutto, mancano cinque giorni» è la risposta.

È vero, è successo di tutto, può ancora succedere di tutto (a margine: oggi è stato fermato dalla polizia e perquisito all'ingresso di Albertville il pullman della BigMat) ma grazie all'attacco di Ullrich Pantani prende l'occasione al volo e rifila a Julich 1'49". Julich, forte a cronometro, era il più vicino in classifica. Adesso, dopo un su e giù di ottimo livello ma non da leggenda, Pantadattilo può beatamente assistere alla lotta per il podio: Julich è a 5'42", Ullrich a 5'56", Escartín a 6'03". Pantani non è uno specialista del cronometro, ma con questi margini può dormire sonni tranquilli. È un modo di dire. È però fondamentale che Pantani dorma tranquillo e recuperi, come che stia sveglio in corsa. Oggi la corsa si è accesa dopo 2 km con Roscioli, ripreso (e poi staccato) da Heulot, Aldag, Teteriouk. Col de Porte, Cucheron, Granier, montagne senza fascino, e poi Grand Cucheron, fuggitivi avanti di 5-6'. In testa al gruppo, dove stanno in fila Fontanelli, Forconi, Podenzana, Pantani, si nota un briciolo d'effervescenza bianca e rosa: sono i Telekom, i grandi battuti del giorno prima. Cosa gli gira per la testa? Riis dà qualche colpetto d'assaggio, poi si vede Julich, ma i Mercatone rispondono alla svelta. Si attacca la Madeleine. Non ha nulla di proustiano, anche se nel film della tappa fornito dall'organizzazione il capitoletto s'intitola: «Ullrich alla ricerca del tempo perduto sul Col de la Madeleine». Cosa vuol dire aver fatto il classico.

La Madeleine è una salita lunga, tignosa, con una strada rugosa che rende più pesante la fatica. Ma, senza le terribili condizioni atmosferiche di ieri (sul Galibier, termometro vicino allo zero e due ritiri per ipotermia) la fatica è quasi allegra. C'è il sole. Heulot pianta i compagni di fuga. E dietro, a una decina di km dalla cima, mentre Pantani sta bevendo, Ullrich piazza uno scatto micidiale che sorprende tutti. Ma non il Fossile. Truc-truc, quattro pedalatine all'impiedi e gli si accuccia sulla ruota. Qui comincia la corsa vera, e stavolta nella trappola rimane Bobby Julich, il tedesco del Texas.

Ora, con tutta la gioia per Pantani, bisogna anche dire che questo Ullrich è un bel combattente. Ventiquattr'ore fa era da portare via col cucchiaino, adesso dà battaglia a viso aperto. Dirà che l'ha fatto per la squadra, per ringraziarla dell'assistenza avuta, per farsi perdonare il crollo e perché un posto sul podio fa sempre piacere. Godefroot, in albergo, era stato duro: «Noi possiamo studiare la tattica, dieci tattiche, ma se poi un professionista non impara a mangiare al momento giusto, a coprirsi se fa freddo, a ragionare, che ci posso fare? Forse a Jan servirà di lezione. È un grande, ma deve stare attento, al Tour non ti perdonano niente».

Per farsi perdonare, Jan Ullrich spinge un grosso rapporto su per i costoni snervanti della Madeleine e Pantani gli sta incollato a ruota, con un rapporto agile, alzandosi spesso sui pedali mentre l'altro è fisso sulla sella. È qui che si vede tutta la differenza fra i due, il peso mediomassimo e il peso piuma. Ed è ancora qui che Pantani (che non sbaglia una virgola) decide che gli sta bene così, non è il caso di fare il bellissimo gesto di andarsene da solo, gli sta bene andare al traino di Ullrich, che prova a scrollarselo via un paio di volte, non ci riesce e si rassegna. In cima, hanno raggiunto e superato i pezzetti di fuga. Il gruppo Julich è a 2'12". Sul piano, quando non manca molto all'arrivo, i due temporanei alleati si parlano e Pantani concede qualche cambio convinto, l'interesse a mantenere buono il vantaggio è anche suo. Se a Deux Alpes, dove non ho mangiato da cani e mi hanno pure pagato da bere in quanto connazionale di Pantanì, Pantadattilo ha costruito la vittoria finale, qui l'ha resa ancora più salda. Ha dato una esatta, chirurgica dimostrazione di intelligenza. Gli dava un po' fastidio la vicinanza di Julich e l'ha allontanato. Non si può avere un'iniezione di epos (questa è pessima) tutti i giorni.

L'epos del Galibier l'abbiamo messo da parte, è lì, sottopelle più che sottovetro. Ti ricordi quando è partito Pantani? Sì, mi ricordo, c'ero. Adesso che Pantani sta arrivando, è di tutti. Di troppi, talvolta. Dopo l'arrivo, parlarci è un'impresa. Volano spinte, gomitate e qualche pugno fra giornalisti italiani ed energumeni del servizio sicurezza, più qualche poliziotto. Se si vede, alla partenza e all'arrivo, uno strato ribollente di persone che non si sa perché è lì stratificato, vuol dire che da qualche parte, nascosto, c'è Pantani. A me le notizie le passa Gimondi: «È calmo, un piacere vederlo. Io appena torno in albergo guardo il percorso del giorno dopo, manco dovessi correre. Sono più agitato io di Marco. Anche oggi, ha risposto subito a Ullrich e poi sempre fresco, mai un elastico. Ha salute, e un'altra tappa pericolosa ce la mettiamo alle spalle».

Domani ce n'è un'altra piuttosto mossa, bisognerà stare attenti alle fughe da lontano. E intanto pregare Nostra Signora dei Disgraziati, la Vergine delle Rocce, santa Maria dei Parapetti, san Luigi delle Tegole, sant'Onofrio dei Gatti Erranti, san Giuseppe dei Tomboloni, il beato Aligi del Ghiaietto, san Maurizio del Contromano perché tengano una mano sulla testa ora lucente ora bandanata di Pantadattilo. E se uno ha altri santi, come il sempre famoso san Matteo delle Chiaviche, a loro si rivolga. Perché la piccola, ipocrita frase «al Tour tutto può ancora succedere» in realtà nasconde un grande, tormentoso interrogativo: adesso che ha schiantato gli avversari, non è che a Pantani gliene capita addosso una delle sue? Ebbene, no, non credo, non dipende da me ma anch'io ho i miei santi. Ormai, per il Fossile, non è più questione di avversari ma di destino. Pantani è così forte perché si è tirato fuori da un'infinità di burroni di debolezze, perché ha portato il suo destino e lo fatto fiorire. Come i Pirenei e le Alpi, anche il destino può essere gentiluomo.

Il dramma del Pirata. La favola senza lieto fine

AIX-LES-BAINS, 29 luglio – Questo è un lamento funebre per il Tour de France, sopravvissuto alla prima mazzata, scintillante e rivitalizzato dall'onesta fatica di Pantani, definitivamente steso dalla seconda mazzata. La nuvola nera di Lilla inghiotte il luminoso girasole di Pantani, il verde delle ultime montagne, percorse a passo lento per protestare contro i sistemi degli inquirenti, i bianchi, i blu e i rossi delle maglie di chi ha già scelto di ritirarsi per strada, di chiamarsi fuori da quell'estremo tentativo di salvare il Tour che è poi stato un lungo funerale: la Once, la Banesto, la Riso Scotti si sono ritirate. La Vitalicio l'ha fatto dopo cena. Altre squadre ci stanno pensando, e tireranno i conti domani, dopo un'altra notte a nervi scoperti.

Qui c'è una vittima innocente, ed è Marco Pantani. Pantani che si è sollevato come un irridente aquilone nel cielo di una corsa malata, povera di protagonisti e di coraggio, piena di tensioni, di paure e anche d'omertà. Pantani che merita l'applauso di tutti, e in cambio ottiene solo di rodersi il fegato. Come il bambino cui fregano le paste che gli spettano per la promozione, perché è stato bravo, perché ha studiato.

Pantani non cade, non fora, nessuna auto lo investe, non ha la sfortuna dura e banale del corridore contro, ma quella cosmica, imprevedibile, senza volto, di una corsa che perde pezzi e significato. È l'eroe positivo che si ritrova senza campo di battaglia, e io soffro davvero per lui, per il carbone che ritrova nella calza, per i momenti di felicità che gli sono rubati, per il sapore amaro che avvolge la meravigliosa, dolce forza delle sue imprese in montagna, su tutte le montagne di questo Tour disegnato contro di lui. Una volta che l'ha domato, sparisce il Tour.

Sparisce in un gorgo più profondo di quello che meriterebbero gli innocenti e anche i peccatori. Sparisce in una smania di pulizia che agli inizi ho lodato e che adesso mi sembra sospetta, mossa da un accanimento senza precedenti. La giustizia-spettacolo non mi piace mai e dunque non mi piacciono questi modi di cercare la verità con comportamenti offensivi per chiunque, non solo per un corridore che, qualunque sia il carburante (e semmai qui è la sua colpa) ha fatto e sta facendo una fatica spaventosa. Medici zelanti, vestiti da poliziotti, non i medici bombardieri che attraversano ogni tanto il ciclismo, hanno preso in cura il Tour malato e lo hanno ammazzato. Non voglio qui difendere il diritto di drogarsi, ma quello di essere comunque trattati in modo dignitoso. La perquisizione anale, tanto per fare un esempio, mi sembra una misura eccessiva, ma serve a far capire che musica si sta suonando. Altri sport che guizzano come trote, dal calcio al tennis ai motori, restano a guardare ai margini, mentre qui si fa l'autopsia a un corpo ancora vivo. Sano, no. Non tutti sono puliti e sani. Forse non è sbagliato ipotizzare, dietro la sacrosanta lotta al doping, una meno disinteressata, massiccia campagna contro l'*Équipe*. Le cui disgrazie cominciano coi Mondiali di calcio e con l'anatema del ct francese Jacquet.

Nella Bibbia si aprono le prime crepe. E in quelle, come un cuneo, affonda l'inchiesta di Lilla sulla Festina che s'allarga alla TVM che s'allarga alla Once e che s'allargherà ancora.

L'*Équipe* e il suo gruppo editoriale hanno il monopolio su un mercato che fa gola, quello dello sport. Il Tour è sacro, è un monumento, è un pezzo di storia nazionale? Lo si picconi dalla base e vediamo cosa resta. Resta qualche brandello, un'armata in rotta, un sogno spezzato. Io continuo a considerare il ciclismo, anche se i più bravi guadagnano come mediocri calciatori, lo sport della povera gente, di quelli che pedalano e quelli che vanno a vederli pedalare, salendo in bici sull'Izoard con una baguette di traverso al sellino, di quelli che venerano Coppi e Bobet e hanno cominciato ad amare Pantani, per la sua differenza, per la sua bravura. Il Tour che si ferma, o che continua sventrato, non è una vittoria per nessuno. È una sconfitta per tutti, e in particolare per chi ha meritato di vincerlo, illudendo se stesso e noi tutti che bastasse il coraggio e che bastasse rispettare i valori dello sport per vivere in pace e felice. Non c'è lieto fine, in questo finire a quattro giorni dalla fine. Solo una profondissima tristezza.

Vai Pantani, è l'ultima fatica

AUTUN, 31 luglio – Un altro giorno è andato, per citare Guccini e per dire che ne mancano solo due. «Altri due giorni di giallo e posso regalare una maglia a tutti i miei compagni», Pantani ha già fatto i conti. E il suo meccanico, Veneziani, ha già preparato la bicicletta, la stessa di Lugano. Potrebbe montare un manubrio ultimo modello, più leggero, ma probabilmente non lo farà, meglio che il Fossile abbia il tempo di collaudare le novità. Il Fossile, anche per questo mi piace, è misoneista, almeno nel ciclismo. Trovo suo padre sotto il podio dell'Eurovisione, adesso ha un pass al collo, è un privilegiato. Al collo ha anche una sciarpa gialla. Ne approfitto per chiarire la storia di Sarsina, le radici. «Sì, ci sono nato. Poi quando avevo nove anni tutta la famiglia s'è trasferita a Cesenatico sperando di stare un po' meglio. Mio padre faceva il contadino e il calzolaio, nel senso che aveva un po' di terra e aggiustava le scarpe».

Le scarpe oggi non gliele può fare nessuno, a Marco Pantani. Ma è sbagliato dirlo così, siamo di fronte a un soggetto unico anche nella iella. Se un solo cane della Saona scappa di casa e attraversa di corsa la strada, sicuramente sulla strada c'è una bicicletta con sopra Pantani. Se si alza una tromba d'aria (mai vista una, da queste parti, ma non vuol dire) garantito che prende Pantani e dalla strada della corsa lo porta in mezzo a un vigneto. Insisto su queste cose all'apparenza sciocche perché in termini strettamente ciclistici, agonistici, tecnici, Pantani non può perdere il Tour. Ha una bella dote, per usare parole sue. Il percorso della cronometro è andato a vederlo stasera e ha avuto conferme: ricorda quello di Corrèze, non è un percorso per Ullrich. È già qualcosa. È un percorso nervoso, molto spezzato, gli ultimi 600 metri in decisa salita.

Pantani oggi ha parlato poco ma in questo poco ha detto: «So che Ullrich vuol fare la grande impresa. Sappia che la voglio fare anch'io». Domani Pantani partirà, ovviamente per ultimo, alle 16.10. Mangerà qualcosa alle 13, poi farà un'ora di riscaldamento. Ullrich ha già scelto i rapporti (53-39 x 12-23), Pantani no, ma non ha molta importanza. Il vantaggio su Julich è di 5'42", su Ullrich di 5'56". Se Ullrich fa un'impresa, e col carattere che ha dimostrato ci proverà sicuramente, può guadagnare 4' a Pantani, anche 4'30", più di 5' no. Semmai, a questo punto va rivalutata l'azione di Ullrich, e il pronto aggancio di Pantadattilo, sulla Madeleine. Julich è stato respinto a distanza di sicurezza. Nemmeno serve molto rifarsi alla cronometro di Corrèze. Lì, su 58 km, Ullrich aveva dato 4'21" a Pantani. In quella conclusiva, l'anno scorso a Disneyland, su un tracciato più da passisti esplosivi, Ullrich (già sicuro vincitore) aveva dato 3'50" a Pantani, e la vittoria era andata a Olano, che in genere non vince neppure la tombola al suo paese. Domani, molti indizi portano a un distacco sui 4'. Se il meraviglioso Fossile ha ancora energie, facciamo 3' e non se ne parli più. Una crono conclusiva fra Pantani e Ullrich senza il rodimento dei secondi, non sembra fantascienza? Eppure è tutto vero. Oggi si è avuta l'ennesima dimostrazione della popolarità di Pantani, popolarità che trovo legittima, non mi stupisce per nulla. Pantani è tagliato su misura per i gusti dei francesi. Voglio dire: se qui è diventato un idolo nazionale un corridore come Virenque, abile di lingua ma non certo da collocare fra i plurivittoriosi, uno che fino ai primi di luglio si definiva il miglior scalatore del mondo senza aver mai staccato nessuno in salita, perché non dovrebbe essere adottato Pantanì? Chiunque abbia occhi, orecchie e cuore avrà capito che le sole cose da salvare e da ricordare, in questo Tour avvelenato, le ha fatte Pantani. A proposito di veleni, Riis fa una conferenza stampa per smentire di aver detto certe cose su Massi. I colleghi della Televisione Svizzera Italiana fanno ascoltare i nastri: a essere benevoli, si può dire che Riis non ha una perfetta padronanza dell'italiano. A proposito di solidarietà, ieri si è ritirato Blijlevens e oggi tutti quanti i TVM, che lunedì dovrebbero essere interrogati a Reims. Spero che qualcuno, in gruppo, si ricordi di questo loro bel comportamento.

Certo è uno strano Tour quello che arriverà a Parigi con Pantani in giallo. I tre francesi più popolari sono a casa: Virenque perché ce l'hanno spedito, Jalabert e Leblanc perché hanno deciso di andarci. E nemmeno uno spagnolo, quattro squadre ritirate, sempre per motivi uno diverso dall'altro. Prima la Once per assecondare Jalabert, seconda la Banesto perché per Echávarri non esisteva più lo spirito del Tour, terza la Vitalicio perché l'opinione pubblica reclamava compattezza sul fronte anti-Tour, ultima la Kelme perché ha cercato fino all'ultimo di difendere il lavoro di Escartín, faccia da ballerino triste, quarto in classifica, ma poi a chi le vendi le scarpe se per tutta la Spagna sei un traditore? Così, è Riis che difende il partito che voleva continuare. «Troppo facile dire che il Tour è diventato una schifezza. A volte, bisogna anche scendere a compromessi. Io sono orgoglioso di aver fatto del mio meglio perché si continuasse. Se ci fermavamo tutti, cosa succedeva? Cosa dimostravamo? A chi avremmo fatto un favore? A noi stessi? Non credo. Da Pantani a Backstedt in questo gruppo di corridori c'è chi ha fatto il possibile per onorare il mestiere e il Tour, e chi l'ha fatto merita i Campi Elisi. Con questo non voglio criticare chi ha deciso diversamente, ognuno è libero. Nella mia visione del ciclismo, condivisa da tutta la Telekom, il ciclista deve correre, non fermarsi».

Aggiungo che fermarsi avrebbe privato Pantani di una vittoria strameritata, molto più importante dell'accoppiata Giro-Tour coi suoi riferimenti al passato. Ne riparleremo. Per adesso, invito a osservare il look del Fossile, prima gandhiano e ora fra D'Annunzio e (con la parrucca) Beppe Signori. Lenin giovane, escluso. Bene, da quanto tempo non si vedeva una maglia gialla con barba e baffi? O solo baffi? Petit-Breton, Garrigou, Pottier. René Pottier, il primo grande scalatore del secolo, vincitore del Tour 1906. C'è una stele che ricorda la sua impresa sul Ballon d'Alsace. Per una delusione d'amore, s'impiccò a una trave della sua officina nel gennaio del 1907. Ma questa è un'altra storia, e so che qualcuno, a Parigi, la sta scrivendo. E vai Pantani.

Emozione Pantani, il Tour è suo

LE CREUSOT, 1° agosto – Marco Pantani maglia gialla a Parigi. Ultimo italiano prima di lui: Felice Gimondi, 1965. E allora si arrivava sulla pista del Parco dei Principi, non sui Campi Elisi. Marco Pantani vince nello stesso anno Giro e Tour. Ultimo italiano prima di lui: Fausto Coppi, 1952. Basta questo, credo, a dire la grandezza e la difficoltà dell'impresa di Pantani. La sua stupenda cronometro, oggi, è stata un'ulteriore dimostrazione di bravura, freschezza e maturità. Certo, non aveva alle costole Julich e Ullrich, ma si è impegnato come si era impegnato a Lugano: là si trattava di vincere il Giro, qui di mettere uno svolazzo d'orgoglio su un Tour illuminato e in un certo senso tramortito dalle sue cavalcate solitarie in montagna. Un Tour, come sapete, marcato fin dall'inizio dall'esplodere del bubbone del doping. Perquisizioni, fermi, arresti, nessun riguardo per corridori (risposta: due scioperi), medici, direttori sportivi. Un'intera squadra, la Festina, espulsa. Quattro squadre spagnole più una italiana e una olandese ritirate.

Con tutto questo, per chi ha corso pulito è stato un grande Tour. Più difficile degli altri, ha giustamente sottolineato Pantani, perché alla tensione della corsa si aggiungeva quotidianamente la tensione del dopocorsa. Pantani, il giorno del Galibier, ha fatto piangere di gioia Gimondi. E per quello che ha fatto sulle salite della leggenda, il suo nome non stona accanto a quello di Coppi. Altri tempi, altre biciclette, altri avversari, naturalmente. Ma Pantani adesso è davvero il migliore arrampicatore del mondo, impossibile resistergli a ruota quando la salita si fa dura. Ha battuto Ullrich, l'anno scorso definito il nuovo Merckx. Oggi Ullrich a cronometro ha imposto la sua legge, togliendo il secondo posto a Julich (ottima resistenza, finisce a 1'01") ed è stato in gamba Pantani a occupare il terzo posto (miglior piazzamento della sua carriera, a cronometro) a 2'35".

Pioggia e freddo, in questo angolo di Borgogna. A Montceau, cittadina cresciuta sullo sfruttamento delle miniere, mi rallegro vedendo una freccia: Museo del Fossile. Andrà bene, allora. Il Fossile chiamo da tempo Pantani, e anche Pantadattilo, perché ha una forza che viene da molto lontano e non appartiene a questo ciclismo in cui tutto è studiato, programmato, quasi previsto, e fermiamoci qui perché il resto è medicina da bari e, nel peggiore dei casi, da bare. Pantani si alza, guarda fuori dalla finestra con una smorfia vedendo che piove, fa la prima colazione alle 8.30. Alle 10 esce sull'ammiraglia di Martinelli per studiare il percorso, poi torna in albergo. L'albergo si chiama Moulin Rouge, il padrone, Daniel Corbanese, è originario di Pieve di Soligo. Era triste perché doveva alloggiare la Once di Jalabert, la Once si è ritirata e gli toccano i Mercatone. Meglio ancora.

Pantani mangia pasta in bianco, due fette di prosciutto crudo, macedonia di frutta, e poi va a fare riscaldamento sui rulli. È concentrato, lucido. Da domani cambierà molto, o qualcosa. I suoi guadagni, ormai può chiedere quello che vuole, la maglia forse. C'è un'offerta molto sostanziosa della Mapei, la Bianchi sta studiando la possibilità di reggere il banco con l'appoggio di un co-sponsor (si parla di un marchio del gruppo Fiat). Intanto lui controlla i tubolari, i soliti da 1,9, i più sottili. Nel percorso bagnato, solo qualche curva è veramente pericolosa. Più tratti di rettilineo. «Martino, qui si farà una media oltre i 50"», dice Pantani avviandosi al via. Non gli piacciono le medie alte, richiedono gambe e motore differenti dai suoi. No, si farà meno, dice Martinelli. Esatto: 48,852.

Pantani non sbaglia l'approccio, sa che dovrà cedere minuti a Ullrich ma glieli cede a pezzettini, non a pezzettoni. Dopo 16 km, 59": rilievo confortante, se tiene questo passo il Fossile perde 3'. A metà percorso, 1'15": regolare, regolarissimo. E non rischia (grazie a tutte le Madonne e i santi citati nei giorni scorsi) in quelle curve da acrobazia. Bravo è bravo, poche storie. Gimondi se lo mangia con gli occhi. È contrariato, il mio vecchio amico Felice. È partito dalla Malpensa con tre ore di ritardo, arrivato a Lione ha preso al volo un taxi, altrimenti si perdeva lo spettacolo.

Ed è uno spettacolo: anche qua, il Fossile dimostra che se proprio gli sta a cuore si difende con unghioni anche a cronometro. Uno spettacolo è anche Ullrich, un treno. Il tedescone paga i 9' del giorno del Galibier, ma facciamo due conti. Ha ventiquattro anni, è al suo terzo Tour, s'è piazzato secondo, primo, secondo (con tre vittorie di tappa). E per batterlo c'è voluto un Pantani eccezionale. Ullrich, che era terzo all'avvio, a 14" da Julich, si riprende il secondo gradino del podio. E Julich, la rivelazione del Tour, dice: «Non ho perso il secondo posto, non ho perso niente. Piuttosto ho guadagnato un terzo posto finale al Tour, è più di un sogno». Un sogno è anche il quarto posto di Rinero, giovane francese ben più solido degli idoli corrosi, e anche l'ottavo posto di Nardello, il nono di Di Grande, il decimo di Axel Merckx, figlio di Eddy, sono eccellenti risultati.

Ma su tutto resta il volo zigzagante, il grande volo di Pantadattilo. Pantani è il trionfatore di una corsa forse non del tutto pulita, ma assai ripulita, e bisognerà andare avanti con la ramazza. Lui pulito, anzi abbagliante. Questo è il Tour di

Pantani e di quelli che sognano ancora, sempre, e che si ricordano di dedicare le vittorie ai morti (Luciano Pezzi) che in un certo senso morti non sono. Questo è anche il Tour del doping, certo, e forse per questo sui Campi Elisi non ci sarà Chirac (alle Mauritius) né Jospin (Cicladi) né il sindaco di Parigi, Tiberi (La Baule). Ma ci sarà tanta gente innamorata di Pantani. C'è un uomo solo al comando, e un mese dopo le critiche a un'Italia del pallone poco coraggiosa, quasi restia a usare la sua forza, adesso arriva (da lontanissimo, ve lo dico io) questo ciclista pelato che ne ha passate di tutti i colori senza mai smettere (parole sue, parla anche bene 'sto ragazzo) di tenere una finestra aperta sul sogno. È la vittoria del coraggio. Sui Campi Elisi, e chi se ne frega se tante persone importanti sono altrove, il Fossile sarà un fiore giallo, una luce forte, una promessa mantenuta. Sarà anche, come lungo le strade di questo Tour devastato e immenso, un cuore in bicicletta. Una stella-cuore, di quelle che è bello seguire per vedere dove vanno, fin dove andranno a finire.

Il capolavoro di Pantani

PARIGI, 2 agosto – Qui e ora io pubblicamente ringrazio Nostra Signora dei Disgraziati, il beato Aligi del Ghiaietto, san Maurizio del Contromano, la Vergine delle Rocce e santa Maria dei Parapetti, nonché san Quirino della Curva Strozzata, patrono degli acrobati, san Giuseppe dei Tomboloni, sant'Onofrio dei Gatti Erranti, senza dimenticare, lontano dalle montagne, san Lodovico del Pavé, san Carlo degli Svincoli, san Brunone dei Fossi e il sempre onorato san Matteo delle Chiaviche. Sono stati attenti alle nostre preghiere. Solo santa Santina delle Gomme s'è distratta un attimo e Pantani ha bucato. Robetta. A essere pignoli, santa Santina poteva distrarsi un po' prima, quando il gruppo andava a 30 all'ora, quando i fotografi fotografavano (anche Tafi che porge una coppa di Champagne al Fossile, che degusta, e lì vegliava san Giuseppe dei Tomboloni), quando i tifosi tifavano e insomma era la solita migrazione verso quella che i colleghi francesi meno inclini all'epica definiscono l'apoteosi dei Campi Elisi.

No, Pantani fora col gruppo che va a 60 all'ora rincorrendo Chanteur, la corsa è già sui Campi Elisi e su quella zona di Parigi c'è una violentissima scarica di pioggia. I Mercatone si organizzano con un po' di ritardo nei soccorsi, ma Pantani non rischia nulla, torna nella pancia del gruppo e ci rimane. Il Fossile assiste di lontano allo sprint di Steels, quarto sigillo, bravo. Bravo anche Zanini che gli tira la volata e per poco non vince lui. Poi il cerimoniale, il podio, un altro podio. Gli abbracci con Julich e Ullrich sembrano sinceri. Anche quelli con Zabel e Rinero, un po' intimidito, quasi si stringe nella maglia a pallini che era di Massi e che, se Pantani l'avesse voluta, sarebbe di Pantani. Ma Pantani preferisce essere il miglior scalatore del mondo che il miglior scalatore del Tour.

Aveva parlato tanto dopo la cronometro, ora parla poco: «È una stagione da segnare con una grande x». Si vede che cerca un'immagine più solenne, ma non la trova. «Credo che sia una vittoria meritata, ottenuta col massimo dello sforzo, con una concentrazione totale». Meritata, lo dicono tutti, a partire da Ullrich: «Forse io ho commesso degli errori, Marco nessuno. Il migliore è stato lui, ma io non riesco a considerare negativa questa mia esperienza». Altra bella faccia, quella di Bobby Julich, accanto ai genitori, primo americano dopo LeMond a chiudere nei tre: «Un giorno potrò dire ai miei bambini che sono salito sul podio a Parigi. Da lì si vede il mondo in un'altra maniera. Si dimentica tutto, c'è solo tanta felicità». Può fare meglio? «Forse, di sicuro ci proverò ma devo migliorare in salita. Se Pantani mantiene la pedalata di quest'anno, ci sarà poco da fare. Io, Ullrich e altri in salita siamo buoni corridori ma lui è di un altro pianeta».

La tradizione del Tour vuole che il vincitore faccia tardi fra le delizie notturne della capitale. Il Lido è la meta d'obbligo, dopo uno dei ristoranti specializzati ostriche-Champagne. Mentre scrivo invece il Fossile è già salito sul volo Parigi-Bologna delle 21. Cesenatico lo aspetta. Piadina à gogo e Sangiovese, qui non c'è altro da fare, la missione è compiuta, il bersaglio centrato, come annunciano le magliette di tutto il personale della Mercatone. Dopodomani Pantani correrà a Losanna, domani forse passerà per Milano. Premesso che per me uno come Pantani non ha prezzo, e che adesso guadagna la metà di un mediocre centrocampista (cioè un miliardo), precisato che con la Mercatone ha ancora un anno di contratto, è normale che da domani si apra l'asta. Lo vogliono tutti. Ed è il minimo. Non solo Pantani fa l'accoppiata Giro-Tour, ma vince il Tour della media-record: 39,983, record precedente Indurain nel 1992: 39,504. Se la tappetta di oggi non fosse stata avversata dalla pioggia, o fosse stata affrontata a passo più svelto, sarebbe crollato il muro dei 40. Anche questa è una nota di cronaca, credo che se l'operazione pulizia va avanti, le medie altissime, che del nuovo ciclismo sono insieme fiore all'occhiello e siringa nella vena, facciamo meglio a scordarcele, e a non considerarle Vangelo. Il ciclismo nuovo, quello portato avanti a colpi di pedale da Pantani e dagli altri che gli reggono lo strascico, non dovrà avere solo corridori onesti, ma dirigenti capaci.

Tanto per non fare nomi, un inutile tacchino come Verbruggen, un presidente dell'UCI che è quasi sempre via, come nella canzone di Jannacci, farebbe cosa buona e giusta liberando la poltrona della sua presenza e andando via, ma proprio via, sul serio. Quello che s'è capito in questo Tour non è solo che ci sono corridori che si drogano, altri un po' meno, altri no, e che c'è una rete fittamente intrecciata di complicità con massaggiatori, meccanici, direttori sportivi, medici, ma che i corridori sono soli. Soli, a volte, con problemi troppo grandi per essere risolti da un sit-in, o da uno sciopero di solidarietà con colleghi che non sempre la meritano. Tra espulsioni e ritiri, sette squadre sono sparite e sono tante. Chi è arrivato fino a Parigi ha voluto dire che questo non è solo il Tour del doping, della nuvola nera di Lilla, ma anche e soprattutto il Tour di Pantani, di Ullrich, di Julich, di Rinero, di Nardello, di Steels. Un Tour difficile da vivere e da vincere, e anche da raccontare. L'autorevole *Le Monde* (suppongo sia autorevole anche quando prende delle cantonate) oggi dedica un inserto di otto pagine al Tour e per Pantani c'è solo una foto. Lo dico dalle colonne di un giornale che sul doping si è svegliato assai prima dell'Autorevole: questo è un cocktail sbilanciato, ed è anche un modo scorretto di riassumere una corsa e le storie degli uomini che l'hanno affrontata.

Fa niente, per un corridore, sia Pantani o un altro, vale più un grido d'affetto dopo una curva che un editoriale fin troppo imbevuto di moralismo. E quindi archiviamo il Tour di Pantadattilo. Dieci giorni d'attesa in coda al gruppo, senza limare i nervi, e poi via: volteggio solitario al trapezio fin dai primi Pirenei, triplo carpiato con rete di salvataggio al secondo giorno, quintuplo salto mortale senza rete sulle Alpi, e poi doppio volteggio al trapezio sorretto dal robusto Jan Ullrich. Ho riassunto un capolavoro di tre settimane in poche righe. Buonanotte, Pantadattilo, adesso avrai altri sogni da sognare.

Classifica finale

1. Marco Pantani (Italia, Mercatone Uno), km 3875 in 92h 49'46", media 39,983; 2. Ullrich (Germania, Telekom) a 3'21"; 3. Julich (USA, Cofidis) a 4'08"; 4. Rinero (Francia, Cofidis) a 9'16"; 5. Boogerd (Olanda, Rabobank) a 11'26".

Partenti: 189. Arrivati: 96.

L'AGONIA PROLUNGATA

Lo choc e i dubbi su un campione

5 giugno 1999 – Quando ci si sente improvvisamente privati di qualcosa, più poveri e senza una spiegazione che spiega davvero tutto (credo di non essere solo in questa condizione) è meglio reagire, anzi innescare una serie di reazioni. La prima è l'incredulità. Telefonata all'ora del primo caffè. Hanno beccato Pantani. Ma dai, inventane un'altra. La seconda è di profondo dispiacere, con una punta sorda e ostinata che somiglia al dolore. Perché mi piace come corre Pantani (come vedete, uso il presente). Potrei anche dire che mi piace Pantani, se lo conoscessi a fondo. Ma lui non si lascia esplorare, negli anni ha collaudato meccanismi di chiusura. Non si è mai lamentato troppo nei momenti peggiori, nemmeno si è esaltato troppo nelle vittorie. In questo Giro, anzi, ma dirlo adesso è facile, lo accompagnava una certa cupezza, una du-

rezza di occhi e di parole. È un bel po' di giorni che le prime pagine dei giornali parlano di storia e leggenda, a proposito di Pantani. Adesso di colpo facciamo i conti con la cronaca, la pura cronaca, e una corsa decapitata che va avanti come il pollo decapitato ma va avanti, prima con le cadenze del funerale e la paura dei blocchi di tifosi sul Mortirolo, poi si accende e ridisegna tutti i colori delle maglie. Tanto, quello che le aveva prese tutte è in fuga dal Giro. Non in testa al Giro, ma in coda. Gli avversari staccano Pantani nel suo giorno più atteso, perché Pantani resta fermo, tira un pugno a uno specchio, forse non è superstizioso o forse ne ha già viste troppe. Questa gli mancava. Scene già viste al Tour, con altre facce, con i poliziotti sempre in giro. Qui, Pantani incastrato dai controlli UCI, quelli per cui più si era esposto, attaccando Tafi e i non allineati. Adesso si può pensare di tutto, chi dice la mafia delle scommesse, chi una lotta di potere in seno all'UCI, chi l'ematocrito che sembra il nome di un poeta greco e invece è un valore ballerino, ma quanto può ballare?

M'è venuta in mente l'espressione di Ben Johnson a Seul. Lo so, lì era doping e qui, diciamo così, tutela della salute. Ma hanno tutelato, fermandolo, il numero uno. Solo chi ama le pantofole dice che partire è un po' morire. Non partire, quello sì è un po' morire. E credo che questo abbia capito Pantani, quando ha detto che non lo rivedremo più in sella. Non è una bella notizia. Un po' vigliaccamente ma con tutto il cuore c'eravamo messi in tanti sulla canna di quella biciclettina da bambino pelato. E adesso non possiamo chiedergli conto dei nostri sogni, anzi credo che adesso sia proprio il momento giusto per ringraziarlo di certe sue imprese che abbiamo fatto nostre, dall'Alpe d'Huez al Galibier, e lì il sangue era a posto, altrimenti sai che salti di gioia avrebbero fatto i francesi beccando il Fossile dopo la storia della Festina.

Adesso voglio dire una cosa sui numeri uno, una cosa che non mi procurerà simpatie ma va detta. Esistono numeri uno ammirati perché vincono, ma di cui non importa granché. Tipi com'era Lendl, o adesso come Schumacher, Ronaldo e pure Vieri. Ce ne sono altri amati per come vincono, per come li si immagina. Vanno oltre i numeri, in loro si intuisce un'umanità particolare. Colpiscono al cuore. Pantani è (uso sempre il presente) uno di questi. Sono rimasto più di sette ore incollato a un televisore. Ho sentito Pantani dire poche parole. L'ho sentito dire: «Mi aspettavano». Non l'ho sentito dire:«Sono innocente». E ancora adesso mi chiedo perché. Perché doveva forzare la mano, mi chiedo, quando gli avversari li aveva aggiogati. Perché proprio lui, uscito pulito dal Tour sporco, doveva uscire sporco da un Giro che sembrava quasi pulito? Ma allora bisogna anche chiedersi che cosa gliene viene in tasca all'UCI (a parte un'operazione di lifting, peraltro incompleta finché ci sarà un presidente come Verbruggen) quando i suoi analisti danno una botta del genere al ciclismo. Non solo a Pantani, a tutto il ciclismo. Adesso immagino i commentini, i «ve l'avevo detto io che il più pulito ha la rogna», e l'accusa ai colleghi che seguono il Giro di aver gonfiato uno che si gonfiava il sangue. Perché si fa presto a innalzare i monumenti e ancora più presto ad abbatterli, ma è un'accusa ingiusta. Nella vita c'è sempre uno studente modello che imbraccia un fucile o un rispettabile padre di famiglia che sgozza moglie e figli. Adesso che sul pianoforte sembrano rimasti solo i tasti neri, bisogna ripetere che quello che sta succedendo al ciclismo, e non da ieri, è colpa del ciclismo.

In un'intervista a *Repubblica*, pochi giorni fa, Gino Bartali diceva che i ciclisti debbono uscire da soli dal fango, altrimenti finiscono o in galera o al cimitero. Ed è tragicamente vero. Oppure finiscono in prima pagina, dove erano arrivati a togliere spazio perfino a una guerra in corso. Noi che maneggiamo parole siamo spesso portati a vedere la poesia anche dove non c'è. Pantani è poesia, nel bene e nel male. Pedala in esperanto. A differenza di Baudelaire, di cui non mi interessa sapere se ha scritto «L'albatros» dopo una pipata d'oppio e due bicchieri d'assenzio, di Pantani non posso ignorare che fa uno sport, per amore e vocazione, e che questo sport si è dato delle regole, sottoscritte anche da Pantani. Il discorso è questo. Può essere moralismo d'accatto passare col rosso, fregare il fisco e pretendere che un atleta sia puro e duro, solo con questa purezza degna di rappresentarci e aiutarci ad aprire le ali, ma su questa convenzione (convinzione no di certo) lo sport vive e prospera da molti anni.

Ne sono passati trenta da quel 31 maggio 1969. C'ero anch'io in quella triste stanza d'albergo dove Merckx piangeva steso sul letto. E mi sembrava sincero, disperato, colpito da un fulmine inatteso. L'atteggiamento di Pantani è molto diverso, ma non è il caso di imbastirci un romanzo. In trent'anni le camere dei corridori negli alberghi sono diventate inaccessibili. Abbiamo le emozioni in una diretta che in realtà è differita. Stiamo alla cronaca. Domani a Milano Gotti vincerà il Giro di Pantani, e prima il Manchester aveva vinto la finale del Bayern e prima ancora il Milan lo scudetto della Lazio. Tre episodi differenti, collegati da una coincidenza: chi più fa, meno ottiene. Più di altri sport, il ciclismo sconta il fatto di non avere la certezza dell'uguaglianza. Non mi esalta guardare la classifica di oggi e pensare al nome e cognome dei medici che assistono alcuni corridori. Ma è un'osservazione marginale, quasi stanca di tanta strada. Chi beccano, beccano. Tutti sono asciutti fino a che non piove, poi dipende da chi ha l'ombrello e da quanto è largo.

Ora gli antipantaniani diranno che l'ombra di Madonna di Campiglio s'allunga fino a Lugano (ricordate le frasi di Tonkov?) e i pantaniani continueranno a dire che è tutta una congiura (ma a favore di chi?), un'imboscata (ma perché proprio a lui?). Io riparto da quel Merckx di trent'anni fa per ricordare a Pantani che quel giorno sembrava finito, e non finì. Quasi tutti i campioni, da Anquetil a Gimondi, da Bugno a Chiappucci, hanno avuto un alt, dai medici e dai regolamenti. Perché nel ciclismo la cultura del doping esiste, lo sappiamo tutti, e il progresso l'ha solo esasperata, estremizzata. Roba da rimpiangere come belli i tempi delle anfetamine, che non hanno mai ammazzato nessuno, nemmeno Simpson. Roba da starci attenti, perché ormai medici e praticoni danno l'EPO anche ai ragazzini. Così, questo è un pezzo né innocentista né colpevolista.

Da un lato, i ricordi e le emozioni non c'è chi li possa sequestrare o cancellare. Dall'altro, è evidente che la mia posizione non si discosta da quella del giornale su cui scrivo: chi sbaglia, paghi. Se Pantani ha sbagliato o è stato indotto a sbagliare (non fa differenza, il sangue era suo), che Pantani paghi. Paghi il giusto, né più né meno. E intanto parli, dica, spieghi, non lasci nell'incertezza di un altro caso Loda (prima fermato e poi riconosciuto in regola). Ha avuto tante cadute e tante rinascite, Pantani. Chi lo fermerà, scrivevano tutti. C'erano riusciti finora una Uno romagnola, un gippone piemontese e un gatto amalfitano, neanche nero. L'ha fermato il suo sangue quando tutti erano pronti con trombe e tamburi. Lo stesso sangue che, spero, lo porterà al Tour, non a chiudere su un'ultima pagina provvisoria che non piace a nessuno. Si può cadere, si può sbagliare, si può essere rotti in fondo a un buco, e queste cose Pantani le sa bene, molto meglio di altri, e poi si riparte. Ci sono altre strade, se Pantani vorrà, e altri traguardi. Prima volere, Pantadattilo, e poi volare.

Pantani trovato morto in un residence

14 febbraio 2004 – Marco Pantani ha cominciato a morire quella mattina del '99, a Madonna di Campiglio. Non ha accettato la positività, non ha accettato niente di quello che gli capitava. Tanti altri corridori, invischiati nelle faccende dell'ematocrito, del doping, si sono fermati e sono ripartiti. Lui no. Lui, il re delle salite, si è specializzato nelle discese. Agli inferi, ai paradisi artificiali, a tutto quello che lo nascondeva all'opinione pubblica, ai giornalisti, ai giudici. Si è sempre più isolato, la sua fuga ha avuto distacchi crescenti. E ogni tanto, su questo o quel giornale, su questa o quella televisione, gli appelli: Marco, torna.

Appelli giusti, perché il ciclismo senza Pantani era ed è, così appare in questo momento tristissimo, una minestra assolutamente senza sapore. Un palcoscenico senza un prim'attore, con volenterosi caratteristi che però non riescono a dare una scossa al cuore del pubblico. Pantani ci riusciva benissimo, era la sua grande specialità. Pantani sulle salite era l'equivalente dell'acrobata senza rete. Un rituale, con cadenze quasi mistiche. La spoliazione, per esempio: via il berrettino, via la bandana, a un certo punto via anche gli orecchini. Era come un samurai. Ed erano gli altri a saltare per aria. Erano gli altri a non reggere il suo passo, che all'inizio sembrava quello sghembo, di un arrotino, lo zigzagare incerto di un aratro, ma più la salita assumeva pendenza più diventava una condanna, una specie di campana a morto per chi doveva inseguire e non ce la faceva assolutamente a tenere quel ritmo.

Un giorno, al Tour, gli avevo chiesto: «Perché vai così forte in salita?» E lui ci aveva pensato un attimo e aveva risposto, questo non riesco a dimenticarlo: «Per abbreviare la mia agonia». Ecco, pensando a questa frase ho fatto i calcoli: la sua agonia è durata qualcosa meno di cinque anni. Però è stata un'agonia. Pantani è stato troppo grande in bicicletta per accettare di essere piccolo, peggio di essere rimpicciolito per legge, di essere uno come tanti. Non era questa la vocazione, non era questo il suo destino. La sua vocazione era quella di svegliare le montagne, di essere paragonato a un fossile, Pantadattilo l'avevo battezzato un giorno, perché mi dava l'impressione di un animale preistorico, una specie di Godzilla su due ruote, qualcosa che rompe l'asfalto delle strade nuove, le regole del nuovo ciclismo (che l'hanno portato dove l'hanno portato, per inciso) e riporta ai tempi eroici, a quelli di Binda, o più ancora, più lontano, di Giovanni Gerbi detto il Diavolo Rosso, che somigliava nel fisico, nella pelata, a Pantani.

E questa pedalata di Pantani era un linguaggio universale, non a caso i francesi, con la loro puzza sotto il naso in fatto di ciclismo e non solo, l'avevano adottato. Saltavano sui tornanti del Galibier o del Plateau de Beille esattamente come i romagnoli, i bergamaschi, i liguri. Pantani era uno spettacolo, e chi l'ha visto, in quegli anni, soprattutto nel magico '98, l'accoppiata Giro-Tour, non se lo può dimenticare. Era un corridore diverso dagli altri, come uno che vuole essere diverso. Anche questo soprannome di Pirata, che s'era scelto, quel cranio rasato a zero anche quando il sole dei Pirenei avrebbe raccomandato prudenza. Lo scalatore di Cesenatico, si usava dire. Ma i nonni venivano da Sarsina, un paese dell'Appennino romagnolo dove ancora ci sono le processioni per salvare gli indemoniati, e al loro collo si mette il collare di san Vicinio. Il paese di Plauto, anche, ma Pantani non aveva maschere. Aveva solo la sua faccia, normale, gli occhi profondi, un po' liquidi, le orecchie larghe, a sventola. Da ragazzino, raccontava, andava sempre a scuola col coltello in tasca, «per difendere i più deboli». Non ho mai indagato oltre. Ha avuto tanti incidenti, in carriera: si è spaccato le gambe, si è rotto dappertutto, si è sempre rimesso in piedi.

A Madonna di Campiglio è stato come tagliato in due, non si è più rimesso in piedi. Ha accusato il mondo di accanimento nei suoi confronti, e forse un po' aveva ragione. Ma lui era qualcuno di molto grosso, nell'acquario del ciclismo, e il pesce grosso fa più notizia. Questa, stanotte, è l'ultima volta che fa notizia, ed è una brutta notizia per quelli che nonostante tutto hanno continuato a volergli bene, quelli che, come me, si erano abbonati a una formula di comodo (lo considero disperso in Russia) per non ammettere fino in fondo l'inquietudine, il dispiacere. Da anni si sapeva delle cosidette cattive compagnie, delle droghe non solo ciclistiche, dei privé delle discoteche, i carissimi amici che forse non erano tanto amici, ma chi si può assumere il diritto di andare a consigliare un disperato? Perché, sostanzialmente, questo era Pantani. In cima al mondo con la sua bici, e nessuno senza la sua bici, e poche le possibilità di tornare a essere qualcuno con quella bici. I tentativi li aveva fatti, anche all'ultimo Giro d'Italia, per quanta buona volontà ci avesse messo, aveva finito al quattordicesimo posto. Non era da lui.

Adesso, in un paragone probabilmente esagerato, dovuto all'ora tarda o al dolore, si può dire che Pantani senza bicicletta era come l'albatros di Baudelaire. Adesso, che non si sa di preciso come è morto, si può dire che raggiunge i ciclisti morti di malamorte, di morte strana: Pélissier steso a revolverate dall'amante, Pottier impiccato nel garage per una delusione d'amore, Robic ridotto a fare l'uomo-cannone al circo, e poi schiantatosi in auto in una curva, Ocaña che si è tirato una fucilata in bocca nelle sue vigne di Villeneuve-de-Marsan. Adesso si può dire, ma è tardi (è tardi per moltissime cose, è troppo tardi) che a Marco Pantani è venuto a mancare Pezzi, la sua stella polare e anche morale, l'unico che era riuscito a spronarlo, a fargli fare la vita del corridore, ad avere un'influenza su di lui anche da morto, tanto è vero che il Tour del '98 Pantani lo aveva dedicato alla memoria di Pezzi. E tutti continuavano ogni tanto a dire Marco torna, ma non poteva tornare. Ormai si era isolato in un mondo suo, con delle regole sue.

Giravano leggende metropolitane, anzi romagnole: è sempre in palestra, sta pensando al body building. Io continuavo a darlo per disperso, sapevo che non sarebbe più tornato, e sapevo, anche se è facile dirlo adesso, che sarebbe finito male. Non così presto però, in questo modo no, non lo aspettavo. Se ne riparlerà, è inevitabile, si sta parlando di una morte che addolora tutti, che non si sa ancora a cosa attribuire, se a un gesto volontario, a un errore. Resta emblematico il nome dell'ultima scena, che non era una salita: le Rose. Sono fiori romantici. Altri osserveranno che è triste morire da soli la notte di san Valentino. Morire da soli è triste, comunque, in qualunque notte. E Pantani, negli ultimi anni, era un uomo molto solo, anche se attorno poteva avere tanta gente. Era la solitudine di chi non riesce più ad accettarsi così com'è, e nemmeno la vita che questo comporta.

Gli sia lieve la terra, al fondo di questa lunga discesa. Diventerà un mito, probabilmente. Come quelli che muoiono troppo presto, come quelli che non si sa perché muoiono. Avrei preferito vederlo invecchiare, e bere un bicchiere di Sangiovese con lui, da qualche parte sulle sue colline.

Il Pantadattilo ha chiuso le ali

15 febbraio 2004 – Fare l'elastico, nel gergo del ciclismo, è perdere contatto dal gruppetto o dal gruppo, e poi riaccodarsi, e staccarsi di nuovo, e riaccodarsi. Pantani ha fatto l'elastico col ciclismo (e con la vita, ma allora non si poteva immaginare) dalla mattina del 5 giugno 1999. Adesso siamo al voyeurismo della cronaca, che coincide con quello del cuore. Le pasticche di ansiolitici, lui in jeans e a torso nudo, lui con un rivolo di sangue alla bocca (forse), lui che scrive sui fogli di carta del residence (non si sa cos'abbia scritto, ma è sintomatico che abbia scritto), lui senza telefonino, ultima cena un'omelette con prosciutto e formaggio (un piatto da atleti in attività). E i fiori davanti al residence, gli applausi notturni al furgone che lo porta via verso l'obitorio, la sorella Manola che grida a tutti di andare via, non c'è niente da vedere.

Ma c'è molto da pensare su quell'ultima notte di quiete. Il mondo piccolo della Romagna, la riviera spoglia, fuori stagione. Una stanza al quinto piano di un residence. Non la villa di Cesenatico, forse troppo grande e fitta di ricordi. Non il rifugio di Saturnia, non quello di Predappio. Ancora Rimini, l'universo notturno su cui Pantani andava regolarmente a sbattere come una farfalla disposta a bruciarsi. Sesso e droga in maxidosi, rock 'n' roll forse. La fine di Pantani può evocare quella di stelle della musica. Jim Morrison, Janis Joplin, l'amato (da Pantani) Charlie Parker. Ma un ciclista (questo è stato, non dimentichiamolo, e a suo modo dispensatore di musica e poesia, anche questo non dimentichiamo) è più legato alla terra.

Otto mesi fa Pantani era ancora in gruppo, dopo tanto elastico. Dopo Campiglio, era obbligato a fermarsi quindici giorni per ematocrito alto, nessuna squalifica, solo una pausa per tornare ai valori giusti. Si è fermato un anno, che ne vale dieci per un ciclista. Bastava che tornasse in sella, che dicesse ho sbagliato, come tanti, troppi. Ma non l'ha fatto ed era penoso, per chi l'aveva ammirato e amato, prendere atto di questo rifiuto, di questa sosta dilatata, come se la cicatrice, lo sfregio all'immagine pubblica dell'erede di Coppi, fosse troppo profonda per rimarginarsi a comando. Era penoso e non c'era molto da fare. Non lo dico per alleggerirmi la coscienza. Ho provato parecchie volte a cercare Pantani, non s'è mai fatto trovare e alla fine ho pensato che non lo avrei cercato più, perché il rispetto di una persona è anche rispetto delle sue scelte: l'isolamento, per dirne una. Che era, poi, l'allontanarsi da tutto quello o quelli che gli ricordavano il periodo d'oro.

Secondo Arrigo Sacchi, Pantani è stato vittima della stampa, secondo Eddy Merckx dei giudici. Non sono frasi leggere, anzi sono pietre, beati loro che sono così sicuri, che hanno la verità pronta. Io penso che Pantani è stato vittima di un cocktail in cui si può mescolare di tutto, ma l'ingrediente principale resta la sua mancanza di forza. Pantani s'è perduto e non s'è ritrovato perché non poteva ammettere una semplice ma pesante verità. Fatta non di congiure, di complotti, ma di un prelievo di sangue maggiorato. Certo non era la sola pecora nera in un gruppo di pecore bianche. Ma è stato una pecora nera che non riconosceva neppure per un attimo di essere nera, un dio tirato giù dal cielo. Noi pensiamo che i campioni dello sport siano fortissimi sempre. Lo sono nello sport, dove ascese e cadute sono all'ordine del giorno, ma nella vita possono essere fragilissimi. Si può attraversare un oceano e annegare in una pozzanghera, si possono scalare le montagne più aspre e inciampare in un gradino.

Lo sport è la ricerca, anche enfatica, del superuomo, che batte gli avversari e cancella i ricordi. L'uomo è un impasto più delicato e di difficile lettura: per l'uomo ci sono la famiglia, gli amici, se ne ha, i medici, gli psicologi, le cliniche. Penso che Pantani è andato a Cuba da Maradona a far qualche giorno e notte di bella vita (che tanto bella non è, è come veder le stelle in fondo a un buco). Penso che i più grandi talenti dei due sport più popolari nell'ultimo decennio del secolo scorso hanno conosciuto le stesse grandezze e le stesse miserie. Ma Maradona è più di scorza dura, è un tribuno, può abbracciare Castro e attaccare gli USA, o Menem, o Blatter. Maradona sa rompere il silenzio, il giorno della morte di Pantani era in bermuda a inaugurare una sciovia. Pantani ha scelto il silenzio come protesta, come difesa, come compagno.

Ma che sport è mai questo, su quali regole poggia, dove può condurre? Ogni tanto dovremmo chiedercelo tutti. Dovremmo chiedercelo mentre Pantani passa in un'altra dimensione, anzi due: quella della morte, in una ritrovata e definitiva innocenza, e quella della leggenda. Il ciclismo ha i suoi santuari senza croci, crescono ai bordi delle strade: e saranno, per Marco, sul Mortirolo, a Montecampione, a Oropa, a Piancavallo, sull'Alpe d'Huez, sul Galibier, sul Plateau de Beille, e saranno in quel tuffo del sangue che arriva quando un uomo solo va via in salita (ma non sarà la stessa cosa, non prendiamoci in giro, uno come Pantani non ci sarà più). Ciao Pirata, anche nei momenti più belli segnato da un'ombra presaga. Le emozioni non si cancellano e non ritiro una parola di quelle che ho scritto al Tour del '98. So che ti sei lasciato andare e poi lasciato morire, e che questa sofferta deriva, quest'elastico sulla corda tesa, queste curve sul buio, altro che la discesa dell'Aspin, meriterebbero un silenzio che il mio mestiere non consente. Però Marco Pantani, per quello che ha fatto in vita, merita che si rifaccia come Orio Vergani con Coppi. Il grande Pantadattilo ha chiuso le ali.

I sogni, la tristezza e due ali sul Tour

21 febbraio 2004 – Caro Marco, so bene che scrivere una lettera a un morto può sembrare il massimo della retorica, ma questo sento di doverti adesso che sei sparito dalle prime pagine ma continui a restare in quelle che noi siamo, vecchi e giovani libri, muri, lavagne, cortecce, ricordi. E poi sulla retorica sono vaccinato, nulla ti e ci è stato risparmiato, nemmeno Alessia Merz e Siniša Mihajlović che commentavano la tua morte, nemmeno il titolo «Ucciso dall'antidoping». Sarebbe il primo caso, mentre il doping ne ha uccisi parecchi.

Ma devo dirti altre cose: in morte sei stato generoso come in vita. Una vita, cento discussioni: il doping, l'antidoping, la droga (l'altra), la depressione, la solitudine, la giustizia. Stanno cercando l'ultimo spacciatore, ma tu eri già spacciato. Non m'interessa che lo trovino, era l'ultimo. Avessero trovato il primo, sarebbe cambiato qualcosa? Non lo so. So che è un'ingiustizia dire che t'avevano abbandonato tutti. Non è vero né per la tua famiglia né per altri del gruppo, né per la tua donna, quella che forse ti ha capito più di tutti, in un ambiente maschilista come pochi, quella che ha cercato di farti capire che si può vivere bene anche senza bicicletta, quella di cui rimpiangevi gli occhi e il cuore, in uno degli ultimi bigliettini che hai scritto. E credo che tu pensassi a lei, nel finale di quel documento letto nella chiesa di Cesenatico: «Questo documento è verità, la mia speranza è che un uomo vero o una donna legga e si ponga in difesa di chi, come si deve dire al mondo, regole per sportivi uguali per tutti. E non sono un falso, mi sento ferito e tutti i ragazzi che mi credevano devono parlare».

Io questo documento, che per com'è stato presentato si può definire testamento, o anche messaggio nella bottiglia che ci arriva da lontane isole, l'ho letto centinaia di volte. Credo che sia tutta roba tua, forse scritta in momenti diversi, perché in queste righe ti ritrovo, ritrovo il tuo modo di ragionare e anche di correre. C'è qualche salto, qualche spezzatura, si capisce (si sa) che le hai scritte a Cuba (altrimenti *hasta la victoria* non si spiega), scritte sulle pagine del passaporto. Centinaia di volte, non esagero. Speravo che qualcuno le analizzasse bene (non serve, ormai), invece hanno deciso che erano frasi da uno giù di testa e amen. Mica tanto. In tv mi ha preso come un pugno quel passaggio: «Ma andate a vedere cos'è un ciclista e quanti uomini vanno in mezzo alla torrida tristezza per cercare di ritornare con quei sogni». Torrida tristezza, bellissimo, e anche quel cercare di ritornare (non sempre si riesce). «Tarderà molto a nascere, se nasce»: confesso che avevo pensato di cominciare così il pezzo, parafrasando il «Lamento» di Lorca per il torero Ignacio caduto nell'arena. Perché nella tua vita e nella tua morte disperata ci sono forti tracce di poesia. Ho lasciato stare, perché il toro tu lo portavi dentro, finché t'ha incornato e in apparenza ha vinto lui. Avrei anche potuto parafrasare Ungaretti: «Sono un ciclista / Un grido unanime / Un grumo di sogni».

Hai scritto un messaggio pieno di speranze, di sogni, di cuore. Come quando pedalavi. E di umiliazioni, ferite, come quando non pedalavi. Una volta mi hai detto, in gergo ciclistico, che fino all'ultimo chilometro dal tuo cuore, *la flamme rouge*, potevano arrivare in tanti, ma nessuno avrebbe mai avuto la chiave per andare oltre gli ultimi duecento metri. L'hai detto con orgoglio. Se qualcuno l'avesse avuta, quella chiave, saresti ancora vivo.

Invece sei morto (ma non del tutto). Per colpa della giustizia e dei giornalisti, dicono quelli che pensano di amarti senza averti mai conosciuto (si può amare senza conoscere?), e di questi tempi a dire così non sbagli mai, è una frase che vale come «piove, governo ladro». È un complotto, dicono, ma a chi conveniva far fuori la gallina dalle uova d'oro? Te li ricordi quelli che protestavano contro la tv che continuava a riprendere la tua processione in coda, dopo la caduta sul Chiunzi? Il ciclismo non è solo Pantani, dicevano. Già, ma senza Pantani che ciclismo è? Se avevi nemici (non avversari, nemici) era in gruppo, però nel testamento-documento tu parli da difensore di tutto il gruppo, «perché si sta dando il cuore». Da capofila, con toni quasi profetici, con un inciso colloquiale, disarmante e disarmato: «e poi dopo come fai a non farti male».

Te ne sei fatto e te ne hanno fatto, non c'è ematocrito alto che valga più di due settimane di stop, né ombre (si saprà mai com'è andata a Lugano col sangue di Forconi?) che meritino i tuoi ultimi anni da condannato a morte. Tu sei morto perché la vita non aveva molto senso. Un suicidio è un gesto tecnico, preciso, uno può lasciare un bigliettino come Esenin, Majakovskij e Pavese, oppure nulla. Una deriva come la tua è un gesto diverso, e tu sei morto perché eri diverso. S'era mai visto prima un corridore pelato e col pizzetto? S'era mai visto negli ultimi tempi un vincitore del Tour che non andasse forte a cronometro? Quando sei morto, ho scoperto che avevi vinto trentaquattro corse in tutto. Merckx ne vinceva di più in una stagione. Ma era il modo, non il numero. Per questo Villeneuve è stato più amato di Schumacher. Per questo al tuo funerale c'era Charly Gaul, malato, e c'era Michele Dancelli, altro sognatore nomade, che non ti ha mai conosciuto, forse, ma Cuba sì. Non morirai del tutto perché il ciclismo è lo sport più ricco di memoria e, per riflesso, di morti. Lo so già che da qualche parte, sulle strade del Tour, ci saranno sul gruppo due ombre taglienti, larghe, simmetriche. Le ali di Pantadattilo, ma qualche stupido dirà che sono nuvole.

Nessuno più ci darà le stesse emozioni

11 febbraio 2005 – A un anno dalla morte di Pantani si può misurare l'assenza. È uscito qualche libro su di lui, una sciatrice azzurra gli ha dedicato la sua medaglia d'argento, gli è stata intitolata una scuola, monumenti sorgono qua e là. È grande l'assenza, e ogni pezzo di salita dura è come un monumento, chi ama il ciclismo lo sa, chi ha amato Pantani lo sa benissimo. Il ciclismo ha una memoria con solchi più profondi. Possiamo chiamarla storia, o leggenda. Su questi solchi ha viaggiato Pantani, e adesso è intoccabile nella morte, come cristallizzato. Ha viaggiato in bici alla sua maniera irripetibile, poi ha viaggiato fino al centro del buio.

L'assenza è grande perché nessuno gli somiglia. Cunego può vincere altri Giri, forse anche Tour, e anche Basso potrebbe. Potrebbe arrivarci un grande scalatore dalla Colombia o dagli Urali, ma nessuno susciterà le stesse emozioni. Dal tempo di Bartali e Coppi, per intensità di emozioni, si salta a lui. E poi non si salta più. Si aspetta, senza crederci troppo, qualcuno. Si rimpiange che per salvare la faccia ci abbia rimesso la pelle. Merckx, per dirne uno, è stato molto più forte di Pantani. Andava su tutti i terreni. Quando attaccava, sembrava un cavaliere con l'armatura scintillante, un figlio di qualche dio del ciclismo. Con lui cavalcavano le Valchirie, quasi si sentiva la musica. È ingombrante più d'una presenza, l'assenza di Pantadattilo, la lunga ombra delle sue brevi stagioni. In un anno Merckx vinceva quanto Pantani in una vita. Merckx mascherava la sofferenza. Pantani la ostentava. Solo lui avrebbe potuto dire che in salita andava forte per abbreviare la sua agonia, e spiazzarci tutti, trasformando con poche parole un'impresa ciclistica in una questione esistenziale.

La grandezza e l'unicità di Pantani, perché di questo si tratta, erano nella sua fragilità. Tante volte s'è rotto ed è ripartito, tutte le volte tranne una. Anche Coppi era fragile e si rompeva, ma andava forte a cronometro, non solo in salita, e aveva il fisico affusolato, le lunghe gambe del campione. Il piccolo uomo Pantani no, il suo paradiso doveva fabbricarselo in montagna, solo lì, a colpi di paletta o di badile. Lì era fissato l'appuntamento, lì si dispiegava il rituale dell'attacco. Via il cappellino, via la bandana, una volta via perfino l'orecchino, per scrollarsi Tonkov di dosso. Non erano cose pesanti, Pantani non se ne liberava per essere più leggero, ma per cercare una sorta di nudità spirituale, da samurai. Una concentrazione più feroce, forse. Saldare il conto a tutti e anche a se stesso.

Nel Duomo di Milano c'è la famosa statua di Marco da Agrate, il san Bartolomeo scuoiato, e una volta, non ricordo se fosse sull'Alpe d'Huez o a Guzet-Neige, mi è venuto il flash di Pantani che s'arrampicava scuoiato, così che tutti vedessero la bellezza della sofferenza, la fatica oltre la soglia del misticismo. La sua agonia, che invece di tornante in tornante era vissuta come crepitìo di vita. La «torrida tristezza» di uno degli ultimi messaggi. I continui suoi richiami al lato oscuro della gloria, alle cose che non sono quello che sembrano.

La grandezza di Pantani è che sembrava inadeguato. Non figlio di un qualche dio del ciclismo, ma un bambino invecchiato, un disgraziato, uno scappato di collegio, un postino in pensione. Con lui non cavalcavano le Valchirie, e se proprio c'era una musica era di fisarmonica. Ma crescente, fino a diventare stordente, come fa «La Valse à mille temps» di Brel. Perché di tornante in tornante il bambino invecchiato si trasfigurava, altro che Dumbo, Elefantino e paccottiglia varia. Diventava immenso, come si nutrisse di solitudine, come si esaltasse nella fatica più spaventosa che diventava una forma di pubblico sacrificio, con tanto di rituale.

Questo ultimo, estremo esponente di un ciclismo romantico, antidiluviano, poetico, che si consuma nella via più lunga che avvicina al cielo, quest'uomo morto male un anno fa ha giocato col suo sangue? Sì, no, forse, forse sì ma non più di tanti altri. Dopo un anno ognuno si tiene le sue convinzioni, tanto ormai non cambia nulla e qualunque cosa abbia fatto o non fatto non meritava di morire così giovane, così fuori di testa, così solo. Merita di essere ricordato come un fantastico, irripetibile dispensatore d'emozioni, quelle che torcono le budella e fan girare il sangue più veloce. Di essere ricordato, e lo sarà, con l'affetto e la gratitudine consentiti da una cicatrice non ancora chiusa.

Gli anni di Armstrong

1999

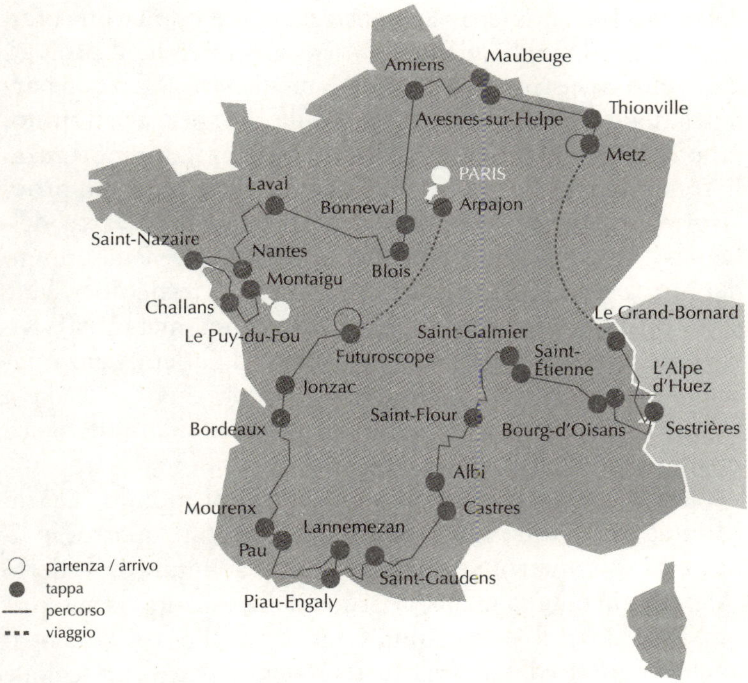

Non ci sono Ullrich e Pantani, è un Tour molto aperto. Vince il prologo Armstrong, guarito dal cancro, ma pochi prevedono che il texano arriverà in giallo a Parigi. Invece sì, dopo aver dominato a cronometro e sulle Alpi. Quattro vittorie consecutive allo sprint per Cipollini. Guerini s'impone sull'Alpe d'Huez.

Armstrong commuove ancora

PUY-DU-FOU, 3 luglio – Vada come vada, non potrà forse andare sempre così bene, ma idealmente appoggiato alla canna della bicicletta numero 181 penso che questa sera è una gran bella sera. In maglia gialla c'è Armstrong perché il prologo l'ha vinto Armstrong. A 50,788 di media su 6,8 km con partenza filante, una gobba a metà strada che spezzava il ritmo, un po' di falsopiano poi. Non che abbia molta importanza. Il Tour è lungo, ma questa vittoria di Armstrong è un provvisorio arcobaleno. Senza tuffarci nella grande vasca dell'enfasi, converrà ricordare che ad Armstrong nell'autunno del '96 venne diagnosticato un cancro (ai testicoli). Che è stato operato due volte (la seconda per una metastasi). Ricordare che la malattia l'ha affrontata da atleta, senza nasconderla, tenendo conferenze per incoraggiare chi stava peggio di lui, mettendosi in gioco anche sul piano dei sentimenti: dopo il primo intervento chirurgico si è sposato.

Non è questo prologo il suo ritorno al mondo. Già ai Mondiali dell'anno scorso era finito due volte quarto, in linea e a cronometro. La sua corsa l'aveva vinta. Ma vederlo sul podio in maglia gialla, la prima della sua vita, al suo primo Tour dopo le operazioni, è una cosa che scalda dentro anche in questo deserto verde. È un segnale forte, un segnale pulito, non ambiguo. «Sono sensazioni incredibili», dice ora lui. Alla vigilia aveva confessato che non gli piaceva la cupezza dell'ambiente, l'assenza di festa. Quanto alla sua posizione sul doping, non poteva che essere una: «Chi ha visto la morte in faccia non potrà mai fare ricorso al doping». Che a questo Tour nato sotto una brutta stella una carica di ottimismo e di fiducia venga da un corridore dato per morto è il classico fiore nel fango. E con l'emozione di chi cerca di raccontare storie di uomini, non solo di ematocriti e pedivelle, e con la certezza che ci saranno altre storie, mi godo questo prologo.

Il fango c'è, è importante che ci sia anche qualche fiore. Sembrava che Zülle fosse imbattibile, meglio ancora di Moreau e di Olano, chi ha memoria saprà che qualche problema col doping i due ex Festina l'hanno avuto. Ma Armstrong ha preceduto lo svizzero di 7". Il migliore degli italiani è Peron, dodicesimo. Discreto Savoldelli (a 31"), al di sotto delle attese Gotti (8'48") ma sempre meglio di Virenque (8'53"). Un'altra notizia è che al Tour la gente continua a esserci. Ben disposta, forse non ciecamente innamorata come gli altri anni, ma nemmeno ostile. Qualcuno ha scritto sull'asfalto *Virenque* = EPO, qualcun altro ha preparato un cartello: *Virenque, sempre il migliore*. Ieri, alla presentazione delle squadre, c'erano 17.000 persone. All'applausometro, primo Virenque (con qualche ululato di biasimo), secondo Armstrong.

Alle sette c'era la riunione di tutti quanti i corridori con Leblanc e Verbruggen, attualmente in rapporti formalmente freddi ma un tempo piuttosto amici. Nel 1988, addirittura, Leblanc, allora responsabile del ciclismo all'*Équipe*, aveva proposto a Verbruggen il ruolo che ora occupa lui. Verbruggen è entrato nel ciclismo (purtroppo per il ciclismo, o peggio ancora per quello che rimane del ciclismo) alla fine degli anni Sessanta, quand'era responsabile del marketing per la Mars, che sponsorizzò la Flandria. Per la stragrande maggioranza della stampa francese, la maglia gialla della vergogna l'ha già vinta Verbruggen e non gliela leva più nessuno. Questo non impedisce che Leblanc e Verbruggen facciano 50 minuti di footing moderato, parlandosi fitto come ai bei tempi. Il sermoncino ai corridori è a base di rivoluzione culturale e futuro da garantire.

Virenque e la Polti sbagliano strada e si presentano con mezz'ora di ritardo. Qualunque cosa faccia, è Virenque l'osservato speciale di questo Tour. L'angelo nero, lo ha definito il *Figaro*. *Tour de Farce* (di farsa) ha titolato in prima *Libération*, con un severo gioco di parole tra *tour de force* e Tour de France. All'interno, una pagina spiega come ci si preleva il sangue e si stabilisce il valore dell'ematocrito con la centrifughina. Siamo al kit del piccolo analista, peraltro molto diffuso negli alberghi delle squadre. I 180 esami del sangue effettuati oggi su tutti i concorrenti non hanno alla fine accertato alcuna infrazione. Correva voce di due atleti pescati sopra i 50. Uno spagnolo, ma in regola col certificato presentato all'UCI a inizio stagione, e un americano, ma la media dei successivi esami lo ha collocato sotto i 50. Via libera per tutti. Verbruggen ha detto chiaramente che oltre ai controlli già fissati ce ne saranno altri a sorpresa e saranno piuttosto mirati. Chi ha l'ematocrito a 47 sarà più nel mirino di chi ce l'ha a 42.

Bel momento, ieri, quello della lettura del giuramento di lealtà sportiva, a nome di tutti i corridori, da parte di Laurent Lefèvre, squadra Festina, nel giorno del suo ventitreesimo compleanno. Già, della Festina. Ma bisogna precisare che Lefèvre è uscito pulito non solo dagli esami ma anche dalle pagine del libro di Willy Voet, massaggiatore del team e rifornitore di droghe assortite. Lefèvre non ha mai voluto saperne, c'è scritto. Bel momento, anche un po' retorico se volete, ma intanto il gruppone prima o poi si spaccherà. Qualche segno già si avverte. Da una parte quelli che vogliono giocare pulito, anche per avere un po' di futuro, dall'altra quelli che sono abituati a giocare sporco. La Festina ha manifestato l'intenzione di voltar pagina. Al seguito della squadra c'è una dottoressa, Claire Condemine-Piron, la prima donna a svolgere questo ruolo al Tour e probabilmente nel grande ciclismo. Non ama molto le interviste, ma ha già detto di essere qui per curare la salute, non le performance. Della Festina che fu, il ds Bruno Roussel ha raccontato all'*Équipe* altri particolari inquietanti (e non leggeri per Virenque). E a un certo punto rivela che anni fa, a proposito di un contenzioso economico, gli aveva telefonato Verbruggen dicendo di non fare il furbo, «perché io posso trovarvi un corridore positivo come e quando mi pare». Proprio un bell'ambientino. E menomale che nella maglia color dei girasoli c'è Armstrong.

La leggenda del Re Leone

THIONVILLE, 10 luglio – Cipollini che batte Coppi, Cipollini che fa pari con Bartali, Cipollini che poi supera Bartali e fa pari con Charles Pélissier. Sono i numeri, ma è anche la realtà. In quattro giorni questo ragazzone di Lucca, l'equivalente di Tomba fra i ciclisti, macina record e fa saltare gli altarini su due ruote. E noi qui a pensare a quando a scuola c'insegnavano che il Piè Veloce Achille non avrebbe mai raggiunto la tartaruga. Un po' bisogna abituarsi, anche Valeria Marini può battere Silvana Mangano, in un sondaggio, ma qui al Tour è questione di cifre, non di gusti, di opinioni. E queste cifre dicono che Mario Cipollini da San Giusto di Compito, anni trentadue, che la sua squadra stava pensando di scaricare con garbo, ha vinto oggi qui la sua quarta tappa consecutiva. Tutte in volata, la terza su decisione della giuria che ha declassato chi l'aveva battuto, ma tutte reali. Degli italiani, solo Bartali nel '48 aveva infilato tre vittorie consecutive, sulle Alpi, in coincidenza con l'attentato a Togliatti (e relativa, allarmata telefonata di De Gasperi all'albergo di Cannes: Gino, puoi fare qualcosa?).

In due giorni Cipollini affianca e sorpassa Bartali. Da oggi ha affiancato Charles Pélissier, che vinse le ultime quattro tappe del Tour del 1930: anno in cui compare il primo libro col commissario Maigret, in cui muore Conan Doyle, in cui esce nelle sale *L'angelo azzurro* con Marlene Dietrich. Davanti, in questa sua corsa verso il passato, Cipollini ha solo il lussemburghese Faber: cinque successi consecutivi nel 1909 (Blériot trasvola la Manica, Peary arriva al Polo Nord). In più, Cipollini conquista pure il record della tappa più veloce di tutti i tempi, al Tour. Domani Cipollini farà una passerella a cronometro (in Francia è amatissimo) e martedì forse arriverà fino in cima al Sestriere, in omaggio ai tifosi italiani. Poi si ritira. E già questa è una differenza, e l'appunto non deve suonare come una critica a Cipollini. Anzi, aggiungo che, sommando le vittorie ottenute nelle due più famose corse a tappe (Giro e Tour) Cipollini con 41 è già terzo di sempre. È a ruota di Binda (43) e arriverà oltre. Merckx (59) è più lontano.

Cipollini vuole smettere fra due stagioni: se tiene il passo di quest'ultima (8) e insiste un po', può superare pure Merckx. Superare per modo di dire. L'importante per Cipollini non è finire, ma vincere. Arrivare in fondo, a Milano o a Parigi, gli fa un baffo. Perché rovinarsi i muscoli di seta su per le maledette montagne, quando con una serie di stoccate e fughe (prima della fine) è già arrivato nel Gotha? Bartali e Coppi, ma anche Binda e Merckx, correvano per l'ultimo traguardo. Erano sofferenza e volo, poesia e simbolo. Per questo sono nella storia del ciclismo. Non è il fascino delle vecchie fotografie o dei ricordi lontani a farmi dire che Cipollini ha staccato Coppi ma non lo batterà mai. Non è solo un discorso di epoche, di strade, di preparazione, di specializzazione diversa, ma di sentimento e di rispetto per la storia.

Cipollini è il più grande velocista italiano del dopoguerra, questo è certo. È bello (le mèche) e mondano (giuria di Miss Italia, sfilate per Corneliani, passione per la Ferrari) quanto basta per piacere e imporsi anche fuori dal cerchio degli appassionati. È un personaggio. Merckx è ingrassato, Bartali vive una bella vecchiaia, Coppi è andato in Africa, ci ha preso la malaria ed è morto, Cipollini va in Africa per allenarsi in Namibia. Può battere i ciclisti di oggi, non quelli di ieri, e lui lo sa. Non si può correre contro il passato. Lo sprinter è l'equivalente del centravanti. La volata di gruppo vittoriosa è come il gol dopo un'azione di squadra. Si leggeva l'anno scorso che Batistuta poteva battere Angelillo e le sue trentatré reti, ma vale lo stesso discorso. Segnare più gol sì, vincere più tappe sì, ma superare no, battere no, per favore, scavalcare no. Sempre a quella scuola del Piè Veloce e della tartaruga insegnavano che le rette parallele s'incontrano all'infinito. Nel ciclismo delle strade, dell'attualità e della memoria non è il caso di invocare un infinito che non c'è, ma un finito sì, un giardinetto o un bosco, che sappia conservare in piedi i suoi steccati.

Armstrong, il miracolo continua

METZ, 11 luglio – Stavolta Armstrong la fa un po' più grossa. Tira una botta pesante alla classifica del Tour, si riprende con gli interessi la maglia gialla appena degustata sulle strade della Vandea, dopo il prologo vittorioso. Ma lì erano 7 km scarsi, qui 56. Armstrong è partito fortissimo (già 12" di vantaggio su Zülle e Olano dopo 9 km) e fortissimo ha proseguito: 1'56" al km 42 su entrambi. Una leggera flessione negli ultimi 5 km, dove ha ceduto 16" a Zülle e 7" a Olano. E lo ha ammesso subito oltre il traguardo, appena ritrovato un filo di fiato. «Sono morto. Quando ho visto il cartello dei 4 km non avevo più niente dentro. Sono stanco, sorpreso, felice, preoccupato. Non so cosa potrà succedere, non mi aspettavo certi distacchi».

Neanche gli avversari, probabilmente. Uno, il suo connazionale Bobby Julich, Armstrong l'ha perso per strada. In discesa, Julich ha imboccato ad altissima velocità (più di 80 all'ora, dice chi era lì) una curva a sinistra ed è andato dritto, urtando con violenza contro il bordo del marciapiede. Ambulanza, ospedale, lastra. Fortissimo trauma costale ma niente fratture. «Sono triste per lui, non meritava di finire così il Tour», commenta Armstrong. Con lui c'è la moglie Kristin, bionda, con le lentiggini, camicetta nera a fiori. Si asciuga qualche lacrima mentre lui è sul podio, poi scende e le porge il mazzo di fiori gialli. Solo Zülle becca meno di un minuto. Gli altri, più di due: 2'05" lo specialista Moreau, 2'22" Olano, pure lui caduto, ma senza danni, poco oltre metà percorso, stavolta su una curva a destra. Gli altri, oltre i 3'. Nessun italiano nei dieci, Peron undicesimo a 3'59" e subito dopo Nardello a 4'12". Savoldelli 5'29", Garzelli 6'07", Guerini 7'04", Belli 7'17", Gotti addirittura 8'56", si ritrova sul gradino numero centouno. Meglio di lui ha fatto perfino il demotivato Cipollini. Sono distacchi pesanti. In casa d'altri, Dufaux 3'56", Tonkov 4'42" (ha corso storto, un po' per il solito ginocchio destro un po' per fitte all'addome), Virenque 6'30" (un po' ostacolato dalle auto durante il sorpasso di Capelle), Vinokourov 6'32", Escartín 6'36".

Su un percorso arcigno, con ripetuti strappi, Armstrong è andato forte (49,416 di media), anche troppo forte se è vero che nel finale ha pagato. È andato come se da questa cronometro dipendesse l'esito del suo Tour, e può darsi che avesse ragione. Intanto ha dimostrato alla concorrenza che nelle tappe contro il tempo è inavvicinabile. E ha detto inoltre che le salite sono un'incognita ed è su quel terreno che bisognerà attaccarlo. Ma dove sono i forti scalatori? Le salite cominciano dopodomani. Armstrong, prima di essere colpito dal cancro, ha partecipato a quattro Tour. In tre si è ritirato, nel quarto è arrivato trentaseiesimo. Sulle montagne oltre i duemila metri, e talvolta anche meno, era tra i primi a fare gruppetto. Non ha mai corso per vincere un Tour, né lui né la sua squadra. Questa può essere la preoccupazione. In più, per caduta ha perso il compagno più forte in salita, Vaughters.

Si batte le mani sulle cosce e scherza: «È vero che mi sono venute due gambe da scalatore?» È vero. Più asciutte e nervose di quelle che aveva prima della malattia e della chemioterapia. Ha perso 7-8 chili senza perdere potenza, come dimostra Metz. «Un vantaggio, forse. Un altro vantaggio è che mi sento più europeo. Quando prendo un volo per Nizza, sento che sto tornando a casa. Molto del merito è di mia moglie, in Francia si è subito ambientata». La moglie parla un buon francese (imparato a Villefranche-sur-Mer) con forte accento americano. Lui, a domanda, risponde che certamente salterà i Mondiali. «Non ci sarei con la testa, di Mondiali ce ne sono tanti ma la nascita del mio primo bambino è molto più importante». Sembrano quello che sono, una coppia felice che nei momenti difficili ha saputo prendersi per mano. Sono sposati da quattordici mesi. Lui non era più un condannato a morte e non era ancora tornato un campione. Era un uomo che, quando decideva di alzare le braccia al cielo, non era per arrendersi. Ed è un uomo che forse vincerà il Tour. Ora, avendo sentimentalmente puntato su di lui fin dalla vigilia, io mi trovo nell'impossibilità di spiegare perché va così forte e sono vagamente felice di questa impossibilità. Succedono cose così, magiche vorrei dire, è bello che succedano, ci sarà una spiegazione scientifica da chiedere ai medici e non ai compagni di strada, e soprattutto ai cronisti che cercano storie che val la pena di raccontare, sapendo che al Tour le trovano quasi sempre.

Il '98 fu l'anno del miracolato Pantani, ma come miracolato Armstrong è molto oltre. Pantani potrebbe fargli paura se fosse in corsa, ma non c'è. E allora chi? Il più vivace è Zülle, che cercherà l'impresa di prestigio ma è oltre i 7', come Virenque del resto. Restano Olano e Dufaux. Resta anche da vedere come Armstrong saprà guidare la squadra. Dopo la cronometro, più nessuno indossa la maschera. Adesso serve l'esperienza, serve saper valutare in pochi secondi chi può avere disco verde e chi no. Issandosi nel cielo della corsa Armstrong è diventato il bersaglio di tutti. Alla Route du Sud in giugno ha staccato tutti sui Pirenei vincendo sul Plateau de Beille, dove aveva vinto Pantani. Se esce senza danni dalle Alpi, è probabile che Armstrong vinca il Tour. Cercheranno di metterlo in trappola, e questo lottare alla pari con gli altri, questo ricevere sguardi d'invidia e non di ammirazione è già una vittoria molto importante, per Armstrong.

Finalmente le montagne, Armstrong scopre i nemici

LE GRAND-BORNAND, 12 luglio – Dalla Lorena alla Savoia. Dalle pianure alle montagne. La maglia gialla, da un estone a un texano. Dal tanto, quasi troppo (tutto firmato Cipollini) del bilancio italiano a un niente vagamente venato d'attesa (almeno il colpo di un giorno). E, ancora, dal tutti contro tutti della prima fase al tutti contro Armstrong. Per merito suo e demerito degli organizzatori del Tour, con l'elasticità mentale di una vecchia incudine, la classifica ha un volto umano. Fino alla mattina di Metz i primi settanta erano come sardine, in uno spazio di 2'19". Adesso a 2'20" c'è Moreau, che sparirà in giornata, e il settantesimo è a 12'. Con Moreau spariranno passisti e velocisti nelle prime posizioni: Hamilton, Boardman, González Galdeano, O'Grady, il bravo Peron, gregario di Olano. Nardello e Savoldelli si contenderanno il ruolo di primo degli italiani. Ma è il tutti contro Armstrong a tenere banco. E tutti per Armstrong gli americani, non ancora ripresisi dal successo nel Mondiale di calcio femminile. Naturalmente, hanno scoperto Armstrong quando ha rimesso la maglia gialla, cominciano a piovere inviati.

Difficile, Armstrong, reggere la pressione? «No, ho affrontato momenti più difficili. Che negli USA riscoprano il ciclismo attraverso me, mi fa piacere, ma non mi sento un eroe. Spero di essere un buon esempio per i giovani. C'è bisogno di ragazzi che fanno questo mestiere con la mentalità giusta». Si parla anche di corse, di avversari. «Quello che temo di più è Zülle. È stato sfortunato nella tappa del Gois, ma è forte e ha una squadra forte. Dico subito che io non corro con l'idea di vincere al Sestriere o all'Alpe d'Huez, ma per arrivare con questa maglia a Parigi. Le montagne sono un esame per me come per gli altri. Non ho nessun piano in testa, non sta a me fare la corsa. Dovrò essere pronto in caso di attacchi, ma questo vale sempre, anche senza maglia gialla».

Si parla anche di lui. «È vero che non sono mai andato così forte e ho già detto che è come se avessi dei muscoli nuovi, un altro fisico, più leggero. Un'altra spiegazione può essere questa: adesso sono un atleta sano, prima sembravo un atleta sano ma covavo il male, con sbalzi di rendimento che non sapevo giustificare. Io da corridore non ho mai avuto neanche un raffreddore, e un bel giorno faccio degli esami e mi dicono che ho il cancro».

Qualche pensiero su Armstrong. Già quando era arrivato due volte quarto ai Mondiali (in linea e a cronometro, nel '98) avevo scritto che il vincitore era lui. Potrei rifarlo, un po' perché nulla è più inedito della carta stampata, come diceva quel tale direttore di giornali, un po' perché lo penso davvero. Oltre alle volate di Cipollini e alle cronometro di Armstrong, che cos'è questo Tour? È poco, un quasi nulla incartato in quel bel pacchetto che è la Francia, con un nastrino giallo di buone intenzioni e uno rosso di sangue da analizzare. Armstrong, lo so, non è imbattibile. Ha slancio senza riserve: visto con occhio buono è molto generoso, visto con occhio freddo non sa gestirsi (ma il verbo è così repellente). A Metz è arrivato vistosamente in rosso, ma gli altri non erano più belli di lui. Poi, non ha una squadra fortissima. Ancora, può restar vittima del gioco delle alleanze.

Io spero che Armstrong vinca il Tour perché, come tanti, gli sono debitore di un gesto (parlo di Limoges) e di un'emozione forte. Lo so che le favole fanno paura a molti, ma a me piacciono. Se non si è convinti che i vecchi suonatori, gli innamorati e le capre possono volare come nei quadri di Chagall, il Tour è meglio guardarlo in tv o non guardarlo affatto. Se si pensa che nello sport ci sia ancora qualcosa che non è determinato solo dai soldi o dalla chimica, è meglio venire al Tour, perché nonostante tutto (anche l'anno scorso, perfino l'anno scorso) qualcosa si impara, si sente e talvolta si presente.

Nel '98 presentivo Pantani e stavolta Armstrong. Basta dirlo subito, forse capisco più di uomini che di ruote lenticolari. E adesso chiedo: avete mai pensato a come si sentirebbero tutti quelli messi in riga da Armstrong, se Armstrong vince il Tour? I giganti della strada rimpiccioliti, battuti da uno che nemmeno tre anni fa era più di là che di qua? Credete che si possano permettere questa favola? O che faranno di tutto per cancellare il lieto fine? Giusta l'ultima. Se Armstrong vince pulito, fa più male al doping del giudice Keil,[9] del ministro Buffet e di tutta la polizia di Francia. Perché molti cominceranno a farsi delle domande. Infatti, il tam tam delle piccole iene già bisbiglia che, poveraccio, magari per curarsi, si capisce, ma come fa ad andare così forte se non prende qualcosa che sfugge ai controlli?

La forza di un uomo può bastare, questa oggi è la sola risposta. Al Sestriere, ricordi di Coppi, di Chiappucci – la cosa migliore della sua carriera, 223 km di fuga – di Riis. Vedo più dura la tappa di dopodomani. Però quella di domani può essere micidiale, con le prime salite dopo dieci giorni di rapportoni. All'Alpe d'Huez, dove un americano (Hampsten) vinse nel '92, i ricordi più freschi e incisi sull'asfalto sono di Pantani. È entrato nel silenzio, chissà se guarda il Tour. Mi capita spesso di pensare a lui. Martinelli dice che gli sembra di rivivere la stessa situazione di un anno fa: Garzelli tranquillo, come Pantani. Che limita i danni, come Pantani. Che aspetta le salite, come Pantani. Le salite, eccole. Ma quell'attesa carica, calda, quella dov'è?

La favola di Armstrong

SESTRIERE, 13 luglio – La favola di Lance Armstrong, dalla chemioterapia alla maglia gialla, sta diventando un incubo. Per gli altri corridori del Tour, non per lui. A Metz, a cronometro, aveva dato una gran botta alla classifica. L'ha ridata

9. Il giudice di Lilla che condusse l'inchiesta del '98 sul doping al Tour. *[n.d.c.]*

oggi, sulle prime salite vere della corsa, arrivo in Italia dopo il Télégraphe, il Galibier, il Monginevro. C'è stata corsa e non c'è stata, nel senso che Armstrong l'ha interpretata non come un passero timoroso di volare ma come un falco. Quando c'era da difendersi si è difeso, appena capito che poteva attaccare ha attaccato e ha steso gli avversari. Uno solo, come a Metz, è riuscito a resistergli: Alex Zülle. Ritrovare ai primi due posti del tappone alpino i due migliori passisti di Metz è un dettaglio che isola Armstrong e Zülle come i più forti di questo Tour e insieme la dice lunga sulla reale consistenza degli scalatori. Gotti ha messo il naso alla finestra, con Escartín, sperando nella libera uscita. La maglia gialla, ormai si era a 8 km dal traguardo, ha tappato un buco di 30" in meno di 1 km, si è portato sui due di testa, ha aspettato che su loro rinvenisse Zülle e, semplicemente allungando, senza scattare, si è ritrovato solo. A quel punto ha insistito.

Non è più un cow-boy, Lance. È diventato serio e grande camminando sull'orlo del buio estremo. In conferenza stampa, gli faccio una domanda. «Cosa si fa, Lance, quando si va oltre il sogno?» «Si continua a sognare». Bene (lo sapevo). Fin troppo bene. I colleghi francesi hanno già cominciato a definire dantesca la tappa, è un aggettivo che va forte ma non condivido del tutto. È vero, c'è stato un alternarsi brutale di pioggia (anche grandine) e sole: 28 gradi alla partenza, 10 all'arrivo. Armstrong con la pioggia va bene, il Mondiale a Oslo l'aveva vinto sotto un diluvio, e anche l'Amstel Gold. Ma a Limoges faceva un caldo spaventoso. Armstrong è in uno stato di grazia naturale (fino a prova contraria) e le piccole iene devon tenere la bocca chiusa. Io credo ancora che Armstrong sia vulnerabile e lo crede anche lui: «Ho sbagliato ad attaccare così lontano dal traguardo, sono arrivato stanchissimo». È la seconda volta, in due occasioni diverse, che Armstrong ammette un errore. Ma chi è in grado di approfittarne, in questa concorrenza sbandata, dispersa, a mezzo di un guado che sta ridisegnando pesantemente le gerarchie? Solo Zülle, appesantito però dai 6' persi in mezzo al mare. Non Olano, che quel giorno aveva messo in piedi tutto l'ambaradam. In salita non va nemmeno a spingerlo, ha succhiato il sangue ai compagni per riportarsi a tiro, dovrebbe fare un monumento a Peron. Vabbè che Peron è pagato per aiutare il capitano, ma che sia un capitano vero, non un budino di dubbi. Non Tonkov, che becca altri 5', cade nella discesa del Monginevro quando era già staccato e picchia il solito ginocchio. Ecografia per lui in serata. Dovrebbe ripartire. E andiamo avanti: non Dufaux, arresosi al primo allungo. Non Virenque, peraltro discreto e appagato dalla maglia a pallini. E allora chi può guastare il Tour ad Armstrong? Armstrong in persona, naturalmente. «Un giorno o l'altro posso crollare di colpo, la corsa è aperta, gli avversari non devono rassegnarsi».

Paradossalmente, Armstrong con una mano abbatte i rivali e con l'altra li incoraggia. È come una luce nel buio, tutto è nuovo per lui, non sa quando può bruciarsi le ali né qual è il suo limite. Forse l'ha già oltrepassato e continua a cercarlo. Oggi è stato grande, e anche la sua squadra. Approccio lento, quasi timoroso ai monti, aria da scampagnata. Tutta la Saeco con una divisa fuori ordinanza (bianco, oro e nero) per festeggiare con tanto di «*veni, vidi, vici*» un ipotetico duemillesimo compleanno di Giulio Cesare. Idea americana, dello sponsor. La giuria non ha gradito: 6000 franchi svizzeri di multa. E nemmeno ha portato buono: nella discesa del Monginevro cade Coppolillo e Cipollini gli cade addosso. A Coppolillo si riapre la ferita, si ritira. Cipollini picchia la testa su un sasso, gli danno tre punti di sutura in albergo. Paga caro un gesto generoso. Ecatombe di sprinter: se ne sono andati Minali, Casper, Kirsipuu, Fagnini. Si ritira per caduta anche Conti. Sul Télégraphe e sul Galibier c'è il tempaccio dell'anno scorso, le scritte fresche per Virenque si mescolano a quelle vecchie per Pantani. Prima Andreu e Hincapie, poi Hamilton e Livingston (l'ultimo a mollare) assicurano il treno per la maglia gialla. Non è una corsa massacrante, ma di selezione naturale. Nessuno ha la forza o il coraggio per attaccare a fondo.

Quando lo fanno Escartín e Gotti, nella discesa del Monginevro, sembra fatta, ma Armstrong improvvisa: «C'erano tanti interrogativi in gruppo sul rendimento in salita mio e dei miei. Abbiamo dato una risposta. Del mio rendimento sono sorpreso, di quello dei miei no. Ma il Tour è ancora lungo». Bilancio dei nostri. Cipollini: «Volevo arrivare al Sestriere, ma non in ambulanza. Comunque questo Tour resta per me un'esperienza meravigliosa». Gotti: «Ci ho provato, ormai ero lontano dal podio. Adesso posso aiutare Virenque a salirci». Nardello (al sesto posto in classifica): «Bene, specie nel finale. Dopo la caduta ho rallentato per aspettare Tonkov. Sul Sestriere ho ripreso più di un minuto a Olano». Garzelli: «Male, fin dall'inizio. Soffro il freddo, gambe dure, crisi di fame negli ultimi 5 km». Direi malino, e nemmeno tanto. Non malissimo. Savoldelli busca 21'. L'ex leader degli scalatori, Piccoli, 34'.

Al Sestriere, in festa per le Olimpiadi che verranno, ci sono sempre arrivi che lasciano il segno: Coppi nel '52, Chiappucci nel '92, Riis nel '96, Armstrong nel '99. Il segno e il sogno. Che avrei una gran voglia di chiamare realtà. Molti hanno già detto e scritto che il Tour è finito oggi. No, all'ombra del girasole freddo, felice e bagnato che oggi era Armstrong, so che c'è ancora tanta strada da fare. Ma quanta ne ha già fatta, questo ragazzo con gli occhi grigi come la strada. Dopo la citazione di De André, a questo penso. Non c'è poi molto di ciclistico in questa favola dove il cavallo è sì la bicicletta, e il male il drago. La favola di Fortebraccio, l'ex cow-boy, andrà raccontata, vada come vada, a quelli senza bicicletta e col drago addosso.

Armstrong, la prova Pirenei. Ma il doping non dà tregua

SAINT-GAUDENS, 19 luglio – Armstrong si difende attaccando (stiamo parlando di doping), Dierckxsens fa le valigie e torna in Belgio, messo fuori dalla sua stessa squadra per infrazione ai regolamenti interni. Il vecchio Ludo non ride più. Al Giro di Germania aveva utilizzato una miscela di prodotti proibiti: due corticoidi, Synacten e Kenacort, stracitati nel libro di Willy Voet il bombatore, e antiasmatici, Bentelan. Aveva una ricetta medica ma non ha avvertito nessuno della Lampre. Controllato come vincitore a Saint-Étienne gli è venuto lo scrupolo: risultassi mai positivo? Invece è risultato negativo, e se stava zitto la faceva franca. Avendo parlato, scatta per lui l'articolo 132 del regolamento UCI: «Il corridore che dichiara di avere utilizzato prodotti dopanti sarà considerato positivo anche se negativo ai controlli». Seguiranno sanzioni. Pietro Algeri, con la squadra già nel mirino dal Giro di Svizzera, ha rispedito il corridore a casa. Commento di Leblanc: «Se non provvedeva la sua squadra, provvedevamo noi».

Che ne pensa Armstrong? «Per adesso niente. Non so come sono andate le cose». Seconda domanda (la pone un giornalista polacco): lei crede in Dio? Siamo a Tarbes, nel salone della Camera di Commercio, in via Neil Armstrong (strana combinazione, davvero). Nell'alberghetto della US Postal, un cubo di cemento, 60.000 lire la camera doppia, non ci starebbe una squadra italiana di calcio di serie Z. Risposta di Armstrong al giornalista polacco: «Credo di essere onesto nelle mie responsabilità verso gli altri e ogni sera voglio essere a posto con la coscienza». Cosa pensa dei sospetti di doping? «Mi danno molto fastidio perché so di essere innocente. Il quotidiano di Austin, la mia città, è uscito in prima pagina con la notizia che in Francia mi accusano di doping. Sono cose pesanti da mandar giù, ma non so che altro posso fare. Certo che ho preso l'EPO, ma da persona malata, non da corridore. Su prescrizione dei medici: avevo 24 di ematocrito. Finita la chemioterapia, per l'esattezza il 13 dicembre 1996, finita l'EPO. Io mi sono sempre sforzato di dare trasparenza alla mia vita, anche nei momenti peggiori. Non ho segreti. Tutta la storia della mia malattia, trattamenti inclusi, è su internet. Ma poi, scusate, lo sanno tutti che se c'è un paese all'avanguardia nell'antidoping è la Francia. Ora, non solo io sono qui al Tour, ma ho corso quasi sempre in Francia, mi sono sempre allenato in Francia e addirittura si può dire che vivo in Francia. Avessi qualcosa da nascondere, avrei impostato così la mia stagione?»

Il ragionamento fila, direi. Gli chiedono un paragone con Pantani. «Lui fermo per incidente, io per malattia. In comune, molti sacrifici e una grande voglia di tornare». È vero che gestisce la corsa alla maniera di Indurain? «No, Indurain è una leggenda, è uno dei miei eroi. Io non lo valgo e la mia squadra non vale la sua». E allora perché nessuno la attacca? «Sui Pirenei mi attaccheranno. Ma sono tranquillo, in maggio ho fatto queste due tappe, a Piau-Engaly pioveva, ai bordi c'era la neve. Delle due, la tappa più dura è la prima». Le domande rimbalzano su vari argomenti. Con che occhi guarda Zülle, Dufaux e quelli come loro? «Hanno confessato e hanno pagato. Per me sono puliti». E Virenque? «Il pubblico lo ama e quindi sono contento che sia in corsa».

È una risposta diplomatica ai limiti della bugia: Armstrong non può sopportare Virenque. In compenso, mentre pattugliavo con poche speranze di esclusiva l'alberghetto di Tarbes, ho conosciuto il cuoco dell'US Postal. È di Zurigo, si chiama Willi Balmat («Ma mia nonna era una Di Rienzo, di Trastevere»), lavorava per la Swissair quando ha incrociato in volo Jim Ochowicz, team manager allora della Motorola, che lo ha dirottato sul ciclismo. Balmat vive per molti mesi in Maremma, vicino a Suvereto. Da lì ha portato il suo olio, il formaggio parmigiano, i pistilli di zafferano d'Abruzzo. I gusti di Armstrong in corsa: «Vuole solo spaghetti Barilla numero 5, molto al dente. Gli piace la carne secca dei Grigioni e l'omelette con un solo rosso e tre bianchi». Menù prepirenaico, stasera: risotto alla milanese, scaloppine al limone, torta di mele. Ma queste sono robette, Tarbes non è solo il giorno di riposo, è la camera ardente per Fabio Casartelli quattro anni fa. Il Tour lo ha ricordato con una corona di fiori e una messa. C'erano Leblanc e Hinault, c'erano Elli, Guerini, Commesso col mazzo di fiori di Albi, c'era Chiappucci arrivato in bici col padre di Casartelli (la madre, in pullman). Domani la corsa passa a qualche chilometro dalla stele, non davanti. È una tappa corta (173 km) con cinque salite (Val Louron la più dura) prima dell'arrivo in quota a Piau-Engaly.

È una tappa per uomini soli, la squadra non serve a molto perché non c'è praticamente un chilometro di pianura. Altra musica dopodomani. Aspin, Tourmalet, Soulor e Aubisque, ma dalla cima a Pau ci sono 61 km che possono consentire recuperi agli staccati ma anche un attacco combinato a un Armstrong che fosse in giornata nera. Come sulle Alpi, la tappa più dura viene dopo un giorno di riposo, e si sa com'è andata al Sestriere. Lì Armstrong ha sequestrato il Tour, e lì molti hanno cominciato a dire che andava troppo forte e che non esistono le favole. Con la solita litania che ha funzionato l'anno scorso (cui aggiungo, non si sa mai, la beata Patrizia degli Intestini Smossi) sui Pirenei si va si va. Infine, i famosi controlli del PFC sono stati fatti, nei palloncini i corridori hanno soffiato. I risultati si conosceranno – pare – a settembre, e non serviranno a nulla.

Armstrong: «Sono un perseguitato»

PAU, 21 luglio – Il cow-boy è ritornato saggio. Tiene la corsa per le redini, non se la fa scappare di mano. Nemmeno il Tour a questo punto, che andrà verso Parigi respirando la pianura. È una carovana di mezze frasi, di insinuazioni, di sospetti, ma non è tutto lì, non è solo quello. È anche la storia di un uomo che torna da lontano, e se a trent'anni esatti dai primi passi di Neil Armstrong sulla luna i francesi (non tutti, direi pochi) tracciano un paragone con Lance Armstrong, che la luna nera se l'è lasciata alle spalle in meno di tre anni, io preferisco pensare, da fuori, a tutto quello che Armstrong ha dentro.

Per adesso, ha dentro un risentimento freddo, come sapesse che rovinare il giocattolo a un adulto è peggio che a un bambino. Preceduto da un comunicato dell'UCI (uso di pomata Cemalyt, contenente triamcinolone, per curare una dermatite al soprassella), Armstrong racconta la sua verità prima in una conferenza stampa, poi in tv al *Vélo Club* di Gérard Holtz. Riassumo: «Sono stato controllato il giorno del prologo, tutto negativo, e dopo la prima tappa, con tracce minime di corticoidi a dimostrare che non era un trattamento sistematico. Quando mi chiedono se ho preso qualcosa io rispondo no, perché penso a iniezioni, a pastiglie. Per me spalmare una pomata in una zona sensibile per tutti i corridori non è doping, non è neanche prendere qualcosa. Per *Le Monde* a quanto pare sì. I suoi giornalisti sono qui per raccontare storie di doping anche quando non esistono. Per me doping significa utilizzare prodotti proibiti per migliorare la prestazione. Qui si cerca di farmi passare per un dopato o per un bugiardo. Non sono né l'uno né l'altro, ma penso di essere un perseguitato». Ha un messaggio per i malati di cancro? Ci pensa su, l'inizio è ironico: «Dicono che il cancro possa derivare dallo stress. Allora il mio messaggio ai malati è: non venite a correre il Tour e soprattutto non sognate di indossare la maglia gialla. È passata un'ora dalla fine di una tappa pesante e io sono ancora qui a parlare, a giustificarmi per una colpa che non ho commesso. La mia storia è questa: ho avuto un cancro, ne sono uscito, volevo tornare a correre ma non mi voleva nessuna squadra, perché nessuno credeva davvero che tornassi a correre. Sono tornato a correre e non mi volevano, perché facevo fatica, non vincevo. Poi ho cominciato a vincere e non si vuole credere che vinco regolarmente. Ci deve essere un trucco. Sto vincendo il Tour, non mi farete mai dire che l'ho già vinto a Pau, ho troppo rispetto degli avversari e dei giorni di corsa che mancano per dirlo. Ai malati di cancro dico che devono avere fiducia in se stessi, come l'ho avuta io. È anche una vittoria della medicina, vent'anni fa sarei morto, o una specie di miracolo. Ma bisogna credere, con forza». Ultima stoccata: «Sui Pirenei ho avuto momenti molto difficili. A Piau-Engaly ho avuto una crisi di fame. Potevo crollare. Ho resistito pensando alla soddisfazione che avrei dato a tutti quelli che mi dipingono come un drogato, che aspettano solo un mio crollo. Per questo, per avermi dato un motivo in più per tener duro, potrei anche ringraziarli, ma non è il caso. Al di là del mestiere che uno fa, ci dovrebbe essere sempre il rispetto per gli altri. Per me non ce n'è stato. Comunque, stanotte dormirò meglio».

Lo sfogo di Armstrong toglie spazio a una tappa che non ha detto molto, però animata. Prima un allungo di Tonkov. Come sulle Alpi, male nella prima tappa di montagna e bene nella seconda. Con lui, Elli ed Etxebarria. Elli, il brianzolo di ferro che ha aspettato i trentaquattro anni per mettersi l'orecchino (regalo di Zabel), passa primo sia sul Tourmalet (come nel '98) sia sull'Aubisque. Dietro, intanto, è stato ancora il ballerino triste Escartín ad aprire le danze, invitandosi da solo con uno scatto secco sulla parte più dura del Soulor. Fernando scatta sulla sinistra, Armstrong è prontissimo a contrarlo, rimorchiando Zülle e Belli. Fine delle trasmissioni. Questi quattro, più altri cinque intercalati (García, Serrano, Vinokourov, Arrieta e Contreras) si portano sui primi. In questa fuga ci sono i primi tre della classifica e tirano senza risparmio. Il gruppo di Virenque, Olano e Dufaux, staccato di oltre 3', rosicchia terreno quando in testa si comincia a pensare alla vittoria. Etxebarria e Serrano (Once) non hanno mai tirato, Elli e Tonkov sì, quando erano in tre. Il colombiano Contreras ha fatto gli straordinari per Escartín. A 10 km dall'arrivo anche i califfi dell'alta classifica si mettono in coda e parte la girandola degli scatti. Prima Contreras, poi Elli, che di piazzamenti sarebbe anche stufo, poi Arrieta, poi Serrano.

Tra aprire i buchi e tapparli, Elli spende molto. Troppo. Lo scatto finale di Etxebarria, che sembra davvero la versione basca di Jalabert, lo trova con la lingua di fuori. Anche Contreras lo brucia sulla riga. Non c'è giustizia per gli sgobboni, ma Elli e Belli (Lelli stavolta no) hanno corso una fior di tappa. Come Commesso, che s'è spolmonato in salita per Dufaux (alla Saeco sono rimasti in tre) e ci tiene ad arrivare a Parigi. E ci arriverà meritando, con Etxebarria, l'etichetta di più solido e promettente tra le facce relativamente nuove. Il resto è una faccenda fra trentenni e più. Ma anche Armstrong in fondo è una faccia nuova. Non era previsto a certe altezze, a certe fatiche, a certe vittorie. Eccolo lì. L'incredibile che chiede di essere creduto. Semplice, anche se non tutti ci riescono.

Mondini, un premio al coraggio

FUTUROSCOPE, 23 luglio – Questo Mondini, se mi credete, è un bel corridore. Non solo perché ha vinto, naturalmente, né per come ha vinto. Per come lo spiega: «Potevo attaccare già prima, ma potevo anche aspettare la volata. Mi sono mosso quando ho visto che avevo a ruota Bessy, in teoria il più cotto. Potevo fare il buco». Ragionamento esatto. Non solo Bessy è il più cotto ma oltre a lui ci sono addirittura altri quattro francesi nella fuga buona: Simon, Robin, Lamour e il vecchio Bourguignon. A Futuroscope la Francia dei pedali lotta contro il passato (il nefasto 1926, ultimo anno senza vittorie) e contro il presente (il nefasto 1999, anno senza vittorie). Gli italiani sono quattro: Mondini, Piccoli, Aggiano e Garzelli. Gli spagnoli due: García Acosta e Solaun, più il kazako Vinokourov e il tedesco Jaksche.

Con la benedizione degli americani e la sola patetica opposizione della Once, questa fuga parte a una cinquantina di km dal traguardo. Tutti collaborano. E tutti pensano di poter vincere. I passisti veloci abbondano. Anche Mondini lo è, a Bordeaux è arrivato ottavo nel volatone di Steels. Ma

Mondini ha anche il colpo dell'inseguitore, i 4 km senza flessione di ritmo. Bella vittoria davvero, quella di Mondini. Si alza con largo anticipo, dopo 3" l'inutile sprint di Robin. Bella, devo spiegare perché. Credo che chi è capace di bei gesti sia capace di grandi gesti. Massimo esempio: Armstrong a Limoges, Armstrong e il cancro, Armstrong che vince il Tour. Altro esempio: Petit che butta fuori il pallone nell'ultima azione d'attacco dei francesi, con Di Biagio a terra. E Petit che, partendo dalla posizione di stopper, si fa tutto il campo di corsa e segna in contropiede il 3-0 al Brasile. E questo Mondini, che abita al paese di Sacchi («Io so bene chi è lui ma non credo che lui sappia chi sono io, anche se qualche volta ci siamo allenati insieme») mi aveva colpito per un piccolo gesto, ma bello, civile. Dopo 99 km di fuga con Morin, nella tappa di Blois, raggiunti a 4,5 km dall'arrivo, Mondini gli aveva teso la mano e se l'erano stretta. Ed è esattamente a 4,5 km dal traguardo di oggi che Mondini allarga le ali.

Coincidenze, può darsi. Ma attenzione: non solo un calciatore, come canta De Gregori, si vede dal coraggio, dall'altruismo e dalla fantasia. Anche un ciclista, anche un ciclista. Mondini non è un pivello, ha ventisette anni, è al suo primo Tour. Non è uno scalatore, ma è passato terzo sul Télégraphe e terzo sul Moncenisio, è andato in fughe pesanti a Blois e Saint-Flour. È un generoso, uno che trasforma l'umiltà in carica positiva. Uno che non ha paura della fatica, che la cerca. Sono quelli che vanno in fuga il sale del ciclismo, anche se non sono famosi, anche se sono in squadre piccole, dove quello che conta è farsi vedere. Al ciclismo è arrivato tardi, Mondini. I genitori hanno un negozio di profumi, lui è partito col nuoto («Il fisico l'ho formato in piscina: 1,91 per 81 chili»), poi col calcio («Ma avevo i piedi quadrati»). In Romagna, la bicicletta diventa un passaggio obbligato, specie se si ha un padre cicloamatore e uno zio assatanato. Ha finito il liceo scientifico, Mondini, si esprime bene in francese e in inglese. «Ho scambiato qualche battuta con i gregari dell'US Postal. Qualche giorno fa Armstrong è venuto a chiedermi qualcosa in inglese, ci siamo salutati, per 2 km ho pedalato storto per l'emozione. Armstrong è sempre stato il mio idolo. E Zabel è stato gentile, il giorno del mio compleanno mi ha fatto gli auguri, non so come mai». Glielo spiego io: perché i corridori veri sanno capire chi è un corridore vero, tutto qui. Non è un caso che Mondini in Italia abbia vinto solo un open a Carnago, feudo milanista. Gli altri successi in Polonia, in Svezia, in Galizia, in Lussemburgo e in Giappone, dove la corsa è meno bloccata. E anche al Tour, il massimo, quando la corsa si è sbloccata e quelli svegli la fortuna se la vanno a cercare. E poi quanti corridori si trovano che alla domanda: «Hobby?» rispondono: «Riuscire a conoscermi meglio»? Un ragazzo intenso, questo Mondini, direbbe l'Arrigo. Anche grazie al suo assolo, l'Italia arriva a sette vittorie, il solo Commesso sfugge al diminutivo (4 Cipollini, 1 Guerini e Mondini) e il solo Godefroot fra i ds (Salutini, Paolini). Sette vittorie come nel '50, nel '52 e nel '97. Meglio, solo nel '48: undici tappe di cui sette Bartali.

Il resto della giornata. In mattinata, analisi del sangue per i primi dieci della classifica e per i corridori di Lampre e Française des Jeux. Partenza spostata di un paio di km per una protesta dei vignaioli della Charente contro le multinazionali. Si partiva da Jonzac, terra di cognac, le cui vendite sono in crisi e non saranno certo i pessimi consigli dei dépliant (bevetelo *on the rocks*, o durante i pasti allungato con acqua come fanno in Asia) a farlo risalire. Il sigillo è la vittoria della Cantina Tollo (ammessa dopo la cacciata della Vini Caldirola) che ha alle spalle più di mille vignaioli conferenti.

Tutto torna, in un certo senso. Domani la crono. Armstrong dice che farà di tutto per vincerla, perché la maglia gialla ha dei doveri. Non mi stupirei se la vincesse Zülle. E non mi stupirei se Armstrong chiamasse Mondini a correre nella sua squadra. Oppure, mi piace pensarlo. Un assemblaggio di bei cuori.

Il lieto fine di Armstrong. «Due miliardi per i malati»

FUTUROSCOPE, 24 luglio – La madre di Armstrong si chiama Linda, ha un'aria giovanile e una maglietta giallo chiaro, una bandierina americana in una mano, il leoncino di peluche nell'altra. Piccolo bacio. Lui sembra imbarazzato. Pure, ha vinto anche la cronometro, e prima di lui solo Merckx, Hinault e Indurain avevano fatto filotto, prologo incluso. L'ha vinta alla sua maniera, partendo forte e arrivando spremuto. I numeri: Armstrong dopo 13,5 km ha 16" su Zülle, dopo 28 km 21", dopo 42 km 24" e all'arrivo, dopo 57 km, 9". Zülle, uno specialista del cronometro, è stato più regolare nella distribuzione dello sforzo, Armstrong, che sta diventando uno specialista, è stato più generoso. Poteva anche andare relativamente a spasso, tanto era già tutto chiaro: Escartín avrebbe perso il secondo gradino del podio a favore dello svizzero, e lui, Armstrong, poteva sempre invocare la stanchezza, il calo di motivazioni, la voglia di non rischiare nelle curve.

Niente di tutto questo: Armstrong è partito per vincere e ha vinto. «Volevo vincere con addosso la maglia gialla». Più umani i distacchi nei confronti degli altri: 1'35" ad Hamilton, 1'37" a Casero. Bene Belli (settimo a 2'23") mentre Nardello non ha avuto fortuna. Prima lo ha punto una vespa durante il riscaldamento. Poteva andargli peggio, perché ci sono anche tafani in queste campagne. E poi, dopo 25 km, è andato dritto in curva, a 50 all'ora, senza neanche tirare i freni. La bici si è incastrata nelle transenne, la scarpa non si liberava. Cambio di bicicletta, ma non era delle sue misure (strano, errore non lieve) e inoltre aveva più caratteristiche da cronoscalata che da crono piatta. Da mordersi le mani, perché Nardello perde il sesto posto a vantaggio di Olano (al momento dell'incidente il varesino era in ritardo di 21") per la miseria di 15", dopo aver buttato via un minuto abbondante. L'Italia ha comunque tre corridori nei primi dieci: Nardello settimo, Belli nono e Peron decimo. Se Peron avesse potuto fare la sua corsa, forse finiva nei cinque. Ma il discorso, a inizio stagione, era stato chiaro: discreto dinero per aiutare Olano, alla Once gliene importa poco di un italiano quinto o sesto. Chissà come saranno contenti adesso, azzardo, con Olano sesto.

Ma è stata, anche oggi, la giornata di Armstrong. Qual è stato il suo momento migliore in questo Tour? «Metz e il Sestriere. Forse più il Sestriere». Ha un messaggio per le squadre europee che non l'hanno voluto? «Senza far nomi [parla della Cofidis, *n.d.a.*] penso a una squadra che, quando s'è saputo della mia malattia, ha detto: faremo tutto il possibile, staremo vicini a Lance. E tre mesi dopo erano all'ospedale di Indianapolis, vicino al mio letto, per rompere il contratto. Per loro il messaggio è: Lance ha vinto il Tour». Due piccoli flash. In marzo Armstrong incrocia Lefevere, della Mapei, e gli dice: «Vi pentirete di non avermi preso quando vincerò il Tour». Poco dopo lo chiama Rominger per la corsa di Losanna. Lance, questo è l'ingaggio. Toni, hai tenuto conto che arriverò come vincitore del Tour? Prontissima replica del Topone: va bene, allora l'ingaggio sarà quest'altro. E così martedì Armstrong correrà a Losanna, giovedì volerà in America, dove lo vogliono tutte le televisioni, e il 31 luglio tornerà a casa, vicino a Nizza.

Altre domande. Si può dire che la malattia è stata utile? «Sì, a patto di precisare che si tratta di un'esperienza che non vorrei ripetere. Con la malattia ho pensato anche ad altro, oltre alla bicicletta. Prima, credevo di essere un buon professionista che si permetteva qualche distrazione. Poi ci ho messo molto più impegno, più lavoro, dieta più stretta, stare attenti a tutto. Prima avevo sempre fretta, poi ho imparato ad aspettare. Adesso, anche in bici, so quello che voglio e so aspettare». Cosa farà della maglia gialla? «L'appenderò a un muro di casa mia, a Austin, e sarà l'unica maglia in vista, quella di campione del mondo è da mia madre». Lei che ha indicato il cielo a Limoges, ha già pensato a cosa potrebbe indicare, a Parigi? «Non ci ho pensato, so che non ripeterò più quel gesto. Le emozioni di quei giorni sono diverse, non torneranno. La forza di quel giorno, la sensazione di non essere solo a pedalare, non l'ho più avuta». Come definirebbe la sua storia? «Incredibile, ma non in senso hollywoodiano. Una storia speciale. Ed è tempo di ringraziare i miei compagni, la US Postal che ha creduto in me e soprattutto Bruyneel. Adesso posso dirlo, lui dopo la Vuelta era sicuro che avrei vinto il Mondiale. E quando arrivai quarto mi disse: fa niente, ci consoleremo con la maglia gialla. In tanti abbiamo creduto al progetto Tour. Si aspettava di vincere con uno scarto simile? «No, ma togliete a Zülle i 6' del Gois e vedrete che il caso ha avuto la sua parte». Ritornerà al Tour? «L'anno prossimo punterò sul Tour e su Sydney, anche per la competizione di mountain bike».

A chi dedica questa vittoria? «Fatemi fare i conti. Al 50 per cento ai malati, a quelli che combattono per la vita, ai giovani; al 25 per cento a me stesso; al 25 per cento a tutti quelli che non hanno creduto in me. Adesso sono assolutamente felice. Ogni speculazione, ogni mormorio si è sgonfiato [non ne sarei così sicuro, *n.d.a.*], Manolo Saiz ha detto: accusando Armstrong di doping, si può destare l'interesse di un milione di persone, ma quello che ha fatto va molto più in là, coinvolge molte più persone. È anche per questo che sono felice». Gli chiedono infine dell'associazione che porta il suo nome e che raccoglie fondi per la lotta contro il cancro. «A maggio a Austin, alla corsa che si chiama Ride for the Roses, abbiamo raccolto 1.100.000 dollari (circa due miliardi di lire) che sono già stati devoluti. La fondazione continuerà a esistere e, spero, a raccogliere fondi».

Missione compiuta a Parigi

PARIGI, 25 luglio – Adesso sì che si può scendere dalla canna della bici numero 181, adesso che Lance Armstrong si toglie il berretto e con gli occhi asciutti guarda salire la bandiera a stelle e strisce. Quasi sull'attenti, come un soldato. Audie Murphy. All'inferno e ritorno. La sua storia sarà presto un libro, edito da Putnam, e dal libro sarà tratto un film (la Disney ha già anticipato 400.000 dollari) diretto da Bud Greenspan. Ma la sua storia è stata ed è una storia. Nel ciclismo si parla di strada, di salita, di volate, di cadute, di ritorni, di crolli. Parole come pane quotidiano. E si parla di medicine, di crisi, di recupero, di battaglie. Il ciclismo ha i suoi tempi, i suoi ritmi. La vita, anche quando pende verso la morte, ha altri tempi, altri ritmi.

Da due settimane Armstrong sta spiegando come un ex malato di cancro può vincere il Tour. C'è chi gli crede e chi fa fatica a credergli, ma è bello riuscirci. C'è chi non gli crede. Ma c'è, oltre al ciclismo, chi ha un esempio vivo e può continuare a sperare. Ora io devo aggiungere che credo ad Armstrong perché ci credevo già prima dell'inizio. Quando puntarci sembrava un azzardo o una previsione stramba, più umana che tecnica. Non sembrava, era. E questo dipende dal fatto che credo più negli uomini che nella tecnica. Per me, Armstrong era entrato in un cono di luce il giorno di Limoges. Il resto, il cono d'ombra fitta, lo leggevo sui giornali. Ogni Tour è un riannodare fili, un riordinare ricordi e insieme un presentarsi a pagine bianche, sarà la strada a metterci i colori e i sentimenti. Quando Armstrong è arrivato quarto alla Vuelta e poi due volte quarto ai Mondiali, in linea e a cronometro, nell'autunno del '98, mi era uscito di getto un commento intitolato «Ha vinto Armstrong», che poteva sembrare fuori luogo (hanno ammazzato Pablo, Pablo è vivo) ma salutava invece un ritorno definitivo. Incredibile forse, ma reale. Si era fermato alla soglia del podio, si poteva già capire quanto cammino avesse percorso.

Pochi mesi dopo è salito sul gradino più alto della corsa più famosa. Al Puy-du-Fou pensavo che la fortuna di Armstrong era di correre un Tour senza il passista più forte, Ullrich, e senza lo scalatore più forte, Pantani. Che la corsa l'avrebbe vinta il più coraggioso, il meno calcolatore. Che un ex malato vero, col suo carattere poi, poteva mettere in riga un gruppo di finti sani, costretti a limitare l'apporto della farmacia. Pensavo, ancora, che chi ha affrontato un vero calvario non potesse aver paura di Olano a cronometro o di Virenque sulle salite. E che avesse delle sofferenze, che la bici impone, una visione diversa dagli altri. Come quelli che hanno viaggiato molto, hanno visto più cose. Penso che Armstrong fosse un tipo fuori dal comune già prima della malattia e non mi stupisce che, affiancato da un telecronista in moto mentre fa il giro d'onore, alla domanda: «È il più bel giorno della tua vita?» risponda: «Sicuramente no».

La vita di Armstrong comincia il 18 settembre 1971 a Plano, cinque miglia da Southfork, il ranch reso famoso dalla serie *Dallas*. Sua madre ha diciassette anni. Lance non sa nulla di suo padre, se non che se ne è andato di casa quando lui aveva un anno. E il secondo marito di sua madre, che se ne va di casa quando lui ha dodici anni, gli è molto antipatico. Fa nuoto, corre, si avvicina al triathlon. Nell'86 partecipa ai campionati nazionali con una maglietta senza sponsor su cui c'è scritto *I love my Mum*. Nell'89 è nazionale di ciclismo, nel '92 è all'Olimpiade di Barcellona. Nel '93 vince il Mondiale dei pro a Oslo, in un pomeriggio inventato dal dio della pioggia e dei fulmini. Va a vivere a Como, ha un discreto giro di ragazze, la mascella volitiva, un po' da bullo, la vita è una bestia da prendere per le corna. In bicicletta è forte, ma ragiona male, a volte, sbaglia i tempi.

La vita di Armstrong può cominciare a finire alle ore 16 del 2 ottobre 1996. È andato da un urologo, Greg Reeves. Da qualche giorno gli fa male un testicolo, ha pisciato sangue. È grave, dottore? La mattina dopo, d'urgenza, al St. David Hospital il dottor Youman gli asporta il testicolo destro. Il 9 ottobre in conferenza stampa Armstrong comunica a tutti di avere il cancro e di avere intenzione di lottare. Il 17 ottobre gli aprono la testa asportando due noduli circolari grandi come monetine. Il 10 novembre esce in bici con Merckx. A fine novembre va a trovarlo Angelo Zomegnan, della *Gazzetta*. Annota i particolari: Porsche nera, Harley Davidson rossa, motoscafo, grande villa bianca nel quartiere dei ricchi, a Waters Edge. Sulla mensola della sala, una foto della moglie di Casartelli col bambino piccolo. Armstrong è completamente senza capelli, la faccia grigia e gonfia per la chemioterapia. «E piantala di guardarmi come se fossi già morto», dice a Zomegnan. «Io non voglio morire, vedrai che torno a correre».

In dicembre nasce la Lance Armstrong Foundation per aiutare le ricerche sul cancro. I medici di Indianapolis, Lawrence Einhorn e Craig Nichols, lo hanno sottoposto col suo consenso a una terapia sperimentale, con dosi di chemio che abbatterebbero un bisonte. «È stato il periodo più duro, avevo paura di morire nel sonno, senza reagire». Lo rivedo sul traguardo di Andorra, luglio '97. Non ha una bella cera. «Non ho fretta, tornerò ma non posso avere fretta». La Cofidis lo sgancia. «Sono come una merce avariata», commenta lui. Per tutta la durata della terapia vuole vivere da solo. Ha un gatto rosso, trovato per strada. Lo battezza Chemio. Nell'agosto del '97 i medici lo autorizzano a rifare il corridore. Marc Gorski annuncia che correrà per l'US Postal. Nel febbraio '98 si ripresenta a una corsa andalusa che si chiama Ruta del Sol. C'è nei nomi una forza evocativa. L'ombra e il sole. In maggio si sposa. Lui e Kristin, bella e brava oggi a non mettersi in giallo, camicetta bianca, commossa, aspettano un figlio per ottobre. Stanno vivendo felici e contenti.

Serve altro? Qualche circuito a 45 milioni a botta (la stessa tariffa degli ultimi vincitori del Tour), degli 8 chili in meno lo sapete, e dell'agilità-potenza che lo porta a dare, nelle cronometro, 106-108 pedalate al minuto (Indurain era sulle 90) posso dire che è stata sottovalutata. In salita è cresciuto perché si è allenato molto in salita, nell'entroterra della Costa Azzurra, sul Col de la Madone, sul Turini, e poi sui Pirenei. Dalla Ruta del Sol al sole di questo Tour che ha illuminato da solo con la sua volontà. C'è tanta strada da Austin a Como, e da Como a Indianapolis, e da Indianapolis a Parigi.

Continuo a pensare che Armstrong non sia un miracolo, un mito, un superuomo, un angelo senza spada, ma un uomo. Solo un uomo. Potrebbe indicare se stesso col dito, come fece col cielo a Limoges, ma non lo fa. È un altro uomo. Missione compiuta, tenente Armstrong.

Classifica finale

1. Lance Armstrong (USA, US Postal), km 3686,8 in 91h 32'16", media 40,276; 2. Zülle (Svizzera, Banesto) a 7'37"; 3. Escartín (Spagna, Kelme) a 10'26"; 4. Dufaux (Svizzera, Saeco) a 14'43"; 5. Casero (Spagna, Vitalicio Seguros) a 15'11".

Partenti: 180. Arrivati: 141.

2000

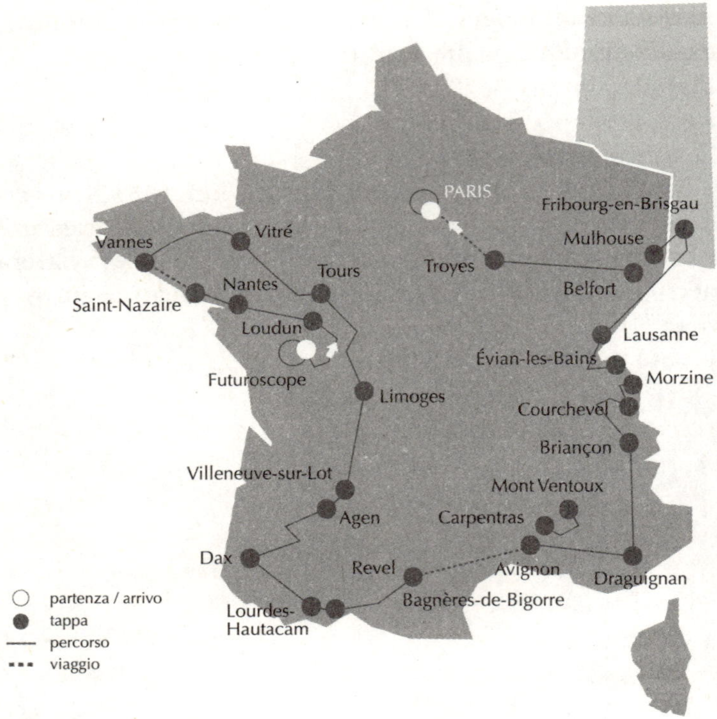

Stavolta ci sono Ullrich e Pantani, ma niente possono con Armstrong, che indossa la maglia gialla a Hautacam, sui Pirenei, e la conserva fino al termine. Pantani vince sul Mont Ventoux, Armstrong dice che l'ha lasciato vincere, Pantani si arrabbia. Rivince a Courchevel ma non riesce a far saltare Armstrong. E si ritira.

La lunga attesa del Mont Ventoux

ROTTERDAM, 1° luglio – Il Tour, visto da Rotterdam, dove si parla d'altro, assomiglia a un indovinello. Fossi a Futuroscope, sarebbe ugualmente un indovinello ma almeno li avrei visti in faccia. Pantani con il pizzetto in meno, Armstrong con un'autobiografia e due avversari in più, Ullrich con qualche chilo in meno, ma forse non abbastanza. Da qui alle Alpi, dice lui, sarà a posto. Da qui alle Alpi, mi dico per consolarmi di non essere fin dal primo giorno al Tour, non dovrebbe succedere molto. Non c'è nemmeno Cipollini. La solita, immutabile settimana per velocisti, il ritorno della crono a squadre, un solo giorno di Pirenei (lesa maestà) compensato da molte Alpi.

Dal '91 il Tour non aveva in gara i tre vincitori delle tre precedenti edizioni e a questi tre limiterei il mio pronostico. La ragione dice Ullrich, il più giovane, il più forte a cronometro, quello con la squadra più forte. Il cuore dice Armstrong, per quello che ha fatto l'anno scorso. La ragione fa presente al cuore che l'anno scorso non c'erano né Ullrich, caduto, né Pantani, sprofondato. Non c'erano il più forte a cronometro e il più forte in salita. E allora bravo comunque Armstrong a vincere con 7' e rotti su Zülle che ne aveva persi circa 6 nella caduta del Gois, ma chissà come se la sarebbe cavata il texano contro quegli altri due in salute.

L'*Équipe* ha dato cinque stelle, il massimo dei favori, ad Armstrong, quattro a Pantani e Zülle, solo tre a Ullrich. Strano. Pantani ha detto che sente in pancia buone anticipazioni. Anche il mio pronostico parte da un punto fra il cuore e le trippe: appuntamento il 13 luglio, sul Ventoux. Pantani, che voglio continuare a chiamare Pantadattilo, non va mai a caso. È un appuntamento tra calvi, lui e il Ventoux. E quel giorno si capirà qualcosa di più, leggere l'immediato futuro non sarà difficile come domani, da Rotterdam. Credo che Pantani sia da sentire, più che da ascoltare o da analizzare. Esattamente come lui sente o sentiva le salite. Al Giro ha messo la testa fuori un giorno solo, il giorno dell'Izoard. L'obiettivo di Pantani e della Mercatone è di ripetere il '98: arrivare ai piedi delle montagne perdendo il minimo possibile in cadute, ventagli, in tutte quelle trappole del caso che caratterizzano da sempre l'avvio forsennato del gruppo. Già ridotto prima dell'inizio, il gruppo. Nostra Signora degli Ematocriti ha avuto il suo tributo: un russo, un italiano, uno sloveno. È così che si va, congelando pipì (da cantare sull'aria di «Violino tzigano»), con la prospettiva di esaltare un vincitore sui Campi Elisi e di vederlo declassato dopo due o tre mesi. Gli esami che consentono di rintracciare l'EPO nelle urine sembrava dovessero essere attuati in corsa. Invece, dopo. È come una strada ridotta a un sentiero, ma può servire da deterrente. Quando i metodi di identificazione saranno a prova di bomba, ci saranno meno bombe in prova. È da un po' che il ciclismo sconsiglia di raccontare favole. Cappuccetto Rosso ha le siringhe nel cestino, la nonna è alcolizzata e il lupo spaccia. Ma il Tour rimane il Tour. Favole no, ma qualche storia si può ancora provare a raccontarla. A tra poco. Prima c'è Francia-Italia. E poi la gran lavagna verde che è la Francia.

Ingorda Francia, ora c'è Jalabert

VITRÉ, 5 luglio – Wust Zabel Zanini è la rivincita dell'ordine alfabetico. Dekker e Voigt si fanno 150 km di fuga, prima in cinque poi in due, e vengono ripresi a 300 metri dal traguardo. E così mi ritrovo, con altri colori, altri atleti, altro sfondo e altra partecipazione, a rivivere la finale di Rotterdam. 30", 300 metri a 60 all'ora sono anche di meno. L'aria del Tour, devo farci la gamba. Ho messo la maglietta grigio topo, quella ufficiale dei campionati europei con la sigla dell'UEFA, si capisce chiaro da dove arrivo. Non è come presentare la giustificazione a scuola, ma quelli del ciclismo e quelli del calcio hanno poco da spartire, sono due parrocchie distinte, il Tour bisogna prenderlo dall'inizio. Se non altro, nessuno sfotte. Tanto per chiudere da una parte e aprire da un'altra, telefono a Zoff, immaginando che sarà gentile e dirà che non ha voglia di parlare. Immagino giusto.

E invece ha voglia di parlare Pantani. Buon segno, piccolo ma buono. In tv mi era sembrato spaventosamente cresciuto nel didietro, ma forse è colpa di quell'assurdo rosa pallido che lo fascia. Presi in gruppo e uno per uno, questi poveri ciclisti sembrano addobbati da uno stilista ubriaco. Invece devo dire che la nuova maglia azzurra del calcio mi piace. Unica, delle sedici, a non avere losanghe, inserti di colore sulle spalle, giochini sulle maniche. Una bella semplicità. Basta col calcio. Adesso Pantani pesa 57 chili, uno in più di quando vinse il Tour. Senza baffi e pizzetto ha un profilo meno dannunziano e più mussoliniano. In questi primi giorni tutti i favoriti si soppesano e si pesano. Dice Pantani che Jalabert se lo ricordava tre chili più pesante, e visto che non ha perso potenza (cronosquadre docet) bisognerà tenerlo d'occhio. Non come Ullrich (numero 1 per il Fossile) e Armstrong (numero 2). «Non li temo. Se mi ritrovo, se riuscirò a essere quello che voglio, di terreno a disposizione ne ho abbastanza. E a Hinault, che mi aveva suggerito di pensare alla maglia a pois, suggerisco di pensare al cerimoniale delle tappe, visto che è parecchio che ha smesso di correre». Intanto oggi ha beccato altri 10". Non per colpa sua. All'ultimo km la caduta dello sloveno Klemenčič ha spezzato il gruppo. Nei trenta di testa, solo Ullrich, che aveva fatto il treno per Zabel, e Armstrong, che è sveglio. Ma è vero che il terreno Pantani ce l'ha, dal Ventoux alle Alpi. Solo lunedì sui Pirenei si saprà qualcosa di più. Non solo su di lui, anche sugli altri.

A cominciare da Jalabert, tornato a correre sulle strade francesi solo quest'anno e prontamente rielevato a eroe nazionale. *L'euro on l'a, Jaja, le Tour à toi.* Striscione a Tintignac, paese dal suono che sembra un carillon buttato nel brodo. Si passa per la Bretagna delle ortensie e dei campanili alti, c'è un sacco di gente. «Molto calore, mi è sembrata calda anche la pioggia», dice Jalabert. La fuga, la Once la controlla senza esagerare. Voigt è a lungo maglia gialla. A 30 km da Vitré comincia l'agonia di Voigt e Dekker. Tirano la Festina, la Telekom. I lunghi rettilinei degli ultimi 5 km sono fatali ai fuggitivi. Con le curve no, ma inquadrato diritto chi scappa ha la fisicità della selvaggina impiombata, si tratta solo di andarla a prendere. Nel '94 Voigt, tedesco dell'Est, era considerato il miglior dilettante del mondo, davanti a un certo Ullrich. Ullrich lo prese subito la Telekom, Voigt finì in una squadra australiana dove poi andò a pescarlo Legeay. E così Ullrich basta che faccia un segno e ha una squadra a disposizione. Voigt ha a disposizione solo se stesso e si scanna per nulla. Per fare la gamba all'aria del Tour mi sono dato due giorni, ma una cosa si può già dire. In sala stampa qui ci sono sedie per tutti. Agli Europei no. Nella mia personale classifica, Aigner ha scavalcato Blatter. La bruttissima storia degli handicappati perquisiti e trasportati a braccio, dei giornalisti arrestati e picchiati, è solo la scena finale di un'organizzazione indegna (aggettivo di moda) sempre. L'ineffabile signor Aigner ha detto che gli Europei potevano essere organizzati meglio. Decrittando dal vocabolario di un papavero svizzero, significa che facevano schifo. L'ascensore negato agli handicappati, i giornalisti bloccati fuori dalla loro zona di lavoro e minacciati coi cani perché pretendevano di andarci, tutto questo nasce da una sola esigenza: la presunta sicurezza dei vip, paroletta che è peggio di un cancro. Per loro gli ascensori, gli agenti in borghese, e tutti gli altri come paria.

Qui è leggermente diverso, si ha quasi l'impressione di essere persone normali. E poi, per consolarsi, qui si mangia e si beve in un modo diverso. La cucina belga e quella olandese si possono riassumere in un telegramma. Cercata salvezza in ristoranti italiani, indonesiani, indiani, cinesi, messicani, thailandesi e turchi. Adesso si cambia, e pazienza se le saline di Guérande quest'anno non producono per via dell'inquinamento da petroliere che ha colpito la costa. Da Guérande arriva un sale grosso che usano i migliori cuochi, dal Giappone al lago d'Iseo. Si saluta il pesce di mare e si va verso quello di fiume. La Loira, i castelli, Balzac, Bettini con la maglia a pois, Wust che finalmente ha vinto una tappa al Tour (alla Vuelta, dodici) e con la biografia di Armstrong da leggere. Titolo: «Nella vita non c'è solo la bici». Sfogliato, sembra molto sincero, diretto, all'americana. «Sono stato molto fortunato ad avere il cancro. È morto un Armstrong, ne è nato un altro. Il secondo è più forte del primo». A pezzetti, ve ne racconterò ancora. Un po' per simpatia, ma soprattutto perché sarà il Tour a obbligarmi.

Bettini lancia gli italiani

DAX, 9 luglio – I Pirenei sono scoperti dal Tour prima delle Alpi (1910 contro 1911) ma le Alpi hanno un'immagine migliore. È anche per questo che mi piacciono di più i Pirenei, nella loro desolazione. C'è, e si vede, il falco, la poiana, ancora qualche avvoltoio. Nelle pietraie, la pericolosa vipera pirenaica. Le strade sono più vecchie, rugose e malandate di quelle alpine. Ma già i nomi dei paesi fanno capire la differenza. Nodosi e sordi quelli pirenaici: Ossau, Bigorre, Gazost. Fruscianti e suadenti quelli alpini: Morzine, Courchevel, Megève, Avoriaz, Méribel. Belle donne abbronzate aspettano negli chalet di lusso, sulle Alpi. Pensionati in cadenti stazioni termali e colonie di bambini che non possono scegliere aspettano la corsa sul Tourmalet, sul Portillon. Non sarà per loro che si addolciranno le curve, si asfalteranno le strade.

La cupezza dei Pirenei è già nella prima frase storica, di Lapize agli organizzatori: «Siete tutti assassini». Questo lo disse sull'Aubisque, dopo aver scalato Peyresourde, Aspin e Tourmalet. Lapize vincerà ugualmente la tappa e il Tour. Ma il solo a non mettere piede a terra sul Tourmalet è Garrigou. Il suo rapporto: 22 x 11. Il premio: cento franchi. Nel 1911 compare il Galibier, ma è sui Pirenei che si consuma il misfatto: avvelenato da una borraccia presa ad Argelès, Duboc scalando l'Aubisque finisce in un fosso, scosso da convulsioni spaventose. Era primo, finirà secondo. Il 1913 vede il primo Tour in senso antiorario e Christophe che rompe la forcella già dal Tourmalet, fa 14 km a piedi, entra nella bottega di un collega (un fabbro) e in quattro ore se ne forgia un'altra. Girardengo s'è ritirato sui Pirenei, Binda pure, ma dopo aver vinto due tappe e lasciato l'impressione di uno scalatore eccezionale. Si ritira per la rottura della sella, nella discesa del Portet d'Aspet, e nel '26 si era ritirato a Luchon Bottecchia, anche lui vittima di una borraccia maligna. Nei tre anni precedenti aveva dominato. Ancora il Portet d'Aspet nel

'34: il ventenne Vietto torna indietro perché un motociclista lo informa che il suo capitano, Magne, più staccato, ha rotto una ruota. Vietto gli dà la sua, Magne vincerà il Tour. E poi ne farà perdere non pochi a Poulidor.

Nei villaggi pirenaici raccontano storie di banditi, di morti ammazzati, di agguati. E nel ciclismo a volte succedono le stesse cose. Bartali si ritira nel '50 (e con lui tutti gli italiani, compreso Magni in maglia gialla). Alcuni tifosi francesi hanno malmenato Bartali sull'Aspin e in discesa una mai identificata Citroën nera ha cercato di buttarlo nel burrone. Bartali vince la tappa, a Saint-Gaudens, e tutti fanno le valigie. Nel '51 l'olandese Van Est, in maglia gialla, nel burrone dell'Aubisque ci va da solo. Nel '64 Anquetil, in crisi sulla Envalira, è spinto e aiutato da mezzo gruppo. Nel '69 Merckx in maglia gialla ne fa una delle sue. Attacca sul Tourmalet, mancano 130 km al traguardo di Mourenx. Merckx insiste sul Soulor e Aubisque e arriva con 7' di vantaggio. Le cose più vecchie le ho lette sui sacri testi, quelle un po' più recenti le ho sentite raccontare, quelle di Merckx le ho viste. Il Col de Menté nel '71, Merckx irrimediabilmente staccato da Ocaña sulle Alpi non vuole arrendersi. Si sale col sole, si scende in un uragano di vento e grandine. Merckx rischia la pelle, Ocaña è a pochi secondi, gli altri sono seminati. Merckx cade e si rialza. Ocaña cade nello stesso punto, dopo una curva a sinistra, rimbalza contro un muretto basso, si rialza e mentre sta sollevando la bici è centrato in pieno petto da Zoetemelk. In elicottero all'ospedale di Luchon. Merckx il giorno dopo rifiuta di indossare la maglia gialla. Guardando adesso le foto, che sembrano una dolente deposizione dalla croce, si capisce che il dramma Ocaña lo aveva dentro. La rivincita se la sarebbe presa, ma dalla vita si sarebbe ritirato con una fucilata in testa. Il '90 è l'anno orgoglioso e ferito di Chiappucci, che attacca sull'Aspin e crolla. Il '91 è il lampo di Indurain, primo spagnolo ad attaccare in discesa (Tourmalet) e Chiappucci è con lui, e vince a Val Louron. Il '92 è il giorno in giallo dello sconosciuto Virenque, in fuga sul Marie-Blanque, che fa anche rima. Nel '95, discesa del Portet d'Aspet, muore Casartelli. Il giorno dopo, il tappone pirenaico è un funerale di gruppo, e anche queste cose è impossibile dimenticarle. Il '96 è Riis che castiga Indurain. Si sfila e guarda tutto il gruppetto in fuga verso Hautacam e poi se ne va. E nello stesso anno si arriva a Pamplona, la città di Indurain, passando per i suoi Pirenei (durissimo l'Alto de Larrau) e Indurain arriva molto lontano da Riis, ma deciso a onorare con la sua presenza dolente la vittoria dell'altro. Si saprà dopo, col libro di Willy Voet, che il soprannome di Riis in gruppo era «Monsieur 60%». Il '97 è la fioritura di Ullrich ad Arcalis, sopra Andorra. Sembrava solo un fortissimo passista, macina Pantani e Virenque. Il '95 e il '98, c'è qualche firma di Pantani, in località dai nomi quasi alpini: Guzet-Neige e Plateau de Beille.

Ci sono Pirenei famosi (il Tourmalet e l'Aubisque su tutti) e altri su cui il Tour è passato una volta sola: Bonaiga, Larrau, Lers, Somport. Previsioni Pantani: «Test non decisivo. Fin qui molti favoriti hanno corso come dilettanti allo sbaraglio». Previsioni meteorologiche: pioggia tutto il giorno, 6 gradi sull'Aubisque e 8 sul traguardo. Salite avvolte dalla nebbia. Vento da ovest a 60 orari sull'Aubisque, calerà nella discesa del Soulor. Nebbia e rovesci d'acqua verso Hautacam. Lourdes è a due passi, i credenti sanno a chi rivolgersi. Ma i Pirenei sono spietati e atei. Carenze d'affetto, direbbe uno psicologo.

Pantani, l'illusione è finita. Armstrong colpisce al cuore

HAUTACAM, 10 luglio – «Quello lì è di un altro pianeta», la frase, non originale, la pronuncia Pantani a proposito di Armstrong, e in questa trappola ghiacciata suona come un atto di sottomissione. Quello dell'altro pianeta è segnato da dolori di una profondità che pure uno specialista in sofferenze come Pantani ignora. L'uomo che viene da così lontano e che aggioga il Tour senza una smorfia fa un capolavoro d'improvvisazione. Attacca quando è proprio nella condizione di essere attaccato. I Pirenei sono senza cuore quando decidono che fa freddo e piove forte: hanno già steso gli innamorati del sole, Pantani e Virenque, Elli e Ullrich. Ma questo giorno di dicembre va bene per Armstrong. È manna per lui, e una mattonata in fronte agli altri.

C'è questo tempo orrendo e tante corse in una. Quella di Otxoa, lo spagnolo di turno, comincia al km 50 quando raggiunge Durand insieme a Mattan, e poi continua sul Marie-Blanque, quando rimane da solo, e poi finisce al traguardo, lacrime e segno della croce, ultimi 3 km a zig zag, stravolto dalla fatica, fra le bandiere dei baschi. Prima vittoria della sua carriera. «Era giusto che vincesse lui», dice Armstrong. Di 17' di vantaggio a Otxoa sono rimasti 42". Bastano. Un'altra corsa è quella di Virenque, Escartín, Jiménez. Attaccano sull'Aubisque, arrivano ad avere quasi 3' su Armstrong, che resta impassibile. «Ma dentro ero molto agitato. Mi ero ritrovato senza compagni. Mi aspettavo una serie di attacchi, ma tutto era fermo. È stato Pantani a decidere per me. La corsa è cominciata in quel momento». Vero. Purtroppo il Tour di Pantani è durato 1 km. Credeva di star bene, aveva anche spedito Zaina a fare qualche tirata. E, rullo di tamburi, aveva buttato via il cappellino. A 12 km dal traguardo ecco Pantadattilo schizzare via da un tornante a destra, Zülle gli salta a ruota, poi subito Armstrong. Ullrich, fermo. Restano in tre. Scattino di Zülle, s'impicca da solo. Restano in due. Armstrong davanti, il Fossile dietro. Armstrong scandisce un passo micidiale. Non scatta, non allunga: trita Pantani con le sue cento pedalate al minuto. È leggero e potentissimo insieme. Pantani perde 5 metri, 10, 100, amen. E gli va anche peggio. Spiega: «Per resistergli, sono andato fuori giri. Poi ho avuto una crisi di fame. Oggi era un test. La risposta è che non si improvvisa niente. La fantasia crea aspettative, la realtà le cancella. Sono tornato coi piedi per terra». E con lui chissà quanti altri.

Il guaio, per Pantani, è che non busca solo da Armstrong, ma da corridori che non sono scalatori (Moreau, Bartoli, Boogerd). Aspettiamo a dire che Pantani è finito. Il suo Tour, per quanto riguarda la vittoria finale è finito, sì, ma ci sono altre salite, altre occasioni. Questa lo ha visto nella parte del piromane che rimane circondato dalle fiamme. Non è una parte facile da recitare, per chi ha l'orgoglio di Pantani. Ma le gambe sono quello che sono. Saranno poco romantiche le gambe, ma nel ciclismo contano, come diceva Binda. E oggi Pantani, col suo chilometro di urlo-lamento, sembrava lo scricciolo col falco.

Il Ventoux è tutt'altra cosa, ma il falco rimane tale per tutti i corridori del Tour. Dovrei essere contento: il pronostico del cuore, dettato da Rotterdam, diceva Armstrong. Ma ci sono due settimane di corsa ancora, e di sicuro c'è solo che Armstrong patisce il caldo e che adesso il peso della corsa è tutto sulle spalle sue e dei suoi. Oggi, molto attivi all'inizio dell'Aubisque, poi spariti con velocità preoccupante. Ma Armstrong non è preoccupato: «È vero che siamo stati troppo generosi, ma ho compagni esperti, capaci». Va più forte dell'anno scorso? «Forse sì, ma non dimentico quanto ho sofferto nel finale. Ullrich è molto forte, la Kelme è un'ottima squadra, qui mi è riuscito un buon colpo ma niente è deciso». Sarà, ma se va come va a cronometro e se sulle prime salite vere (nel '99 il Sestriere, adesso i Pirenei) spunta sempre lui, qualcosa vorrà dire. Nel '99 Ullrich e Pantani non c'erano, stavolta sì. E la classifica dice: Ullrich a 4'14", Virenque, Olano, Zülle e Bartoli intorno ai 7', Pantani a 10'34". Il Tour può perderlo solo lui. Stesse cose che si dicevano della Juve per lo scudetto. Ma Armstrong questo Tour lo vuole vincere. Molti, dopo il successo dell'anno scorso, gli hanno chiesto perché non si è fermato, ormai quello che doveva dimostrare al ciclismo e al mondo l'aveva dimostrato. Che un ex malato di cancro può vincere il Tour, metter su famiglia, tornare ricco e felice. «Era una domanda senza senso. Il mio mestiere è questo, mi piace farlo bene. Non ho nessuna intenzione di ritirarmi. Una cosa alla volta. Prima il Tour, poi ho in mente Sydney».

C'è una classifica piena di spagnoli, qualcosa tenteranno. Chi ha limitato maggiormente i danni è Ullrich, chi ne esce peggio è Pantani. Per non dire di Elli, già in difficoltà sull'Aubisque, 32' di distacco all'arrivo. Piuttosto bene Bartoli, nonostante una caduta in discesa e i dolori al ginocchio operato. Ha speso troppo in scatti e scattini, alla fine ha patito la fame anche lui. Una tappa non micidiale per dislivelli è diventata micidiale per il cattivo tempo e per il bell'Armstrong. «Sembrava pedalasse in pianura», ha detto Pantani. Anche Indurain ha fatto la stessa osservazione. Forse è vero. Al di là della diversa struttura (prima della malattia 82 chili, adesso 73) e della diversa pedalata (prima di forza, adesso di agilità) Armstrong è un altro corridore perché è un altro uomo. Lo ha scritto chiaro, nel suo libro, eppure molti non gli vogliono credere. Prima aveva fretta di attaccare, adesso sa aspettare, l'ha dimostrato anche oggi. Prima era un ragazzo, anche un po' spaccone, adesso è un uomo che può permettersi di dire che il cancro è stata una fortuna. Poteva spezzargli la vita e gliel'ha cambiata. «Ci pensavo nella discesa del Soulor. A maggio sono caduto lì, in allenamento, in discesa, pochi chilometri da dove è morto Casartelli. La stessa dinamica, ghiaino sulla strada. Anche lì un muretto, e io senza casco che ci sbatto contro con la testa e prima di sbattere ho il tempo di pensare che morirò come Fabio. Dei campeggiatori lì vicino pensavano fossi morto, poi hanno visto che mi muovevo e uno ha chiamato un'ambulanza. Come ricordo ho una cicatrice in più». Le strade che ha visto Armstrong sono diverse. Per questo agli altri sembra che pedali in pianura. Sempre più chiuso a riccio, i francesi non lo amano molto, i giornali l'anno scorso hanno gettato ombre vergognose sulla sua vittoria. Per questo non ha smesso. E per questo, appena potrà, darà un'altra mazzata al Tour.

Le mille vite di Mr. Armstrong

REVEL, 11 luglio – Per un gioco del calendario, e anche del destino o di come lo si vuole chiamare, Armstrong arriva da padrone del Tour proprio qui, dove cinque anni fa, da toro texano (è lui stesso a definirsi così) perse per eccesso di sicurezza uno sprint a due col russo Outschakov. Anche oggi uno sprint a due, tra un olandese e un colombiano. Primo Dekker, secondo Botero dopo 213 km di fuga tra acquazzoni e girasoli. Lionel Jospin ha seguito la tappa. E Leblanc, a un certo punto, ha ricordato via radio che le squadre che non seguono il regolamento del Tour saranno rispedite a casa. Il messaggio è per Once e Mapei, che da tempo avevano chiesto di cambiare l'albergo fissato dagli organizzatori a Blagnac, aeroporto di Tolosa. Questo per non far pesare sul giorno di riposo un trasferimento in auto di quasi 400 km. Non ci pensassero nemmeno.

Io invece continuo a pensare ad Armstrong. Ieri sera ha cenato con moglie e figlio in un ristorante italiano di Lourdes. Lo Champagne ordinato dai compagni non l'ha bevuto. Se qualcosa riesce a farlo sorridere sono le domande degli inviati americani, che arrivano a grappoli, tipo: «Perché non vinci più tappe?» «Fatevi spiegare dai colleghi europei cos'è la tattica». Quando vinse il primo Tour, un giornalista americano chiese a Linda, sua madre: «Si può dire che Lance ha vinto contro tutti e contro tutto?» E lei rispose: «È tutta la vita che Lance lotta contro qualcosa o qualcuno». Finito di leggere la sua biografia (per nulla autoelogiativa, sincera fino ai dettagli più sgradevoli) mi chiedo quanto il nuovo Armstrong debba al sentimento e quanto al risentimento, quanto all'amore e quanto all'avversione.

Sguardo sulla gioventù: «A Plano, chi non era ricco o non sapeva giocare bene a football non era nessuno. Proprio il mio caso». E in più un padre vero mai visto, un secondo padre che lo picchiava con una pagaia al minimo cenno di insubordinazione, e lui quei cenni li moltiplicava per farsi picchiare e odiare di più quell'intruso. Sceglie di fare nuoto, ciclismo, atletica: si farà notare negli sport che non sono il football. A sedici anni arriverà quinto nel campionato americano di triathlon. Il resto è sempre un successo, a rapide ondate. Il Mondiale di Oslo (il più giovane vincitore di un Mondiale), la tappa di Verdun al Tour (il più giovane vincitore di tappa del dopoguerra) e dopo due giorni il ritiro, sulle Alpi («Sono troppo lunghe e troppo fredde»). Un ragazzo prodigio, un cocco di mamma, un innamorato della velocità. La stessa velocità caratterizza il cancro: mercoledì notizia, giovedì intervento chirurgico, venerdì notizia che dagli esami risultano metastasi, sabato deposito alla banca dello sperma a San Antonio, lunedì mattina conferenza stampa per annunciare al mondo la malattia, lunedì pomeriggio inizio della chemioterapia.

Ci sono particolari che si possono tacere, altri che si ritiene giusto dire. All'ospedale di San Antonio lo accompagnano la madre e due amici (uno è Kevin Livingston, l'inseparabile gregario). Armstrong viene fatto accomodare in una stanza dove c'è una poltrona, un lettino e un pacco di giornali porno. È questo dettaglio a ferirlo di più. Scrive che gli piacciono i bambini, che avrebbe voluto provare a essere un padre migliore di quelli che aveva avuto o non avuto, e che immaginava la paternità come una scelta, un atto d'amore. Non lì, non così, non con la ferita che ancora gli faceva male, non come frustrazione e disperazione. E conclude: «Ho chiuso gli occhi e ho fatto quello che dovevo fare».

Non c'è tanto ciclismo, nel libro. C'è più spazio per i medici, le infermiere, le cure, le speranze e le ricadute, i sogni e gli incubi, i tormenti della chemioterapia, la ripresa della bicicletta, le difficoltà per farsi riaccettare dal ciclismo, per trovare una squadra e uno stipendio, l'incontro con la futura moglie e le battute pesanti del suo principale a un party (cosa te ne fai di quello? è una mezza porzione). E la risalita faticosa, la Vuelta, la serie di quarti posti, la casa a Nizza e poi la decisione di smettere, non ce l'avrebbe più fatta a tornare forte. Ritorna in Texas con Kristin, passa il tempo a bere, a giocare a golf e a ingozzarsi di cibi tex-mex. E poi c'è il ritorno definitivo, convinto, dopo una settimana francescana di allenamenti sui monti Appalachi.

Questo succedeva due anni fa. Sulla copertina del libro si vede solo mezza faccia di Armstrong e l'occhio stavolta ha un'espressione insieme fiera e tranquilla. Come in un sottotitolo (o in una lapide) Armstrong è definito, dall'alto in basso: sopravvissuto al cancro, vincitore del Tour de France, marito, padre, figlio, essere umano. Bene, uno che ha passato tutte queste cose, anzi che le ha vissute, più le accuse di essere un drogato durante il Tour dell'anno scorso da parte di molti giornali, come si può pensare che uno così abbia paura di Pantani, di Ullrich o del Ventoux? «È mitico e mistico, sembra di essere sulla luna», ha detto nella conferenza stampa di oggi. Domani non parlerà, ma tanto per chi vuol capire è già tutto scritto in un libro, il suo.

Pantani risorge sul Ventoux

MONT VENTOUX, 13 luglio – Si sa che Pantani agli appuntamenti ci tiene. E quello col Ventoux, tra calvi, era fissato da tempo. Solo che all'appuntamento arrivano in due. L'altro è Armstrong. Uno ha controllato la corsa, l'altro l'ha fatta saltare. Il Ventoux è indifferente. Niente vittime stavolta, ma una corsa a eliminazione, chi perde 50 metri non li ripiglia più. Vale per tutti tranne uno, Pantani. Che Armstrong non faccia molto per impedire a Pantani di vincere è vero. Che anzi lo lasci vincere è quasi certo, e Merckx scuote il testone: «Vincere sul Ventoux con la maglia gialla addosso, quante volte può capitarti in carriera? Grande Pantani, ma io non l'avrei fatto passare».

Mi sembra una questione secondaria, ma parliamone. Intanto sentiamo Armstrong: «Tappa divisa in due fasi, nella prima ha fatto tutto la mia squadra, bravissima. Poi ci ho pensato io. Sono contento che sia finita, troppo vento, è stata dura. E sono contento che sia finita così: Pantani ha attaccato tante volte, era giusto che vincesse lui, anzi aveva il diritto di vincere, per come ha corso e per quello che rappresenta». Più o meno il discorso fatto a Hautacam, quando non andò a prendere Otxoa, ormai agli ultimi respiri. Armstrong ha una visione etica della corsa: se trova giusto che vinca un altro, non si intromette. La facilità con cui ha piantato il suo gruppetto e si è portato su Pantani fa credere che, volendo, avrebbe potuto staccarlo. Ma con tutte le salite che ci sono ancora, meglio affrontare un Pantani sazio (parzialmente) che un Pantani affamato. Questa si chiama gestione della corsa, più alla Hinault che alla Indurain. Però Pantani è stato grande, grandissimo e commovente nella sua reazione al non sentirsi grandissimo, non ancora all'altezza dei voli del Galibier, dell'Alpe d'Huez, una botta e via, questo gli bastava. Sul Ventoux Pantani ha patito come un cane, ha perso i contatti due volte (la prima sul treno fatto da Livingston, la seconda su un allungo di Heras). Il gruppettino dei migliori lo ha visto allontanarsi, si è trovato oltre le ammiraglie, arrancando alla ricerca del passo giusto e, a differenza di Hautacam, lo ha trovato. Una, due volte è tornato sotto, con umiltà, con fatica estrema. Spremuti Hamilton e Livingston, Armstrong è rimasto con Ullrich, Botero, Beloki (molto interessante, questo basco), Heras e Virenque. È Ullrich a scandire il ritmo, regolare e deciso.

In coda, il Fossile rifiata. E pensa. Pensa che altre volte è stato meglio, pensa che da due giorni gli fa male il quadricipite sinistro, pensa a Hautacam, quando s'è tolto il cappellino, è scattato e poi l'hanno piantato lì come un fico. E poi pensa che l'appuntamento non si può mancare. Non ha niente da togliersi, è a testa nuda, e scatta la prima volta. Heras e

Beloki lo accalappiano. E allora scatta la seconda volta, più secco, Heras sempre dietro, in faccia un gran vento. E questo dovrebbe consigliare prudenza, è come una mano che ti spinge indietro, il vento. Ma Pantani non è prudente, è lucidamente disperato. Le ali di Pantadattilo gli si stanno muovendo, lo sente, ma non riesce ad aprirle. Dovrà riprovarci, sì. Lontani i tempi che bastava un colpo, finiti quei tempi. Ma finito poteva essere lui, se non s'aggrappava all'ultimo vagone, chissà quanto gli è costato. Finito nel senso che si beccava un'altra mattonata in faccia, come sui Pirenei. Invece è lì, se la gioca ancora, che è un modo di dire.

Ci sono momenti in cui ogni scatto si porta dietro l'anima e i polmoni, tanto più in questa pietraia che sarebbe rovente senza questo vento che la spazza. Così per la terza volta va via il Fossile, proprio mentre Virenque si sta accodando e, per essere sicuro che quello là non s'accodi, Pantani dà ancora gas, e quattro. Ormai il traguardo è a meno di 3 km. E Pantani piazza altri due scatti, ravvicinati, per distanziare Botero, il guardiano di turno. Ullrich continua a tirare, deciso e regolare: chiaro che più di così non può, Armstrong allora pianta la compagnia e in poche pedalate raggiunge Pantani. Si parlano. Passano davanti alla stele di Simpson, luogo di culto per i cicloturisti che davanti non lasciano fiori (non durerebbero) ma borracce piene di sassi, tubolari, portachiavi fatti a bicicletta, cappellini. Il masso di granito grigio su cui è tracciata la sagoma, l'ombra di un ciclista, non è del Ventoux. Sul Ventoux è tutto o verde o bianco.

Pantani vince perché Armstrong è un signore, ma soprattutto perché non ha accettato di perdere. Nella sua rincorsa a quello che era, questa vittoria può fargli molto bene. «Per me comincia un nuovo Tour, posso ancora piazzarmi bene a Parigi. Volevo dimostrare che so ancora correre. È vero che ho sofferto, ma quando ho visto che più di tanto non mi staccavano è scattata una molla. Mi manca lucidità atletica, non sono al massimo, ma mi ritengo abbastanza vicino al vecchio Pantani. Riaprire il Tour? Posso provarci, ma sappiamo tutti che Armstrong è in una condizione eccezionale, l'ha ribadito sul Ventoux. Quando mi ha raggiunto, mi ha detto che dovevamo insistere. Come non lo sapessi, da quanto stavo insistendo. Tutto resta, nulla si cancella, ho passato mesi difficili, ma il bilancio comincia a essere buono: il Giro l'ho finito, qui ho attaccato sui Pirenei, ho attaccato sul Ventoux, una grande tappa l'ho vinta».

Dietro, Ullrich e Virenque limitano i danni, Jalabert becca più di 2', Escartín e Zülle più di 3', Julich quasi 7', Boogerd quasi 8', Olano quasi 10'. C'è stata selezione, non c'è stato dramma. Il Ventoux si è dimostrato clemente. Ma se un dramma poteva esserci, ne sono convinto, era quello di Pantani. Invece di stupirsi perché al primo pugno non mandava ko la concorrenza, e di impaurirsi per la potenza persa, ha deciso di darne altri, e altri ancora. Sei pugni, sei scatti per staccare tutti, questa è la verità, tranne Armstrong. Sei scatti per avvicinarsi al vecchio Pantani. Emblematico arrivo, in cima: un uomo che è del tutto diverso da prima e non ha nostalgie, un altro che sta cercando di ritrovarsi. Il vecchio Pantani non avrebbe avuto bisogno di sei scatti, quassù, ma il vecchio Armstrong quassù non sarebbe mai arrivato. Ecco perché hanno vinto in due.

Pantani, impresa da Pirata al Tour: stacca tutti sulle Alpi

COURCHEVEL, 16 luglio – Pantani, il caro Fossile, sta facendo di tutto per tornare Pantadattilo. Gli si è allargata l'apertura alare, oggi ha tritato il Tour con una serie di scatti micidiali. Ha vinto la tappa alla sua maniera, staccando tutti, che poi è il solo modo che ha di vincere, una felice condanna. Tra quei tutti, anche Armstrong. È la prima volta: cosa sono 50", meno di un minuto, ma valgono molto di più nel lungo viaggio di Pantani alla ricerca del tempo (e del Pantadattilo) perduto. La ferocia con cui ha sprintato negli ultimi 50 metri, flagellandosi muscoli e polmoni, la dice lunga. Arriva con la testa abbassata sul manubrio, senza cercare la bella posa per fotografi e collezionisti di immagini (le braccia alzate, il sorriso soddisfatto). È grinta, solo grinta, pura grinta, tutta grinta in quella buffa divisa rosa. È un urlo frenato, Pantani. Solo oltre la riga bianca alza la mano destra, alla Mennea, col dito a dire uno, ma la abbassa subito, o per stanchezza o perché se ne vergogna. Chiederò. Già prima di partire Pantani aveva parlato, buon segno. Quando se ne sta barricato nel camper non tira buona aria. Aveva detto cose sensate: «Qui mi sento alla pari con tutti meno che con Armstrong. Devo capire quali sono i suoi limiti. Ne avrà pure. Ieri ci sono rimasto male quando mi è scattato in faccia, un gesto inutile che non ho capito. Oggi devo fare qualcosa, ma prima dell'ultima salita non serve a nulla». Infatti.

Continuando a seguire una strategia canina, sono già sicuro in partenza che vincerà Pantani. Basta annusare l'aria. Certo, può partire una fuga da lontano (partirà), certo fa un po' freschino (un grado sul Galibier, prati brizzolati di neve fresca, un po' di ghiaccio sulla strada) per i gusti di Pantani. Tante cose, ma ho già provato a spiegare due anni fa che Pantani non si capisce, si sente, nei casi migliori si presente. La fuga la inizia Commesso nella discesa del Galibier: su lui vanno due italiani (Nardello e Lelli) e cinque spagnoli (García Acosta, Jiménez, Arrieta, tre Banesto, e

Otxoa e Vidal, due Kelme). Le grandi manovre degli spagnoli partono da molto lontano. Va bene per Armstrong, dovranno lavorare Festina e Telekom per difendere i piazzamenti. A maggior ragione quando, tanto per cambiare, se ne va anche l'inesauribile, incredibile Botero. Sull'arcigna Madeleine, Armstrong non ha una gran bella faccia e rimane senza gregari, ma nessuno lo attacca, a parte un tentativo minimo di Escartín e Ullrich. Il gruppetto della maglia gialla e di Pantani (costantemente al coperto) diventa gruppo lungo la discesa. Breve riepilogo: al km 125 solo cinque rimangono in testa: Jiménez, Nardello, Lelli, Otxoa e Botero. A 33 km dal traguardo il gruppo è a 5'. Tira Commesso, tirano i Mercatone, poi fa l'andatura Guerini con Ullrich a ruota. A 22 km dal traguardo i cinque hanno 2'15" su un altro gruppetto di cinque, che non farà una bella fine, e 4'10" sul gruppo. Da cui mancano, da un pezzo, i grandi bluff. Zülle e Olano si sono staccati insieme a Zabel, è tutto dire. Jalabert un po' prima. Beccheranno 36'.

L'azione tritatutto di Pantani si svolge in tre tempi. Il modo è sempre quello. Parte e allunga dalla testa della fila. Solo la prima volta attacca da dietro. Mancano 15 km al traguardo. Allo scatto rispondono subito Livingston e Virenque, poi Armstrong da solo. Ullrich boccheggia paonazzo come uno scorfano a riva. Guerini spende tutto ma non riesce a salvarlo. Può solo limitare i danni. Pantani scatta ancora, Virenque e Livingston mollano. Armstrong gli tiene la ruota e poi, passandolo, gli parla. Si danno cambi regolari. Su loro arriva Heras, e raccattano per strada Otxoa. Davanti, ai 10 km, Nardello, Jiménez e Botero hanno 1'08" sul quartetto di Pantani, 2' sul gruppetto di Virenque, dove Moreau fa un lavoro enorme, 2'40" su Ullrich. Poi Jiménez allunga da solo (–9) e Pantani pianta la compagnia (–6).

La lieta novella rimbalza di tornante in tornante, questo è il vero ciclismo che prende occhi e cuore, e anche questa di Courchevel adesso è una montagna innamorata. Pantani tira dritto come una ruspa, raggiunge e stacca Botero, Nardello (grande giornata per entrambi) e infine Jiménez. L'esecuzione dello spagnolo è in due tempi. Primo scatto, recupero e, prima dell'aggancio, secondo scatto. Adesso Pantani è solo, mancano meno di 3 km al traguardo. La pienezza della montagna restituisce una bellezza solenne alla corsa. È una salita che raramente fa rifiatare, e Pantani ha ancora tanto da scaricare nelle pedalate. È cupo, concentrato, deve ancora arrivare in cima, liberarsi da un peso. Un brivido quando gli spunta a ruota, in dirittura d'arrivo, un corridore della Kelme. Chi è, da dove spunta? È un basco, perfettamente vestito da Llorente. Un altro basco, in maglia gialla, chiuderà a braccia alzate dopo Armstrong. Sul petto hanno scritto *Libertà per i prigionieri baschi*. Altri due, uno vestito da Banesto, uno con la maglia a pallini bianchi e rossi, sono bloccati dai poliziotti. Una discreta comica.

I conti del Tour: Ullrich salva il secondo posto per 2". Dal secondo al quinto, tutti stanno in meno di 1'. Pantani è sesto, che arrivi o meno sul podio (penso di no) è robetta. Quello che doveva fare, l'ha fatto. E anche Armstrong: «Con Pantani ci siamo subito capiti, avevamo interessi comuni. Quando è scattato l'ultima volta non gli ho risposto. Non m'interessava la vittoria di tappa, preferivo salire col mio passo. Ho sofferto anche oggi ma meno di ieri. Devo dire che ogni giorno la mia ammirazione per Pantani cresce. Oggi ha fatto un grande numero». Sì, un grande numero dei suoi. Un numero che dà valore alla maglia gialla dell'americano (così lo ha chiamato Pantani ai microfoni) ma dimostra che Pantani c'è ancora. Questo contava. È tornato quello del '98? Non lo sa nemmeno lui, ma certo non è lontano. Ha capito, con un po' di ritardo (ma ognuno ragiona con la sua testa, ascolta il suo cuore) che poteva tornargli a ruota solo lavorando con umiltà e fatica, molta umiltà e molta fatica. In tutti i mesi che è stato fermo ha più volte pensato di smettere, poi si è convinto o fatto convincere, ha deciso. Avesse deciso un mese prima, forse questo Tour avrebbe avuto un'altra storia, ma anche così è una bella storia. Non solo per Pantani e per Armstrong, per il ciclismo e per tutti quelli che si ostinano a crederci.

«Ci rivedremo a Sydney»

LOSANNA, 19 luglio – Quelli che non lo sapevano erano già andati in cima al Col des Mosses con bandiere piratesche e striscioni: *Ieri oggi e domani forza Pantani*. Quelli (non molti) che l'avevano intuito, stamattina presto erano già in silenzioso cerchio fuori dall'Hotel Les Sapins a Montriond, pochi chilometri da Morzine: conifere, un laghetto, tifosi silenziosi fuori e, dentro l'albergo, Pantani che fa colazione: pane, burro, marmellata, croissant. Non ha la faccia distrutta di chi ha passato una notte in bianco, Pantani. Sono più incupiti i compagni di squadra. In verità, fino alle 22.30 di ieri l'entourage di Pantani aveva tranquillizzato i cronisti. Situazione sotto controllo, domani parte.

La telefonata che preannunciava l'abbandono di Pantani è arrivata al direttore del Tour, Leblanc, poco dopo le 23. Cos'è successo in quella mezz'ora? «È successo», dice il dottor Magni, medico della Mercatone, «che la situazione è precipitata. Marco aveva cenato con alimenti appropriati, il malessere sembrava finito, invece si è manifestato ancora con violenza. A quel punto, ho deciso io che non era possibile continuare». Eccolo alle 9, Pantani, jeans e camicia azzurra. Roberto Pregnolato, il suo massaggiatore di fiducia, ha già caricato la valigia con l'adesivo numero 71 su una Citroën grigia con la targa di San Marino. Dice Pantani: «Troppi zuccheri o una borraccia troppo fredda. Ho avuto una congestione con sintomi poco piacevoli: vomito, scariche di diarrea, blocco intestinale [Pantani non ha le idee chiarissime sul blocco intestinale, *n.d.a.*]. Stanotte ho fatto avanti e indietro dal bagno, stamattina anche peggio. La logica e il dottore mi dicono di tornare a casa. Da professionista, mi affido a loro». Domanda inevitabile: fosse stato secondo in classifica, si sarebbe ritirato? «In una situazione del genere, per forza. Adesso vediamo nei prossimi giorni se alla base c'è qualcosa di virale». Programmi? «Appena possibile, un bagno nel mio mare. Due settimane di semiriposo, qualche criterium. Poi bisogna vedere se conviene fare dieci giorni di Vuelta [le iscrizioni alla Vuelta sono già chiuse e la Mercatone non è iscritta, *n.d.a.*] oppure qualche corsa di un giorno. La mia stagione non è certo finita qui. Mi attira molto l'idea delle Olimpiadi, di una medaglia. È giusto che Pantani ci vada, perché è il ciclismo italiano. Parte del ciclismo italiano».

Curiosa questa idea della gara olimpica. Pantani non ha mai vinto una corsa in linea, e quella di Sydney non è certamente adatta ai suoi mezzi. Comunque, per quello c'è tempo. Uno sguardo sul Tour. «Molto tirato, il più combattuto degli ultimi anni. Mi do un buon voto. L'ho corso in modo competitivo, con la testa di due anni fa e le gambe di oggi. La testa è più dura, più testarda. Volevo essere tra i protagonisti, ristabilire un rapporto all'interno del gruppo. Ci sono riuscito e ho anche vinto due belle tappe. Mi dispiace non arrivare fino a Parigi, sarebbe stato un omaggio alla vittoria di Armstrong.

È andato forte, più di quanto mi aspettassi. Complimenti». Non vi siete punzecchiati un po' troppo? «Ma no, in fondo cosa abbiamo detto di grave? Io niente, lui nemmeno. Se poi mi chiama Elefantino, non mi offendo. In corsa ci siamo parlati tutti i giorni, c'è un certo rapporto. E poi, scusate, ma un po' di rivalità è bello che ci sia».

Uno sguardo alla giornata cruciale. «Son caduto dopo 4 km, mi faceva male una spalla, poi ho preso a sentirmi bene. E così sono partito. Può sembrare una pazzia, ma poteva essere la grande impresa. Volevo far saltare il Tour, lo confermo. Purtroppo, quando sei in fuga non hai tanto tempo per mangiare panini. Mi si è gonfiato lo stomaco, non riuscivo a tenere le mani sul manubrio, cercavo un posto dove fermarmi. Il guaio del Tour è che non ci sono molti bagni sul percorso. Però una cosa questo Tour mi ha insegnato: che si può ottenere quello che si vuole. Dopo tutto quello che mi è capitato, molti pensavano che per vedere Pantani ci fosse bisogno di una vecchia videocassetta. Invece no. Questa è una soddisfazione. L'anno prossimo tornerò per vincere».

Poi sale in macchina, Pregnolato suona il clacson e parte. Ore 9.50, Pantani esce dal Tour. Osservazioni a margine: che un corridore di trent'anni vada in crisi da fame sui Pirenei sotto la pioggia e sulle Alpi sotto il sole è abbastanza preoccupante. La corretta alimentazione in corsa è alla base del ciclismo, i ciclisti e chi lo dirige dovrebbero saperlo. A un Pantani che aspetta l'ultima salita per attaccare, e magari vince con 30" di vantaggio, continuo a preferire quello che cerca di far saltare il Tour. A quel punto, meglio sognare in grande. Però tatticamente l'azione andava preparata con più attenzione. Quanto al ritiro, è evidente che la prospettiva di terminare quattordicesimo a Parigi e di beccare un'altra sberla a cronometro non era affascinante. Questo va detto. Un risvolto: Armstrong voleva vincere a Morzine (l'ha confermato oggi il suo ds Bruyneel) e i suoi gregari avevano fatto circolare la voce nel gruppo. Appena questa voce è arrivata alle sue orecchie, Pantani ha deciso di complicare il più possibile la vita all'americano. Più che far saltare il Tour, voleva far saltare Armstrong. Non ci è riuscito. Gli ha fatto prendere un bello spavento sul Joux Plane, ma lui era già molto indietro, non poteva apprezzare.

Armstrong in trionfo a Parigi

TROYES, 22 luglio – Era troppo bello, in tre (*trois*) a Troyes. Nella tappa di Draguignan il Tour è passato in un paesino che si chiama Tourtour. Lo striscione appeso all'entrata diceva: *le Tour à Tourtour*. Io avrei scritto: *Tourtour/Tour*. È come il penultimo giorno di scuola, si pensano stupidaggini leggere. Si scrivono, anche. La novità è che vince Zabel, eterna maglia verde. È il quarto sprint di gruppo e Zabel lo vince di un pelo su Blijlevens e McEwen. Erano esattamente tre anni e nove giorni che Zabel non vinceva una tappa al Tour (da Pau, un bel po'). Secoli di storia ci guardano e non ce ne accorgiamo. A Belfort il famoso Leone è scolpito da Bartholdi, quello della Statua della Libertà a New York. A Colombey-les-Deux-Églises abitò e morì De Gaulle. I Campi Catalauni (Attila sconfitto fuori casa, nel 451) non sono lontani.

Fa un caldo terribile. Per sbaglio si ritrovano in una fuga di diciotto anche Ullrich e Moreau (km 86). Mostrano di essere bravi ragazzi comprensivi e si rialzano subito. Nel dubbio, il gruppo va a prendere anche gli altri. Al Tour *l'enfant du pays*, il regionale di tappa, è un'istituzione. Nel caso, è Simon, quarto di quattro fratelli tutti ciclisti professionisti. Se ne va con Hinault (nessuna parentela) e Gwiazdowski. Massimo vantaggio 4'10" a 55 km da Troyes. Ripresi a 5 km, tranne Simon che prolunga l'agonia di altri 3. In totale, si ritrova con niente in mano, se non gli applausi, dopo 117 km di fuga. Il resto è Armstrong, che anticipa di un giorno la conferenza stampa di chiusura. La sera di Mulhouse, Willy Balmat, lo chef svizzero che Jim Ochowicz ha strappato alla Swissair, ha preparato questo menù per festeggiare: insalata di carote e lenticchie (la novità dell'anno), spaghetti numero 5 con olio toscano (lo produce Willy stesso) e aglio, entrecôte con spinaci e patate (cottura media per Armstrong), *tarte Tatin* con una palla di gelato di vaniglia. Birra (una a testa) e un goccio di Champagne alla fine (nessuno è perfetto). Perfetto professionista Armstrong, dopo la tappa più lunga del Tour più di un'ora a rispondere a domande in varie lingue.

Sintetizzo. Il messaggio umano del Tour '99 era: ho avuto un cancro e ho vinto il Tour. Adesso è cambiato? «No, è sempre lo stesso. Sto bene, ma si lotta ogni giorno, anche quando è finito il Tour, questo è il messaggio». Sollevato? «Sì. Corsa lunga e dura. Ricordo quando finii il mio primo Tour, mi sembrava già una cosa immensa essere arrivato a Parigi. In gruppo, il primo e l'ultimo hanno le stesse sensazioni: menomale che è finita». I battuti: «Ullrich e anche Beloki hanno grande classe, sono giovani, occuperanno la scena del Tour per molti anni. Pantani? Vi sarei grato se non continuaste a fare domande su Pantani. Ribadisco che al Ventoux ho sbagliato. È arcifalso che io l'abbia provocato su quella salita parlandogli in francese e chiedendogli di andare più veloce. E poi perché dovrei parlare a un italiano in francese, quando io stesso parlo meglio l'italiano del francese? Tu vinci, gli ho detto, e mi pareva una cosa giusta. Quello che lui ha detto e fatto nei giorni successivi mi ha fatto cambiare idea sul suo conto. Continuerò a rispettare il corridore, è uno scalatore fantastico, il migliore del mondo. Vuol dire che ci saranno scontri interessanti, l'anno prossimo, ma niente più regali».

Paragone fra i due Tour: «Fisicamente sono più stanco, questo Tour era più duro. Mentalmente sono più disteso, per me è stato più facile vivere la corsa senza tutte le polemiche sul doping. Un'altra differenza è che l'anno scorso dopo il Tour sapevo di andare in vacanza, adesso la stagione non è finita. Sarà la mia terza Olimpiade. A Barcellona ero molto giovane, ad Atlanta ero già malato ma non lo sapevo. Sydney può essere il culmine della mia carriera». Mai pensato al record dell'ora, specie dopo la media pazzesca di Mulhouse? «No. Se volete ci penso adesso e dico ancora no. In una cronometro anche piatta ogni tanto c'è un cavalcavia, puoi alzarti dal sellino. A parte che non sono molto pratico di pista, non riuscirei mai a stare seduto per un'ora». È più famoso in Europa o in America? «Non lo so. La fama va e viene e comunque io non corro per la celebrità. A Nizza vado a spasso con la famiglia e nessuno mi riconosce. A Austin pure. Sarà che noi ciclisti abbiamo il casco, gli occhiali. Siamo meno riconoscibili di un cestista, di un calciatore. Tanto meglio per la tranquillità». Quanto correrà ancora? «Non ne ho la più pallida idea. Finché dura la passione. Non so quanti si sono allenati come me, negli ultimi anni. Sono un fanatico della bici. E non corro per i soldi. Quando si spegne la fiamma, smetto. Tra un anno, comunque, qui ci sarò». Come si colloca rispetto a Indurain, Hinault, Merckx, Coppi? «Non mi colloco. Ho vinto qualcosa, loro hanno vinto molto di più. Ma è inutile e anche un po' stupido fare paragoni tra atleti di periodi differenti». Esiste una ricetta per diventare campioni? «Amare lo sport che si sceglie e anche i sacrifici che comporta. Poi servono potenza e talento, la potenza da sola non basta. Nel ciclismo, lo dico io che ero uno scriteriato, conta molto anche l'aspetto tattico. E la grinta. Non si nasce, credo, col *killer istinct*. Devo ringraziare mia madre che già da bambino mi ha fatto diventare un guerriero della vita». Gli dicono infine che sarà sulla copertina di *Sports Illustrated* (Greg LeMond ci finì due volte). Sorride, Armstrong: «È un grandissimo onore, veramente». Che non gli fu riservato nel '99, così mi vengono profondissimi dubbi su *Sports Illustrated*. Chissà chi hanno messo in copertina l'ultima settimana di luglio del '99.

Classifica finale

1. Lance Armstrong (USA, US Postal), km 3662 in 92h33'08", media 39,545; 2. Ullrich (Germania, Telekom) a 6'02"; 3. Beloki (Spagna, Festina) a 10'04"; 4. Moreau (Francia, Festina) a 10'34"; 5. Heras (Spagna, Kelme) a 11'50".

Partenti: 177. Arrivati: 127.

2001

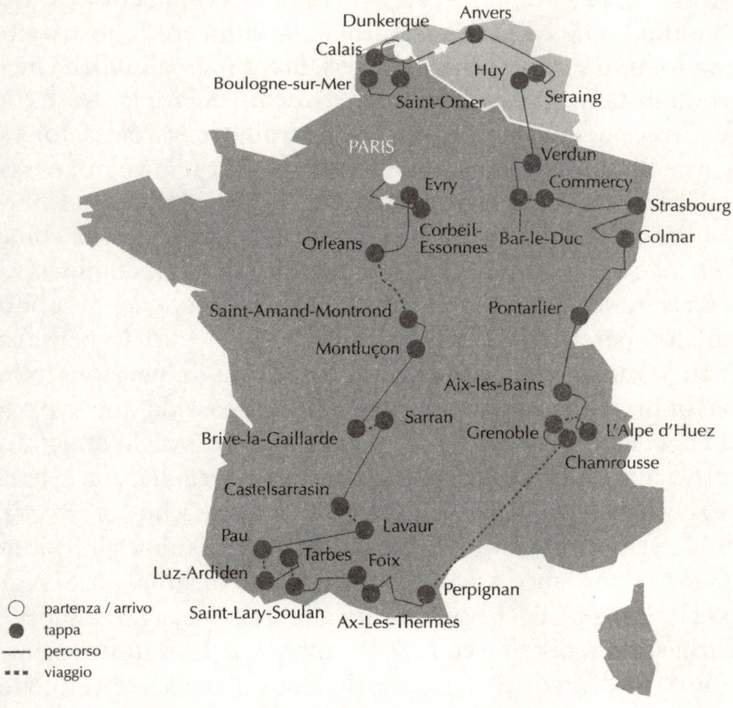

Ullrich è annunciato al massimo della condizione, come nel '97, ma Armstrong ancora una volta è superiore, sia a cronometro sia in salita. Vince all'Alpe d'Huez e a Chamrousse (cronoscalata). Rivince sui Pirenei (Saint-Lary). Miglior scalatore Laurent Jalabert. Nessuna vittoria degli italiani.

Fughe, tragedie e altre emozioni: storie di ordinario Tour de France

DUNKERQUE, 5 luglio — Però, son già dieci anni che è morto Blondin, lo dice l'*Équipe*. Antoine Blondin era il nostro orgoglio, uno scrittore di quelli veri, lavorando a qualche metro di distanza pensavamo stupidamente di fare le stesse cose. Invece io chiedevo a Basso se aveva fatto la volata col 54 x 13 e Blondin titolava «Le Basso ivre» per una volata persa dal moro di Vicenza contro Leman. Ma la volata era a Charleville, a Charleville era nato Rimbaud, e Basso suona come *bateau* e così si chiudeva il cerchio. Blondin non cominciava a scrivere se non aveva davanti una birra fresca, e poi subito un'altra perché gli sembrava che andasse meglio. Ci pensava Jean, l'autista coi baffi, che adesso fa vita da pensionato in bassa Bretagna. Ogni volta che il Tour passa da quelle parti si fa vedere in sala stampa per abbracciare i vecchi amici. Ci misuriamo la vecchiaia con le pance, con le rughe, con le barbe, col racconto degli acciacchi. Ce la misuriamo coi ricordi.

Ho seguito il primo Tour nel '67. Che l'abbia vinto Pingeon lo ricordano in pochi. Il '67 è l'anno di Simpson. Si partiva da Angers, nei bistrot vicino alla stazione, a mezzanotte, l'aria sapeva di tabacco nero e Cointreau. C'erano 130 corridori, tredici squadre nazionali. Era un venerdì 13, quello del Ventoux. Simpson era allegro, la sera prima aveva incontrato due fratelli Salvarani, la stagione dopo sarebbe stato al fianco di Gimondi. Aveva inzuppato allegramente il berrettino nell'acqua minerale e lo aveva usato come un aspersorio sui compagni. Vi benedico, voi che andate al Ventoux. Faceva già di mattina un caldo feroce. Simpson quel pomeriggio è morto a puntate, in mezzo ai sassi. Più che cadere, due volte, era scivolato quasi da fermo dalla bicicletta. Prima uno spettatore poi un meccanico lo avevano rimesso in sella. Aiutato a ripartire verso un buco infuocato. Qualche anno fa Giancarlo Ferretti m'ha raccontato che poco prima, quando c'erano ancora gli alberi, un gruppetto di spettatori ubriachi si divertiva a passare ai corridori borracce piene di cognac. Ferretti aveva annusato e buttato via, Simpson bevuto due sorsate. È vero che gli trovarono in tasca un tubetto d'anfetamine. È anche vero che l'autopsia indicò il doping come concausa della morte. C'era anche il sole. Sarà un caso, ma già l'anno dopo il rigido, quasi sadico regolamento del Tour permise i rifornimenti liquidi in corsa, 50 km dopo il via e fino a 20 dall'arrivo.

Fu più impressionante la caduta di Ocaña nel '71, giù dal Col de Menté. Credo che resti il Tour più emozionante che ho visto da vicino. Merckx aveva esordito nel '69 come un tornado: 18' sul secondo, Pingeon, sei tappe vinte. Nel '70, otto tappe vinte. Ai francesi Merckx non piaceva granché, lo rispettavano perché vinceva molto e perché andava all'attacco in maglia gialla (bisognerà aspettare Hinault per rivedere un atteggiamento simile) ma lo trovavano poco umano. Io no, anzi se ci ripenso avevo un privilegio: raccoglievo ogni giorno i pensieri di Merckx e di Gimondi, e li rispettavo entrambi. Andavo nel loro albergo durante i massaggi. Gus Naessen, che sembrava Pampurio, il massaggiatore di Merckx, non ne era felicissimo ma abbozzava, Ivano Campagnoli, il massaggiatore di Gimondi, mi trovava un diversivo. Lavorava come infermiere al manicomio di Imola, il Tour era la sua vacanza. Se Gimondi era giù di giri Campagnoli raccontava buffe storie di matti. Il solito Blondin, su Merckx, parafrasava Saint-Exupéry (non si è dato nulla finché non si è dato tutto): quando dare tutto significa prendersi tutto, è una faccenda un po' noiosa. Quel '71 era preceduto da una profezia di Madame Soleil, famosa veggente: un grave incidente colpirà la maglia gialla, nata nel segno dei Gemelli. Merckx, ovviamente. E Merckx era nervoso. Anche perché Ocaña, salendo a Orcières-Merlette, gli aveva rifilato 8'. Riposo in quota sulle Alpi, il giorno dopo un tuffo su Marsiglia. Pronti, via, il primo a lanciarsi è Wagtmans, poi Merckx e altri dieci. Tappa di 251 km, fuga di 251 km. Vantaggio mai oltre i 2'. Lì ho capito di che pasta era fatto Merckx, ma anche Ocaña. Arrivammo a Marsiglia con un anticipo spaventoso. Era come volare in mezzo a un traffico ancora aperto con la gente quasi spaventata perché non aspettava una corsa così veloce e pazza.

Ocaña era solito parlare a turno con i giornalisti spagnoli e con i francesi. Gli altri, liberi di scegliere il crocchio. Io preferivo stare con gli spagnoli, con loro mi sembrava che Ocaña fosse più naturale e aperto. «*O yo entierro a Merckx o el me entierra a mi*», ripeteva. Sul Col de Menté c'era il sole delle grandi occasioni, poi l'aria diventò all'improvviso viola, elettrica, quasi nera. Fulmini e grandine grossa così, la strada una cosa incerta, nascosta, saponosa. Merckx scollina e allunga, Ocaña a ruota. Merckx attacca, sbanda, va contro un muretto, resta in piedi e continua. Ocaña sbanda, va contro lo stesso muretto, rimbalza in mezzo alla strada, cade, si rialza e viene abbattuto definitivamente da Zoetemelk. Rivedo le foto e mi sembra sempre una deposizione dalla croce. Fine del Tour di Ocaña, a 15 km dalla Spagna, a tre giorni da Mont-de-Marsan, la sua nuova patria. Anche Ocaña era dei Gemelli. E dieci minuti dopo era già tornato il sole. E Merckx quella maglia gialla non la voleva, per un giorno non la indossò, poi lo obbligarono. E si prese sputi, insulti, pugni, sassate, ma l'umiliazione più grande per lui era quella maglia gialla che sapeva di non meritare. Ocaña poi vinse un Tour ma non era felice. Qualche anno fa, nella sua vigna, s'è tirato una fucilata in faccia. Il Menté è molto vicino al Portet d'Aspet, dove c'è la stele per Casartelli. Altra caduta, altro elicottero, altra morte sulla strada. Di quel Tour '95 ricordo il brutto teatrino delle premiazioni, dei sorrisi, delle miss (i corridori non sapevano? non dovevano sapere?) ma soprattutto, il giorno dopo, il tappone dei cinque colli corso in gruppo, basse le teste e l'andatura. Un vero funerale. C'era già l'EPO, ma miracolosamente c'era (ci sarà ancora?) un cuore collettivo, una reazione solidale a una morte quasi banale ma così improvvisa che riguardava tutti, e tutti aveva colpito. E poi quelli della Motorola sfrangiati in avanti, e dopo qualche giorno Armstrong che vince a Limoges indicando il cielo, queste sono le cose che non posso dimenticare. E nemmeno le pene di Indurain nel '96, lasciato indietro nel giorno del primo arrivo a Pamplona, la sua città, lasciato indietro già sui tornanti pelati dell'Alto de Larrau, la sua montagna preferita. Cinque Tour di fila vinti, e questa recita balbettante, inadeguata, sofferta fin sull'uscio di casa. Ho smesso di seguire il Tour nel '72, ho ripreso nel '91. Erano tutte facce nuove. Gli occhi da husky di Bugno, la rabbia di Chiappucci, fondendoli in un corridore solo si sarebbe ottenuto un grande campione. Le follie di Abdu il grifagno. Magic Perini. Pantani, accidenti a me. Pantani, quelli che mi scrivono ti odio perché ci hai insegnato ad amare Pantani e adesso cosa dovremmo fare? Fate come me, consideratelo disperso sul fronte russo. Ma era Pantani che dava un senso alle salite, non viceversa, non importa Alpi e Pirenei. Era questo sciamano a creare la sensazione di magia. La storia si potrà riscrivere, la forza delle emozioni no. Anche Armstrong, che pure non è Merckx, ai francesi non sta tanto simpatico. Mi sono molto emozionato al Puy-du-Fou, la sera della sua prima maglia gialla. Armstrong era tornato dagli ultimi confini, come in un libro di Buzzati. Per riconoscerlo bisognava leggergli il numero sulla schiena, ma era tornato. Tutto il resto (le altre maglie gialle, i due ultimi Tour vinti) è un regalo.

Armstrong e Ullrich dateci un Tour pulito

DUNKERQUE, 6 luglio — Istruzioni minime per l'uso del Tour 2001. Si prenda la classifica finale di quello del 2000 (primo Armstrong, secondo Ullrich, terzo Beloki) e la si isoli dal resto del gruppo, senza offesa per gli altri 186 corridori di cui 24 italiani. Nel '96 gli italiani erano più di 50. Vorrà dire qualcosa? Sì, ma torniamo alla vecchia classifica. Si tenga a bagnomaria il basco Beloki, rivelazione dell'anno scorso. Può confermarsi, oppure al suo posto ci può essere un altro (Casagrande, Moreau, Mancebo). Penso che il Tour lo vincerà Armstrong ma non ne sono certo come l'anno scorso. Non è Armstrong più debole (lo ha dimostrato vincendo il Giro di Svizzera), è Ullrich che è cresciuto. La sfida tra questi due corridori così diversi sarà l'anima del Tour, che storicamente non ha mai negato spazio agli avventurosi. Ullrich è andato a spasso sulle nostre strade, beccando in totale letizia un'ora e mezza da Simoni. Adesso è pronto. L'anno scorso il suo ds Pevenage faceva patetici tentativi per dissimulare i tre chili di grasso in più che Ullrich si era portato alla partenza. Stavolta è un'altra musica. Alla Telekom gli hanno spiegato che, dopo tre secondi posti ('96, '98 e 2000), potrebbe anche vincere, come gli riuscì così bene nel '97 (nel '99 non c'era). E Zabel si tenga pure la piva perché non gli hanno messo a disposizione l'apripista Fagnini.

Capisco la Telekom: le tappe lasciano il tempo che trovano, tanto valeva rinforzare la squadra in salita. E come l'hanno rinforzata. Per cominciare, hanno tolto ad Armstrong il gregario migliore, Livingston, e con Guerrini, Heppner, Bölts è un bello schieramento. La US Postal ha risposto in lingua spagnola: Heras, Peña, Rubiera. «Non ho mai avuto una squadra così forte», ha detto oggi Armstrong, ribadendo il suo dispiacere (su cui non giurerei) per l'assenza di Pantani. È un Tour senza Pantani, ma si sapeva. È come un piatto di trenette senza pesto, ma si sapeva. «Pantani farebbe meglio a parlare di meno e a pedalare di più», è la chiosa di Francesco Casagrande, il solo italiano da podio. Al Giro è uscito subito per una caduta, da sempre ricorda il tale cui manca una lira per fare un milione. Dettaglio importante: tra gli scalatori è uno dei più forti. Le cose migliori le fa quando non deve ragionare molto, gli arrivi in salita sono il suo pane. Lì c'è solo da andare, senza perdersi in un labirinto di varie ed eventuali. Ci sarebbe Belli, uscito dal Giro per un pugno mollato, ci sarebbe Garzelli, rimasto al Giro con un pugno di mosche in mano. Ci sarebbe Bartoli per le tappe e un ragazzo con numeri, Ivan Basso, però è all'esordio. Qualcosa aspettiamoci, come dal promettente tedesco Klöden, ma qui l'apprendistato è duro.

Abbiamo avuto anni più grassi. La ruota gira. I francesi ne hanno avuti di più magri, ma intanto sono qui con otto squadre, non tutte strepitose (anzi) ma un po' di nazionalismo è inevitabile. Questa vigilia è imbevuta di una parola: etica. Bella parola. La linea etica è quella di Leblanc, chi non è gradito stia a casa. Linea non condivisa da tutti, nel consiglio d'amministrazione del Tour. Quella «*all stars*» aveva i suoi seguaci: il cartellone lo fa anche il nome degli attori, e Cipollini, Pantani, Zülle, Escartín un nome ce l'hanno. Acqua passata. I grossi nomi qui sono due, sempre quelli, e le squadre veramente forti sono due, sempre quelle. Sarebbe la situazione ideale per un terzo incomodo che al momento non è facile individuare.

La vittoria della linea etica ci consegna un Tour più umano e meno fachiresco. I giorni di riposo sono due, molto ravvicinati. Uno tra le Alpi e i Pirenei, l'altro tre giorni dopo, con alle spalle le tre tappe pirenaiche (una peggio dell'altra). Questo disegno più umano ha portato (stranamente, ma me ne rallegro) a un percorso più logico. Non c'è, alla buon'ora, una prima settimana da sbadigli, animata solo dai volatoni. Quella, semmai, ce la beccheremo in coda, dopo Luz-Ardiden. Ma la fase d'avvio promette insolite emozioni. Qui il Belgio è nella storia (Dunkerque deriva dal fiammingo *duyn kerk*, «la chiesa fra le dune») e nei cartelli dei paesi (Téteghem, Loon, Floringhem). In Belgio si entra lunedì, sulla pianura verso Anversa, ma già martedì sulla via di Seraing si trovano nel finale alcuni «muri» delle classiche, e sabato tra Strasburgo e Colmar ci sono due salite sugli 800 metri e altre due sui 1000. La cronosquadre di giovedì (67 km) avrà già dato una faccia alla classifica. Le Alpi, toccata e fuga. L'Alpe d'Huez preceduta da Madeleine e Glandon (che Armstrong teme perché non conosce) e il giorno dopo cronoscalata verso Chamrousse. In genere, è la prima vera tappa di montagna che fa sfracelli. A decidere però saranno i Pirenei, tre tappe con arrivo in salita (cioè senza possibilità di recuperare). Dura la prima, durissima la seconda (Portet d'Aspet, Menté, Portillon, Peyresourde, Val Louron, Saint-Lary), con Sua Maestà il Tourmalet la terza, che può essere la più massacrante non tanto in sé ma perché arriva dopo le altre due. Ma non corriamo troppo, sono già in 189 a correre. Buona strada al Tour, al Tour di Armstrong e di Ullrich, al Tour dell'etica e dell'epica.

Subito bufera su Armstrong: «Anche lui prendeva l'EPO»

BOULOGNE-SUR-MER, 8 luglio — Molti abbozzi per un titolo. A Zabel la prima tappa. La sfortuna di Nardello. La vergine crocifissa (questo acchiappa). Armstrong accusato di doping. *L'au delà et l'eau de l'Aa* (questa è per Bartezzaghi). Moreau resta maglia gialla (ressa alle edicole). Su, siamo seri. Ma è la serietà, la severità, in alcuni casi la disarmante bruttezza dei luoghi a far nascere la voglia di reagire, in qualche modo. L'aldilà e l'acqua dell'Aa hanno lo stesso suono. Altro che «bagna la Svizzera». Il fiumastro Aa, senza dubbio, è il primo al mondo, in ordine alfabetico. Armstrong è il primo al mondo nella classifica UCI. Oggi il *Sunday Times* scrive che Armstrong ha preso EPO quando era alla Motorola. Cioè, prima del cancro. Non è da escludere: nel '95 l'EPO circolava abbondantemente tra i migliori, tra i peggiori e tra quelli di mezzo. Il punto è, se mai, questo: l'ha presa anche dopo? Insisto nel non crederci.

Nel suo albergo assediato dai giornalisti non dà interviste, ma alle dieci di sera scrive un comunicato: mai preso EPO in vita mia, se fossi trovato positivo punitemi pure con la massima severità. Ma il cerchio si stringe. Prepararsi. Nel frattempo, all'*Équipe* riesce un capolavoro: va bene che Moreau è maglia gialla e per giunta francese anche se vive in Svizzera (ormai è una moda), ma una riga, una sola, che ricordasse per pura cronaca i suoi scivoloni col doping, quella riga non c'era sul giornale che organizza il Tour. Quando si sventola la bandiera dell'etica, bisognerebbe ricordarsi che esiste un'etica anche nell'informazione. Altro piccolo caso: con qualche imbarazzo il ds Bernaudeau ha annunciato che la Bonjour aveva licenziato il giovane Lelarge, positivo al Giro per corticosteroidi. La conferma alle controanalisi non era dell'ultima ora. Si può pensare leggermente male? Si può sospettare che annunciando il provvedimento prima dell'inizio del Tour la Bonjour avrebbe rischiato di essere cancellata? Si può scegliere.

Si parte da Saint-Omer, dove l'avvocato Robespierre vinse la sua prima causa (1782) difendendo un nobile dall'accusa di aver piantato abusivamente sul tetto un parafulmine. Da questa zona, tra giugno e settembre, nove milioni di cavolfiori invadono i mercati francesi. Tutto sventola, non solo l'etica. C'è vento contrario, sui 50 orari. Solita fuga, sempre Francia: Durand e Oriol. Massimo vantaggio: 9' al km 70. A Rang passaggio a livello chiuso. Passa lentissimamente un merci. Sosta di 3' e relativa neutralizzazione. Molto pubblico in un paesaggio grigioverde, su questa terra seminata a morti. Gli abitanti del nord sono considerati i più sgobboni e le donne le più mamme (1,87 figli a testa contro l'1,65 della media nazionale). Al nord sgobbano e figliano (dicono nel resto della Francia) perché altre distrazioni non hanno, col tempaccio che si ritrovano. Non sono affari miei. Fatto sta che il 38 per cento delle patate francesi arriva da qui. Purtroppo me le ritrovo (fritte) sul piatto-simbolo, il *potje vleesch* (bollito freddo in gelatina di pollo, vitello e maiale), che un suo fascino ce l'avrebbe, ma senza patate fritte. Si passano paesi dai suoni rauchi, Berck, Cucq. Sul capo Gris-Nez (il punto più vicino all'Inghilterra, 28 km) i due in fuga tirano gli ultimi e comincia la corsa forte e crudele, sempre nel vento. È qui, più o meno a 20 km dal traguardo, che cade il campione d'Italia Nardello. Brutta botta all'anca e brutta ferita sotto il gomito. Perderà 12' da solo nel vento. Va all'ospedale di Boulogne, gli suturano la ferita (dieci punti), non c'è nessuna frattura ma moltissimo dolore. Ce la farà a ripartire? Dipende da come passa la notte. L'assenza del treno rosso della Saeco invoglia alle sparate solitarie, l'ultima è di Brochard ripreso ai 400 metri. Volatona. Vincesse Kirsipuu, sarebbe maglia gialla. Invece vince Zabel, che si era tanto lamentato della mancata convocazione di Fagnini ma se la cava bene anche con Wesemann come apripista. Sceglie bene il tempo, sulla sinistra contro le transenne.

Proprio davanti al traguardo c'è il ristorante La Matelote (specialità: crema fredda di cozze e cavolfiore). Sul menù c'è la foto della Matelote, madame Lestienne (1854-1919), famosa perché preparava ottimi dolci nel suo negozio di Rue de Lille ma soprattutto perché era abbondantemente provvista di baffi e barba. Ma senza averne fatto richiesta. Sì invece santa Wilgeforte, che voleva farsi monaca ma suo padre la voleva maritare. Lei pregò il cielo di renderla brutta, fu subito esaudita con una fiorente barba. Il padre non la prese bene: la fece crocifiggere. Succedeva nell'XI secolo. La festa di santa Wilgeforte si celebra il 19 luglio.

Jalabert, la vecchia gloria Casagrande, ritorno a casa

VERDUN, 11 luglio — Si va all'antica. Hanno cinquant'anni in due, Jalabert e Dierckxsens. Vince Jalabert, all'asciutto da tredici mesi. Gli fa ancora male la schiena: il 13 febbraio era caduto dalle scale mentre sistemava il garage: frattura di una vertebra. Continua a fare il francese all'estero, vive in Svizzera, corre per una squadra danese, ma era e resta Jaja. Una vecchia gloria (138 vittorie da professionista) che non vuole saperne di invecchiare nell'anonimato. Jalabert corre da torero, Dierckxsens da toro. Normale che finisca così. Si apprezza la calma di Jalabert. Dopo 30 km di fuga a tre (c'era anche Mancebo), con 2' di vantaggio (e maglia gialla addosso) a 20 km dall'arrivo, diventati 1' a 10 km e 10" alla fiamma rossa, deve rivedere i piani. Conta solo vincere. Li avessero lasciati andare, era diverso. La tappa al toro e a lui la maglia gialla, indossata l'ultima volta nella cronosquadre di Saint-Nazaire, due anni fa (ma allora correva per la Once).

Per vincere la tappa bisogna stare a ruota il più possibile, ma girarsi spesso per vedere cosa fa il gruppo (incombe). E poi scattare, da velocista sperimentato. Tirare la stoccata. Non serve al toro il colpo di reni. Si comincia dalla fine, la notizia in testa, anche questo è andare all'antica. Bella tappa che rinforza un'idea già avanzata ieri. C'è più corsa nella corsa, ma soprattutto c'è una diffusa difficoltà nel reggere i cambi di velocità. Il vento che ci accompagna favorisce le rotture del gruppo e si torna a rivedere (con piacere, aggiungo) quel che i francesi chiamano *contre* e noi contropiede. Negli ultimi anni c'eravamo abituati al gruppone monolitico, 50 orari fissi, *rumble rumble* come i rinoceronti. Ciclismo ad alta velocità e bassa improvvisazione, alta media e basso interesse. Un ciclismo da robot. Questo è più umano e forse (forse dovrei scriverlo maiuscolo) sta circolando meno roba.

A Verdun più di cento corridori hanno chiuso con ritardi che vanno dai 6' ai 20'. Tra questi (18') c'è purtroppo anche Nardello, che però ormai la classifica generale se la scorda e punta a una tappa, possibilmente quella di Colmar. Tra gli arrivati (e non dovreste stupirvene) non c'è Francesco Casagrande. Staccato alla prima accelerazione, si è ritirato. Non è una gran bella figura e non è tutta colpa sua. Quello che avevo da dire sull'argomento l'ho già detto prima del ritiro. Casagrande aveva dichiarato di non essere venuto al Tour per fare gruppetto. E sia. Ma se adesso non riusciva a stare con i primi, poteva rassegnarsi e fare la gamba per i Pirenei. Non sempre le cose vanno come vogliamo. Aspettare una schiarita anziché tornare a casa dopo tre giorni sarebbe stato più decoroso.

Si va all'antica. Fino a ieri ero l'unico a scrivere a macchina, adesso sono l'unico a scrivere a mano. Non è che ci tenga a segnalarmi, è che nella notte di Liegi ci hanno forzato l'auto e rubato quasi tutto. Passi per camicie, maglioni e scarpe, si ricomprano. Passi un po' meno per un borsone di libri e uno di cd, capisco ancora la Piaf e Jean Ferrat, ma non so quale mercato possano avere in riva alla Mosa le canzoni di Arigliano, Murolo, Pietrangeli e Gardel. E perdere un caro ferrovecchio come la mia Olivetti Lettera 32 è una brutta botta. Aveva trentasette anni, come Dierckxsens, e probabilmente l'hanno già buttata via. È stato bello finché è durato.

Non mi tira su il morale passare per Dinant, dov'è nato Adolphe Sax (1814), inventore del sassofono. Né che a Redu (pochi abitanti) ci siano ben venti librerie. Il libro di André Castelot sulla storia della cucina francese sarà già molto se riesco a ritrovarlo a Parigi, da qualche *bouquiniste*. menomale che c'è corsa. A ventate, nel vento. Saporita. Al km 52 parte una fuga di nove corridori fra cui Julich, Boogerd, Agnolutto. Nessun italiano. Reazione del gruppo: se hanno voglia, che vadano. E vanno. Anche troppo. Al km 89 hanno 10'15" di vantaggio (il massimo raggiunto quest'anno da una fuga). La presenza davanti di Julich (americano come Armstrong, con forte corrente di antipatia reciproca) porta a un breve ragionamento. Meglio andarlo a prendere, non si sa mai. Viene da due stagioni buie (nel '99 si ritirò per caduta, nella crono di Metz), ma nel '98 era sul podio con Pantani e Ullrich. Così parte la grande caccia, guidata dalle squadre di Armstrong, Ullrich e Beloki. Più il gruppo tira, più si frantuma (anche in cinque tronconi). Quando i trenta più avanzati del gruppo (ci sono tutti quelli di classifica) arrivano sui nove, c'è un momento di calma, appena qualche chilometro. Rientra un po' di gente con il fiatone, recupera e aspetta di piazzare il famoso contropiede. È quello che fanno Jalabert, Dierckxsens e Mancebo. Cambia lo scenario: pensando all'immediato futuro le squadre dei grandi capitani se ne stanno buone, mentre si scatenano quelle di seconda fila. La Bonjour per portare alla volata Nazon, il regionale di turno, la Crédit Agricole per salvare la maglia gialla di O'Grady.

Il finale di corsa si snoda tra cimiteri sterminati, sacrari, monumenti, ossari. Qui aveva vinto Armstrong nel '93, sotto un uragano, e quella vittoria servì a non sciogliere la Motorola (due mesi dopo arrivò anche il Mondiale di Oslo sotto un altro uragano). Jaja vince con un sole ventoso e i francesi sono contenti come uno che all'improvviso ritrova un vecchio amore. L'altro, Virenque, impossibile ritrovarlo perché non c'è. E Moreau è troppo cavallino, nella sua forza, per piacere alle tifose. Jaja vive alla giornata, oggi è stata la sua giornata. Domani cronosquadra di 67 km, favorita la Once.

Armstrong, impresa e beffa sulla montagna del ciclismo

ALPE D'HUEZ, 17 luglio — Armstrong, atto primo. Solenne e ironico. Primo premio per rendimento e interpretazione. Solo i campioni possono permettersi recite così, una mescola di impresa e astuzia, una dimostrazione che, senza testa, le gambe servono a poco. Altri scriveranno che Armstrong ha sequestrato il Tour, che lo ha già vinto. Io no. Per me, ha fatto di meglio: l'ha preso in giro. «Un piccolo bluff, come a poker», sorride lui. Piccolo no, è durato per tutti i 20 km del Glandon, la salita più dura e temuta, quella di mezzo, quella che Armstrong non conosceva. L'ha scalata stando in coda a un gruppo di quaranta corridori, scortato come un infermo dal gregario Rubiera e lasciando Heras in seconda fila. «Ogni volta che veniva a inquadrarmi la tv, facevo smorfie di sofferenza. E prima Bruyneel, per giustificare la mia posizione, aveva detto che non funzionava la radio».

Le immagini che forse avete visto in tv e che hanno visto in tv (montata sulle ammiraglie) i grandi strateghi del Tour erano inequivocabili. Armstrong è in coda, Armstrong fa fatica, Armstrong ha dei problemi. Invece bluffava. Un gioco sottile, geniale, inedito a questi livelli. Un sacco di volte ha vinto una volata un corridore che diceva di essere in rosso, che rifiutava i cambi, che prometteva all'altro di lasciarlo vincere e poi vinceva lui. Ma erano cose vecchie come il ciclismo, roba da magliari. Qui la colonna sonora ideale sarebbe un ragtime di Joplin, quella musica nata nei bordelli della Louisiana, dove c'erano polli da spennare e spennatori di professione. «La stangata» riveduta e corretta. Il pollastrone Ullrich (che ha reagito bene, che ha dato tutto) ne esce spennato come la sua squadra. Armstrong, oh combinazione, ricompare in prima fila al primo curvone dell'Alpe. Impone il treno a Heras. Prima del secondo tornante, sul tratto di pendenza più dura, si volta a guardare Ullrich, scatta e se ne va. Questo è il resto della recita, il secondo atto, scandito da una frequenza impressionante di colpi di pedale, con uno stile di purezza astrale anche nelle curve più secche.

Prima, la sua recita ha ottenuto due effetti fondamentali. Il primo è che la US Postal non ha lavorato, il secondo è che la Telekom ha lavorato tanto e tanto male, perdendo i pezzi per strada. Con Livingston, tutto il Glandon a fare l'andatura nell'illusione di schiantare il suo ex capitano, lasciato per andare alla corte di Ullrich. In gruppo si vocifera da giorni che Pevenage, ds della Telekom, sia dotato di un sofisticato scanner in grado di intercettare le direttive di Bruyneel. Vero o no che sia, c'è sempre la tv. Determinante. Senza la diretta, senza le dolorose smorfie di Armstrong, il bluff non sarebbe riuscito così bene. È riuscito così bene anche perché la Telekom ha sbagliato tutto. Se Armstrong ci avesse provato ai tempi di Merckx, o anche di Hinault, altra musica. Per andare a vedere il bluff, bastava uno scatto di Ullrich, o di Beloki. Giusto per misurargli la condizione, per capire a che gioco giocava, e se era un gioco.

Andare su a ritmo costante, sostenuto ma non troppo, è stato come fargli un regalo. E Armstrong lo ricambia con la sfrontatezza (qui il Texas c'entra qualcosa) di smascherare il trappolone e di fare marameo. Poteva benissimo cavarsela dicendo di aver sentito le gambe dure, sul Glandon, e di avere passato indenne un brutto momento. Macché: «L'idea ci è venuta strada facendo. Ormai, con la tecnologia, tutti scrutano le facce di tutti, ma non possono sapere cosa gira in testa e come girano le gambe. Volete sapere una cosa? Mi pento di avere attaccato troppo presto, avrei dovuto aspettare. Ma pensavo soprattutto a vincere. Quassù, è un onore per me. Questa è una salita mistica, senza paragoni. Tutte le sere a tavola vedevo compagni malati, incerottati, qualcosa dovevo fare. Adesso sono stanchissimo, ma spero lo siano anche gli altri. Nella cronoscalata non si può bluffare». Se ci fate caso, i primi quattro all'arrivo sono gli stessi primi quattro dell'anno scorso a Parigi. Una certa gerarchia rimane. Aggiungerò che è abitudine di Armstrong (gli altri dovrebbero saperlo) sferrare il colpo alla prima tappa di montagna. Fu così a Sestriere, a Hautacam. Questo colpo non gli basterà, ne serviranno altri. E non gli creerà molti amici in gruppo, il festoso annuncio d'aver preso tutti per i fondelli. Regolari, per me, anche queste tattiche, e la stangata di oggi entrerà nella storia del ciclismo. Dove Armstrong è già, ma deve pregare di non avere il minimo mal di pancia, perché gliela faranno pagare. Intanto, questa salita così italiana in passato e così povera di italiani oggi, evoca un confronto. C'era una volta uno scalatore romagnolo, pelato, che qui in cima vinceva e stabiliva anche il record della scalata: 38' nel '95, 37'35" nel '97. Armstrong ci ha messo 38'01". Siccome i numeri non sono tutto, bisogna aggiungere che quando vinse il pelato le tappe erano meno lunghe e non c'era di mezzo il Glandon. Questo rende più significativa e straordinaria (per chi preferisce: sospetta) la prestazione di Armstrong.

La tappa è semplice, dopo 6 km partono Jiménez, Tauler e Roux. Roux è l'ultimo a cedere, dopo 198 km in testa. Armstrong gli rimangia 6'10" in meno di 7 km d'arrampicata, lo passa come una moto. Quando Armstrong s'è voltato per guardare Ullrich negli occhi, non glieli ha visti. Tutti portano occhiali da sole. Ma Armstrong ha sentito (non tutti ci riescono) che l'altro era al limite, che l'accelerazione brutale di Heras gli aveva tirato il collo. E così è partito: dalla prima posizione, che lo vedessero tutti se stava male o stava bene. Armstrong oggi è stato grande ma Ullrich non è stato piccolo. Forse è troppo programmato, troppo obbediente, troppo ligio agli ordini, come se in testa gli restasse in piedi un pezzo del vecchio Muro. O come se avesse perso la fresca molla dell'attacco, che gli scattava da giovane, vedi Andorra Arcalis. È sempre uguale a se stesso, ma non s'è abbattuto, non s'è disunito. Era dietro Armstrong di 1'05" a 5 km dall'arrivo, di 1'59" all'arrivo. Cade in piedi.

Domani c'è una cronoscalata che in 32 km porta dai 209 metri di Grenoble ai 1730 di Chamrousse e si vedrà chi ha recuperato e chi no. Ora Armstrong guida la classifica vera e rischia di ritrovarsi il peso della corsa sulle spalle. Però rimangono alcuni piccoli particolari: deve recuperare 8' a Kivilev e 20' a Simon, che non sempre perderà 10' in salita come ha fatto oggi. La maglia gialla l'aspettava, era scritto che si portasse alla pari coi tre fratelli, che una tappa del Tour o una maglia gialla l'avevano portata a casa. È lui, almeno per i francesi, l'eroe del giorno. La stupidaggine di Pontarlier (Armstrong ha ammesso che si è trattato di un grave errore) rischia di pesare, insomma. La speranza di Armstrong è che Kivilev arrivi alla maglia gialla prima di lui, e si logori al suo posto. Insomma, Armstrong è condannato a fare altri numeri sui Pirenei. E stia attento alle imboscate, alle fughe bidone-bis. Sembra questo l'unico modo per impedirgli di vincere il terzo Tour consecutivo. Degli italiani, il migliore Piepoli (decimo). Sempre meglio del mio favorito Botero.

Sui Pirenei la verità del Tour. Armstrong solo contro tutti

PERPIGNAN, 19 luglio — Il Tour del quasi ci porta quasi in Spagna. Dall'Isère al Roussillon è bello riscoprire i platani lungo la strada. I corridori sono venuti in aereo, li scopriranno domani. Armstrong di ottimo umore: aperta la busta, il biglietto diceva che i due gemelli saranno due gemelle. Qualunque cosa Armstrong dica o faccia mille giornalisti si chiedono: è proprio così o sta bluffando? Sono uno dei mille. Armstronghiano della prima ora, fidatevi, posso produrre fotocopie del '99 datate Puy-du-Fou. Davanti a me c'è la schiena di un giornalista americano grosso come un quarterback, il regista del football americano, in maglietta gialla, con la firma di Armstrong, e sopra c'è scritto: *This is my moon*, questa è la mia luna. Mi informerò su dove si compra. Salvador Dalí ha scritto che la stazione ferroviaria di Perpignan era il centro esatto del mondo. Ci sono andato. Niente giornali italiani, nemmeno vecchi. Il G8 non ha grande spazio, su quelli francesi. A cosa serve, in effetti? Sapremo se hanno bevuto Vermentino o Pigato, se le signore erano in tailleur o in pantaloni. Di cos'hanno trattato veramente, no.

Forse non è solo Armstrong che bluffa. Dalí di sicuro, ma qui l'hanno preso sul serio e gli hanno intitolato la piazza della stazione (bruttina). Bevo un caffè (pessimo) al bar della stazione pensando che il centro della mia tazzina è ancora più centro del mondo. Il cielo è basso e pieno di nuvole. Conta molto, sole o pioggia. Abbiamo davanti tre giorni di Pirenei con diciassette salite più o meno famose. Armstrong va bene col freddo, Ullrich col caldo, quasi tutti gli spagnoli col caldo tranne Rubiera, assistente di Armstrong. Col caldo i Pirenei sono più Pirenei, una fornace. Più faticosi ma più autentici, come una Parigi-Roubaix sotto la pioggia. Pevenage dice che Ullrich non è mai stato così bene e che Armstrong, in genere, è più forte sulle Alpi. Può essere. Per me il guaio di Ullrich, che dev'essere guidato, è nella guida, cioè in Pevenage. La stupidaggine di Pontarlier, quei 36' regalati, chiama in causa tutte le squadre degli aspiranti al podio e serve a tenere aperto un Tour che altrimenti Armstrong avrebbe già chiuso. Aperto nel senso che lo obbliga a correre da maglia gialla anche se non lo è. E a rendere la corsa dura, anche se può non convenirgli, per mandare in crisi non Ullrich o Beloki, ma Simon e Kivilev.

Siamo quasi in Spagna e vedo molti *picadores*, per Armstrong, ma nessun torero. Forse è sotto l'ombra di un platano, aspetta. La Once e la Kelme hanno doppie punte: le useranno. González Galdeano e Beloki, Sevilla e Botero. Per Armstrong il pericolo è questo. Per i platani il pericolo si chiama Jean Glavany, purtroppo per loro ministro dell'Agricoltura. Antefatto: due settimane fa, nel Gers, un motociclista muore andando a sbattere contro un platano, a bordo strada. Il giorno dopo, lungo un viale pirenaico, alcuni suoi amici abbattono un centinaio di platani. Nel '99 un rapporto della Sicurezza stradale dice che il 38 per cento degli incidenti mortali è causato da ostacoli laterali (alberi, in gran parte). Il signor ministro dichiara: «I platani lungo le strade sono un pericolo pubblico. Per me non bisogna esitare, ma abbatterli tutti, e semmai piantarne altri altrove».

Quanto ai ministri, noi non saremo messi bene ma qui non scherzano. Dato che gli alberi hanno la buona abitudine di stare al loro posto, forse si potrebbe riflettere sul restante 62 per cento delle cause d'incidente. E poi, anche una casa è un ostacolo laterale, una chiesa del Trecento, un cimitero. Buttiamo giù tutto per avere strade nude, ma molto più larghe e veloci, come piste? Ecco i dubbi.

Anche su Armstrong ce ne sono, specie da quando ha tirato in ballo i suoi rapporti col dottor Ferrari. Quando i NAS arrivarono a perquisire il Giro dissi che la storia si può riscrivere, le emozioni no. Il ciclismo non è il paese delle meraviglie, io non sono Alice e nemmeno ho studiato a Ferrara. Tutti i controlli Armstrong li ha passati pulito, il che significa tutto e nulla. Anche oggi, controllo a sorpresa delle urine per tre corridori: Petacchi della Fassa, Vidal della Kelme, Hushovd del Crédit Agricole. I risultati tra una settimana. Questa è la cronaca. A volte è banale: anche la macchina della Festina intercettata nel '98 alla frontiera francobelga sembrava un granello di polvere, invece era l'inizio della frana. Occhi aperti, sempre, ma senza chiudere il cuore, altrimenti tanto vale stare a casa, si vede meglio la corsa, ma qui si sente meglio, si annusa l'aria, ci si lascia inzuppare o scaldare dal Tour, è diverso. Armstrong li avrà tutti contro perché il primo anno il miracolo è stupendo, e passi il secondo, ma farsi battere per tre anni di fila da uno che aveva il cancro non è bello.

La terra dei Catari è il posto ideale per arrostire quest'eretico. Domani 166 km con arrivo in salita al Plateau de Bonascre. Cinque salite di scarso fascino storico, ma per me è la tappa più importante perché farà capire a che gioco si gioca. Prima del via una delegazione di Almese consegnerà ad Armstrong il Premio Casartelli, una riproduzione della stele. Dopodomani 194 km, la tappa più lunga e dura, quattro colli di prima categoria prima dell'arrampicata a Pla d'Adet. Domenica 144 km con l'Aspin, sua maestà il Tourmalet, discesa ripida e di nuovo su, salita ripida verso Luz-Ardiden. Seduto sotto un platano, col rituale pastis davanti, penso ad Armstrong come a un platano con dentro, non sopra, un po' di cielo, come un quadro di Magritte.

Braccia al cielo. Armstrong la maglia gialla del cuore

PLA D'ADET, 21 luglio — Ancora una volta l'indice puntato al cielo. Ancora una volta Armstrong si isola in cima a un colle (quello di Limoges era molto più basso) e ci dà qualcosa di più di una vittoria: la certezza che nel ciclismo c'è memoria, che non tutto si trita, si consuma, si annulla, si perde. La consolazione che si va avanti senza dimenticare, che il cuore di certi uomini è profondo e ostinato, parlo di uomini perché al cuore dei ciclisti (Armstrong incluso) basta il cardiofrequenzimetro. Non c'è bisogno di colorire, di romanzare, di caricare. I gesti, atletici e no, hanno la loro forza, la loro verità. Tappa grande, tappa vera, combattuta, i Pirenei in tutto il loro splendore spietato e caldo, tante storie da raccontare. Stessi brividi sotto un altro sole. La prima storia è vecchia, ma Armstrong l'aggiorna col suo gesto.

Sono passati esattamente sei anni da Limoges. Se guardate le due foto, vi rendete conto di quanto sia cambiato esternamente Armstrong. Dentro è cambiato anche di più. Sono passate sei settimane da quando Armstrong s'è fermato in allenamento accanto alla stele di Casartelli, 4 km giù dal Portet d'Aspet. «Ma i miei nuovi compagni non sapevano nulla di Fabio. Che aveva vinto le Olimpiadi, che eravamo amici, che ci allenavamo insieme, che parlavamo dei nostri sogni, che aveva un bambino di un mese, che si era segnato in rosso la tappa di Limoges. Allora ho raccontato ai miei compagni tutta la storia, e quando ho finito ho pianto come un bambino». Sono passati cinque minuti da quando Armstrong ha vinto, quattro ore e cinque minuti da quando ha deciso di vincere, ancora per Casartelli. «Passando davanti alla stele non ho pianto, ma mi sono trovato pieno di emozioni e stupito di averne ancora tante. Me ne ricordavano altre. In un attimo ho capito che dovevo fare la stessa cosa, aspettando l'ultima salita. Questa vittoria è per Fabio, la maglia gialla la dedico a chi ama il ciclismo».

Armstrong non finisce di stupire ma non comincia a farsi amare (su vasta scala, intendo). Armstrong domina il Tour in lungo, in largo e di traverso: a cronometro, sulle Alpi, sui Pirenei. Suscito l'ilarità di numerosi colleghi facendo una domanda piattissima: che cos'è la felicità? Bella domanda, dice lui prendendola sul serio (lo fa con tutte le domande, e anche per questo lo apprezzo) e risponde: «Guardarmi allo specchio ogni mattina e vedere che sto bene. Avere una famiglia meravigliosa, in salute. Ma sarebbe misero parlare solo di questo. Ho buoni compagni, tanti amici a cui dà piacere quello che faccio. Ho una vita piena». Piena anche la tappa.

Torniamoci. Al km 27 vanno via in nove, tra cui Jalabert, Baldato, Vinokourov. Incombe la prima salita, il Portet d'Aspet. Roux precede Jalabert, che attacca a fondo in discesa, e inizia a scalare il Menté con 1' di vantaggio. Lo valica da solo, come il Portillon, il Peyresourde, è ancora primo a Val Louron (cade all'ultima curva della discesa, poi patisce un salto di catena, ma ormai è quasi cotto).

Il vecchio ragazzo Jalabert sembra rinato, si butta in imprese pazzesche, è accolto come un trionfatore da una folla incredibile. La sua è una cavalcata d'altri tempi. Si usa dire così, no? Ma è adesso. E Jalabert è un Fregoli su due ruote: prima velocista e specialista di classiche, poi quarto al Tour '95, poi campione del mondo a cronometro, e adesso cavalcatore d'altri tempi. Dietro a lui il più accanito degli inseguitori è Stefano Garzelli, partito con un gruppetto sul Portillon (km 116) e poi solo anche lui, scrollandosi Botero e Laiseka, non dei frilli. Bella corsa e bella rincorsa la sua, alla fine sorpassa anche Jalabert, ed è un ottimo quinto posto con un notevole salto in classifica. Adesso è decimo, con opzione sul nono (ha 3" da Serrano). «Soddisfatto? Non lo so. Ci penserò quando sarò meno stanco. Armstrong dimostra che non si possono fare due grandi corse a tappe in una stagione, un Tour non si prepara con un mese d'allenamento. Armstrong lo domina perché in allenamento lo ha praticamente già corso una volta. L'anno prossimo mi adeguerò».

Sul Peyresourde, ancora più dietro, s'accende un'altra corsa ed è merito di Ullrich. Prima fa tirare i suoi, poi piazza uno scatto violentissimo all'ultimo km. Armstrong è la sua ombra, poi recuperano Beloki e Kivilev. A una delle prime curve in discesa Ullrich finisce fuori strada, cadendo nell'erba e poi in un fossato. Armstrong e Kivilev rallentano (bel gesto), Beloki un po' meno. Ullrich rientra senza un graffio, torna la calma. Sulla penultima cima Jalabert conserva 1'50" su Garzelli, 2'45" sul gruppetto Armstrong. Planata su Saint-Lary e si vede l'ultima salita, dal basso, come una ferita slabbrata sul fianco del monte, una specie di z coricata, tutta allo scoperto, con tratti al 10 per cento. A 6 km dal traguardo attacca ancora Ullrich, che ce la mette tutta, stavolta non gli si può rimproverare nulla, ma Armstrong è ancora la sua ombra, blu con gli occhi grigi. Restano in due. Altri 500 metri e riparte Armstrong, uno scatto solo, come all'Alpe d'Huez. Basta. Ullrich si arrende ma non cede: perde 27" nel primo km, 33" negli altri quattro. È più forte di quando vinse il Tour del '97, ma Armstrong è più forte di lui. E lo ammette: «Mi sono preparato meglio e mi sento più tranquillo, in corsa. Mai stato così bene in un Tour. Ma tutti quelli che si dicono impressionati della mia facilità di pedalata dovrebbero venire a vedermi in inverno, in allenamento, quando sono stravolto. Questa apparente facilità è figlia del dolore che mi infliggo sapendo che poi darà frutti».

Sempre in chiave di memoria: il vecchio soldato Simon, che aveva indossato la maglia gialla sulle Alpi dove suo fratello Pascal l'aveva persa, la perde sui Pirenei dove suo fratello Pascal l'aveva indossata. E Jalabert deve consolare i giornalisti francesi: «Su, non fate quelle facce, io mi sono divertito tantissimo. Il grande colpo si sa già in partenza che può andare bene o male. Sono un privilegiato, ho visto da vicino Armstrong scatenato. Se non correvo così, non lo vedevo». Ma è vero che Armstrong le ha fatto segno di accodarsi? «È vero, e mi sarebbe piaciuto riuscirci, ma non ne avevo più. È la corsa: se Lance mi avesse raggiunto a 300 metri dal traguardo credo che mi avrebbe lasciato vincere, ma così, con 5 km davanti, non poteva aspettarmi». Fregoli Jalabert ha ora addosso la maglia a pallini di miglior scalatore. Non lo è, ma ha collezionato i punti per esserlo. Ci vuole coraggio. Anche Armstrong ne ha avuto: sa benissimo che con un dito non si tocca il cielo, si può solo indicare. Ma sa che senza ali si può provare a volare, e non aver paura. Quel pezzo di cielo che aveva dentro l'ha tirato fuori, sono contento per il platano di Perpignan che aveva già capito tutto.

Il solito americano a Parigi

PARIGI, 29 luglio – Sulla canna della bici numero 1 il meccanico ha inciso una parola: *thanks*. Il proprietario della bici numero 1 fa il giro d'onore sventolando a turno tre bandiere: quella americana, quella francese (applausi più convinti) e una un po' meno nota, quella del Texas. Se il meccanico avesse scritto *tank*, non avrebbe sbagliato. Il tenente Armstrong, diventato maggiore sul campo, ascolta l'inno impettito, a testa scoperta, la mano destra sul cuore dove c'è un turbine che gli occhi non tradiscono. Più che battere gli avversari, più che demolirli, spianarli, ha fatto di meglio: li ha messi nell'impossibilità di battersi, con una serie di dimostrazioni di superiorità agonistica, ma anche tattica (il bluff delle smorfie, nella prima tappa alpina). Testa e gambe, vecchia formula sempre buona. Né Ullrich, pure annunciato su livelli mai visti, né tantomeno Beloki gli hanno fatto il solletico.

Quando nel ciclismo uno è il più forte a cronometro, ma anche in salita, diventa difficile batterlo. Servirebbe un corridore che non c'è, né si intravede. Armstrong è un pianificatore. Prima del cancro era un improvvisatore, ma di talento. Nel '93 fu il più giovane vincitore di tappa al Tour (ventun anni) e il più giovane campione del mondo. Al Tour si era ritirato prima delle Alpi, definite «troppo lunghe e troppo fredde». Sulle Alpi, da ex malato di cancro, ha dato la stoccata per due anni di fila, Sestriere e Alpe d'Huez. Armstrong sostiene di cominciare a vincere il Tour qualche mese prima, quando prova e riprova minuziosamente i percorsi delle cronometro, delle tappe di montagna. «Io corro contro me stesso, non contro gli altri», mi ha detto qualche giorno fa, «ma adesso do più peso alla tradizione, alla storia. I grandi appuntamenti bisogna onorarli».

Questo induce a pensare che possa vincere anche il Tour del 2002, e avanti, ancora. Questo gli consiglia Eddy Merckx, padre della famosa frase «lo sport è vincere». Non si regala niente a nessuno. Questo gli consiglia Bruyneel, ds di grande discrezione, ma Armstrong non dimentica che fu lui a dirgli, nell'autunno del '98, dopo un quarto posto alla Vuelta, che non doveva abbattersi, si sarebbe rifatto con la maglia gialla a Parigi. I gregari fedeli vanno e vengono (dopo Livingston, Hamilton), ma Bruyneel resta. Come Julien DeVries, che fu già meccanico di Merckx e LeMond. Poi c'è Chris Carmichael, il primo coach del dilettante Armstrong. E Jim Ochowicz, ex pattinatore e ds, suo testimone di nozze. E John Cobb, che insegna aerodinamica in un'università del Texas. È lui che ha reimpostato Armstrong nelle cronometro. Mediamente due volte ogni inverno gli fa dei test nella galleria del vento. Il medico è spagnolo, si chiama Del Moral, viene dal calcio (Tenerife). Americano il chiropratico, Jeff Spencer. Svizzero, ne abbiamo già parlato, il cuoco. E poi c'è il dottor Michele Ferrari. Si occupa di dieta, preparazione in quota, test di fatica, uso della tenda ipobarica. Non d'altro, spero. Ferrari, nel ciclismo, è un nome che evoca vampate di zolfo, ma Armstrong lo difende. Perché fino a che non sarà provato qualcosa contro di lui per me è innocente, dice Armstrong, senza rendersi conto che molti pensano la stessa cosa di lui.

Credo quia absurdum. Mi piacerebbe uscirne così. Credere a una storia unica, straordinaria, da maneggiare con estrema cura perché, come disse due anni fa Castaing, ex corridore francese, appendere nelle corsie degli ospedali una fotografia di Armstrong in maglia gialla a Parigi servirebbe più di tanti discorsi. Perché Armstrong è contemporaneamente un uomo, un atleta e un simbolo. Gli pesa? «No, basta non bluffare mai, in nessuno dei tre ruoli». Così m'ha detto a Montluçon, la mattina della crono. E intanto, in camera sua (ordinatissima, non sembrava quella di un ciclista), firmava una maglia gialla da spedire a un bambino italiano malato, Claudio, nove anni. Può farsi, uno così, con quello che ha passato? Questo mi chiedevo. E mi rispondevo di no, anche se nel ciclismo, come altrove, le apparenze possono ingannare.

Mi ostino a credere che un uomo possa rifiorire sulle proprie macerie, che non ci siano limiti alla speranza. In apparenza Armstrong si esprime per paradossi: nel ciclismo la felicità nasce dalla sofferenza, ringrazio il cancro che mi ha fatto diventare una persona migliore. Il suo sogno, adesso, è annunciare che smette di correre il giorno stesso in cui vince una grandissima corsa, di non vedere nemmeno i primi alberi del viale del tramonto, di alzarsi dalla tavola apparecchiata, al massimo del successo. Ma sa, perché non vive di soli sogni, che questo è ancor più difficile da realizzare di quello che sembrava pazzo, assurdo, patetico e disperato: vincere un Tour. Il secondo Tour vinto, il terzo, non sono più un sogno ma un impegno, un dovere, un'investitura. Indovinare il momento giusto non per staccare Ullrich o Beloki, ma per chiudere col ciclismo: questo sì è difficile. Anche perché, senza volergli fare i conti in tasca, Armstrong è un atleta da venti miliardi l'anno, attualmente. A quel che gli passa la US Postal (quasi tre milioni di dollari) vanno aggiunti gli sponsor personali (Coca-Cola, Nike, Squibb, DHL, Trek, Shimano per dirne solo alcuni). La sua autobiografia ha venduto 800.000 copie negli USA e tra poco uscirà in edizione economica. Ha una villa a Austin, una a Nizza, a Gerona una casa antica, piena di storia, in centro. Mercoledì a New York lancerà la prima palla della sfida tra gli Yankees e i Texas Rangers, poi il *David Letterman Show*, poi la Casa Bianca. *Sport Illustrated* si degnerà di dargli la copertina. Qualche corsa in agosto e poi stop, niente Mondiale, il record dell'ora l'anno prossimo. Vuole stare in famiglia, a metà dicembre nasceranno due gemelle.

La moglie, i figli, tre Tour, tutto è venuto dopo la malattia. Nel '98 Armstrong lo definivano «merce avariata», non lo voleva nessuno. Devono essere soddisfazioni immense per quest'uomo non antipatico, ma riservato sì. Credo che quando uno riesce a vincere certe battaglie non possa aver paura di altre battaglie, sportive. Se guardiamo i suoi tre Tour consecutivi (come Bobet) e pensiamo che come filotto solo Merckx (4) e Indurain (5) hanno fatto di meglio, ci rendiamo conto che li ha vinti tutti nello stesso modo: attaccando nella prima tappa di montagna. Nel suo unico Tour vittorioso Ullrich aveva inflitto distacchi più pesanti: 9'09" a Virenque, 14'03" a Pantani. Nel '99 Armstrong ha dato 7'37" a Zülle (che ne aveva persi più di 6 in mezzo al mare, nel Gois) e 10'26" a Escartín. Nel 2000, 6'02" a Ullrich e 10'04" a Beloki. Quest'anno, agli stessi avversari, 6'44" e 9'05". Stesso podio dell'anno scorso anche per la Kelme (classifica a punti), stessa maglia verde per Zabel. Di nuovo a fine Tour c'è solo Jalabert miglior scalatore al posto di Virenque. Pugno di ferro in guanto non di velluto, Armstrong. D'altra parte, si può tradurre Fortebraccio.

Classifica finale

1. Lance Armstrong (USA, US Postal), km 3453 in 86h17'28", media 40,070; 2. Ullrich (Germania, Telekom) a 6'44"; 3. Beloki (Spagna, Once) a 9'05"; 4. Kivilev (Kazakistan, Cofidis) a 9'53"; 5. González de Galdeano (Spagna, Once) a 13'28".

Partenti: 189. Arrivati: 144.

2002

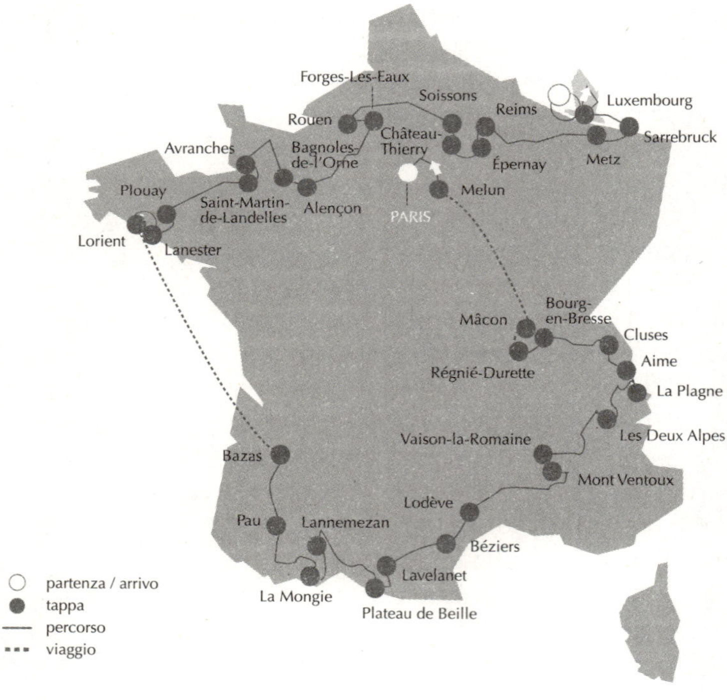

Armstrong non ha grandi rivali. È il più forte e anche la sua squadra è la più forte. Nella prima parte la Once di González de Galdeano difende la maglia gialla, poi Armstrong vince le due tappe pirenaiche senza essere inquietato dalla concorrenza. Sul podio con lui Beloki e Rumšas. La cui moglie finisce in carcere perché nel baule dell'auto aveva prodotti dopanti.

Champagne e volate aspettando Armstrong

REIMS, 9 luglio – Zabel ha la maglia gialla, la maglia verde e una moglie di nome Cordula (criniera bionda e piercing all'ombelico). La signora è al Tour dall'inizio, col figlio Rik di sette anni, e parte sabato. Ogni giorno pensa che sia quello buono. Invece no. Quando c'è Zabel manca la Telekom e viceversa. Oggi Zabel c'era, ma negli ultimi km si è trovato da solo. Si è barcamenato, ha scelto la ruota giusta, quella di McEwen, che è partito abbastanza lungo, ha sbandato a destra quel poco che basta a intimorire chi rimonta e a non farsi squalificare. Appena oltre la linea bianca Zabel gli ha teso la mano, complimentandosi. Una bella volata pulita, con Zabel che chiude tra due australiani (McEwen e Cooke) e poi in fila Hauptman, Baldato e Bossoni. McEwen, che viene dalla pista, rende bene nell'est della Francia. A Strasburgo, tappa del Giro, quest'anno aveva battuto nettamente Cipollini. La moglie di Armstrong con relativo figlio Luke è ripartita. Tornerà per la crono di lunedì. La madre di Landis, compagno di squadra di Armstrong, ha visto la tv per la prima volta nella vita da quando è cominciato il Tour. I Landis sono una famiglia mennonita della Pennsylvania con severe regole di vita, non lontane da quelle degli Amish.

Ci sono più movimenti intorno alla corsa che in corsa. Esemplare la tappa di oggi, con memorie di poeti. Partenza da Metz, dove è nato Paul Verlaine, e arrivo a Reims, dove è nato Paul Fort. Ma il vento che c'è fa piuttosto pensare a Verhaeren: di sbieco, e in faccia nel finale, su lunghissimi rettilinei che prosciugano Durand e Renier. Sono partiti dopo 6 km, sono ripresi a 6 km dal traguardo. Totale: 162 km di fuga e il monopolio sulla diretta tv. Far vedere la maglia è una cosa che gli sponsor apprezzano. Preferirebbero vincere, ma se non ci riesce Zabel possono anche non riuscirci le squadre francesi. Novità (dai tempi di Bitossi non succedeva): un attacco di tachicardia per O'Grady. Non preoccupante, sta in coda, gli passa, fa la volata e si piazza decimo. Adesso parlerò un po' di Champagne, anche in chiave ciclistica. Reims è chiamata la capitale dello Champagne, titolo cui ambisce anche Epernay, da dove parte domani la cronosquadre. Il cerchio si chiude perché oggi abbiamo attraversato Sainte-Menehould, dove nacque Dom Pérignon. Specialità locale, il piedino di maiale impanato. Evitabile, col caldo.

In compenso a fianco della sala stampa c'è un buffet dei vignaioli della zona, Champagne come se piovesse. «Peccato che non sia sabato», sospira un collega belga. In Belgio molti giornali la domenica non escono. Lo capisco. Moderazione. Ci facciamo quattro calici a testa piluccando qualcosa. La produzione 2001 è di 262.613.450 bottiglie. L'Italia, che era il quarto paese importatore dopo Gran Bretagna, USA e Germania, è stata scavalcata dal Belgio (7.433.331 bottiglie contro 7.031.437). Abbiamo a ruota la Svizzera. Spiegazione: si è cominciato a lavorare bene, nel settore, anche in Italia. Il mito francese resta, ha una storia. La prima maison, Ruinart, nasce nel 1729. Chanoine è del 1730, Taittinger del 1734, Moët del 1743, Clicquot (non ancora Veuve) del 1772. Ma è lei, la vedova, a lanciare il primo rosé, nel 1804. Lo Champagne è come una cronosquadre. I vitigni canonici sono lo Chardonnay, bianco, e i rossi Pinot noir e Meunier. Per secoli, ognuno ha dato vini ai limiti del bevibile e d'altro canto qui siamo ai limiti (specie per i gelidi inverni) della coltivazione della vite. Lo Champagne è diventato un mito quando delle tre debolezze assemblate ha fatto una forza. Il Pinot nero dà la struttura, lo Chardonnay l'eleganza, il Meunier fa da collante, è una specie di gregario, molto generoso. Ogni anno si dosano le percentuali per non squilibrare il vino. L'efficacia nasce da un'azione congiunta il cui fine è l'armonia.

Allo stesso modo, nella cronosquadre i più forti devono tenere conto dei meno forti. Armstrong non dovrà esagerare, come fece sul ponte di Saint-Nazaire, per non essere il boia dei suoi. Come il maestro di cantina, il direttore sportivo dovrà scegliere i tempi, l'intensità dello sforzo. È una cosa che non s'improvvisa. Le favorite sono Once e US Postal, più staccate la Tiscali e la Crédit Agricole, che però ha Moreau malmesso. Il percorso, 67,5 km, è particolarmente duro nel tratto centrale. Per Armstrong la strategia migliore sarebbe di perdere con poco distacco, altrimenti in maglia gialla dovrà controllare la corsa fino ai Pirenei. Che sia il più forte lo sanno tutti, lui compreso, ma gli conviene logorare la squadra? La tappa di domani dirà che strada ha scelto Armstrong. Che può anche perdere senza scegliere di perdere, perché a cronometro la Once va davvero forte.

Fiori e cadute a casa di Anquetil

ROUEN, 11 luglio – Lo sconosciuto Quinquempoix e il più noto Quincampoix li troviamo nella stessa tappa, quella di oggi, quella dei primi ritiri, del ciliegio che rifiorisce e dei ricordi di Anquetil. Il primo ritiro è di Tom Steels, che non ce la fa più (e si viaggia in pianura). Ha addosso la maglia di campione del Belgio, ma anche le conseguenze di una mononucleosi che gli levano le forze. Il secondo ritiro, ben più drammatico, è di Marco Pinotti, detto Pineau e anche Pinuche, l'unico ciclista italiano laureato in ingegneria. C'è una caduta a 25 km dal traguardo, una ventina di corridori coinvolti, ma Pinotti è l'unico a rimanere a terra immobile, fuori conoscenza, steso sul fianco destro. Il dottor Porte gli sfila il casco. Pinotti si riprende e si lamenta, ha perso qualche dente. Ambulanza, ospedale, radiografie. Frattura delle ossa nasali, punti di sutura al mento e alle labbra. Domani torna a casa. E pensare che stamattina era contento perché gli stava passando il mal di schiena. Nella stessa caduta Verbrugghe si frattura la clavicola.

Ciliegio è la traduzione letterale di Kirsipuu. Non è più di primo pelo, il 17 a Pau festeggerà i trentatré anni e al Tour aveva già vinto due tappe, a Challans e a Strasburgo: nella prima località allevano anatre, nell'altra hanno perfezionato la confezione del loro fegato. L'estone Kirsipuu era stato fermo tre mesi per la lesione del tendine rotuleo. In questi giorni ha capito che per un velocista come lui in gruppo c'era poca trippa e, intelligentemente, ha cercato la fuga. Quella buona parte a 85 km dal traguardo, col Ciliegio, Dierckxsens, Sandstød, Edaleine e il trentino (meglio, valsuganòt) Casagranda, che fin dalla partenza si era infilato in tutti i tentativi. La reazione del gruppo è tardiva e poco organizzata. Kirsipuu fa con diligenza la sua parte, ma è un compagno scomodo. Negli ultimi 3 km i suoi avversari a turno provano l'allungo (Casagranda, tre volte) e ogni volta Kirsipuu tappa il buco. Sandstod inizia la volata da lontano, Kirsipuu fa molta fatica a rimontarlo, con la lingua fuori, ed è talmente distrutto che non alza nemmeno il braccio. La sua squadra, la AG2R, è stata l'ultima invitata al Tour ed è la prima, delle francesi, a vincere. Tappa piatta in tutti i sensi, a tratti movimentata dal vento e dal gioco dei ventagli che spezzavano il gruppo.

La citazione di Verhaeren, poeta belga nelle cui poesie c'è spesso il vento, stavolta è d'obbligo. Perché siamo a Rouen ed è nel 1916 alla stazione di Rouen (quella dipinta da Monet, che non andava solo per cattedrali) che Verhaeren morì sotto un treno. Per sbaglio, non volontariamente come il mio amato Attila József. A proposito di morti, a Quincampoix c'è la tomba di Anquetil. Sulla piazzetta del paese, decorata da una fila di platani, si affacciano il municipio, l'ufficio postale, la farmacia, la chiesa con annesso cimitero. La tomba di Anquetil è a forma di libro aperto, in marmo nero con dorature laterali a indicare le pagine. Il nome è un autografo svolazzante inciso nel marmo, in alto c'è la riproduzione della Legion d'onore e un suo ritratto da giovane, i capelli biondi pettinati a banana, come si usava. Molto più austera, sulla sinistra, la tomba dei genitori, Ernest e Marie, lui morto giovane, a cinquantasette anni, lei a novantacinque. E Maître Jacques, il padrone del gruppo mai amato, a 53, nel 1987.

Stranissima, ancor più se rapportata ai tempi, la vita di questo maestro di stile, in bicicletta, che nessun direttore sportivo fuori corsa avrebbe mai indicato come esempio da seguire. Le mangiate, le donne, le grandi bevute. *Le petit matin et le gros rouge*, lì si capisce di che pasta è fatto un corridore. Le ore piccole, i vini rossi spessi, ma anche i liquori. Lo Champagne, solo per cominciare. Corridore affascinante, lo sanno tutti. Non tutti sanno che sposa Janine, la moglie del suo medico. Fin qui, come Coppi. Janine ha già due figli, Annie e Alain. Anquetil ha una relazione con Annie, da cui nasce Sophie. Alain si sposa con Dominique. Anquetil ha una relazione con Dominique da cui nasce Christophe. Tutto questo senza mai lasciare Janine, la donna della sua vita. Basta e avanza per un film che nessuno girerà mai. Poco amato da vivo, Anquetil lo è di più da morto. La tomba trabocca di fiori freschi. La Francia passionale gli ha sempre rimproverato una certa freddezza, una ritrosia alla grande impresa (cronometro a parte) fino al punto di schierarsi con Poulidor, l'eterno secondo (quando andava bene), il contadinone dell'Alvernia che faceva il bagno in acqua e aceto, non il principe biondo che pareva un pezzo di ghiaccio. Tranne che nel '65, quando accettò una sfida pazzesca proposta da Geminiani, suo ds: giro del Delfinato e subito dopo (un'ora di sonno in tutto) la Bordeaux-Parigi dietro motori, più di 2000 km in nove giorni. Vinse e rivinse, sotto un diluvio. E i francesi da Bordeaux a Parigi lo acclamarono e gli gridarono il loro amore. Janine lo aspettava sul traguardo, lui ebbe una lunga crisi di pianto ed era la prima volta, dopo una corsa, che qualcuno vedeva piangere Jacques Anquetil. Fu anche l'ultima.

Quanti nemici per Armstrong. «Calma, vinco in montagna»

BORDEAUX, 16 luglio – Se uno legge i giornali francesi, pensa che Armstrong abbia preso una sberla tremenda. Non è così, ma bisogna sforzarsi di capirli, i francesi. In stato di semilatitanza i loro corridori (come i nostri, anche di più), essi coltivano la speranza del crollo di Armstrong. Il Tour, da sempre fabbrica di sogni, può campare bene anche come fabbrica di vittime illustri, di sacrifici umani. La fine dell'era Indurain, cinque Tour di fila, fu accolta con un coro di elogi a Riis, che pur qualcuno in gruppo chiamava «Monsieur 60%», si suppone con riferimento all'ematocrito, ma questo venne fuori dopo. Adesso noto un infittirsi di coccole nei confronti di Manolo Saiz, che non è un corridore ma il ds della Once. Finiti i tempi ('98) in cui Leblanc disse di non volerlo più sulle strade del Tour, perché aveva dichiarato di avere infilato, al Tour medesimo, un dito in un posto molto delicato (aveva capeggiato la diserzione delle squadre spagnole in blocco).

Acqua passata, tutti adesso parlano con lui, anche perché parlare con Beloki o González Galdeano dà poca soddisfazione. È Saiz che li manovra, Saiz che decide le interviste, Saiz che sceglie per ogni corridore la larghezza del manubrio, la lunghezza delle pedivelle, quanto e cosa devono mangiare e bere. Per questo, non da oggi, la Once mi dà l'idea di una grande forza complessiva ma di relativa personalità. Nel giorno di riposo qualche notizia c'è. Una è che Jalabert è arrivato in sala stampa, nel velodromo che vide i record dell'ora di Boardman, Obree, Indurain e Rominger, ad annunciare che chiuderà la carriera a fine stagione. A Zolder, spera. C'è un applauso convinto, quando finisce di parlare. Ha usato parole belle e semplici, che toccano il cuore. Oggi, a trentaquattro anni, è ancora il migliore dei francesi in classifica. E migliore dei francesi è stato per molte stagioni, cambiando pelle. Da velocista che era, dopo l'incidente di Armentières del '94 (andò a rompersi la faccia contro un poliziotto stupido, che si era sporto dalle transenne per fare una foto) diventò uomo da classiche, poi da corse a tappe, da cronometro. Grande classe e disponibilità umana.

Il suo giorno più alto per me resta quello della vittoria di Mende, il 14 luglio del '95. Il suo gesto più bello alla Vuelta del '95 (che vinse). In montagna, sulla Sierra Nevada, c'era un tedesco, Dietz, in fuga da 200 km, e il gruppo stava per raggiungerlo, mancavano poche centinaia di metri al traguardo. Jalabert piantò il gruppo con uno scatto, affiancò Dietz, lo incitò e lo spinse verso la vittoria. «Mi sono innamorato della bici a dodici anni, sono passato pro nell'89, ho avuto momenti belli e momenti brutti, ma sarò sempre riconoscente a uno sport che mi ha insegnato a essere un uomo». Parla a ruota libera, la camicia blu fuori dai jeans. Non cambierà idea nemmeno se dovesse vincere, a Zolder, cosa che gli augurо. Jaja, altro vecchio ragazzo che se ne va. Con una classe che non ho trovato nell'addio di Cipollini.

L'altra notizia, più piccola, è che Armstrong e Bruyneel hanno trovato l'errore nella crono: troppa agilità, frequenza esagerata (115-125 pedalate al minuto). Nel finale controvento Armstrong ha insistito azionando il 55 x 14-15, quando gli altri avevano denti in meno (11-12). Qualcuno ha fatto notare che senza i 27" persi ad Avranches, Armstrong sarebbe comunque maglia gialla per la miseria di 1". Ma gli converrebbe? Ci credo che Bruyneel definisca «tatticamente ideale» la situazione attuale. Sui Pirenei, ai confini con la Spagna, saranno gli spagnoli a dover difendere la maglia gialla. A meno che Saiz non si sieda al tavolo da poker con altre intenzioni.

Sono andato da Cyrille Guimard, attuale opinionista tv, ma ai tempi delle ammiraglie chiamato Napoleone, per uno scambio di idee. Dice: «Continuo a non capire come corre la Once. Se corre solo per difendere la maglia gialla, niente da eccepire, ma se corre per vincere il Tour sta sbagliando di grosso. Per battere Armstrong bisogna far saltare il banco, non limitarsi a una corsa di controllo». Corsa di controllo che può anche essere disagevole. Guardiamo la classifica, i primi tredici sono nello spazio di 3'. In classifica la Once non ha solo González Galdeano e Beloki, ma Azevedo (quinto al Giro) e Serrano (nono al Tour dell'anno scorso). Poi: Botero è una mina vagante. Il miglior scalatore puro è Sevilla, Rumšas è in ottima posizione, ma è un'incognita non avendo mai corso un Tour né un Giro (alla Vuelta era finito quinto). Domani c'è una tappetta piatta che taglia le Lande e da dopodomani probabilmente si fa sul serio. Siamo arrivati fin qui macinando 1462,5 km alla media molto elevata di 43,845. Solo sette ritirati, quasi tutti per caduta. Clima perlopiù fresco. Il passaggio dal fresco al caldo e dalla pianura alla grande montagna sarà indigesto per molti. Ultime dalle sedi: «Quando vedremo che Armstrong è attaccabile, lo attaccheremo. Il bello deve ancora venire». Questo è Saiz. «Fin qui si è ragionato sul filo dei secondi, adesso parleremo di minuti». Questo è Bruyneel. «Veramente io non ho mai vinto i tre Tour grazie alle crono ma grazie alle montagne». Questo è Armstrong.

Quel che dice Armstrong è vero, ma è anche vero che le sue tre vittorie sono nate dalla somma di crono e montagne, un diretto al mento e un gancio al fegato per far capire chi era il più forte. Mettersi in coda, prego. Ma la situazione è piuttosto diversa, adesso. E sono curioso di vedere come reagisce in montagna Frigo, che è caposquadra, mentre l'ammirevole Peron dipende da Hamilton e dal vecchio ragazzo Jalabert.

Maledetto, calvo Ventoux: ecco il monte che fa paura

BÉZIERS, 20 luglio – Si parte dal paese di Barthez, bizzarro portiere della Francia mondiale nel calcio, si arriva in una culla del rugby (undici scudetti). Dalla partenza all'arrivo, per il terzo giorno consecutivo, il filo storico sono i Catari, il corridore è Jalabert. Che firma la rispettabile impresa di avere corso in tre giorni 429 km fuori dal gruppo senza vincere nulla. Oggi si passa dalle sue parti (Mazamet non è lontana da Carcassonne) in una processione di pallini rossi: sulla faccia dei tifosi, sugli striscioni appesi ai platani. Finalmente si fa il pieno di platani. Tappa tra le vigne (Minervois, Corbières) che danno vini non memorabili. La Blanquette di Limoux, non potendo competere sulla qualità, la butta sulla storia: è il più antico vino spumante del mondo, dal 1531, due secoli prima di Dom Pérignon. Interessa? No grazie, sono astemio.

Meglio dire una bugia che essere scortesi, e poi con questo caldo africano è meglio un pastis, o due. Con questo caldo porco si deve stare più attenti all'alimentazione. Frutta. La palestra del liceo Jean Moulin è una sauna adibita a sala stampa. Jean Moulin (1899-1943), uno dei capi della Resistenza francese. Segnalo il fatto all'ineffabile dottor Baldassarre, nel caso, riscritta la storia italiana, gli venisse l'uzzolo di allargarsi ad altre storie. Il Tour si sposta a est, come i Catari perseguitati e arrivati a farsi bruciare fino in Lombardia. A Béziers si rifugiarono nella chiesa di Santa Maddalena, il 21 luglio 1209, e quando i crociati, impossibilitati a distinguere gli eretici dai cattolici fedeli al papa, chiesero istruzioni, l'abate Arnaud Amaury pronunciò la famosa frase: «Uccideteli tutti, Dio saprà riconoscere i suoi». Ventimila morti in due giorni. Su con la vita.

Vuoi un'albicocca, una pesca?, dico a Sam Abt dell'*Herald Tribune*. No grazie, sono pieno di *cassoulet*. Mimo una levata di cappello: un *cassoulet* in queste condizioni è un gesto d'eroismo. Io me n'ero fatto uno (fagioli bianchi di Tarbes, vari tagli di maiale, il tutto bollente) la sera prima, ma almeno avevo finito di lavorare, in una sciagurata pizzeria di Tarascon-sur-Ariège. Ok, mettiamoci ad aspettare lo sprint. Il Panda Jalabert e Mazzoleni dopo 5 km erano già davanti, li hanno raggiunti altri nove. Andata. Quelli normali erano stanchi per i Pirenei, i più forti pensavano al Ventoux. Vantaggio massimo 13'45" al km 134. Tutta la folla è per Jalabert, che non si sente più un velocista e commette un errore grave, anzi con tutto l'affetto fa proprio una cosa da pollo. A 16 km dall'arrivo piazza due scatti per ridurre la compagnia,

Millar rilancia e Jalabert resta indietro. E arriverà undicesimo della fuga di undici, ma guadagnando 9' che gli consentono di risalire al nono posto. Negli ultimi 20 km tira molto la Lampre, per proteggere le spalle di Rumšas. E così, in uno sprint di forza, sull'arrivo in salita, vince David Millar, considerato il più bello del gruppo, ma che non vuole essere considerato solo un corridore da prologhi. «Alla Vuelta andrò per curare la classifica. Al Tour, finché Armstrong non andrà in pensione, non è il caso».

Armstrong alla pensione non ci pensa. Pensa al Ventoux, a quella vittoria lasciata a Pantani due anni fa, quando un vento fortissimo aveva portato via lo striscione del traguardo. Ce l'ho, mi manca. Braccioforte non colleziona figurine ma imprese, e per questo comincia a fare breccia nel cuore dei francesi. Onora la maglia gialla, attaccando, e il Ventoux gli manca. Domani sull'ammiraglia dei postini ci sarà Robin Williams che compie cinquant'anni. Colleziona bici (ne ha un'ottantina), è un tipo alla mano. «Per un corridore andare sul Ventoux dev'essere come per un bambino andare a Disneyland», dice.

Mica tanto. Il Ventoux è una bruttissima bestia che non somiglia a nessun'altra salita. È unico. Solo sei volte il Tour è arrivato lassù, altre sei lo ha scalato ma il traguardo era altrove, Avignone o Carpentras. C'è una differenza sostanziale: andare oltre la cima permette di dosare gli sforzi, sapendo che si può recuperare in discesa. Arrivare in cima rende più disumano lo sforzo. Perché si respira male, a volte sembra di non respirare. Sarà il microclima, quello che consente ai botanici di ammirare, in Provenza, il papavero di Groenlandia e la sassifraga dello Spitzberg. Domani si sale dal versante più duro, da Bédoin. Simpson morì a 1500 metri dal traguardo, nel '67, dopo essere caduto due volte in mezzo alla pietraia. Lì, sulla destra, c'è la stele che lo ricorda. Anfetamine più insolazione, stabilì l'autopsia. Lì in cima Merckx nel '70 finì sotto la tenda a ossigeno da vincitore, lì in cima Mallejac perse conoscenza da sconfitto nel '58. Il Ventoux non è Pirenei, non è Alpi, anche se tecnicamente può considerarsi una propaggine delle Alpi Marittime. È una sentinella della pianura, un avamposto maligno e calvo che nei secoli ha entusiasmato solo Petrarca. È un bubbone che i corridori eviterebbero volentieri. Dal villaggio di Bedoin (290 m) alla cima (1912 m) sono 21 km. La salita è più dura, con tratti al 10 per cento, quando la strada è coperta dagli alberi, ma quello che spaventa i corridori viene dopo, più o meno all'altezza dell'osservatorio astronomico di Chalet Reynard (1600 m). Lì sparisce del tutto la vegetazione, ci sono solo pietre, asfalto rugoso. Chi dice che si entra in una serra, chi in una fornace, chi in un inferno. Se non c'è il sole a picco c'è il vento in faccia, come due anni fa, e la fatica è comunque enorme ma diminuiscono le difficoltà respiratorie.

Nessuno in genere fa previsioni quando c'è di mezzo il Ventoux. Beloki fa eccezione, dice che attaccherà. Quando lo vedrò, ci crederò. L'aggettivo più usato per questa montagna è «lunare». Armstrong l'ha scalata quattro volte (una col Tour, tre col Dauphiné) senza mai vincere, gli manca. Gli manca per poco, credo. Se vincerà, giuro che non lo paragonerò all'altro Armstrong. Alla vigilia della fornace, brucio consapevolmente questa tentazione di banalità.

Basso, un nome per consolare l'Italia delle vittorie smarrite

VAISON-LA-ROMAINE, 22 luglio – Lo dico subito: arrivare domani a Les Deux Alpes sarà una fitta al cuore. Nel secolo scorso, ma appena quattro anni fa, Pantani ci costruì il suo capolavoro, e sembrava un'altra stagione d'oro. Invece era l'inizio del tunnel, ma questo non è un buon motivo per non ricordare i dispersi, i frantumati, gli assenti. Il ciclo di Armstrong, avviato alla quarta vittoria consecutiva, nasce dalla sua immensa voglia e anche dall'assenza di avversari veramente all'altezza. Non è colpa sua. Se non spunta nessuno, vincerà anche il quinto Tour consecutivo, e il sesto, e sarà il record dei record. Ma lui, giustamente, non ci vuole pensare. Una cosa alla volta. Bocca chiusa, un po' di famiglia nel giorno di riposo. Bene, questo consente di parlare di un paio di facce relativamente nuove e interessanti, per il Tour: Raimondas Rumšas e Ivan Basso. Basso è di Cassano Magnago, il paese di Wladimiro Panizza. Ai funerali di Panizza tre settimane fa c'era il sindaco con la fascia, il gonfalone del paese. È un paese del Varesotto dove la Lega è molto forte, e infatti all'entrata i cartelli stradali hanno la versione lombarda del nome, proprio come da queste parti sono scritti in occitano. Panizza era un passero guerriero, uno capace di resistere in maglia rosa a Hinault fino a tre giorni da Milano, nel giro dell'80. Panizza era figlio di un partigiano delle colline oltre Reggio, l'aveva chiamato così in omaggio a Lenin.

Basso non sa perché si chiama Ivan, sarà che i nomi russi nel Varesotto attaccano. Ai funerali di Panizza ho rivisto Saronni, Zandegù e moglie, un po' di vecchi gregari (Bailetti, Laghi, Lualdi, Caverzasi che fa il restauratore di mobili). Non era una circostanza allegra, ma si respirava, oltre alla pena, ciclismo. Come in certe punzonature fiamminghe, come ieri ai piedi del Ventoux. Così sono contento che uno di Cassano Magnago vada su con tanta saggezza sul primo Ventoux della sua vita. Pervenuto, almeno lui, dei non molti italiani al via, e non molto forti. «Avevo tre obiettivi: la maglia bianca riservata al migliore dei giovani, una vittoria di tappa e un posto nei dieci. Quest'anno non ho ancora vinto nulla, quindi non posso essere contento. Ma ho qualche giorno per migliorare il bilancio». Il telegrafico Basso è quasi un esordiente. L'anno scorso si ruppe una spalla cadendo in discesa, mentre era in fuga con Jalabert, all'inizio del Tour. Per Ferretti, suo ds, «nelle grandi corse a tappe è l'ultima settimana che conta. Fin qui, bene, anche l'errore fatto sul Tourmalet serve a maturare. Aspetterei a dire che è un uomo da corse a tappe: in salita cammina, a cronometro si difende, pur non essendo uno specialista, e in discesa è migliorato». Come si dice in gergo, Basso non è bello in bici. «L'anno scorso», dice Ferretti, «siamo stati due giorni a Colonia da un esperto di aerodinamica [Ullrich Schobler, anche Armstrong è stato da lui, *n.d.a.*] e qualche effetto positivo si è visto. Piuttosto, lo vorrei più aggressivo. Quando Armstrong è andato a complimentarsi con lui, in corsa, Ivan è venuto a raccontarmelo e sembrava che gli fosse apparsa la Madonna. Gli ho detto: guarda che quello lì è un tuo collega. Più bravo di te, più famoso, ma non è di un altro mondo. Umile mi sta bene, troppo umile no. Però è un bravo ragazzo, ha carattere in corsa, non si monta la testa. Molto serio: ha scelto questo mestiere e lo vive bene».

Un'altra faccia nuova è quella del lituano Rumšas. Non è una promessa, perché ha trent'anni, ma, a questi livelli, una relativa sorpresa. Anche per il suo ds Algeri: «Sul Ventoux ha confermato i Pirenei. Può imporsi come seconda forza: Armstrong è imbattibile, ma con gli spagnoli ce la giocheremo. Fin qui Rumšas è stato molto attento, molto regolare. L'incognita è la terza settimana. Tocco ferro, ma me lo vedo sul podio a Parigi». Se non crolla sulle Alpi, anch'io lo vedo un gradino sotto Armstrong, essendo Beloki un terzo ideale. È facile dire adesso che Armstrong non ha avversari all'altezza. Non bisogna dirlo a lui. Oggi pomeriggio, dopo 80 km d'allenamento, ha salutato la moglie, i tre figli e Robin Williams che hanno fatto le valigie. Da qui a Parigi niente distrazioni. Solo una caduta o una cotta potrebbero fargli perdere il Tour. Gli avversari, di fatto, si sono rassegnati alla difesa dei piazzamenti. Stuzzicarlo, come ha fatto pateticamente Beloki, serve solo a rimediare un'altra botta. Pure, questo Armstrong mi sembra leggermente inferiore a quello dell'anno scorso. Anche sul Ventoux, in 7 km di azione solitaria, ha guadagnato poco più di 1' su Basso.

Ne ho parlato con Merckx, grande amico e consigliere di Armstrong. «Lance fa quello che serve. In salita, ero molto più impressionato da Pantani, che lavorava di rapporto, mentre Lance colpisce per la velocità di pedalata, ma non infligge grossi distacchi. È la sua caratteristica. C'è anche da dire che così, al primo scatto, va via. Rispondergli non è facile». E uno che vince il Tour con ventun giorni di corsa nelle gambe, che riflessioni ispira? «A me non sarebbe mai venuto in mente. Nel '74 ho corso tutte le classiche, il Giro d'Italia, il Giro di Svizzera, il Tour e una quarantina di criterium prima del Mondiale. Allora mi sembrava naturale, adesso a distanza di anni dico che ho corso troppo. Ma ognuno risponde del suo periodo. Questo vale per Coppi e Merckx, questo vale per Hinault e Armstrong. D'altra parte il primo a incentrare tutta la stagione sul Tour è stato LeMond, un altro americano. Lance fa bene a comportarsi così. Finché vince, ha ragione. E non vedo in giro uno che possa batterlo nel 2003». Prosit.

Bravo Armstrong, il Tour è vita

PARIGI, 28 luglio – Il primo vincitore del Tour, Garin, era uno spazzacamino valdostano uscito dal nulla. L'ultimo è un campione relativo, dato per morto al 50 per cento, in realtà più di là che di qua. Fa ancora notizia? Credo di sì. E credo che il segreto di Armstrong sia quello di correre contro se stesso, non contro avversari che sono quello che sono, ma vengono regolarmente, inesorabilmente domati e dominati. Se mettiamo in fila questi quattro Tour vittoriosi, ci accorgiamo che i margini alla fine sono molto simili. Nel '99, 7'37" a Zülle, 10'26" a Escartín, nel 2000 6'02" a Ullrich e 10'26" a Beloki, nel 2001 6'44" a Ullrich e 9'05" a Beloki. Oggi, 7'17" a Beloki e 8'17" a Rumšas, che va considerato l'autentica rivelazione del Tour. L'ostinazione con cui oggi ha cercato due volte di staccare il disattento Beloki testimonia di un carattere molto forte. Si tratta di due regolaristi, ma al lituano va data l'attenuante di essere al primo Tour, di averlo corso al buio. Mentre Armstrong sapeva a memoria non solo le salite ma anche le curve in discesa. Ogni anno vince un Tour perché ne corre due. È un altro ciclismo. Eddy Merckx, che è suo amico dai tempi della chemio, dice: «Io correvo 140-150 giorni l'anno perché più correvo più guadagnavo. Lui non ne ha bisogno. Ma chi segue i suoi allenamenti non è stupito di ritrovarlo vincitore. È il più forte ed è quello che prepara meglio la corsa. Che vinca il Tour con ventun giorni di competizione nelle gambe è vero, ma è vero che nessuno sa soffrire in allenamento come Lance».

Parlare di sofferenza nel ciclismo è naturale. Ma se il corridore che soffre è uno uscito vivo dalla lotta col cancro, la parola ha un altro peso. Certo che il corpo urla, in una cronometro e tra le pietraie del Ventoux, ma quello di Armstrong aveva urlato di più, prima, durante una chemioterapia con dosi da cavallo. Non morire e tornare in bicicletta erano i due pensieri del malato inguaribile (tutt'altro) Lance Armstrong. Una persona normale si sarebbe accontentata di non morire. Oppure, di pedalare facendo il giro dell'isolato. Ma Armstrong s'è messo in testa di vincere il Tour e non è mai stato normale, da ragazzo senza padre e picchiato dal patrigno: è emerso nel durissimo triathlon, s'è imposto nel ciclismo. E dopo il cancro (che lui continua a definire «la mia fortuna») si è sposato, ha avuto tre figli. Eccoli qua. Il più grande, Luke David, è un po' geloso delle gemelline piccole, Grace Elizabeth e Isabel Rose. Sono in braccio al padre e lui non vuole salire. Poi sì, col broncio. Il Tour si riconsegna alle famiglie, la moglie e i quattro figli di Jalabert sono tutti a pois bianchi e rossi. Il Tour, sui Campi Elisi, è una festa. Soffrire in bici è per Armstrong una gioia profonda. Per questo ho detto che corre contro se stesso. Potrebbe smettere. È felice, famoso (nel '99 la telefonata era di Clinton), ricco (sui 15 milioni di dollari l'anno, contando le varie pubblicità). Non smette perché si diverte a soffrire e perché sa di essere un simbolo, una speranza per tanti altri uomini, donne e bambini senza bici, senza Ventoux, senza Beloki da battere, ma che soffrono per arrivare al traguardo della settimana, del mese, dell'anno.

Si racconta di un Armstrong, a maggio, che dopo sei ore di scalata sulle Alpi in cima alla Madeleine ha fatto marcia indietro, è sceso dalla stessa parte ed è risalito, perché la prima volta non aveva dato tutto, non si era piaciuto. Si parla di un Armstrong maniaco della programmazione, della dieta. Certo è anche così che si vince il Tour e si continua a vincerlo, e avanti, avanti. Ma sarei curioso di vedere cosa combina Rumšas in una squadra più forte. Beloki è il solito, perfetto piazzato. Cinque spagnoli nei primi dieci, non era mai successo. Forse solo il colombiano Botero, con le sue pazzie taurine, potrebbe disturbare seriamente Armstrong. Che però, attenzione, da quattro anni vince il Tour in montagna, attaccando sulle salite, non importa se Alpi o Pirenei. Abbastanza buffo che di una sconfitta per 11" a Lorient, un moscerino, si sia fatta una balena. La relativa minor forza di Armstrong, che quel giorno aveva semplicemente sbagliato rapporto, è stata compensata dalla maggior forza della squadra, un specie di ONU votata alla sua filosofia ciclistica, al suo rigore di preparazione. Ha vinto il migliore. Sono quattro anni che vince il migliore. Arrivederci, con la stessa fiducia, al 2003.

Classifica finale

1. Lance Armstrong (USA, US Postal), km 3276 in 82h 05'12", media 39,909; 2. Beloki (Spagna, Once) a 7'17"; 3. Rumšas (Lituania, Lampre) a 8'17"; 4. Botero (Colombia, Kelme) a 13'10"; 5. González de Galdeano (Spagna, Once) a 13'54".

Partenti: 189. Arrivati: 153.

2003

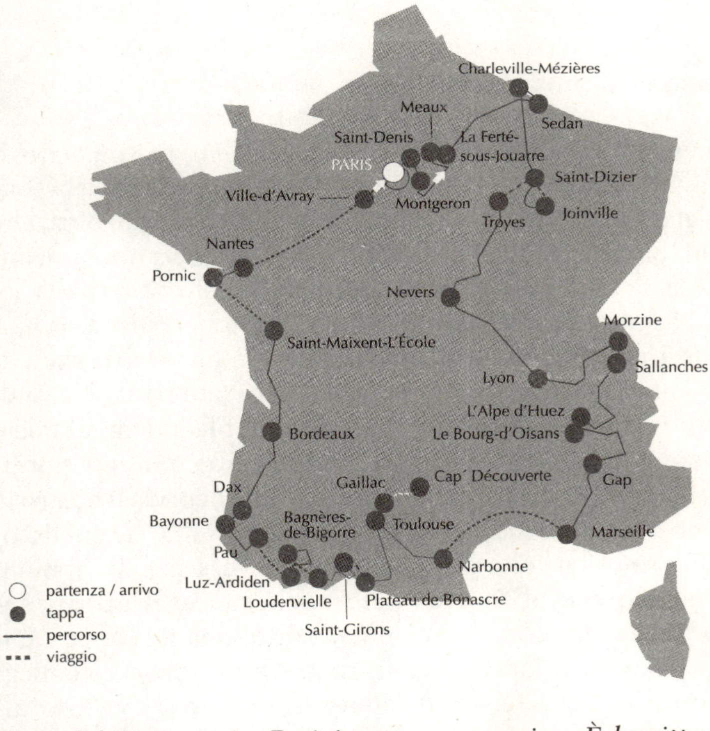

Tour del Centenario, Parigi partenza e arrivo. È la vittoria più faticosa per Armstrong, attaccato più del solito. Da Ullrich (che lo manda in crisi nera nella crono di Gaillac), da Vinokourov, da Beloki, finché non cade rovinosamente sulla strada di Gap, e Armstrong evita di un pelo la caduta tagliando per i campi. Anche Armstrong cade, sui Pirenei, ma Ullrich sportivamente non lo attacca e poi viene raggiunto e

piantato dal texano. 1' è il vantaggio minimo, ma più che sufficiente per vincere il quinto Tour uguagliando Anquetil, Merckx, Hinault e Indurain. Quattro volate vittoriose di Petacchi nella prima settimana.

Petacchi incanta

NEVERS, 10 luglio – *À Nevers tout va à l'envers*: è un detto di qui. Mica tanto alla rovescia, però. Alessandro Petacchi sbuca al centro della strada e buca le aspirazioni degli altri, che non sono dei frilli. È una volata di straordinaria potenza, anche se fa molto caldo mi concedo un piccolo balzo dalla sedia. Sembra una cosa facile (la vittoria, non il balzo) ma non lo è. L'arrivo è disegnato malissimo, c'è una strozzatura ai 500 metri e una curva a gomito ai 300. La FDJ fa le grandi manovre per Cooke, tutta la squadra in fila indiana. Loda e Velo in due non possono fare miracoli, è già tanto se portano Petacchi in posizione decente all'ultima curva. Il nostro la imbocca bene, alla ruota di Zabel, poi salta su quella di McEwen. Una volta di più si nota che in assenza di Cipollini e del suo treno, al Tour le volate sono un terno al lotto. Ci sono almeno due corridori di almeno otto squadre che cercano di lanciare la volata a un compagno. Questo provoca ondeggiamenti, sbandate, anche cadute (ai 2 km va giù Vicioso, all'ospedale per accertamenti).

Le montagne si avvicinano, le tappe per velocisti diminuiscono, ormai è chiaro al mondo che bisognerebbe prendere la ruota di Petacchi. Una volta lì, però, il vero problema è come sorpassarlo. Detto questo, per Petacchi è la vittoria più comoda, nemmeno è obbligato al colpo di reni, alza le braccia un metro prima del traguardo e indica tre con la mano. Se non va a casa prima delle Alpi, finisce che non gli basta più una mano. Da Zabel a Kirsipuu, da Vainšteins a Cooke, da McEwen a Freire la speranza è una sola, che questa specie di razzo bianco e blu si tolga dai piedi, oppure resta poca trippa per i gatti. E questa, sotto sotto, è anche la speranza di Petacchi, ma non lo dice, è troppo educato per dirlo. Anzi, adesso che si trova a un solo punto da McEwen per la maglia verde, dice che ci proverà, gli piacerebbe indossarla almeno una volta. Confesso che questo tipo mi piace ogni giorno di più. È talmente negato a pavoneggiarsi, talmente antiretorico, che viene da consolarlo anche quando vince. Perché, naturalmente, lui dice che non dobbiamo fare paragoni scomodi (avete capito con chi), che non sempre vince il più forte, che una volata è sempre una questione di centimetri. Sì, qui ha vinto tre volate su tre che ne ha fatte (e adesso il bilancio stagionale è di quindici su diciannove) ma anche gli altri velocisti del Tour sono bravissimi, e ne cita otto per paura di dimenticarne qualcuno. Non si discute, però a parte Cooke (che ha vinto quando Petacchi si era fatto staccare sul Dentino) sono tutti a bocca asciutta.

Mi piace anche il Tour, quando somiglia a se stesso, o ai miei ricordi anche lontani. Il caldo, per esempio: oggi 34 gradi e una dolce altalena tra Aube, Yonne e Nièvre, le grandi ruote di paglia sui campi di grano, i paesi minuscoli che espongono pupazzi, biciclettine, bandiere, tutto fatto con i fiori di carta. Come si usa ogni cinque anni a Carzano, Montisola, lago di Iseo. Lì è per un voto alla Madonna della Ceriola, durante una lontanissima epidemia, e i fiori più belli nascono dalla fantasia e dalle mani di Eurosia Archetti, per capire che non sono veri bisogna toccarli. Qui invece i fiori, e gli striscioni di buon compleanno, sono per il Tour che passa.

È la festa del Tour, ed è la Francia delle specialità, dei dolci tipici. A Nevers è il Negus, inventato nel 1901 dal pasticciere Grelier per la visita di Menelik (caramella mou avvolta da caramella dura al caffè). A Saint-Dizier erano le *bragardes*, le hanno inventate nel 1994 perché si erano accorti di essere senza dolci tipici (che figura si fa?): meringate alla mandorla aromatizzate al cocco (non trascendentali). Più in là, a Bar-le-Duc fanno una marmellata di ribes rosso di cui era ghiottissimo Alfred Hitchcock e che si vende a Parigi come fosse caviale, in vasetti da 85 grammi. Nel laboratorio ci sono dieci *épépineuses* dai diciotto agli ottant'anni. Bellezza del francese: *épépineuses* dovrei tradurlo in «donne che tolgono i semini». E li tolgono uno a uno con la punta d'una piuma d'oca, il che dopo una giornata di lavoro frutta quattro chili di ribes ripulito.

Altri flash: una bandiera ungherese, due australiane, sei americane, una texana, tre scritte sull'asfalto: *Bové a casa*, una mucca di cartapesta in alto sulla facciata della chiesa gotica di Saint Saulge. Questa me la devono spiegare. Spiegano. Nelle barzellette della regione, gli abitanti di questo bel paesino fanno la parte che a Parigi è riservata ai belgi, in Italia a quelli di Cuneo, o ai carabinieri, o a Totti. E come Totti hanno risposto gli indigeni. Di loro si raccontava da quattrocento anni che in un periodo di carestia avevano issato una mucca perché brucasse l'erba cresciuta sul campanile? Ebbene, con grande senso dell'autoironia avrebbero messo a ogni maggio una mucca finta sulla chiesa, e ci avrebbero stampato una cartolina (molto venduta).

Questa è la Francia traversata per arrivare a Nevers, dove non è vero che tutto va a rovescio perché ogni volta vince un velocista e quasi sempre è un italiano: nel '62 Bruni, nel '71 il belga Leman, nell'86 Bontempi, oggi Petacchi. «Continuo a partire lungo e mi va bene, non sono come Freire o

McEwen, che possono temporeggiare perché hanno il cambio di marcia negli ultimi 50 metri. Qui, come al Giro, mi sono presentato con l'obiettivo di una vittoria e sto raccogliendo molto di più. Ma sento la stanchezza, forse più a livello mentale che fisico». Guai a chi gli chiede (io) che effetto faranno tutte queste vittorie a La Spezia. «Siccome sono qui, non posso saperlo».

Allora vado da Ferretti, che l'anno prossimo ingaggerà altri due apripista per Petacchi. Fin dove volete arrivare? Il saggio risponde: «Da qualche giorno Alessandro dice che va a finire che ha sempre ragione Ferretti. Bene, il mio sogno è di sentirglielo dire a Parigi, magari con la maglia verde addosso. Io sono uno all'antica: se appena si può, si va fino in fondo. Ma lo so che non è facile. Sulle montagne dovrà stringere i denti, soffrire come un cane per chiudere nel tempo massimo. E qui è tutto più difficile che al Giro, per il caldo, gli avversari, la tensione nervosa. Lui sa come la penso, ma non è vero che discutiamo spesso. Fin qui una volta sola, la sera di Meaux. Aveva vinto, ma si sentiva giù, vedeva solo i lati negativi. Normale, gli dicevo, se non gareggi dal 28 maggio al 5 luglio, ma non si può vedere solo il bicchiere mezzo vuoto, quando è mezzo pieno». Gli ricorda qualcuno? «Dei miei tempi, Zandegù. E un po' Cipollini, ovviamente». Può crescere ancora? «Ne sono sicuro». E menomale, aggiungo, che Petacchi è nato in Italia. Qui, dopo Poupou e Pinpin, sarebbe già Pépé. E invece è nato in Italia, pepperepè.

Povero Beloki, dal sogno al dolore

GAP, 14 luglio – A 4 km dall'arrivo la ruota davanti di Beloki finisce in una pozza di catrame fuso. Torsione del manubrio, caduta a 70 all'ora, quasi alla fine della discesa della Rochette. Armstrong, che è a ruota dello spagnolo, lo evita per un pelo, e sempre per un pelo, sterzando in un campo di grano già tagliato, evita un poliziotto. La maglia gialla fa ciclocross, salta un fosso asciutto, bici in spalla, e torna sulla strada, un tornante più sotto. A 4 km dall'arrivo finisce la corsa e la speranza di Beloki, più attaccante in questo Tour che in tutti gli altri sommati. Manolo Saiz gli tiene la testa, in attesa dell'ambulanza, i gregari Azevedo e Jaksche (che è stato in fuga tutto il giorno) sono inginocchiati di fianco al capitano che piange per il dolore. All'ospedale si saprà che s'è rotto polso, gomito e femore destri. È un quadro che sembra una deposizione dalla croce e mi ricorda la caduta di un altro spagnolo, Ocaña, nella discesa del Col de Menté, nel '71. Ma allora cadeva tutta l'acqua del mondo, adesso è dal prologo che non ne cade una goccia. Il caldo ha preso Beloki a tradimento, lo ha disarcionato senza picchiargli in testa, senza guardarlo negli occhi. E nella caduta del rivale Armstrong ha visto la sua caduta, solo sfiorata, ma è un altro segno. Ci fosse stato lui e non Beloki in testa al gruppetto? Ci fosse stato un campo meno accogliente? Armstrong perde un rivale molto pericoloso ma altri stanno crescendo, sono cresciuti.

C'è un torero in meno ma il toro è sempre Armstrong. In una tappa grande, per scenario ed emozioni, è la Once che dirige da subito l'orchestra. Già ai piedi del Lautaret parte una fuga con dentro Jaksche, tedesco di ferro (decimo in classifica a 3'19"). In fuga ci sono, dei nostri, Di Luca (che passa primo sul Lautaret), Zampieri, Peron (che cedono sull'Izoard), Pellizzotti, che perde contatto sul Saint-Apollinaire come Di Luca. Vantaggio massimo: 6'15" in fondo alla discesa dell'Izoard, Jaksche abbondantemente maglia gialla. Ma quello che non hanno detto le due salite di grande fama lo dicono le due semisconosciute. Saint-Apollinaire, circa 6 km con pendenza media del 7,4 per cento. Attacco in grande stile di Beloki, Armstrong va a prenderlo seguito da Vinokourov e Ullrich, poi da Mayo, Hamilton, Zubeldia, Basso e Mancebo. Basso continua a esserci, è reattivo per conto suo, la squadra è come non ci fosse più. Anche sull'Alpe d'Huez, pur forando nel momento peggiore, cioè sull'attacco dei postini, non aveva perso la testa. Perdono invece una mezz'ora abbondante Garzelli (notte passata tossendo, mal di gola ritornato, ma non pensa a ritirarsi) e Simoni (in fondo a un buco).

La Rochette è più breve del Saint-Apollinaire, ma ha le stesse pendenze secche. È lì, ai primi tornanti, che scatta Vinokourov, come aveva già fatto all'Alpe d'Huez. E Armstrong, come aveva già fatto all'Alpe d'Huez, non risponde allo scatto, forse preoccupato di favorire Beloki e Ullrich, da lui considerati i più temibili. Però cerca di ridurre il distacco, facendo tutto l'ultimo km in testa con Beloki a ruota. Armstrong è meno grigio del giorno prima, anche se non è ancora il grande Armstrong. In compenso è più grigia la squadra, che si squaglia e lo lascia solo sulla Rochette, brutto segnale, un altro. Il peggiore, per Armstrong, è che la corsa sta davvero diventando anarchica, come sarebbe piaciuto a Ferré.

Né Dio né padrone, ogni trono può essere rovesciato, la vita cambiata anche a prezzo di qualche vittima. La Once, che aveva il futuro in mano, adesso può solo maledire la sfortuna di Beloki e questo caldo che scioglie strade e speranze. Anche Jaksche, fermandosi per circa 3' a soccorrere Beloki, è uscito dall'alta classifica. Ma attenzione ad Alexander Vinokourov, detto lo Zar: per due giorni consecutivi ha piantato Armstrong in salita: 27" gli rosicchia il primo giorno, 36" oggi, più gli abbuoni, ed eccolo sotto di 21" appena. Gran bell'atleta, Vinokourov, fin qui ritenuto adatto alle corse a tappe brevi (quest'anno ha vinto Parigi-Nizza e Giro di Svizzera). Ma dire «fin qui» al Tour non ha senso. Vinokourov non è un mostro a cronometro, ma se la cava, se la cava su tutti i terreni e sembra particolarmente deciso in salita. Dice di non essere mai andato così forte, e che questa forza gliela dà il ricordo di Kivilev, l'amico morto in corsa. È arrivato sul traguardo mimando un padre che culla il bambino (anzi, i bambini, da poco gli sono nati due gemelli) e dopo pochi minuti già parla di morte, e di forza data dalla morte. Ma questo è il Tour.

Che Armstrong si senta circondato si vede dalla grinta con cui cerca in volata i secondi dell'abbuono. Troppo veloce per lui Bettini, secondo e scontento, che li soffia a Mayo, che adesso è a 1'02". E ci sono sempre Ullrich, Mancebo, Hamilton che conosce Armstrong come le sue tasche e continua a seguirlo come un'ombra, tenace e sofferente. Anche se è più corretto parlare, per lui, di incrinatura della clavicola: non è dislocata, non è a legno verde. Fa male ugualmente, questo è sicuro. È un Tour esausto quello che domani andrà verso il mare di Marsiglia. Oggi si sono ritirati Mazzoleni, Furlan, Zanini, Jegou, Casper, Klöden col suo collarino rigido. Il coraggio non sempre paga, e quasi mai paga presentarsi impreparati al Tour. La spedizione italiana, esaltata da Petacchi nella prima settimana, già dopo le Alpi ha i colori del fallimento. Sì, c'è Basso, le disgrazie della Once lo hanno fatto salire al settimo posto in classifica, c'è il regolare Caucchioli, c'è Bettini che talvolta spreca energie, ma almeno ci prova. È scontento, dicevo: «Ho buttato via un'altra occasione. Se non cadeva Beloki riprendevamo Vinokourov e vincevo io, ero il più veloce. La caduta ha rallentato e scompaginato l'inseguimento. Ma ci riproverò ancora». Ecco, questo è un parlare da Tour.

Lance & Jan, il lungo sprint dei campioni nati due volte

PAU, 22 luglio – Attenti: considerare la grandezza del vincitore e quella dello sconfitto. Di nuovo attenti: il vincitore non ha ancora vinto e lo sconfitto non ha ancora perso. Riposo. Bel riposo, nel verde fresco intorno a Pau. A Ullrich sono arrivati molti messaggi dalla Germania, la minoranza diceva bravo, siamo orgogliosi del tuo bel gesto, la maggioranza diceva coglione, le cadute fanno parte della corsa, e in più Armstrong è caduto per colpa sua, perché ha preso la curva troppo stretta, è lui che ha infilato il manubrio nel sacchetto di plastica, non lo spettatore che si è sporto, quindi avevi tutto il diritto di attaccarlo e di vincere il Tour.

Qualcosa da aggiungere, Ullrich? «Sì, rifarei questo gesto con Armstrong e con chiunque. Ero in terza ruota, non ho capito bene come è successo l'incidente ma ho visto due colleghi a terra. La regola è che non si attacca su caduta, io la rispetto. Gli altri facciano come vogliono. I baschi non hanno tirato un metro, eppure avevano tutto l'interesse a distanziare Vinokourov, e poi alla fine Mayo sprinta e mi porta via l'abbuono. Un gesto che non mi è piaciuto, non capisco questo atteggiamento».

Poi ci tiene a puntualizzare alcune cose: «La Bianchi è una signora squadra, nessuno direbbe che è nata due mesi prima del Tour. Io dopo la cronosquadre stavo male, ho anche pensato al ritiro. Sull'Alpe d'Huez avevo la febbre. No, non credo di avere sbagliato ad attaccare sul Tourmalet, volevo tastare il polso di Armstrong. Se lo staccavo andava in crisi. Invece ha risposto bene. Il Tour non è finito, domani ci sono due salite terribili, una è dipinta come la più dura del Tour».

Vero. Il Soudet è lungo, sfiancante, con poca ombra. Il Bagargui è una novità per questi corridori, il Tour lo ha scalato solo due volte (1986 e 1987). Non si presenta con l'arroganza dei 2000 metri, arriva a 1327, ma gli esperti dicono che ci vuole il 39 x 25, roba da Mortirolo. Le pendenze più cattive sono tra il 10 e il 12 per cento. È impossibile che una salita così non faccia danni, ma i danni sono attutiti dalla distanza che c'è tra la cima e il traguardo di Bayonne: una novantina di km. Aria che tira: fin qui è successo di tutto, perché non dovrebbe succedere qualcosa? Ci sto, ma cosa può succedere? In teoria, Ullrich dovrebbe attaccare per limare il distacco, mentre Armstrong dice che gli basta il vantaggio che ha (e stavolta non ci credo). È probabile che i due si trovino a dovere improvvisare sull'attacco di altri, cioè di Mayo o Zubeldia se vedono cotto Vinokourov. O dello stesso Vinokourov, se non è cotto, perché coltiva il romantico lusso dell'attacco non calcolato, a rischio di saltare. Nel giorno di riposo, riposano anche quelli delle previsioni meteorologiche. Peccato, perché è fondamentale (si è ben visto a Luz-Ardiden) correre col caldo o col fresco. Altra curiosità: gli sprint con abbuoni (6, 4, 2" ai primi tre) sono posti entrambi dopo la discesa del Bagargui, su stradine da brivido. I velocisti se li scordino. Sarebbe buffo (ma anche significativo) veder sprintare Ullrich e Armstrong per raccattare briciole. Sul libro di bordo di Bettini, comunque, questa tappa è cerchiata di rosso.

Guardiamoli da vicino, i due grandi rivali. Il vecchio campione ha trentadue anni, l'ex ragazzo prodigio trenta. Armstrong, vinta la battaglia col cancro (e questo lo renderà unico per sempre, tra tutte le maglie gialle) si è messo in testa di vincere il Tour e da quel momento ne ha vinti quattro di fila (quasi cinque). Pedala di agilità per quanto l'altro va di potenza. L'altro esce da un tunnel meno angoscioso, ma non molto illuminato. Negli ultimi due anni, due operazioni al ginocchio, un arresto per guida in stato di ubriachezza, otto mesi di squalifica per positività (ecstasy), la Telekom che lo mette alla porta, la nuova squadra (Coast) che non ha il becco di un euro, finché due mesi fa la Bianchi, non senza qualche perplessità, gli dà maglia, bici, stipendio, futuro. Da ragazzo prodigio, in cinque Tour aveva ottenuto un primo e quattro secondi posti. Una certa propensione alla vita notturna e a compagnie poco adatte a un ciclista lo portavano regolarmente a ingrassare anche di 10 chili in inverno. Stavolta non è successo. Si è allontanato da Peter Becker, suo maestro e allenatore fin dai tempi della Germania Est. È andato a vivere in Italia (Montecarlo, provincia di Lucca, buoni vini). Ha fatto una preparazione più mirata e leggera: stop alle monotone uscite quotidiane di 200 e passa km, scoperta del derny per allenarsi, meno pesistica, ed è ciclisticamente rinato. Il vecchio è più esperto, il giovane è più forte ma non sempre usa la forza al momento giusto. A volte quando improvvisa sbaglia. Sul Tourmalet era inutile attaccare Armstrong, con una lunga discesa davanti che avrebbe consentito il recupero anche agli sfiatati come Vinokourov. La forza, che Ullrich ha ritrovato negli ultimi 4 km, gli è mancata sullo scatto di Armstrong.

Entrambi sono diversi da com'erano. La malattia ha fatto perdere 10 chili ad Armstrong e gli ha dato un corpo nuovo, una nuova dimensione atletica. La dieta ha tolto 10 chili a Ullrich. I direttori sportivi dei primi tre della classifica sono belgi (Bruyneel, Pevenage e Godefroot). Armstrong è un texano che vive in Spagna, Ullrich un tedesco che vive a Montecarlo (Italia) e Vinokourov un kazako che vive a Montecarlo (Principato). Zubeldia e Mayo sono due baschi che vivono a casa loro, e domani si arriverà dalle loro parti. Distribuite le carte, smazzare. Si riparte. Stamane, fra le otto e le nove, controlli del sangue per ventotto corridori, tra cui i primi sei della classifica generale. Tutto regolare. L'ufficio-facce, che non riposa nemmeno nel giorno di riposo, vede ancora Armstrong meglio di Ullrich, e prevede, per la giornata, un pareggio.

L'inimitabile Mr. Armstrong

PARIGI, 27 luglio – Benvenuto nel club, gli ha detto ieri pomeriggio Hinault, gli ha stretto la mano e gli ha dato una pacca sulla spalla. Armstrong archivia il momento come uno dei più belli del Tour. Poche parole, ma questo è lo stile di Hinault, l'ultimo campione contadino, mentre Armstrong è un campione metropolitano. Il club dei cinque che hanno vinto cinque Tour: uno è morto, Anquetil, quattro sono vivi: Merckx, Hinault, Indurain e Armstrong. Ma Armstrong è l'unico che può arrivare a sei. Armstrong è unico soprattutto perché ha vinto un cancro e poi ha deciso di vincere un Tour. E ne ha vinti cinque di fila. Spiace notare che molte orecchie, anche di cosiddetti informatori, siano alquanto sorde e non percepiscano l'intensità del messaggio.

Brera lo diceva già molti anni fa: a forza di gonfiare il normale rendendolo eccezionale, finiranno per non riconoscere l'eccezionale e lo appiattiranno a normale. Aveva ragione. La bella storia fa parlare il mondo il primo anno, il secondo meno, figuriamoci il quinto. Da *géant de la route* a *géant de la routine*. Eppure io insisto a credere che quella di Armstrong sia una delle più belle storie nate dallo sport, o piuttosto dalla volontà dell'uomo. Non facciamone un'icona, non andiamo sul lacrimoso, ma i bambini calvi che scrivono *Merci Lance* su un lenzuolo io li ho visti e mi basta una volta. Forse non fanno parte della nostra vita, ma lui fa parte della loro e questo è importante, è qualcosa di molto più forte di una speranza. È la prova provata che si può. Jacques Rogge, presidente del CIO, è medico e appassionato di ciclismo. Suo nonno correva con Van Hauwaert (secondo nella Roubaix del 1907). «Guarire da un cancro non è un miracolo, ci riescono tantissime persone. Però noi medici pensavamo che la chemioterapia diminuisse la facoltà di recupero, specie per quanto riguarda il fegato, e che, nel caso di un atleta, difficilmente sarebbe tornato ai livelli di prima della malattia. Armstrong è tornato al vertice superando i suoi livelli di prima. Ci eravamo sbagliati». Aggiungo che i livelli erano già alti, ma Armstrong era un altro corridore. Capace di vincere un Mondiale (a Oslo, nella tempesta) a ventidue anni non ancora compiuti. E di essere il più giovane vincitore di tappa al Tour (Verdun, 1993). Era un altro corridore, pesava 80 chili, sulle montagne o si staccava o si ritirava. «Ringrazio la malattia perché ha fatto nascere un altro uomo», diceva nel '99, ed era vero.

Questa premessa andava fatta per stabilire la sua unicità nel club dei cinque. Altro dettaglio: dei cinque, Armstrong è quello che è arrivato in età più avanzata alla prima maglia gialla: a ventotto anni. Poi ha fatto filotto, come era riuscito solo a Indurain dal '91 al '95. Indurain alla gloria era arrivato per gradi: due ritiri ('85 e '86), poi 97°, 47°, 17°, 10°. Gli altri tre avevano fatto saltare il banco al primo esame: Anquetil e Hinault a ventitré anni, Merckx a ventiquattro. Erano fatti per il ciclismo, per le corse a tappe, ma diversi tra loro. Anquetil e Indurain si possono avvicinare per le caratteristiche: fortissimi a cronometro, si limitavano a controllare le iniziative degli avversari in montagna e si disinteressavano della corsa, nel senso che non curavano altri obiettivi, solo la maglia gialla a Parigi. Sapevano distribuire favori, certi che sarebbero stati ricambiati. «Quando il re mangia, il popolo non può aver fame», ripeteva Echávarri, il bravo ds di Indurain. Il popolo del gruppo, con Indurain, non aveva fame. E nemmeno con Anquetil. Gli amici erano ricompensati dai circuiti del dopo-Tour, a quei tempi numerosissimi. A Dousset, l'organizzatore, Anquetil diceva questo sì questo no. Pare che anche Coppi facesse così, in Italia, ma non ci posso giurare, l'ho sentito raccontare.

I circuiti del dopo-Tour, in Francia, Armstrong non li fa. Giusto uno in Austria e uno in Danimarca. Il problema non si pone. Anche Merckx e Hinault si avvicinano per caratteristiche. Al suo primo Tour vittorioso ('69, dopo la controversa e mai chiarita vicenda del doping al Giro) Merckx fu anche il miglior scalatore e la maglia verde della classifica a punti. Hinault fu maglia gialla e maglia verde. Erano due corridori d'attacco, meravigliosi ed egoisti. Merckx ha vinto 445 volte in 1582 corse. Non lasciava nulla a nessuno. «Cosa è per me lo sport? Vincere», così diceva. Lo chiamavano il Cannibale ma aveva anche classe umana, cultura e una gran capacità di soffrire. In questo Armstrong lo ricorda, ma non è completo come i due compari, quello che gli dà il benvenuto nel club e quello che gli aveva dato la bici per Oslo e che da allora è tra i suoi amici migliori, uno dei pochi a stargli vicino, non solo al telefono, anche nei momenti peggiori.

Ora Merckx dice: «Sono felice per Lance, gli auguro di vincere anche il sesto Tour, e il settimo, ma i paragoni non stanno in piedi. Io e Hinault correvamo dalla Sanremo al Lombardia, e non per allenamento. E oltre al Tour mettici il Giro, la Vuelta. Se avessi puntato tutta la stagione sul Tour, quanti credi che ne avrei vinti?» Più di cinque. Ma qui non si vuole riscrivere la storia, si parla tra vecchi amici malati di ciclismo. Eddy ha ragione, Hinault direbbe la stessa cosa e tutti e due dicono che il ciclismo è cambiato. Una volta tanto mi trovo d'accordo con Leblanc che mette Armstrong al terzo posto nel club dei cinque. Più esaltanti, generosi, spettacolari, grintosi e completi su tutti i terreni Merckx e Hinault. Più parsimoniosi nello sforzo, più freddini e ragioniereschi nella vittoria Anquetil e Indurain. Anche i numeri aiutano: Indurain in dodici Tour ha vinto 12 tappe, Anquetil 16 in otto, Hinault 28 in otto, Merckx 34 in sette. Armstrong, 17 in nove, ma 15 in cinque da quando è un altro uomo e un altro corridore. Un po' alla volta, ha conquistato simpatie anche in Francia.

Questo Tour, per lui il più sofferto dei cinque, lo ha in qualche modo reso più umano. Armstrong meglio di questo o di quello è un esercizio da bar, rispettabilissimo finché si vuole, e poi non ho nulla contro i bar anche se preferisco le osterie. Prima del Tour, Armstrong ha fatto quindici giorni di corsa, dopo il Tour ne farà sette, siamo sui cinquanta giorni l'anno di gara scarsi, contro i 160-180 di Merckx e Hinault. Il Mondiale si corre in Canada, non lontano dagli USA, ma non gli interessa. Domani alle undici all'Hotel Crillon c'è una conferenza stampa sul tema: «Vivere oltre il cancro». Dagli USA arrivano due relatori, il dottor Leffall e il dottor Von Eschenbach. Dalla Salpêtrière, il dottor Chayat. Il quarto relatore non è laureato, è Armstrong. Secondo voi, c'è proprio bisogno che somigli a qualcuno o si può provare ad accettarlo e rispettarlo per quello che è, senza aspettare che vinca il sesto Tour?

Classifica finale

1. Lance Armstrong (USA, US Postal) km 3426,5 in 83h41' 12", media 40,940; 2. Ullrich (Germania, Bianchi) a 1'01"; 3. Vinokourov (Kazakistan, Telekom) a 4'14"; 4. Hamilton (USA, CSC) a 6'17"; 5. Zubeldia (Spagna, Euskatel) a 6'51".

Partenti: 198. Arrivati: 147.

2004

Armstrong vince per la sesta volta, contro avversari più morbidi. Il più accreditato sembrava Ivan Mayo, ma si ferma per strada. Il texano vince una volta sui Pirenei, tre sulle Alpi, più la crono del penultimo giorno. Già settimo l'anno prima, Ivan Basso, sul terzo gradino del podio, è da considerare la sorpresa.

La missione di Armstrong una sfida alla maledizione

LISBONA, 2 luglio – Presentazione dal Portogallo di un Giro di Francia che parte dal Belgio. L'ufficio-facce non può mettersi al lavoro, ma stavolta non è grave. Più che contro i soliti avversari, Armstrong corre contro una maledizione, quella del sesto Tour. È scritta nella storia, la rileggeremo in breve, e non si coglie guardando gli occhi, i polpacci, né scrutando le altimetrie. Da lontano, per saldare calcio e ciclismo, la domanda è questa: esiste nel gruppo l'equivalente della Grecia? Forse sì, forse ci sarà un vincitore alla Walkowiak, una fuga-bidone (i ventagli al nord, le tappe mosse nella Francia profonda e calda) e anche questa eventualità fa parte della maledizione.

Armstrong, apparentemente, non se ne cura. Ha vinto cinque Tour di fila dopo aver battuto il cancro, di chi e di cosa può aver paura? Per Ullrich grande rispetto. È tirato a lucido, va più forte di lui a cronometro, meno forte in salita. Ma è una macchina imperfetta, il tedescone. È riuscito a perdere il Tour dell'anno scorso, che aveva già in mano. Lo ha perso a poker, lui e Pevenage contro Armstrong e Bruyneel. Devo considerare l'accoppiata, da quando i ds sono in costante contatto radio con i corridori. Prima il colpo d'ala dell'improvvisazione era un valore aggiunto, adesso è un tasto da premere.

Dicono gli avversari di Armstrong: se ha vinto l'anno scorso, col matrimonio che andava a rotoli, chissà quest'anno cosa combina. Lei, Sheryl Crow, cantante famosa, nove anni più di lui (grazie di averci risparmiato l'equivalente di una velina) forse si farà vedere in corsa per la gioia dei fotografi. Lui, al solito, ha praticamente corso il Tour in anticipo, soffermandosi più volte sulla cronoscalata all'Alpe d'Huez. L'ultimo dubbio (Pea o Padrnos) lo ha sciolto a favore del ceco, forte passista. Segno che in salita si sente tutelato da Beltrán, Rubiera e Azevedo. Una caduta ha tolto di mezzo Vinokourov, attaccante nato, compagno di Ullrich che su di lui contava moltissimo. Heras, già compagno di Armstrong, guida l'onda spagnola (Zubeldia, Mancebo, Mayo, Sevilla, mentre non ci sarà Beloki). Il più forte in salita è Mayo, lo ha dimostrato l'anno scorso e ribadito quest'anno bastonando Armstrong sul Ventoux, ma il suo rendimento tende a calare nell'ultima settimana di corsa ed è svantaggiato dall'ultima cronometro di 55 km.

Credo che sul campo, con Ullrich, il rivale più pericoloso sia Hamilton. Va forte a cronometro, in salita se la cava piuttosto bene, è coraggioso con una vena di sana pazzia. In più, conosce molto bene Armstrong, mentre Ullrich crede di conoscerlo. È diverso. Italia al via con quattro squadre, e altri italiani sparsi qua e là, con obiettivi di classifica (Basso) e di tappe (Bettini, Bartoli). Massimo cacciatore di tappe Alessandro Petacchi. Si rivede Cipollini, che sa di non essere il più veloce e sfida se stesso proponendosi di arrivare fino a Parigi. Sarebbe la prima volta. Resta un bel proposito. Simoni è un'incognita. Bisogna vedere come è uscito da un Giro polemico e, per lui, amarissimo, quanta benzina gli resta. Mi sembra leggerino per un posto d'altissima classifica, e anche lui svantaggiato da crono a squadre e individuali. Può vincere una tappa di prestigio, come l'anno scorso, ma non lo vedo nei primi cinque. Spero di sbagliarmi. Da seguire con attenzione due esordienti: Pozzato, fondista veloce, talento di un giorno, e Scarponi, scalatore sveglio e attaccante per vocazione, che ha vinto la Corsa della Pace. Quando ci sarà Cunego, faremo sogni extralarge.

È un Tour di media durezza, sulla carta. Dieci giorni prima di vedere qualcosa di simile a una montagna. Pochi Pirenei, tante Alpi, un'ultima settimana che invita a spendere il meno possibile, prima. È un Tour fatto non solo di strade, ma anche di libri che accusano Armstrong di doping, di controlli del sangue (finalmente, secondo Armstrong che l'anno scorso li aveva sollecitati in una lettera all'UCI), di valori del sangue anomali (González, già segato), di strascichi giudiziari (Di Luca, non ammesso). Le parole più alte e definitive le diranno le strade, e gli uomini che ci corrono sopra.

Non mi sottraggo al pronostico e dico Armstrong, come nel '99 e le volte dopo. Senza dimenticare la maledizione del sesto Tour. Anquetil (52 giorni in maglia gialla, 16 vittorie di tappa, 5 vittorie su 8 partecipazioni) non ne era a conoscenza, anzi con cinque era già il recordman e nel '66 gli interessava solo fregare per l'ennesima volta Poulidor. Ci riuscì, con Aimar. Ma non si sentiva coinvolto più di tanto, né preparato adeguatamente. Lo staccarono in un diluvio nella discesa del Col d'Ornon, si ritirò sulla modesta salita di Serrières, sulla strada per Saint-Étienne. Era l'11 luglio 1966.

Era il 13 luglio 1975 e Merckx era in testa sulla salita di Pra-Loup, con la maglia gialla addosso. Lo raggiunse Gimondi, poi Thévenet. Raggiunto e piantato. Crisi nera. Il giorno prima, un tifoso gli aveva dato un violento pugno al fegato sul Puy-de-Dôme, ne pativa le conseguenze. Merckx non si arrende, nemmeno dopo una caduta con frattura mascellare. Grande Merckx, anche in questo. Merckx, 111 giorni in giallo, 34 tappe, 7 partecipazioni, 5 vittorie. Tornerà nel '77, ma non era più lui.

Bernard Hinault (79 giorni in giallo, 28 tappe, 8 partecipazioni, 5 vittorie) la maledizione se la va a cercare con le parole. Nel 1985, sul lago di Vassivière, promette a LeMond che lo aiuterà a vincere il prossimo Tour. Che per Hinault sarà l'ultimo, da tempo ha detto che si sarebbe ritirato il giorno del suo trentaduesimo compleanno, il 14 novembre.

Quando parte il Tour, Hinault dice che proverà a vincerlo. E LeMond? «Lo aiuterò se si dimostrerà all'altezza». Così, per vedere come reagisce, lo attacca a fondo nella tappa tra Bayonne e Pau, con Delgado e Zimmermann. LeMond non reagisce, Hinault diventa maglia gialla con 5'25" sul compagno. Istintivo, Hinault cerca di far saltare il banco. Non ce ne sarebbe bisogno, ma attacca di nuovo il giorno dopo, salendo verso Superbagnères, ma va in crisi. LeMond gli guadagna 4'35" in 5 km di scalata, e poi gli dà un'altra botta sull'Izoard. La situazione è quella della Saeco all'ultimo Giro, ma più in grande, con più partecipazione emotiva sulle strade. Non un italiano giovane contro uno più anziano, ma un francese contro un americano, altro peso. La tregua è sancita da un arrivo mano nella mano all'Alpe d'Huez. Hinault si è bruciato nel suo incendio. Miguel Indurain (60 giorni in giallo, 12 tappe, 5 vittorie su 12 partecipazioni) divide con Armstrong il record di cinque vittorie consecutive. Lo interrompe Riis, ex gregario danese, con due colpi secchi. Prima a Les Arcs, sulle Alpi, poi a Hautacam, sui Pirenei. «Sudavo troppo, non so cosa mi è successo, non vedevo più la strada». Il Tour arriva per la prima volta a Pamplona, la città di Indurain. Lui ci arriva con 8' di ritardo. Sportivamente, resta in bici fino a Parigi chiudendo undicesimo. A fine anno dice basta col ciclismo. Tre anni dopo, dal libro del massaggiatore di Virenque, Willy Voet, si saprà che in gruppo Riis era chiamato «Monsieur 60%», con riferimento all'ematocrito.

La bella cavalcata di Virenque, 202 km di un ciclismo antico

SAINT-FLOUR, 14 luglio – La carica del 101, Richard Virenque, riempie, illumina, riscalda e inebria il 14 luglio dei francesi. In più, il giovane Voeckler mantiene la maglia gialla e si dimostra piuttosto vivace, sprintando con Armstrong. Se c'è un regista dietro tutto questo, merita l'Oscar. I registi sono due, probabilmente. Uno merita anche il premio per l'attore protagonista, ed è sempre Virenque. L'altro è Armstrong, il vero padrone del gruppo, almeno finora. A volte si mollano i cani da caccia dietro i fuggitivi, a volte no. Oggi no, nemmeno sfiorati dall'idea.

Che non sia stata una tappa massacrante lo dice il terzo posto di Zabel: basta e avanza. Però bisogna ammettere che Virenque ha un debole per i grandi numeri. Anche l'anno scorso a Morzine aveva vinto la tappa più lunga, e sempre con un attacco da molto lontano aveva trionfato nel 2002 sul Ventoux. Virenque avrà trentacinque anni a novembre e tutti sanno dei suoi problemi col doping. Però non è mai uscito dal cuore dei francesi, e va detto che, dopo i guai della Festina, Virenque ha fatto molto per non essere sfrattato da quel cuore. Oggi ha vinto per la settima volta e nessuna delle sue vittorie è banale, tutte sono ottenute alla vecchia maniera, la cavalcata epica: 202 km in fuga. In classifica generale scavalca Armstrong, ma non gli interessa la classifica, solo la maglia a pois. La portasse fino a Parigi, sarebbe la settima volta, un record. Che poi in tv qualche pazzariello arrivi a dire che abbiamo di fronte il più grande scalatore della storia è cosa che si commenta da sé. Chissà quanti vecchi scalatori si sono rigirati nella tomba. Virenque è uno degli scalatori più astuti, difficilmente sbaglia il colpo.

Oggi, per esempio, si trattava di una tappa temuta da tutti. Il primo caldo, le prime salite vere (nove in un giorno, tanto per gradire). «Non avevo calcolato di vincere la tappa, avevo pensato di uscire per fare dei punti», dice dopo. Su 58 punti disponibili, ne ha presi 58. «Quando si parte, bisogna pensare a partire, guai pensare a dove si può arrivare». Bella frase. Sul traguardo indica più volte il cielo e poi spiega: «Era un pensiero per Joël Chabiron, un amico vero, dirigente della Festina, che è morto sabato, e per mia nonna, che è morta mentre correvo il Dauphiné. Non ho potuto andare ai suoi funerali e mi sono ripromesso di ricordarla al Tour. Il ricordo di queste due persone che mi hanno voluto bene mi è stato di enorme aiuto negli ultimi 40 km, quando avevo male dappertutto e dubitavo di farcela ad arrivare in fondo». Virenque è andato in fuga con Axel Merckx al km 35 e lo ha mollato al km 170, vantaggio massimo 10'50" al km 154. Lo ha mollato su un tratto duro del Plomb du Cantal, salita affrontata dal Tour una volta sola, nel '75, e in cima era passato per primo Merckx padre. Merckx figlio fa appena in tempo a passarci per secondo che il gruppo lo riacchiappa ai primi tornanti della discesa. Il Cantal è la zona di Francia meno affollata (30 abitanti per km quadrato). Ogni volta che ci passo col Tour mi dico che è da stupidi non venirci una settimana a funghi. Piazzarsi in un alberghetto di pietra dove servono piatti pesantucci, mai vellicati dalla Nouvelle cuisine. Tipo il *bourriol* (crêpe di grano saraceno farcita di patate, pancetta, formaggio filante) o i *tripoux* (trippe d'agnello farcite di trippe di vitello e servite con una zuppa di lenticchie), o la *truffade*, padellata di patate, aglio e toma del Cantal. *Truffe*, in dialetto, significa patata, non tartufo. Naturalmente ci sono i piedini di maiale, e due buone razze bovine (Aubrac e Salers). In questa terra di vulcani spenti sono notevoli i formaggi, il Bleu d'Auvergne e la Fourme d'Ambert, con cui occasionalmente tradisco il Roquefort. Niente settimana in Cantal, mi sa, e niente di nuovo in gruppo. Solo due brutte cadute: Kessler rimbalza da un fosso a una recinzione di filo spinato, nonostante una costola rotta che gli perfora un polmone ce la fa ad arrivare in fondo. Hinault rimbalza da un fosso sulla roccia: barella, ambulanza, ospedale, e frattura della quinta vertebra dorsale.

Giù dal Plomb c'è Murat, altro bel paese che diede i natali al conte d'Anterroche, cui si debbono non una ma due frasi storiche. La prima a Fontenoy: «Signori inglesi, tirate per primi». La seconda durante l'assedio di Maastricht, roccaforte ritenuta impossibile da conquistare: «In francese la parola *impossibile* non esiste». La seconda gliel'hanno copiata qualche secolo dopo gli scarpari (*Impossible is nothing*). Il gentile lettore non pensi che sto portando a spasso il cane. Racconto quello che succede e non succede molto. Il catenaccio di Saint-Léonard è ancora il simbolo del Tour. Piccoli segnali, però, dallo sprint del gruppo dei migliori. Solo quattordici corridori arrivano col tempo di Armstrong e l'ultimo dei quattordici, quello che chiude la fila, è Ullrich. Distrazione o stanchezza? Prima di lui, oltre a Voeckler che ha impressionato per freschezza, Scarponi (nono e primo degli italiani) e Basso. Per essere al suo primo Tour, questo Scarponi mi piace. «Sto bene e questa era una tappa fondamentale per verificare le mie condizioni. Mi aspettavo che si muovessero gli spagnoli. Mi aspettavo che almeno sull'ultima salita si muovessero gli uomini di classifica. Ho aspettato che partisse un gruppetto per infilarmici dentro. Ho aspettato per nulla». Non è vero. Tutto serve. Dietro Ullrich, buscano 7" Hamilton e Simoni. Non dovrebbero rivelarsi determinanti, alla fine. E intanto qualcuno ha cominciato a chiedersi: siamo così sicuri che questo Voeckler salterà in salita? Lui risponde: «Ho fatto fatica, mi aiuta molto la squadra e l'affetto della gente, ogni giorno di più in maglia gialla è tanto di guadagnato. Mi giudico un corridore normale, senza grossi difetti e senza grossi pregi. Quando ci saranno le salite vere, io e i grandi non giocheremo nello stesso cortile». Ma per ora è lì, e la festa continua.

Basso lassù in cima con Armstrong

LA MONGIE, 16 luglio – Bel colpo, signor Basso, così a lungo piazzato, così a lungo atteso. E bel naso: fin dall'inizio diceva che il Tour per lui sarebbe cominciato sui Pirenei, e meglio non poteva cominciare. Primo Basso, secondo Armstrong. La concorrenza sparpagliata, disarcionata, atterrata e in parte atterrita. Nei primi dieci si ritrovano molte seconde linee, con la piacevole (e relativa) sorpresa di Scarponi ottavo, davanti a Mayo. Simoni (1'32") limita i danni. Ullrich, amorevolmente assistito da Guerrini, perde 2'30". Heras 2'57". Hamilton 3'27". Un mezzo massacro, visto che la corsa vera, feroce, aperta e senza calcoli è cominciata a 5 km dal traguardo. Prima, solita fuga di un quartetto (Ljungqvist, Finot, Vansevenant, Kirchen) nata al primo km e finita ai piedi dell'Aspin (km 157).

Sulla corsa, partita col sole, si abbatte un nubifragio. La temperatura scende di colpo, Dio è texano. Nella discesa dell'Aspin, pericolosa alquanto, un gruppetto con Ullrich, Mayo e Virenque guadagna 200 metri su Armstrong che scende con più prudenza e rimette le cose a posto appena la strada torna a salire. Sono in tutto 13 km sul versante est del Tourmalet. Pian piano torna il sole, ma molti si ritrovano con le gambe dure. Il passaggio caldo-freddo manda fuori giri parecchi motori. Il primo è quello di Hamilton, che boccheggia, fa l'elastico, ma proprio non ce la fa. Sul primo attacco di Sastre, compagno di Basso alla CSC, molla anche Ullrich. Non ce la fa a tenere il ritmo, già prima l'alta andatura imposta da Azevedo lo aveva mandato in rosso. Adesso salta. A 5 km dal traguardo con Armstrong sono rimasti in dieci: Basso, Sastre (ripreso), Scarponi, Pereiro Sio, Klöden, Mayo, Menchov, Mancebo, Azevedo, González. Altro scatto di Sastre, dietro si guardano, poi lo rincorre Mancebo e Basso gli salta a ruota. Dirà Sastre che non era una tattica studiata. «Io ho lo scatto più esplosivo di Ivan, cercavo la vittoria di tappa. Sapevo che avrei fatto anche il gioco di Basso, se mi fosse andata buca». È a questo punto che interviene Armstrong di persona. Ormai solo e al corrente di quelli che si lascia dietro, Armstrong rientra sui primi. Mancebo non regge, Sastre salta a 2 km dal traguardo e questi 2 km sono una passeggiata trionfale.

Armstrong e Basso sono amici. C'era anche stato un tentativo di portare il varesino tra i postini, sfumato per due motivi: costava troppo e, soprattutto, preferiva fare la sua corsa. Cambi regolari, non c'è volata. Questo non significa che la vittoria sia un regalo. Semmai, una ricompensa. Dice Armstrong: «Avevamo interessi di classifica comuni, Ivan ha fatto per intero la sua parte ed era giusto che vincesse lui. Tutto qui. Giornata molto buona per me, non mi aspettavo distacchi così consistenti. Sono stupito da Ullrich, ma lui e gli altri hanno tutto il tempo e lo spazio per rifarsi, questo per me è solo un piccolo passo». Piccolo passo e grande Basso. «Non ditelo a me, lui per me non è una sorpresa, alla vigilia l'avevo messo tra i favoriti». Già, e adesso Basso non fa in tempo a vincere una tappa al suo quarto Tour che in sala stampa hanno già celebrato in blocco i funerali di Ullrich, Hamilton e della Spagna intera. E dunque, pensa Basso di poter battere Armstrong? «Per me è sempre il più forte. Questa vittoria è importante, ma il Tour è appena cominciato. La salute c'è, la voglia di vincere non mi manca, la mia squadra è fortissima».

È dal 2001 che Basso non vince una grande corsa. «Vero, ma in questi anni sono stato al livello dei migliori. Poi arriva un giorno che cambia qualcosa, grazie a un po' di fortuna, all'aiuto dei compagni. Questa vittoria che può cambiarmi la vita la dedico a mia madre Nives, che è entrata in ospedale poco prima che partissi per la Francia e dovrà rimanerci un po', a mia moglie Micaela e a mia figlia Domitilla che ha un anno e mezzo, e non ho mai avuto vittorie da dedicarle. E penso anche a Pantani. È impossibile ripetere le sue imprese sulle montagne, ma ogni volta che un italiano vincerà su una salita del Tour ricordarlo sarà inevitabile».

Gli altri Tour di Basso. Ritirato all'esordio per frattura al gomito dovuta a una caduta mentre era in fuga con Jalabert. Undicesimo e primo dei giovani nel secondo. Settimo nel terzo. Adesso, obiettivo podio. Riis lo ha preso al posto di Hamilton, passato alla Phonak, e sembra che abbia fatto un buon affare. «È un ds fantastico, Riis. Non mi mette pressione, mi dice sempre di star calmo. Il Tour non l'ho mai preparato così bene». Riis, tipo meticoloso, ha anche portato Basso e Sastre in Massachusetts, per migliorare la posizione in sella e quindi il rendimento a cronometro, che è un po' il suo punto debole, in una galleria del vento. Il punto debole non gli ha impedito di tenere in camera, almeno finché è stato scapolo, un grande poster di Indurain. Basso è nato a Cassano Magnago, il paese di Umberto Bossi, ma non risulta simpatizzi per la Lega. Esce, come Cunego, Scarponi e Sella, dalla fucina del Zalf-Fior, squadra dilettantistica voluta da un ristoratore di Castelfranco Veneto, Egidio Fior, che capisce molto di ciclismo e non solo di radicchio.

A differenza di Basso, Scarponi non ha mai visto né in allenamento né in corsa le salite del Tour. Anche per questo il suo piazzamento vale parecchio. «Complimenti a Basso, splendida impresa. Io ho retto il ritmo finché ho potuto, mi sentivo le gambe dure, ma tutto sommato non posso lamentarmi. Anzi, ci sto prendendo gusto». Ammirevole difesa della maglia gialla da parte di Voeckler, che scalatore non è. Armstrong ora è secondo a 5'24". Con l'abbuono del vincitore, Basso ha rosicchiato 8" ad Armstrong e ora è distanziato di 1'09". Quanto ai grandi battuti di oggi, evito di seppellirli in fretta. Hanno orgoglio e doveri, qualcosa faranno. Ma certamente stanno rimpiangendo di non aver fatto qualcosa in anticipo. Hanno condotto in poltrona Armstrong alla prima salita e Armstrong li ha castigati. Come da copione.

Scalata nella folle muraglia umana

ALPE D'HUEZ, 21 luglio – Quando Basso diceva che Armstrong aveva anche il vantaggio di partire per ultimo, non immaginava che sarebbe andato a prenderlo quando mancavano circa 3 km all'arrivo. Quando Armstrong diceva che Basso era fortissimo e che in salita non gli aveva preso un metro, non immaginava di rifilargli 2'23". Pure, questo è successo un 21 luglio sui 21 tornanti della montagna che l'*Équipe* ha definito il più grande stadio del mondo (e con spettacolo gratuito, per di più).

È una montagna unica nel suo genere, fatta a balconate. I ciclofili più saggi hanno un cannocchiale e stanno seduti sui muretti dei tornanti, possono seguire l'ascensione metro per metro. I meno saggi, in numero purtroppo crescente, invadono la strada con la loro voglia di far casino. Armstrong se ne è lamentato, ma in generale tutti gli ultimi a partire sono passati per le forche caudine dell'ottusità trionfante. In un tempo non lontano le salite erano affollate da gente normale, adesso sembra che si diano convegno tutti gli ubriachi, gli aspiranti toreri, gli sbandieratori, i pagliacci, i finti vichinghi. Nelle condizioni che c'erano all'Alpe d'Huez non si potrebbe fare una corsa di cavalli e nemmeno di cani. La fatica dei corridori, ma anche la loro incolumità, non è tutelata a sufficienza. C'erano 14 km di transenne a fasciare sui due lati gli ultimi 7 km, ma prima ci sono state scene vergognose, sterzate all'ultimo secondo, perché all'ultimo secondo si apriva il muro umano di gente in delirio, impossibile calcolare bene la traiettoria di una curva. Una spaventosa tensione in aggiunta allo sforzo, già altissimo, della competizione. Era la prima cronoscalata all'Alpe. Se deve andare così, spero sia anche l'ultima. Oppure, si transenni tutto il percorso. Un pazzo isolato può sempre esserci. A Villard, per esempio, un tipo ha segato un albero di 12 metri facendolo cadere sulla strada della corsa. È stato rimosso in tempo, ma con decine di migliaia di pazzi è diverso.

Varie fonti, dalla gendarmeria agli organizzatori alla tv francese, calcolano da 600.000 al milione le presenze sul percorso. Non vorrei tornare sul problemino del rubinetto e della vasca da bagno, ma arrotondando al milione dovrebbero essere 60.000 persone a km, e mi sembrano tante. Però era impressionante, già dalla sera di ieri, l'esodo incessante verso l'Alpe. Lunghissime code già alla periferia di Grenoble, tende, camper, biciclette, zaini, autostoppisti.

L'Alpe d'Huez bardata di tifosi è un bordello allucinante, se bisogna chiamare le cose col loro nome. Nuda, si racconta così, col distacco dei numeri. La salita comincia a quota 760, finisce a 1850 metri. Il Tour l'ha scoperta nel '52, vinse Coppi e c'era ancora la strada bianca. Per motivi sconosciuti, da quell'anno il Tour l'ha ignorata fino al '76, quando è cominciato il periodo olandese. Gli anni Novanta sono stati fortemente italiani, con sei vittorie su sette arrivi: due Bugno, due Pantani, una Conti e Guerrini. Bravo anche oggi, Giuseppe Guerrini, e orgoglioso. È dall'inizio che sgobba per Ullrich e Klöden, ma ha fatto la sua brava corsa e ha chiuso al sesto posto. «Sono andato più forte di quando ho vinto, almeno mi pare, ma con certe cilindrate c'è poco da fare», commenta. Vinse dopo essere stato buttato a terra da un fotografo improvvisato, perché qui è sempre un bordello. L'Alpe, dunque. 13,8 km di salita, pendenza media 7,9 per cento, massima 10,6 nel primo km. Ogni tornante, partendo dal basso, è dedicato a un vincitore. I primi hanno una doppia dedica. Il 21 si chiama Coppi-Armstrong, il 20 Zoetemelk-Mayo, da oggi il 19 si chiamerà Kuiper-Armstrong. Bugno ha le curve 7 e 6, Pantani 3 e 2. E gli resta il record della scalata: 36'50" (media 22,480) se si considera solo la salita, 37'35" col tratto piano che la introduce. Al termine del quale Ullrich aveva 3" su Armstrong, cosa che ha indotto la sala stampa (in larga parte anti-Armstrong) a estatici gridolini.

Armstrong è partito teso, dopo una discussione con due membri della giuria a proposito del peso della sua bici Trek, di 20 grammi inferiore al peso-limite (6800 grammi). Il meccanico ha cambiato i pedali, bici regolare. Seduta sull'ammiraglia, di fianco a Bruyneel, una emozionatissima Sheryl Crow. Anche lei, fissata del fitness, ha scalato l'Alpe in giugno, impiegandoci 1h40'. Armstrong era stato in pattuglia tre giorni in maggio. Quante scalate, Bruyneel? «Più di cinque e meno di dieci», ridacchia lui. Basso ha provato l'Alpe cinque volte in due giorni. Per Armstrong è arrivato anche il suo amicone Robin Williams, che resterà fino a Parigi. Oggi è il suo compleanno.

I corridori sono senza casco, ma si riconoscerebbero ugualmente. Ullrich ha l'andatura solenne di un transatlantico, non si alzerà una volta sui pedali, com'è nel suo stile, e forse è un suo limite. Ogni tanto dovrebbe dare sollievo alle gambe, coi rapporti lunghi che usa. Armstrong si alza spesso, e la rapidità di pedalata può far scordare la potenza. Dopo 9,5 km, Ullrich è in vantaggio di 27" su Klöden e 36" su Basso, che sembra appesantito. Armstrong dà 40" a Ullrich. La parte più dura è alle spalle, certo è ancora salita, ma con qualche tratto di falsopiano più adatto alla cilindrata di Ullrich. Armstrong potrebbe anche rallentare, ma ha due stimoli: uno è Basso, che ha nel mirino nei pochi rettilinei, l'altro è il desiderio di dare almeno 1' a Ullrich. Solo così si spiega il suo sprint quasi in apnea negli ultimi metri. Lui è il vincitore e Basso, se non il grande perdente, è quello che esce peggio e con più dubbi da una giornata infernale. Che non potesse scalzare Armstrong, già lo sapeva. Ma ora deve seriamente guardarsi da Klöden e forse anche da Ullrich. Certamente deve guardarsi dal gioco a tenaglia che i due possono attuare, per salvare insieme il salvabile e il podio. Basso, che non è specialista a cronometro, ma fin qui in salita era andato forte, si è piazzato ottavo. Un piazzamento dignitoso, ma aver preso 1'12" da Ullrich e soprattutto 42" da Klöden in salita non è un buon viatico per la crono di sabato, 55 km in pianura.

Domani c'è il vero tappone alpino e Basso è chiamato a inventarsi qualcosa. Le previsioni di Riis sul suo rendimento a cronometro mi erano sembrate alquanto azzardate, ma le avevo riportate senza commento. Basso è sì migliorato, ma non abbastanza, muove ancora troppo le spalle e forse ha sentito, per una volta, la pressione della giornata. Caucchioli resta nono. Armstrong manda fuori tempo massimo due corridori, uno dei quali è Bramati.

Armstrong, volontà di ferro ma il futuro si chiama Basso

PARIGI, 25 luglio – Nessun Tour somiglia a un altro, nessuna delle sei vittorie di Armstrong, record assoluto, è uguale. Nessuna maledizione lo ha perseguitato, nessun avversario lo ha minacciato da vicino. È stata una vittoria facile, rispetto alle altre. Facile per modo di dire, perché il Tour è sempre una brutta bestia da cavalcare per la tensione che comporta. Nel caso di Armstrong, tensione aumentata dal ruolo di favorito, da minacce di morte prima dell'Alpe d'Huez. Giudicato «cittadino americano a rischio» dal ministero francese degli Interni, s'è visto rafforzare il dispositivo di sicurezza. Alle sue due solite guardie del corpo (un ex poliziotto belga e un nippo-texano già della scorta di Bush quand'era semplice governatore dello stato) si sono aggiunti due uomini dei servizi speciali francesi, uno in moto e l'altro sull'ammiraglia di Bruyneel.

L'anno scorso Armstrong aveva vissuto il suo Tour peggiore per i postumi d'una caduta, per lo sfascio del suo matrimonio e per una maggiore aggressività degli avversari, Ullrich, Mayo, Vinokourov. L'aveva vinto perché è più intelligente di Ullrich. E Ullrich l'aveva perso perché è meno intelligente di Armstrong, o forse più patatone. «Se riuscissimo a mescolare il fisico di Ullrich con la professionalità di Zabel, otterremmo Merckx», ha detto all'*Équipe*, un tantino esagerando, Walter Godefroot, che può consolarsi col secondo posto di Klöden. Ma Ullrich per lui è una spina in gola. «Quest'inverno abbiamo provato la galleria del vento a Ingolstadt, la più avanzata del gruppo Volkswagen. Jan non s'è degnato di muoversi dalla Svizzera, si vede che giudica già perfetta la sua posizione. E intanto Armstrong e i suoi sgobbavano a Seattle in un'altra galleria del vento». «Ma

Ullrich non ha voglia di allenarsi in gennaio, fa ciclismo per vivere, ma non vive per il ciclismo. La differenza è questa. Ullrich ha voluto con sé due corridori di sua scelta, la massaggiatrice, un fisioterapeuta, un meccanico che è poi suo fratello, e Pevenage. Accontentato. Alla prima salita ha perso il Tour».

Ho riportato queste dichiarazioni di Godefroot perché spiegano tante cose. In più, sono clamorosamente mancati all'appuntamento gli spagnoli, in particolare i baschi dell'Euskaltel e quelli (più Hamilton) della Phonak. Annata storta o c'è dell'altro? Se ne sentono di tutti i colori. Certo è che il medico dell'Euskaltel, Jesús Losa (ovviamente non è al Tour) è sotto inchiesta, denunciato da Millar come fornitore di doping. E senza dimenticare che in una lettera all'UCI, l'anno scorso, era stato Armstrong a chiedere più attenzione sull'emoglobina sintetica. Anquetil, Merckx, Hinault e Indurain sono superati, non cancellati. Nel ciclismo niente si cancella. I tre recordman superati l'hanno presa bene. Con Armstrong, Merckx si sente ogni giorno al telefono. Hinault ogni giorno fa il cerimoniere del Tour e dice che è giusto così, Armstrong fa il suo e semmai sono gli altri che non fanno il loro. Anche Indurain lo benedice. Anquetil è morto. Nella mia classifica personale, Merckx è primo davanti a Hinault, Armstrong, Anquetil e Indurain. Più completi e più generosi, da marzo a ottobre, i primi due. Più ragionieri e gestori dello sforzo (mazzate a cronometro, danni limitati in salita) gli ultimi due. Lo dicono anche i numeri: Merckx al Tour ha vinto 34 tappe, Hinault 28, Armstrong 22, Anquetil 16, Indurain 12. Per quanto può contare, la classifica dei giorni passati in maglia gialla vede più o meno lo stesso allineamento: Merckx 96, Hinault 78, Armstrong 61, Indurain 60, Anquetil 51.

È vero che Armstrong è il campione di luglio e che il suo sogno (vincere un Tour dopo aver vinto il cancro) si è trasformato in un'ossessione. È un fanatico della preparazione spinta fino al fachirismo. È capace di stare, questa primavera, otto ore in sella, con una temperatura di 5 gradi e sotto la pioggia, nella ricognizione del tappone pirenaico. È capace di sciropparsi nove volte, sempre quest'anno, l'Alpe d'Huez, che pure conosceva già benissimo. Per le sue caratteristiche atletiche e per la sua personale storia di uomo e corridore rinato, Armstrong è unico. In più ha una squadra molto forte, con gregari totalmente votati alla causa del capitano. «Prima della malattia Lance pensava di più a se stesso, dopo ha scoperto gli altri», dice Hincapie, con lui dagli inizi. Fu Hincapie, la sera del cronoprologo, della prima maglia gialla di Armstrong nel '99, a commentare: «Merda, e adesso cosa facciamo?» Adesso i postini sanno perfettamente cosa fare, ma non cosa faranno l'anno prossimo. Armstrong sembra tentato da una sfida contro se stesso e le sue abitudini: cancellare il Tour. Ma sa che per i suoi datori di lavoro il Tour resta fondamentale. Vinca il settimo o lo perda, fa notizia comunque. Può piacere o non piacere, Armstrong.

Oggi il *Journal du Dimanche* ha pubblicato i risultati di un'inchiesta sugli sportivi più antipatici ai francesi. Primo Michael Schumacher, 27 per cento, secondo il calciatore Anelka, 22, terzo Armstrong, 20. Giù dal podio nell'ordine le sorelle Williams, Beckham e Virenque. A me Armstrong continua a piacere, meno però dopo la storia con Simeoni.[10]

10. Nell'ultima settimana del Tour del 2004, durante una tappa di pianura con arrivo a Lons-le-Saunier, Filippo Simeoni si staccò dal plotone per unirsi a una fuga di scarsa importanza ai fini della classifica finale. Tra la sorpresa generale, Lance Armstrong, ormai prossimo a conquistare il suo sesto Tour, andò a prendere il corridore italiano, e minacciò di far fallire la

In privato, Armstrong ha già riconosciuto di avere sbagliato: non doveva intervenire lui ma la squadra. Nella sua visione del mondo, al piombo si risponde col piombo, ma intervenendo di persona è come se avesse acceso i riflettori su Simeoni (e sul dottor Ferrari). Classico autogol, Armstrong ci ha pensato in ritardo. Su questa macchia, l'unica, due ultime riflessioni, una sotto forma di domanda: e se, dopo quella scena, Simeoni avesse tirato un cazzotto sui denti ad Armstrong? L'altra: gesti come quelli di Armstrong non sarebbero sanzionabili dalla giuria con un ammonimento per comportamento antisportivo? Bon, secondo me Armstrong ha vinto anche perché è innamorato in un modo per lui nuovo. Spiegazione domani, nei «Cattivi pensieri» dedicati al Tour.

Adesso è tempo di parlare degli altri, e in particolare di Ivan Basso. Ullrich per la prima volta in sette Tour sta giù dal podio. Parziale consolazione, il secondo gradino del suo amico e gregario Klöden. Si conoscono da quando avevano dieci anni, dai tempi della scuola di ciclismo a Berlino Est. Klöden, figlio di un pilota di caccia, usciva dai quartieri alti, Ullrich da quelli bassi. Non si sono più lasciati. Quando Ullrich ha vinto a Sydney, Klöden era sul terzo gradino. Il terzo gradino qui è di Ivan Basso, peccato per quei 21", ma resta un Tour di bella sostanza e di bella speranza. Undicesimo, settimo, terzo: a ventisei anni è giusto pensare di vincere il Tour. Sta crescendo, i mezzi li ha. A Besançon ha corso la miglior cronometro della sua carriera, ma non è bastato. Può

---

fuga se Simeoni non l'avesse abbandonata, costringendolo così a rinunciare. Intendeva in questo modo punirlo perché Simeoni, dopo aver ammesso di aver fatto uso di doping, aveva deposto in un processo contro il dottor Michele Ferrari e aveva chiamato in causa lo stesso Armstrong, che aveva avuto Ferrari come suo medico sportivo. *[n.d.c.]*

migliorare ancora, ma attenzione a non ripetere l'errore fatto ai tempi di Bugno, diminuito in salita nel tentativo di crescere contro il tempo.

La forza di Basso è la salita, dove non ha concesso un metro ad Armstrong. La sua forza è la serietà nel fare il mestiere. Un italiano sul podio – l'ultimo era stato Pantani – e Cunego che vince il Giro sono realtà confortanti oggi e ancora più se proiettate sul futuro. Il futuro è loro. Una citazione per Caucchioli, che ha perso il decimo posto per colpa di una mezza bronchite. Una tappa Basso, una Pozzato, brillante sì ma un solo giorno. Ritirati nella prima fase Cipollini e Petacchi, di più era difficile portare a casa. Altre classifiche finali. Miglior giovane Karpets, un regolarista promettente, davanti a due francesi, Casar e Voeckler, che è tra le vere rivelazioni della corsa. Settima maglia a pois per Virenque e su questo record si è già espresso Bahamontes («È una vergogna per il Tour e la storia del ciclismo»). Un po' severa l'Aquila di Toledo, certo questa è la maglia meno combattuta. Non come quella verde, vinta da McEwen su Hushovd e Zabel. Il verdetto s'è fatto attendere fino all'ultimo sprint. Classifica a squadre alla T-Mobile.

Un Tour di cattivi pensieri

Ciclisti in mare. C'è metodo e metodo

PARIGI, 26 luglio – La donna che è nel mio letto da molto non ha più vent'anni. È l'inizio di «Sara» (8), scritta da Moustaki (7,5) per Serge Reggiani (9), mi sono portato al Tour una borsa di cd che è sempre più un grande cimitero. Quest'anno avevo selezionato solo francesi: Piaf, Greco, Barbara, Brassens, Ferré, Brel nonostante sia nato in Belgio, Reggiani, Ferrat, Bécaud, Montand. Reggiani è morto alla vigilia della cronometro. Sono rimasti vivi solo la Greco, che fa ancora spettacoli, e Ferrat, che non fa più spettacoli da un sacco d'anni e invecchia serenamente in un vecchio paesino dell'Ardèche che si chiama Entraygues. Suo padre era un ebreo russo, incisore di gioielli. Lo caricarono su un vagone per la Germania e non tornò più a casa. Brassens finì in Germania in un campo di lavoro ma tornò a casa. Piaf era cresciuta a Belleville come Reggiani, era diventata cieca, aveva riacquistato la vista, aveva amori immensi, assurdi e tragici. Reggiani e Montand erano figli di immigrati politici. Segnati dalla vita e tutti affamati di vita, di musica, di libertà.

Sulla via del ritorno dal Tour ho messo su un cd a caso di Reggiani, tanto sono belli tutti. C'è «Le Déserteur», ma prima di Reggiani l'aveva incisa Marcel Mouloudji, padre cabilo e madre bretone, a lungo boicottato, e la canzone mai mandata in onda nella Francia impegnata nella guerra d'Algeria. Ho anche pensato che una stagione sta perdendo le ultime foglie, ma è stato bello leggere che Mathieu, il figlio di Ferré, sta curando un cd col nipote di Reggiani.

Ho ancora pensato che le radici non si vedono ma hanno molta forza, e che la forza di Armstrong è nelle sue radici. *No gifts*. La donna che è al suo fianco al Tour e nel suo letto è una cantante piuttosto famosa e ha nove anni più di lui, che ne ha trentaquattro a settembre. Quando l'unione era ufficializzata, un giornalista di scarso gusto chiese ad Armstrong cosa provava, lui più giovane, e lui rispose: «Non mi sento più giovane, mi sento più felice». Nelle stesse circostanze, Oscar Wilde aveva risposto: non ha importanza, perché tra un secolo io e lei avremo la stessa età. Ma Armstrong non è Oscar Wilde. L'ho trovato più addolcito da questa donna più matura di lui, che in un certo senso gli ha allargato il mondo. Partite dei Lakers, prime a Hollywood. Con la moglie Kristin era diverso, anche perché c'erano tre bambini.

Al Tour Kristin arrivava solo l'ultimo giorno, o nei giorni di riposo. Sheryl invece fa la vita dei corridori e dei meccanici, stessi orari di sveglia, stessi orari di cena. Ha pure scalato l'Alpe d'Huez, sia pure in 100' e non in 39'. Stesso albergo, ma camere separate, Armstrong non è Oscar Wilde, ma nemmeno Anquetil. Armstrong è un grande motivatore di uomini: i suoi postini sembrano la falange macedone. E senza bisogno di forgiarsi in situazioni estreme come quelle predilette da Riis, situazioni in cui s'è trovato anche Basso. A Lanzarote, due giorni e una notte di marcia per cementare l'unione del gruppo. E poi, un altro giorno, dopo qualche rudimento in piscina per quelli che non sapevano nuotare, tutti i corridori buttati in mare a 3 km dalla riva con un giubbotto di salvataggio addosso e una tavola da surf a disposizione, s'arrangiassero loro a tornare. Jalabert si era ritrovato di notte in una foresta fuori Göteborg con la bussola e una scatola di fiammiferi. Sastre aveva pagaiato, sempre di notte (di giorno è troppo facile) su un lago svedese. Non è Riis che pensa queste cose, è il suo amico Sørensen, già dell'esercito danese. A me queste storie (la ricerca delle motivazioni, la reazione alla fatica, alla veglia, all'imprevisto, la capacità di fare gruppo o di isolarsi) fanno veramente ridere, quasi come i manager che camminano sui carboni ardenti, e quindi il voto al tandem Riis-Sørensen è 3.

Il voto è 8 per José Bové, da poco uscito di galera, che continua a strappare piante di mais transgenico. È successo ieri a nord di Tolosa. Peccato che fossi a Parigi, sennò avrei dato una mano volentieri. Parola d'ordine: disobbedienza civile in massa (mille persone), volto scoperto e non più di una pianta a testa sradicata. Il governo francese è rigorosissimo in difesa degli OGM, non si rischia un buffetto, ma 75.000 euro di multa e fino a cinque anni di prigione. Noi non abbiamo un Bové, e si vede, c'è solo da sperare che le battaglie degli altri servano a qualcosa, di rimbalzo.

Sempre di rimbalzo, 5 a Ceruti, presidente della Federciclismo. Gli ho chiesto pubblicamente di aprire un'inchiesta sulle frasi di Nardello a Simeoni, il giorno della carognata di Armstrong. Aspetto sempre una risposta, quale che sia, il 5 è per il ritardo nel rispondere. Non sono permaloso, sono solo convinto che il ferro (il Nardello, il Simeoni) debba essere battuto finché è caldo. Se Ceruti, mi passi il marinismo, pensa di nascondere la polvere dell'etica sotto il tappeto delle tre scimmiette, fa un errore. Di emettere un comunicato siamo capaci tutti. Vada oltre, c'è ancora molta strada da fare.

Sulla strada, una quarantina di km ha fatto un gregario di Ullrich, Mathias Kessler, con un polmone perforato. Aveva male, ma non voleva ritirarsi. Si è arreso ai fatti solo in ospedale e il suo fachirismo non era stato potenziato nelle acque di Lanzarote o su un lago svedese. Sono una razza strana, i ciclisti, e hanno una straordinaria capacità di convivere col dolore. Ho parlato di Kessler perché è già cominciata la stagione del calcio, senza mai finire veramente, e mi sento già perseguitato da titoli in prima pagina sulle vesciche, i risentimenti all'inguine, le tre lineette di febbre, ma non voglio fare polemiche. Voglio solo fare tanti auguri a Damiano Tommasi, che in un incontro amichevole si è visto sfasciare il ginocchio, non solo i legamenti, da un animale che non gli ha nemmeno chiesto scusa dopo. È il famoso fair play britannico, credo.

Voglio dare 10 a Tommasi (è il terzo in vent'anni) perché ha cercato di restare in campo, perché sta cercando di sdrammatizzare, perché non ha aggredito a parole l'animale e anzi, non so come faccia, s'è trovato lui delle responsabilità nello scontro. Perché ha davanti molti mesi di lavoro e di dolore, prima di tornare a giocare, sperando che ci torni. Perché non ho letto il suo nome su molte prime pagine e perché, è giusto che lo sappia, sono gli atleti come lui gli abitanti dei nostri cuori, quasi in vacanza ma con la memoria nella valigia.

Classifica finale

1. Lance Armstrong (USA, US Postal) km 3391 in 83h36'02", media 40,553; 2. Klöden (Germania, T-Mobile) a 6'19"; 3. Basso (Italia, CSC) a 6'40"; 4. Ullrich (Germania, T-Mobile) a 8'50"; 5. Azevedo (Portogallo, US Postal) a 14'30".

Partenti: 189. Arrivati: 147.

2005

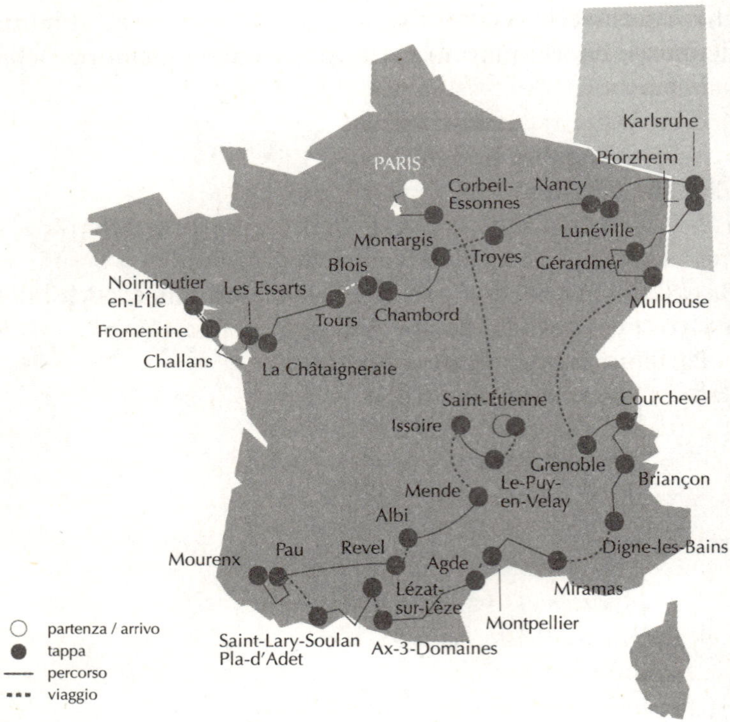

Come nel 2002 Armstrong è il più forte e ha la squadra più forte. Tra i suoi gregari c'è Savoldelli, vincitore del Giro. Il giovane francese Voeckler conserva per dieci giorni la maglia gialla, prima di cederla ad Armstrong. Sette vittorie consecutive del texano, che annuncia la fine della carriera. Cresce Ivan Basso, secondo a Parigi, che sembra proprio il suo erede.

Caccia ad Armstrong, la verità delle montagne

GRENOBLE, 11 luglio – I bretoni non hanno peli sulla lingua e Hinault non fa eccezione. La sua idea è che i T-Mobile abbiano scambiato l'ultima tappa del Tour per un funerale di prima classe, tutti in fila e composti. «Se la squadra della maglia gialla si fosse comportata come la Discovery sulla Schlucht, il giorno dopo io avrei scatenato i miei fin dal via», dice Hinault, e non parla a vanvera. Quando arrivarono al Tour i primi colombiani, con l'intenzione di fare sfracelli in salita, Hinault disse sornione: vedremo di dargli il benvenuto nella prima settimana di pianura. E li fece a pezzi. Per molti anni il ciclismo ha avuto regole chiare, elementari: appena l'avversario mostra un segno di debolezza, bisogna dargli una bella mazzata, perché a parti invertite lui certamente te la darebbe. Questo non è avvenuto sulla strada di Mulhouse e quindi la corsa arriva sulle Alpi ridistribuendo le carte. La differenza è che un arrivo in salita a Courchevel, 2000 metri, preceduto dal Cormet de Roselend (1967 metri) non consente di bluffare. È una tappa che può fare più danni di quella successiva, che pure ha in menù la Madeleine, il Télégraphe e il Galibier, tetto della corsa con i suoi 2645 metri. Può fare più danni perché arriva dopo il giorno di riposo e perché il traguardo in salita non perdona il minimo cedimento, mentre dalla cima del Galibier a Briançon ci sono 40 km che garantiscono un po' di recupero a chi vuole rischiare la pelle in discesa.

Basso e Armstrong sono nello stesso albergo. Armstrong con Sheryl Crow e Basso col padre. Escono un paio d'ore per allenarsi. Armstrong non si concede ai cronisti (ma era previsto) mentre Basso fa il punto: «La tappa è importante perché ognuno saprà come sta e nessuno può fingere. Fin qui, poche salite e poco impegnative, mentre alla lunga la media altissima della prima settimana può creare problemi. Io, tra l'altro, ho fatto anche il Giro, non lo dico per mettere le mani avanti ma perché è un dato di fatto. Quindi i 2000 metri sono un test anche per me. Tutti dicono che a turno dobbiamo attaccare Armstrong. Io rispondo: calma, non mi risulta che sia nata una coalizione e quindi ognuno fa bene a giocare come gli pare. E poi per mettere in difficoltà Armstrong bisogna scattare a ripetizione, è un'arma che io non ho. Quindi, sapendo che ci sono anche i Pirenei, non m'interessa un attacco per guadagnare 10". Se ne faccio uno, dev'essere decisivo». Basso è garbato, come sempre, ma il discorso fila fino a un certo punto. Prima della cottura, anche su due ruote, c'è la rosolatura. Prima del crollo, il logorio. È probabile che oggi Basso non prenda iniziative, la sua ruota di riferimento era e resta quella di Armstrong. Non fa proclami. «Sono capitano di una squadra forte che ha fiducia in me e sto bene», e questo è tutto.

A Voreppe, periferia di Grenoble (quando farò una classifica delle città europee più deprimenti sarà ben piazzata), il rapporto fra microfoni e taccuini alla conferenza stampa di Ullrich (la solita aria fritta) e quella di Vinokourov è di 50 a 1. Questo mi suggerisce un cattivo pensiero fuori stagione, che è cronologicamente il secondo. Si fa molta fatica a trovare quotidiani italiani.

Alla stazione ferroviaria di Mulhouse rimedio una *Stampa* di ieri in cui Elkann intervista Biscardi. Che a un certo punto dice: «Leggere che Aldo Grasso si dice pentito per tante, troppe critiche feroci che mi ha dedicato, giudicandomi il più grande giornalista sportivo europeo e dicendo che sono più grande di Gianni Brera, mi ha fatto comunque un grande piacere». Ora, va bene che ci siamo abituati a tutto, ma in presenza di casi umani del genere è una vera crudeltà non chiamare un'ambulanza. Il cattivo pensiero sul Tour è questo: che i tecnici della T-Mobile, i più grandi strateghi d'Europa per dirla con Biscardi, considerino Vinokourov carne da macello, privilegiando nel tridente per ragioni di mercato e di bandiera l'ex ragazzo prodigio e il suo delfino Klöden? È invece chiaro che il ciclismo maniacale e cartesiano di Armstrong può essere messo in crisi non da chi lo copia, ma da chi è diverso. E Vino lo è, diverso. Guadato il fiume di aria fritta, le sue frasi sanno di ciclismo di una volta, di sudore e di polvere da sparo: «Io domani attacco. Una volta, due, tutto quello che posso. Non m'importa nulla di quello che fa Armstrong o pensano di fare gli altri. Per me il ciclismo è attaccare, non rassegnarsi mai, dare tutto. Non voglio avere rimpianti, sempre meglio averci provato che non provarci mai». Non a caso Vino indica in Jalabert il suo corridore preferito. Non a caso è uno che vince in primavera la Parigi-Nizza, la Liegi-Bastogne-Liegi (quest'anno) e poi lo si ritrova a fine stagione secondo in linea ai Giochi di Sydney, terzo al crono mondiale di Verona. È insomma un corridore per tutte le stagioni e questo ne fa un uccello raro. Non avrà il carisma del campione, ma tutti lo rispettano e lo temono. A me piace per il gusto della sfida che si porta appresso e domani lo aspetto.

Ma attenzione, tra le incognite da svelare c'è anche il comportamento del signor Armstrong. Sulla Schlucht è rimasto a galla usando la testa più delle gambe, e non è la prima volta che succede. L'assenza di compagni lo ha messo sulla difensiva, e si è difeso. Ma se sta bene domani non aspetterà che lo attacchino, attaccherà prima lui, sull'ultima salita. Per sei anni abbiamo visto lo stesso film, cambiava solo lo scenario. Courchevel è una salita vera, dura, l'ultimo volo di Pantadattilo. Sono già passati cinque anni, e una vita.

Bravo Basso, attacco continuo. Soltanto Armstrong gli resiste

SAINT-LARY-PLA D'ADET, 18 luglio – E bravo Basso. Ha fatto bene quello che doveva fare, cioè attaccare al momento buono, così da staccare Ullrich (con una crono di 55 km non si sa mai) e togliere il secondo posto a Rasmussen. Due attacchi, missione compiuta. Non gli è riuscito di staccare Armstrong, ma questo è un altro discorso. Dice Basso: «Se uno è più forte di te, è una cosa da accettare. Ma la differenza tra me e lui è sempre più sottile. A Courchevel non avevo le gambe che ho adesso. La differenza è soprattutto nel rendimento a cronometro. Resta il fatto che oggi era un esame importante e penso di averlo superato. Stiamo correndo un grande Tour, tutti quanti noi della CSC. L'unico rimpianto è la cronosquadre, con la caduta di Zabriskie. Per il resto non ho nulla da rimproverarmi. Avevamo deciso di attaccare prima, ma c'era troppo vento, così per strada si è stabilito di riservare i colpi alle ultime due salite». Come sui Pirenei del giorno prima, c'è la corsa sbrigliata con una fuga da lontano e la corsa sorvegliata. Fa sempre molto caldo, è la tappa più dura del Tour. Parte una fuga di quattordici (c'è anche Bertolini) che progressivamente si riducono a sei: Pereiro, Hincapie, Boogerd, Caucchioli, Sevilla e Brochard. Hanno 18' al Col de Menté, dopo 100 km. Da questa zona arrivò il marmo bianco per le statue di Versailles. E come un blocco di roccia Chenez, il disegnatore dell'*Équipe*, si diverte a raffigurare Armstrong.

Nella roccia, nessun cedimento. In una giornata con tante cose da raccontare, la più bizzarra è che George Hincapie, marcantonio di 1,90, newyorkese di padre colombiano, praticamente da una vita al fianco di Armstrong, vinca la tappa più difficile del Tour. Lui che è piuttosto un passista veloce (secondo alla Parigi-Roubaix, quest'anno, dietro a Boonen). Spiegazione: «C'è stato un avvio molto animato, il mio compito era di andare in fuga così mi trovavo già davanti e all'occorrenza potevo dare una mano a Lance. Dopo il secondo colle Bruyneel m'ha detto che avevamo 18', che Lance non sarebbe mai arrivato e dunque potevo fare la mia corsa, anzi potevo mirare a vincere la tappa. Io non ne ero così sicuro, tutto questo percorso l'avevamo fatto in allenamento a metà giugno ed ero arrivato quassù distrutto. Come compagno della maglia gialla ero dispensato dal tirare, nel finale mi sentivo fresco, avrei potuto staccare Pereiro a 2 km dal traguardo, ma non c'era lo spazio, troppi tifosi in mezzo alla strada». Vero, soprattutto baschi e piuttosto indisciplinati. La bandiera agitata come una *muleta* davanti a corridori cotti dalla fatica ha ampiamente stufato. Nemmeno sfasciare a pietrate i vetri del pullman della tv spagnola, la notte prima, pare gesto molto sportivo. Ma torniamo alla corsa dei primi. Caucchioli, a 4 km dal traguardo, cerca la soluzione di forza, ma gli va male, perché Pereiro e Hincapie (sempre il primo a sgobbare) tappano il buco e lo staccano. «Sapevo che erano più forti di me, ho sperato di sorprenderli. Da un po' ho problemi alle tonsille, è una storia che risolverò a settembre». Così commenta Caucchioli il suo bel terzo posto. E torniamo alla corsa dietro. Sulla salita di Val Louron Basso dà una forte accelerata, Armstrong risponde subito, Ullrich resta indietro, ma recupera. Questa è la prima fase dell'operazione, Rasmussen rimane indietro, ma Ullrich è sempre lì. In difficoltà, ma lotta da grande. In tre scendono su Saint-Lary e subito risalgono verso Pla d'Adet. La salita è il profilo di una cicatrice, una specie di v incisa sul fianco del monte che nei primi 2 km ha pendenze sull'11 per cento. Ed è in questo tratto micidiale che Basso (sempre seduto, senza scomporsi, con la solita smorfia-sorriso) piazza la seconda botta. Questa volta Ullrich accusa il colpo. Deve staccarsi e lo sa, non può tenere il ritmo degli altri due, ma affonda lentamente, cerca di limitare i danni. Ritrova per strada un suo gregario, Sevilla, che col fiato che gli resta lo scorta fin sul traguardo. E adesso Basso può guardare quanto gli frutta una giornata da attaccante: 1'24" su Ullrich, 1'28" su Rasmussen, protagonista di un finale in crescendo. In classifica ha 23" su Rasmussen e 3'12" su Ullrich. È secondo solo ad Armstrong, quindi si propone come primo candidato per il 2006. «Non sarò io a dirlo, tanto so che per voi resterò sempre l'eterna promessa».

Questa frecciata di Basso ai giornalisti italiani non mi dispiace, vuol dire che ha le unghie, prima in corsa e poi fuori. Sulla stessa lunghezza d'onda Basso ha aggiunto: «Mi sono stancato di rispondere a domande che presuppongono rassegnazione da parte mia. In questi due giorni ho fatto tutto il possibile. Non sono un deficiente che attacca Armstrong dove capita, per il gusto dello spettacolo. Aspetto quello che giudico il terreno adatto. E sul terreno adatto ho staccato tutti tranne che lui. La mia analisi è questa. E se non l'ho staccato su certe salite, dubito che potrò farlo nei prossimi giorni, quando ci sono tappe dure sì ma senza certe salite». Armstrong riconosce il valore di Basso: «È andato veramente forte, non è stato facile seguirlo anche perché nell'ultima settimana la fatica si fa sentire per tutti. Credo che oggi sia stata una bellissima tappa e la vittoria di Hincapie, il mio più grande amico, è una gioia in più».

Si sono conosciuti che Hincapie aveva quattordici anni, Armstrong sedici. Due ragazzini alle prime armi. Da allora sono inseparabili. «Lance era un impulsivo, un mezzo pazzo, l'unica tattica che conosceva era di attaccare subito, in partenza, era come fosse in guerra col mondo. Adesso è uno stratega raffinato, un ottimo capitano. Con noi è duro, ma lo è anche con se stesso». È stato Hincapie, il giorno della prima maglia gialla di Armstrong, nel cronoprologo di Puy-du-Fou (1999) a dirgli una volta in albergo: «Bel casino hai combinato, la maglia gialla subito. E adesso come la difendiamo?» Da lì, da quella sera in Vandea, è ripartita la carriera di Armstrong. E Hincapie l'ha vissuta passo passo, si può dire che grazie alle maglie gialle di Armstrong abbia trovato moglie. Lei, bellissima, era hostess del Crédit Lyonnais.

Adesso vivono in Spagna, a Gerona, in un palazzo antico nella zona dell'università. Vicino di casa è lo scrittore Javier Cercas, quello di *Soldati di Salamina*. Domani saranno dieci anni dalla morte di Fabio Casartelli. Oggi, prima della partenza, Armstrong ha consegnato una maglia gialla a Marco, che non ha mai visto suo padre ma gli somiglia come una goccia d'acqua. Quasi tutti i corridori del Tour hanno corso con al polso un braccialetto bianco con su scritto *Fabio* in blu. Li ha distribuiti alla partenza Pierluigi Marzorati (sì, quello del basket), che è presidente della Fondazione Casartelli. Oggi il Tour è passato in discesa dal Portet d'Aspet lasciandosi la stele commemorativa sulla destra. Domani alle undici quelli della Fondazione, coi genitori di Casartelli e la moglie Annalisa, saranno con gli organizzatori del Tour alla messa in memoria. Ci sarà anche Armstrong. Dagli Stati Uniti è arrivato Jim Ochowicz, allora ds della Motorola. Jean-Marie Leblanc dice: «Avevo conosciuto i genitori di Casartelli a un anno dalla morte di Fabio e c'è stata una cosa che mi ha commosso, che non dimenticherò mai. Mi hanno portato in regalo una cravatta, a me che indirettamente gli avevo ucciso il figlio». La brava gente non muore mai.

Finalmente un po' di gloria per il gregario Savoldelli

REVEL, 18 luglio – Quando c'è la distribuzione dei pacchidono, non è escluso che ritornino al mittente, cioè alla squadra di Armstrong. Vittoria di tappa con Savoldelli (vittoria bella, di classe), primo posto nella classifica a squadre tolto alla T-Mobile (sempre più becchi e bastonati, ormai fanno tenerezza), Popovič che rafforza la maglia bianca (anche se non era indispensabile). Insomma, lasciando fare e in apparenza disinteressandosi della corsa, i Discovery aumentano i successi e gli incassi. E poi andateli a criticare. Alla partenza s'era visto un Armstrong più rilassato del solito. Firmati molti autografi, mai successo in questo Tour. Quando Basso sale sul palco della firma, è un'ovazione. Il ragazzo in Francia sta diventando molto popolare, e anche Savoldelli lo diventerebbe se ci corresse di più. «*Quel beau numéro*», commenta Jalabert, uno che se ne intende. Savoldelli gli piace molto, Armstrong poco: «Ha un talento enorme ma poca classe. In un campione la classe è umiltà nella grandezza, come Indurain. Armstrong è molto americano in quel suo umiliare i deboli. Mi ricorda i miei figli quando schiacciano le formiche».

È la tappa più lunga e più calda. È la diciassettesima tappa e parte una fuga di diciassette corridori che rappresentano quattordici squadre. Dentro ci sono due compagni di Armstrong (Rubiera e Savoldelli) e solo uno di Ullrich (Sevilla). Gli altri sono Fédrigo, Arvesen, Dekker (che a Revel vinse nel 2000) Da Cruz, Davis, Hinault, Cioni, Augé, Righi, Tankink, Grivko, Dumoulin, Gerrans e Lövkvist. Il gruppo va a spasso, i fuggitivi tengono alta la media (solo Sevilla non tira). Ci si muove tra Alta Garonna e Tarn, in quella che è chiamata la Toscana di Francia. I cipressi non mancano, i colori dominanti sono il giallo bruno dei campi di grano già tagliato e il giallo squillante dei girasoli. Paesi piccoli, strada corrugata, molte chiese romaniche. E il vantaggio sale, 10', 18', 24'. Ma diciassette corridori sono troppi per una fuga. Dekker ritenta il colpo a 50 km dal traguardo, ma si scava la fossa, perché sul ricongiungimento vanno via in otto: Grivko, Tankink, Sevilla, Savoldelli, Arvesen, Righi, Hinault e Gerrans. Intesa immediata, e stavolta tira anche Sevilla.

Ma otto corridori sono ancora troppi. Tankink scatta a 8 km dalla linea e si scava la fossa da solo. Sulla salitella di Saint-Ferréol, lunga meno di 3 km, pendenza sul 5 per cento, Savoldelli e Hinault lo passano in tromba. Savoldelli si butta in discesa alla sua maniera, Hinault non gli dà un cambio. Ai 2 km arrivano Arvesen e Gerrans. Arvesen fa la cosa più sensata, attacca sullo slancio. Savoldelli sembra sorpreso, ma lo rincorre, lo affianca, lo passa nettamente negli ultimi 20 metri. Perfetta scelta di tempo, vittoria da mettere in cornice. Ma per uno che ha vinto due Giri d'Italia, che cosa significa una tappa del Tour? «Una bella soddisfazione, perché mi mancava e sinceramente non credevo che avrei avuto l'occasione di provarci. A noi stava bene una fuga, ma più piccola. In questa ci siamo trovati in due, alla squadra andava bene perché dietro non doveva lavorare. Poi, bastava essere sveglio sulla salitella. Mi sentivo fresco, ho attaccato perché volevo scollinare per primo. Hinault non mi ha dato cambi ma era proprio cotto, poveraccio, tant'è vero che non ha fatto la volata». Per un vincitore di due Giri, è stato difficile coprire il ruolo di gregario di Armstrong? «È stato difficile perché non l'avevo mai fatto a nessuno, solo per questo. Però ho cercato di farlo bene, sapevo quali erano i patti, loro erano stati chiarissimi. Standо insieme ad Armstrong si capisce che è davvero di un altro pianeta. Ho lavorato molto per lui, sono stanchissimo, ma anche felice di averlo fatto». È un anno d'oro, questo. «Se togliamo la clavicola fratturata in gennaio sì, ed era ora. Mi sono spaccato la faccia contro una moto alle Baleari, poi mi sono rotto la clavicola al Giro di Germania, delle due ultime stagioni ne ho praticamente saltata una, ero sempre rotto». Tra vincere una tappa al Tour e il Giro, cosa c'è? «Un abisso. Qui le salite sono meno dure, ma la partecipazione molto più qualificata».

Basso può essere l'erede di Armstrong? «Ha dimostrato di andare molto forte in salita, a cronometro è migliorato, quindi rispondo di sì, può vincere il Tour. Ed è molto forte fisicamente, è il solo dell'alta classifica ad aver fatto Giro e Tour». Tra le sfortune non include quella di essere risultato il primo dei non eletti alle regionali (si era presentato nelle liste di Forza Italia). Probabile che Berlusconi gli abbia già telefonato, non di solo Gilardino vive l'uomo. Gli ultimi 10 km di Savoldelli resteranno tra le cose migliori di questo Tour: un lampo, un gioiello, la capacità di afferrare al volo la prima e ultima possibilità di vittoria senza smontarsi in una situazione tattica difficile. Savoldelli sa lavorare anche di testa, come aveva ampiamente dimostrato sul Colle delle Finestre. Ma resteranno nella memoria anche gli ultimi 10 km del gruppo addormentato, e poi risvegliato all'improvviso da un treno d'inferno della T-Mobile che sulla salitella voleva cuocere almeno un'aluccia al pollo Rasmussen, che pollo non è. Ha risposto bene agli strappi di Vinokourov e Ullrich, così come Basso, Armstrong, Mazzoleni e Popovič. In dieci hanno guadagnato 20" a Landis, Evans e Moreau, Vinokourov passa al settimo posto e nel 2006 passerà ad altra squadra. La Crédit Agricole probabilmente, e comunque una squadra dove i primi a rincorrerlo non siano regolarmente i compagni. Se la T-Mobile intende proseguire nelle grandi manovre contro Rasmussen, domani il terreno sarà adatto e nel finale c'è una salita dura il doppio rispetto a Revel. Dal 14 luglio '95 l'hanno chiamata salita Jalabert, chissà che non stimoli qualche smania d'avventura. Se non la stimola, altro paccodono in arrivo. Coraggio, siamo quasi in fondo e la tappa più lunga e più calda non è certo stata la più noiosa.

Un Tour di cattivi pensieri
Campioni generosi e comparse da strada

PARIGI, 25 luglio – Perdermi negli occhi di mia moglie è la cosa più bella. Frase pronunciata da Ivan Basso, meriterebbe mezzo voto in più ma le pagelle tengono conto della sola corsa. Ad Armstrong 9, non ha fatto imprese ma il tempo delle imprese si è allontanato da lui. In tutto il dopoguerra c'è stato un solo vincitore del Tour più anziano di Armstrong: Gino Bartali nel '48. Gino aveva trentaquattro anni giusto in luglio, Armstrong li farà a settembre. Basso 8, si sta avvicinando al gradino più alto. Ritirato per frattura al suo primo Tour, poi undicesimo, settimo, terzo, secondo. L'anno scorso aveva vinto una bella tappa pirenaica, quest'anno no, ma ha convinto di più. Ha attaccato più volte in salita, limitando i danni a Courchevel, è molto cresciuto a cronometro. Secondo Echávarri, che ne capisce, l'approccio di Basso ricorda quello di Indurain. Magari. Aggiungo che Basso ha una classe innata, un garbo, una serenità seria che hanno già conquistato i francesi, affamati di *pédaleurs de charme*. Agonisticamente Basso c'è, forse gli manca l'unghiata rabbiosa e teatrale, ma rifugge da quello che considera teatrale. Sappia fin d'ora una cosa: non sarà facile indossare i panni di primo favorito, nel 2006, e controllare la corsa come la controllava Armstrong. Basso si è dato sei anni da qui in avanti per vincere un Tour.

Io gli consiglio di agguantare il prossimo, poi si vedrà. Vinokourov 7,5: lui si è dato due anni per vincere il Tour perché è meno giovane di Basso e ha già indovinato la prima mossa, fondamentale: cambiare squadra.

Alla T-Mobile, nell'eterna illusione di far vincere Ullrich (5,5) lo hanno trattato come carne da macello. Il suo numero finale sui Campi Elisi lo fotografa perfettamente: Vino è l'imprevisto, l'imprevedibile. Può anche sbagliare tempi e modi dell'attacco, ma almeno attacca, e i generosi in un mondo di avari e calcolatori vanno sostenuti. Convinti che Vino possa vincere un Tour siamo in tre: lui, io e Armstrong. Bruyneel un po' meno. Sarà davvero interessante vedere come la Discovery (Armstrong è socio al 30 per cento), ex US Postal, ridistribuirà le cariche. Intanto, quest'anno hanno vinto Giro e Tour. La cosa più probabile è che Savoldelli (7) punti ancora al rosa e per il giallo ci sia Popovič (6,5). Il mio amico Ernesto Colnago stravedeva per lui già da dilettante, io meno. Oppure, mi chiedo che differenza sostanziale ci sia, posto che entrambi hanno sgobbato in funzione di Armstrong, tra la dodicesima piazza finale di Popovič e la quattordicesima di Hincapie (7). Di quelli giù dal podio e piazzati nei dieci, Vino a parte, quello con più numeri mi sembra Cadel Evans (7). Poi, un 4 a tutti i corridori francesi (cioè quasi tutti) che hanno detto: «*On a montré le maillot*». Il motivo del 4 è ben espresso da Raphaël Geminiani, detto Grand Fusil quando correva con Coppi e, poi, dirigeva Anquetil. Geminiani ha sempre detto la sua e non rinuncia adesso che ha ottant'anni. Intervistato dal *Figaro* ha detto: «Ormai il solo obiettivo è farsi vedere, il risultato viene dopo i minuti o le ore in diretta. Non è più ciclismo. Una volta le scritte pubblicitarie s'attaccavano sui pisciatoi, oggi sulle maglie dei corridori. Dicono che noi eravamo in meno, alla partenza. Sì, ma tutta gente scelta. Oggi il vero Tour lo corrono in venti, gli altri fanno gruppetto alla prima collina e arrivano a 50' dai migliori. Ma per la tv è tutto straordinario, magnifico, enorme, leggendario». Grazie, Fucilone. È quello che penso io, ma se certe cose le dice uno che ha fatto seriamente il ciclista (secondo al Tour nel '51, terzo nel '58, quarto nel '50, con sette tappe vinte) è meglio.

E forse è meglio, da parte mia, chiarire che il Tour è essenzialmente una corsa ciclistica e che porta via molto tempo. Con questo rispondo ai lettori che si sono lamentati perché ho parlato poco o nulla di ristoranti e di buone bottiglie. Quando il Tour arriva, blocca le città. Le tappe finiscono piuttosto tardi, gli spostamenti sono lunghi e difficili, non tanto per le distanze quanto per le code, specie in montagna. Se di certi argomenti ho parlato poco, significa che c'era poco di cui parlare. Invece, dopo qualche giorno di perplessità ho risolto l'enigma del numero 19 scritto sul pacchetto di Gauloises. L'ho aperto e le ho contate: sono diciannove, prima e terza fila da sette, seconda da cinque, il buco è regolarmente al posto della quarta da sinistra. In compenso costano 4,25 euro (in Italia 3,20). Sala stampa a Parigi, Méridien Etoile (Paolo Conte non ci verrebbe mai): un caffè al banco, 4,70. M'alzo fiducioso e voglioso di bouillabaisse sul mercato coperto di St. Germain e scopro che il mio bistrot preferito ha chiuso per sempre, al suo posto c'è una crêperie. Ripiego da Clément, più giù verso St. Michel, posto un po' rétro, un po' kitsch, ma simpatico, con cucina dignitosa e non carissima. Guarda guarda, *géométrie de melon et pastèque*, *sorbet citron*. So a cosa vado incontro, ho già adocchiato il piatto su un tavolo vicino. Ci vuole del fegato. Una fetta di melone cantalupo, una di melone bianco, che sembrano il sorriso di un clown, un pezzo d'anguria tagliato a cubo (tristemente rosa, immangiabile) e grazie allo scavino sul cubo c'è posto per un sorbetto di limone che non dà un senso al tutto, anzi sembra già perplesso di suo. Ma il vero choc è che su questa carnevalata (da 2) sono stati deposti, e incrociati con cura per motivi che mi sfuggono, due grissini. Non sono passato a vie di fatto perché la selezione di Champagne a 35 euro era buonina. Mi risulta che alcune amministrazioni taglino dalle note spese lo Champagne in quanto genere di lusso, ma dovrebbero sapere che i vini dell'Aude, dell'Herault, del Roussillon, del Midi in genere, quelli con non molte pretese che l'anno scorso costavano 20 euro, adesso viaggiano tra i 40 e i 70. D'altra parte, se l'abbiamo fatto noi in Sicilia, in Campania, in Puglia, non si vede perché non dovrebbero farlo loro. Quindi, a parte due ristoranti, uno nella zona di Blois, uno non lontano da Pau, non ho niente da raccontare.

Tour avaro in corsa e fuori. Se potessi fare il Tour come Armstrong (prima la ricognizione di tutto il percorso, poi quello vero) sarebbe un'altra faccenda, a me gli occhi e le papille. Ma non è possibile, chi ama il Tour lo mette al primo posto, poi può anche stramaledirlo ma non smettere di amarlo. Riempire in qualche modo gli undici mesi che mi separano dal prossimo, questo è il problema. Ma, come i cammelli col grasso, ho scorte d'amore sufficienti.

Classifica finale

1. Lance Armstrong (USA, Discovery Channel) km 3593 in 86h15'02", media 41,654; 2. Basso (Italia, CSC) a 4'40"; 3. Ullrich (Germania, T-Mobile) a 6'21"; 4. Mancebo (Spagna, Illes Balears) a 9'59"; 5. Vinokourov (Kazakistan, T-Mobile) a 11'01".

Partenti: 189. Arrivati: 155.

LE CANZONI DEL TOUR

PARIGI, 25 luglio 2005 – Al Tour i giorni sono lunghi e le notti corte. La musica tiene compagnia. Può essere in sintonia coi luoghi (cori alpini in montagna) o in contrasto (cori alpini sul mare). Non c'è una regola precisa. Diario di bordo. 2 luglio: Fromentine-Noirmoutier (19 km, a cronometro individuale). «Valentine» per assonanza con Fromentine, il vecchio Maurice Chevalier, già in scena a dieci anni con un repertorio di canzoni maliziosette e piene di doppi sensi com'era di moda ai primi del Novecento. Moda lanciata da Dranem (anagramma di Armand Menard) con «Le Trou de mon quai». Strana vita, quella di Chevalier: due anni in un campo di concentramento (Altengrabow), da cui esce perché la sua amante d'allora (Mistinguett) aveva chiesto al re di Spagna d'intervenire. Accusato di collaborazionismo, sul libro nero della Resistenza letto da Pierre Dac a Radio Londra, Chevalier è salvato da una non improbabile condanna a morte dal poeta Aragon.

3 luglio: Challans-Les Essarts (181,5 km). *Chants de marins*: due doppi cd non particolarmente allegri. Trovo molte vicinanze coi canti di lavoro. Sui velieri, un tempo, c'era lo *shantyman*, che scandiva il ritmo delle diverse operazioni (l'ultimo professionista, Stan Hugill, è morto nove anni fa). Temi: partenze, naufragi, impossibili amori, sbronze, capitani cattivi, malattie veneree, sbarchi. Tra i molti interpreti, il più incisivo è Mikael Yaouank.

4 luglio: La Châtaigneraie-Tours (212,5 km). Sarà la Loira, ma mi viene voglia di sentire «Barcarolo romano» cantata da Gigi Proietti. E già che ci sono «Nun je dà retta Roma», «I salamini», «E me metto a cantà», «Nina si voi dormite». Chissà perché abbiamo così pochi cantanti-attori o attori-cantanti, e tanti la Francia. Non solo Montand, Reggiani, Aznavour, Mouloudji, i primi che vengono in mente, ma anche Bourvil, Fernandel, Gabin.

5 luglio: Tours-Blois (67,5 km, cronosquadre). Amboise e il genio di Leonardo, Amboise e il genio di Paolo Conte. Le vecchie canzoni, le grandi canzoni. «Wanda», «La fisarmonica di Stradella», «Una giornata al mare», «La donna d'inverno». Un mesetto fa, intervistato su *Repubblica*, il Maestro ha raccontato la sua passione per gli alberghi un po' vecchiotti, che danno al cliente una chiave e non una scheda magnetica. Gli mando un solidale abbraccio, *mon semblable mon frère*. Qui sta trionfando la scheda magnetica e spesso non mi funziona. Mesto ritorno alla reception, risalita con addetto, *vous voyez, c'est très facile*, figura di merda, mancia, scusi pardon.

6 luglio: Chambord-Montargis (183 km). Sergio Endrigo, atto primo; *Cjantant Endrigo dut par furlan*, ossia le canzoni di Endrigo in lingua friulana. Premesso che me le berrei tutte anche in polacco o in curdo e che se Teresa diventa Taresie non cambia molto, è un bel lavoro. Anche perché Endrigo in-

troduce con poche righe ogni canzone. «Ore presint» («Adesso sì», fece dire al direttore artistico di Sanremo: «Ma come si fa a incominciare una canzone con "adesso sì"?» D'altra parte, in «Teresa» la commissione della Rai aveva bocciato il verso «Teresa, non sono mica nato ieri» considerando «mica» non idoneo. E il verso fu cambiato in «Teresa, la vita è solo un'avventura». «Io che amo solo te», il maggior successo di Endrigo, secondo i discografici sarebbe stato un fiasco, perché ha un'introduzione di archi molto lenta, mentre i brani di moda partivano con otto misure di batteria.

7 luglio: Troyes-Nancy (199 km). Piove, fa freddo, muore Ed McBain. Metto su il primo Dylan. Poi penso a cosa piacerebbe a Steve Carella (e in ogni caso piace a me). Jean-Claude Izzo per il suo funerale aveva chiesto «Reginella». Al paisà Carella servo «Reginella» cantata da Roberto Murolo. «Tammurriata nera» per Brown, «I' te vurria vasà» per Kling. Per Miscolo e il suo caffè imbevibile ci vorrebbe «Don Raffaè» ma De André quest'anno l'ho lasciato a casa (come De Gregori, Gaber, Brassens e Brel).

8 luglio: Luneville-Karlsruhe (228,5 km). Caldo non fa. Molti cimiteri di guerra. Va bene Montand, «Bella ciao» in italiano ma anche «La Butte rouge», «Le Temps des cerises». Sono due canzoni che richiamano la Comune del 1871, in realtà «Le Temps des cerises» Clément la scrisse nel 1866 e la *butte rouge* non è a Parigi ma a Bapaume. Bizzarro tipo, il Montéhus che la compose e lanciò: anarchico ai primi del Novecento, patriottico durante la guerra '14-18 (si presentava in scena vestito da soldato e con una benda rossa di sangue finto intorno alla fronte), pacifista a guerra finita e infine decorato della Legion d'onore dal ministro della Guerra, Ramadier.

9 luglio: Pforzheim-Gérardmer (231,5 km). Tappa di bellissimo verde nel finale. Altri cimiteri. Noi siam nati chissà

quando chissà dove (*Canti partigiani per un film sulla Resistenza a Piacenza*, presentazione di Fausto Amodei). Ci sono canzoni note («Oltre il ponte», «Boves»), altre meno, ma familiari. Infatti «Su al passo dei Guselli» è rifatta sull'aria del «Ponte di Perati». Stranamente, c'è un forte apporto di voci femminili (Donata Pinti, Betti Zambruno, belle voci). Betti l'avevo già sentita, una sera nelle Langhe, cantare «Un paese» quasi come Milly. Ha una voce francese, *chatouillante et guerrière* direbbero qui. Insegna lettere alle medie di Montegrosso d'Asti. Già che ci siamo, *Nostra patria è il mondo intero*, canti di lotta eseguiti dal coro e dalla banda di Testaccio e cuciti da Giovanna Marini. Contiene la bella e sconosciuta, in piemontese, «Miseria miseria». Per chiudere, «Le Chant de la Libération», ancora Yves Montand. C'è gente che dopo cinque minuti di canzoni di questo tipo esclama: «Che palle». Tra i miei amici, nessuno.

10 luglio: Gérardmer-Mulhouse (171 km). Endrigo, atto secondo. Doppio cd *I 45 giri '65-73*. Dal mio punto di vista, non è importante stabilire quante belle canzoni abbia scritto Endrigo, ma se ne abbia mai scritta una brutta, di cui vergognarsi un po'. Perché non solo dagli alti, ma dai bassi, si giudica un autore. Le canzoni (43) sono proposte nella versione originale. Della e sulla musica di molte mi sono innamorato. Non serve altro. C'è tutto.

11 luglio: giornata di riposo per i corridori che hanno preso l'aereo la sera prima, un po' meno per noi che andiamo oltre Grenoble. Autostrada. Inedito di Vinicio Capossela, «Il treno», sullo spopolamento del paese di suo padre, in Campania. Di una bellezza struggente. Inedito di Claudio Sanfilippo, «Oro sulla neve», un ricordo di Beppe Viola, molto tenero. Sanfilippo, che di mestiere fa il pubblicitario, aveva già inciso «Senzabrera» in dialetto milanese. Mi sento come un

sub nel sommerso (ma vivo). Poi Piaf, tanta Piaf. È Francia, non posso farne a meno, come il cassis e il pastis. Quanti ne ha amati, a quanti ha insegnato a cantare? Montand, Aznavour, Moustaki. Ho comprato a Nantes *Moi pour toi*, l'epistolario amoroso tra lei e il pugile Marcel Cerdan (per cui aveva scritto «Hymne à l'amour»). Lei era a New York, lui era partito da Orly per raggiungerla, il suo aereo si schiantò sul Pic Rodonta, alle Azzorre, nella notte fra il 27 e il 28 ottobre 1949. E lei, saputa la notizia, provò ugualmente a cantare (*the show must go on*) ma ebbe un collasso.

12 luglio: Grenoble-Courchevel (181 km). Alpi, cori alpini della SAT. Sono trentini ma si allargano («Stelutis alpinis», «Stille nacht»); mie preferite «La pastora» e «Serenada a Castel Toblin».

13 luglio: Courchevel-Briançon (173 km). Uno di quei cd allegri che si pescano negli autogrill, *Les Pionnieres de l'accordéon* (Louis Ferrari, Emile Vacher, Albert Huard). Valzerini, mazurchette, sullo sfondo delle vette.

14 luglio: Briançon-Digne (187 km). Festa nazionale francese, Piaf obbligatoria («La Vie en rose» ma anche «Ça ira»). Un monumento, e pensare che le furono negati i funerali religiosi. Uno degli *chansonniers* più arrabbiati, Allain Leprest, le ha dedicato una canzone dolce («*C'est tout au fond du Père Lachaise dans la section 96*», così comincia «Edith»).

15 luglio: Miramas-Montpellier (173,5 km). Ancora le vigne e grandi distese di girasoli. La sinistra italiana dovrà rispondere, prima o poi, dell'atterramento ingiustificato di Anna Identici, colpevole (suppongo) di non essere la Daffini (che la mondina l'aveva fatta davvero) né la Marini (che aveva fatto ricerche sul campo). Ha una voce stupenda, pulita, ascolto ventiquattro canzoni di fila e le mando con la testa un girasole.

16 luglio: Agde-Ax-3-Domaines (220,5 km). Siamo vicini alla Spagna, metto su Ferré e «Les Anarchistes» che era la canzone preferita di Pierre Chany, firma storica dell'*Équipe*. E poi «Les Poètes», in cui Ferré canta Apollinaire, Aragon, Baudelaire, Rimbaud e Verlaine. È l'effetto-Pirenei, c'è qualcosa nell'aria. Le poesie di Alfonso Gatto, in tutti i Tour, le leggo sui Pirenei.

17 luglio: Lézat-sur-Lèze-Saint-Lary-Pla d'Adet (205,5 km). Già che ci siamo, giornata-Aragon: cantano Léo Ferré, Isabelle Aubret, Jean Ferrat. Dopo cena, *bouchon*, tre ore per fare 30 km. Murolo come calmante, come incanto, come altrove.

18 luglio: riposo a Pau. Niente musica, *cassoulet* consolatorio.

19 luglio: Mourenx-Pau (180,5 km). Due ciclofili di Berchidda mi offrono fil'e ferru per strada. Per sintonia, Piero Marras. Ma anche, dall'Aubisque in giù, una compilation di Endrigo (coi titoli meno noti) che mi ha fatto avere il lettore M.A. di Roma. Mi dicono dall'Italia che è morto Giampiero Bianchi, grande attore sensibile, colto, di classe. Ci siamo frequentati ai tempi di *Tacalabala*, lo rimpiango, avrei voluto conoscerlo meglio. Si è buttato sotto un treno. Gli dedico «La voce dell'uomo» e ricordo la sua risata.

20 luglio: Pau-Revel (239,5 km, tappa più lunga). Voglia di leggerezza non banale. *L'uovo di Colombo* ha canzoni spiritose sulle uova, la ricotta, l'amore. Le canta Lu (Luisa) Colombo, milanese trapiantata in Toscana, pittrice di trompe-l'oeil e altro. Ha una voce francese (è un complimento), friccica (direbbe Trilussa). Mia preferita: «Casanova».

21 luglio: Albi-Mende (189 km). Nel verde della Lozère che fa sentire meravigliosamente soli, la voce di Serge Reggiani che fa sentire dolosamente vicini («L'Italien», «Sara»).

22 luglio: Issoire-Le-Puy-en-Velay (km 153,5). «Rotte distratte» di Rocco De Rosa, venature panmediterranee, voci in arberesh.

23 luglio: Saint-Étienne-Saint-Étienne (55 km, a cronometro individuale). Maurice Fanon (1929-1991) i francesi lo considerano un minore, per me è un grande. Insegnante di inglese, marito di Pia Colombo che Brassens considerava «la nuova Piaf», bevitore di quelli duri, antimilitarista di quelli durissimi. «L'Écharpe» è la canzone vagamente più nota, ma almeno altre dieci («La Petite juive», «Paris Cayenne») sono molto belle.

24 luglio: Corbeil-Essonnes-Parigi (144,5 km). Si arriva a Parigi e dunque sarò io a cantare.

INDICE

Memorie di un suiveur p. 7
Nota del curatore p. 16

Gli anni lontani
1967 p. 21
1968 p. 25
1972 p. 48

Gli anni di Indurain
1991 p. 69
1992 p. 92
1993 p. 123
1995 p. 144
1996 p. 171

Gli anni di Pantani
1997 p. 193

1998 p. 225
L'agonia prolungata p. 269

Gli anni di Armstrong
1999 p. 289
2000 p. 322
2001 p. 351
2002 p. 380
2003 p. 399
2004 p. 414
2005 p. 438

Le canzoni del Tour p. 453

TITOLI DI CODA

La fiamma rossa.
Storie e strade dei miei Tour
di Gianni Mura

a cura di	Simone Barillari
impaginazione	Martina Testa
correzione delle bozze	Martina Testa
	Enrica Speziale
illustrazioni	Elisabetta Cremona
copertina	Riccardo Falcinelli
stampa	Iacobelli srl
promozione e distribuzione	Pde Italia

al momento in cui questo libro va in stampa
lavorano a minimum fax:

direzione editoriale	Marco Cassini
comunicazione ed eventi	Daniele di Gennaro
ufficio stampa	Alessandro Grazioli
direzione collana Nichel	Nicola Lagioia
redazione collana Nichel	Marco Di Marco
editor narrativa straniera	Martina Testa
consulente narrativa francese	Lorenza Pieri
consulente collane Indi e Nichel	Christian Raimo
redazione	Martina Testa
	Andreina Lombardi Bom
	Enrica Speziale
ufficio diritti esteri	Lorenza Pieri
assistente ufficio diritti	Sara Sedehi
redazione web	Enrica Speziale
direzione commerciale	Sabrina Ranucci

amministrazione Benedetta Persichetti
Barbara Bernardini

responsabile magazzino Costantino Baffetti
responsabile corsi Marco Di Marco

special thanks

Archivio della *Gazzetta dello Sport*
Archivio di *Repubblica*
Corinna Bottiglieri

www.minimumfax.com

finito di stampare nel luglio 2008
presso Iacobelli srl – Pavona (Roma)
per conto delle edizioni minimum fax

ristampa	anno
10 9 8 7 6 5 4 3	2008 2009 2010 2011